시공간부호
사주
팔자

時空間 부호

四柱八字

사주팔자

시공
時空 命理

時空間부호 — 四柱八字

머리말

    이 글을 쓰는 지금은 2020년 10월 2일 밤 9시 38분이다. 이 숫자들은 인간이 정한 오늘이라는 시간좌표다. 우리는 이것을 기준으로 필요한 행위를 하며 살아간다. 11시에 잠자리에 들거나 내일 오전 10시에 미팅약속을 정했거나, 오후 3시 반 비행기를 타야 한다. 만약 모두에게 통용되는 시계가 없다면 세상은 얼마나 혼란스러울까?

    직장인들은 정해진 출근시간과 퇴근시간에 따라 움직이고, 주식시장 투자자들은 아침 9시에 증권시장이 시작되면 거래를 시작하고 오후 3시 30분이 되면 거래를 마감한다. 가만 생각해보면, 우리의 거의 모든 행위를 결정해버리는 것은 시간좌표다. 월급을 받기위해서는 정해진 시간에 따라 출퇴근을 반복하고, 대학에 가기 위해서는 반드시 정해진 시간에 시험을 치러야 한다. 이상한 점은, 행위의 좌표가 시계임에도 얼마나 심각하게 일상을 지배하는지 우리는 잘 느끼지 못한다. 출근하거나, 대학에 가려는 행위라고 생각할 뿐 그 행위의 척도가 時計라는 것을 모르는 것이다.

    時計는 행위의 척도가 분명하다. 표현을 바꿔보면, 우리의 자유를 강력하게 구속하는 것은 時計다. 이 척도는 어디에서 온 것일까? 인간은 지구와 해와 달의 운행법칙을 연구하여 時間을 창조했다. 지구가 일정한 방향으로 회전하여 아침이 오면 일어나고, 밤이 오면 잠자리에 들어야 한다.

지구의 회전운동이 일정한 규율을 제공하고 우리는 그 움직임에 따라 최대로 정밀한 시계를 만들어 왔으며 결과적으로 우리의 움직임을 구속당했다.
다행한 것은, 時計는 행위의 척도이지 사고방식의 척도는 아니라 보인다. 시계는 현재를 제공하고 우리의 움직임을 감시하지만 뇌에 침투하여 생각의 자유까지 감시하지는 못한다. 하지만 時間이 개입되면 상황이 달라진다. 시계와 시간은 같은 듯 달라 보인다. 시계가 우리의 일상을 감독하듯, 시간은 우리의 삶을 감시한 듯 보인다. 참으로 이상한 것은 시간이 무엇인지 설명하지 못한다는 것이다.

時間이 얼마나 골치 아픈 것인지 생각해보지 않은 사람들은 행운아다. 괴테는 이런 말을 했다. "내가 유일하게 숭배하는 여신은 時間입니다." 그는 왜 하필 시간을 숭배했을까? 저자처럼 괴테도 시간이 신이라고 느꼈던 것일까? 우리는 언제라도 과거와 미래 그리고 현재를 자유롭게 이동하고 있음을 느낀다. 생각은 절대로 현재의 시계에만 머물러 있는 것이 아니며 생각의 움직임은 자유롭다. 흐릿한 향수로 달콤한 과거를 맛보고, 희망으로 미래를 기대한다. 이 모든 생각들은 육체의 움직임을 벗어나 온통 환상 속에만 존재하는 요상한 것들이다.

은나라는 아라비아 숫자가 아닌 그들만의 독특한 방식으로 時計를 표현했다. 그들은 우주에 열 개의 에너지가 존재하고 지구 공간을 12개로 나누어 지배한다고 믿었다. 10개와 12개를 하늘과 땅으로 나누고 짝을 이루어 60개의 干支를 만들어냈다. 그리고 점을 치기 위해서 갑골을 활용하면서도 癸巳 日과 같은 時計도 함께 기록했다. 사주팔자를 감명하기 위해서 상담 받으려면 반드시 하는 행위가 있다. 태어난 생년월일시의 숫자를 불러주거나 60갑자로 만든 사주팔자를 불러야 한다. 반드시 숫자를 사주팔자로 바꾸어야만 감명이 가능하다. 예로 2020년 10월 2일 밤 9시 38분을 60甲子로 바꾸면 이렇다.

庚子년 乙酉월 戊寅일 癸亥시다. 사주팔자의 정체가 시계좌표, 시공간좌표라는 것이 분명해졌다. 아라비아 숫자와 60갑자의 시계좌표를 표현하는 방식은 다르지만 그 본질은 시간의 척도가 분명하고 사주팔자를 보는 것은 시간의 척도에 인간이 부여한 의미를 읽어내는 것이다. 아라비아 숫자로는 사주팔자를 읽지 못하지만 60간지로는 가능해진다. 시계도 시간도 모두 활용 가능한 것이 바로 사주팔자. 현재 뿐만 아니라 과거와 미래를 넘나들고 심지어 사주팔자 주인의 뇌에 들어가 무슨 생각을 하는지도 읽어낼 수 있다. 그 이유는 명확하다. 60甲子는 十干을 에너지로 상정하고, 12地支를 공간으로 상정한 후 60개 조합의 시공간 좌표를 만들었고 그 좌표를 통하여 변화하는 에너지 파동을 읽어낼 수만 있다면 사주 당사자의 심리상태를 읽어내기 때문이다.

이것이 무슨 의미일까? 무서운 이야기지만 60甲子의 시공간좌표는 인간 육체의 움직임은 물론 생각까지도 지배하고 있다는 뜻이다. 시간의 꼭두각시! 그렇다. 슬프게도 시간의 꼭두각시다. 그렇지 않다면 60甲子를 활용한 사주팔자로 어떻게 과거, 현재, 미래는 물론이고 심리상태도 읽어낸단 말인가? 만약, 인간은 시간의 꼭두각시이고 사주팔자는 시간에 반응하며 살아가는 인간의 움직임이라고 규정한다면 이상한 결론에 도달한다.

바로 時間이 神이다. 時間이 우리의 삶을 통째로 통제하는 우리의 주인이라니… 자유의지로 행했다 생각했던 모든 것들이 부처님 손바닥에서 놀고 있었다니… 하지만 생각해보자. 우리는 별 먼지로 만들어져 우주의 변방에서 살아가는 하찮은 존재이지만 빅뱅 당시에 생겨났던 神과 時間의 의지를 품은 존재이기에 우리는 神의 움직임을 관찰할 능력을 가졌음이 분명하다. 따라서 우리를 지배하는 時間의 움직임을 관찰할 수만 있다면 신과 함께 춤을 추면서 살아갈 수도 있을 것이다. 흥미롭지 않은가? 사주팔자에 존재하는 시간변화를 읽어낼 수만 있다면 우리는 시간의 꼭두각시에서 벗어나 시간 그 자체가 되는 것이며 더 이상 내일을 걱정하지 않을 것이다.

이 책의 주된 내용은 사주팔자에 존재하는 시간의 정체를 이해하는 것이다. 정체를 찾기 위해서 우리는 먼저 움직임을 결정하는 에너지들의 특징이 무엇인지 살펴보고 사주팔자가 어떤 방식으로 나의 움직임을 결정하는지 살필 것이다. 하지만 그것이 최종 목표는 아니다. 내가 어떤 방식으로 시간의 통제를 받는지 깨달을 수만 있다면, 빅뱅 당시에 우주어미가 우리에게 선사했던 神의 의지를 확인할 수 있을지도 모른다.

우주어미가 선사했던 神의 의지, 바로 時間이 나였음을 …

2020. 10. 02
시간관찰자. 紫雲

時空間부호 ― 四柱八字

차례

머리말 · 4

제1부 인생을 결정하는 중요한 순간들

1. 내 인생은 어디서부터 꼬였던 것일까? _13
2. 내면의 소리 _19
3. 타인을 살아가는 것은 아닌가? _27
4. 물질과 정신 _31
5. 癸 와 丁으로 이루어진 인체 _35
6. 열 개의 에너지로 구성된 지구와 인체 _46
7. 時間이란 무엇인가? _51
8. 時間과 에너지의 차이 _58

제2부 움직임은 존재방식을 결정한다

1. 첫 번째 움직임 - 癸. 빅뱅 無에서 움직임을 창조하다 _72
2. 두 번째 움직임 - 丁. 無에서 有를 창조하다(物質界) _81
3. 세 번째 움직임 - 戊. 대칭 불균형의 결과물 _91
4. 네 번째 움직임 - 甲. 지구주인의 등장 _103
5. 다섯 번째 움직임 - 己. 생존을 위한 몸부림 _119
6. 여섯 번째 움직임 - 庚. 화려한 色界, 욕망 _133
7. 일곱 번째 움직임 - 乙. 생기의 본질, 물질의 근원 _145
8. 여덟 번째 움직임 - 丙. 色界에 떨어지다 _157
9. 아홉 번째 움직임 - 辛. 삶과 죽음의 갈림길 _174
10. 다시 빅뱅이전으로 - 壬. 블랙홀, 저승사자 _191

제3부 나의 정체를 결정하는 인자

- 時間의 정체 - 211
- 空間의 정체 - 214
- 熱의 정체와 중력 - 217
- 無 - 존재하지만 보이지 않는 것 - 221
- 대칭 - 223
- 양자세계 - 226
- 거의 모든 것의 통합 - 丁壬癸 한 쌍의 대칭 - 227

1. 時間의 종류와 특징 _229
2. 時空間을 표현하는 方式 _234
3. 干支構造의 이해 _245
4. 사주팔자 宮位와 시공간 - 十宮圖 _254
    1. 宮位의 구조 256
        1) 宮位를 年月과 日時로 크게 구분한다 256
        2) 8宮이 아니라 10宮이다 258
        3) 宮位의 시간단위와 방향 268
    2. 宮位의 변화 268
        1) 宮位는 변한다 269
        2) 宮位의 육친관계 271
        3) 宮位의 연령 276
    3. 年月日時 宮位의 의미 278
        1) 六親 十宮圖 280
        2) 개인일생 十宮圖 281
            (1) 年柱의 의미 282
            (2) 月柱의 의미 287
            (3) 日柱의 의미 299
            (4) 時柱의 의미 305

제4부 | 사주팔자의 시공간

1. 시공간이 반응하는 방식의 이해 _311
2. 사주팔자 原局의 시공간 _312
3. 大運의 時空間 _369
4. 歲運의 시공간 _389
5. 日運의 時空間 _421

제 1 부

인생을 결정하는 중요한 순간들

내 인생은 어디서부터 꼬였던 것일까?
내면의 소리
타인을 살아가는 것은 아닌가?
물질과 정신
癸 와 丁으로 이루어진 인체
열 개의 에너지로 구성된 지구와 인체
時間이란 무엇인가?
時間과 에너지의 차이

01 내 인생은 어디서부터 꼬였던 것일까?

지구에서 60甲子를 채울 시간이 점점 다가오고 있다. 내가 지구에 등장하여 60년이라는 시간을 지나는 것이다. 누구나 공감하겠지만 가끔은 내가 여기에 온 이유가 궁금해질 때가 있다. 가만 생각해보면 그 이유는 끊임없이 바뀌었던 것 같다. 젊어서는 돈을 많이 벌어서 자유롭게 살고 싶다는 욕망들이 그럴싸했고, 중년에는 사업에 성공하고 싶었던 듯하다. 뛰어난 재주도 없고, 사업에 필요한 자본도 없고 역경을 뚫고 성공이라는 결실을 얻을 뚝심과 결단력도 없으며, 부족한 것이 많아서 주위에서 나를 지지해주는 자들도 별로 없다는 것을 눈치 챘을 때는 이미 40대 중반을 지나던 시절이었다. 인생에서 참으로 애매한 시공간을 만난 것이다. 앞으로 계속 나갈 수도 없고 뒤로 물러서기에는 너무 멀리와 버렸다. 사업을 계속하기도, 뒤로 물러서서 무언가를 새로 시작하기에도 너무 늦었다는 생각에 사로잡혀 이러지도 저러지도 못하는 시절이었다.

참으로 다행스럽게 공부를 시작했는데 그 열정만큼은 인생에서 가장 강렬했던 순간들이었다. 학교에서 배웠던 공부는 아니었고 젊은 날부터 가끔 들춰보았던 근 20년간 지속되어온 명리공부였다. 대략 46세부터 하루에 10시간에서 13시간 이상의 공부과정이었으며 깨우침의 연속이었다. 10년 정도 지난 지금에 와서 돌이켜보면, 공부를 다시 시작했던 이유는 하던 일을 계속하기 어려웠기 때문도 아니었고 그렇다고 특별하게 할 일이 없으니 소일거리로 공부나 하자는 식도 아니었다. 20대 중반에 대학교를 졸업하고 유학 가려던 계획이 틀어져 일을 시작한 후 정신없이 살면서도 기회가 되면 다시 공부하고 싶다는 생각이 실현된 것이었지만 40대 중반에 10시간 이상 책상에 앉아서 공부한다는 것은 결코 쉽지 않은 일임에도 고통스럽기는커녕 하루하루 시간이 너무도 빨리 지나가 아쉬울 따름이었다. 살면서 가장 하고 싶었던 일을 46세 이후에서야 비로소 시작했으니 무언가 단단히 꼬여버린 인생이다.

20대에서 40대 중반까지 했던 사회생활은 내가 해야 할 일이지 가장 하고 싶었던 일은 아니었다. 물론 가장 하고픈 일은 대부분은 포기하고 현실에 맞춰 살아가지만 나의 경우는 참으로 다행하게 미친 듯 공부할 기회를 놓치지 않았다. 다만 여전히 아쉬움이 남는 이유는 내가 진정으로 원했던 일이 아님을 알면서도 이런 저런 핑계로 인생의 황금기를 날려버렸으니 내 삶이 꼬인 것은 분명하다. 시간을 되돌려보자. 어디에서 꼬여서 여기까지 왔는지 알아야만 한다. 인생은 한번 뿐이기에 매 순간 중요하지만 누구나 공감하는 인생의 전환점은 25-27세, 35-37세, 그리고 45-47세 즈음이며 선택의 기로에 선다.

1. 직업을 선택하는 시기 25~27세 즈음

어떤 직업을 선택하고 어느 직장을 골라야 할까? 이런 질문은 좀 우스워 보이지만 그렇지 않다. 경영학을 전공했더라도 전혀 다른 학과의 대학원에 가서 평생을 연구원으로 살아가는 인생도 있고, 약대를 전공했음에도 졸업 후에는 정치인으로 살아갈 수도 있다. 보통은 대학에서 선택한 학과에 상응하는 직장에서 일하며 살아갈 수도 있지만 인생의 어느 시점에서 이루어지는 선택은 다양한 이유로 결과가 전혀 달라질 수도 있다. 그 선택이 옳았는지 틀렸는지는 세월이 흘러 노련해지기 전까지는, 그리고 가슴 밑바닥에서 울려 퍼지는 외침을 느끼기 전까지는 잘 모른다. 내가 원하는 직업을 선택하여 살았노라고 자신 있게 말할 수만 있다면 성공한 삶이 분명하다. 이 시기의 선택은 중요한 의미를 갖는다. 내가 원하는 삶인가 아니면 남을 위한 삶인가? 사업에 어울리는가, 직장생활에 어울리는가? 혹은 전문 직종에 어울리는가를 선택하고 40대 중반까지의 삶을 결정한다. 만약 선택이 옳지 않다면 20년의 세월을 낭비해버릴 수 있다. 20년 인생 황금기를 말이다.

2. 내 전생의 기운을 느끼는 시기 35~37세 즈음

가끔 이런 표현을 듣는다. 저는 이상하게 사주팔자 공부에서 벗어나지 못하는 것 같아요. 사주공부를 오래도록 해오면서도 공부하는 이유를 모르는 것이다. 그래서 답하기를, 사주공부를 하고 싶은 것이 아니라 나의 존재를 알고 싶은 겁니다. 다만, 그런 궁금증을 풀어줄 방법이 적당하지 않기에 사주를 공부하거나 종교, 철학에 빠져들지만 내가 왜 사는가에 대해서는 명쾌하게 답해주지 않는다. 그래도 계속 사주공부 하는 이유는 나름의 논리로 설명해줄 수 있는 것은 사주공부 밖에 없기 때문이다. 사실 사주팔자가 궁금한 것이 아니라 내 존재가치와 정체성이 궁금한 것이며 내가 왜 살고 있는지 알고 싶은데 뾰족한 방법이 없으니 사주로 풀어보려고 30년 세월을 낭비하지만 사주공부로는 해결할 수 없음을 깨닫지 못한다.

각도를 조금만 달리해서 살펴보면 이유는 극히 간단하다. 사주팔자는 재물, 육체, 명예, 권력, 인간관계의 길흉만을 판단하는 이론들이기에 나의 존재가치는 무엇이며 왜 사는가에 대해 답하지 못한다. 철학에 깊이 빠져 공부한들 여전히 개운하지 않다. 종교에 깊이 빠져도 마찬가지다. 왜? 라는 근원적 궁금증에 답해주지 않는다. 명리학을 공부하면 그 의문점은 오래 지나지 않아 자연스럽게 풀어지는 것임을 5년 이상의 경험을 통하여 확신하고 있다. 대부분은 6개월을 넘기지 않고 소위 "내려놓기"를 시작한다. 내가 어디에 있는지 느끼기 시작하면서 고개를 끄덕거리는 자신을 발견한다. 그렇다. 우리는 존재가치가 궁금했던 것이다. 재물, 건강, 육친에 대한 호기심도 중요하지만 훨씬 더 강하게 끌렸던 의문은 내가 왜 사는가에 대한 물음이었다. 이런 의문에 대한 명확한 답을 얻으려면 전생에서 이생으로, 이생에서 후생으로 시공간이 연결되어 있음을 느껴야만 한다. 만약 전생과 이생의 시공간이 얽혀있지 않다면 우리는 **업보**라는 말을 할 필요가 없고 현재만 살면 그만이기에 나의 존재가치와 삶의 의미를 알고 싶어서 안달할 필요가 없다. 다른 장에서 살펴보겠지만 우리는 윤회과정에 풀어내지 못한 숙제를 이생으로 끌어와 고민할 수밖에 없다. 이것은 내가 선택하는 학업이나 직업과 다른 어떤 것이다. 전생에서 이어온 풀지 못한 숙제와 같아서 업보와 같은 느낌으로 남아있다. 사회에서 높은 지위, 권력, 풍요로운 삶을 살면서도 마음은 항상 허전하여 종교, 철학, 명리에 심취하는 사람들이 많다. 전생과 현생 사이의 괴리감 때문이다.

 이런 업보가 무거운 구조들은 30대 중반에 일탈을 감행하는데 예로 갑자기 유학을 떠나거나 직업을 포기하고 구도의 길을 가거나 종교, 명리, 철학에 빠져들어 나중에 유사한 직업에 종사한다. 대부분은 왜 그랬는지 명확한 이유를 모르지만 전생과 이생이 얽혀서 꼬여버린 시공간 때문이다. 어린나이에 혹은 너무 늦은 나이에 내 존재가치를 찾아 헤매는 사람들을 빼고 대부분은 30대 중반에 이르면 나를 찾기 시작하는 이유는 전생과 이생이 연결되는 시공간이기 때문이다. 30대 이전까지는 육체가 성장하는 과정에 전생의 인과에 대해서 잘 모르다가 육체가 성장하고 정신적으로 성숙해진 시기에 전생과 이생의 괴리를 느끼기 시작하면서 정체성에 혼란이 오고 내가 누구인가에 대한 의문점을 갖기 시작한다. 내가 나라고 생각했었는데 여러 개의 내가 동시에 공존하는 시공간을 만난다.

3. 제 2의 직업을 선택하는 시기 45~47세 즈음

돌이켜보면, 45세까지는 내가 원하는 삶을 살았다면 46세 즈음에 이르면 하늘에서 삶의 지혜를 알려주는데 私的 삶에서 公的 삶을 살도록 요구한다. 만약 하늘의 묵시적 요구에 동의하지 않으면 다양한 방법으로 우리의 삶에 개입하여 변화를 줄 수밖에 없도록 한다. 예로, 건강하던 육체에 병이 생겨서 수술하게 만들어 삶이란 무엇인가를 고민하게 만들고 삶의 방식을 바꾸게 하거나, 잘 다니던 직장에서 다양한 이유로 그만두게 만들거나, 사업을 해왔는데 갑자기 어려워지면서 다른 방법을 찾게 만들거나, 자식들 교육문제로 해외에 가야해서 인생에 전환점이 생긴다.

이런 방식으로 기존의 삶과는 다른 변화를 요구하는데, 하늘의 의도는 개인의 욕망에서 벗어나서 자식을 위하고, 후대를 위하고, 타인과 사회를 위한 삶을 살라고 요구한다. 만약 요구에 따르지 않으면 내가 가진 재산, 건강, 인간관계, 사회활동을 제약해서 반드시 따르도록 하겠다는 하늘의 의지가 숨겨져 있다. 이 시기에 주어지는 변화에서 배우는 지혜는 바로 이 것이다. 만약, 25~27세 사이에 선택했던 직업을 45세 이후에도 유지하고 있다면 자신에게 적합한 직업을 선택했던 것이 분명하다. 25세 즈음의 선택이 옳았던 것이다. 물론, 100퍼센트 그렇다는 보장은 없다. 왜냐면 인내심이 강한 사람들은 원하지 않더라도 상황에 맞춰서 자신의 욕망을 희생하면서 살아갈 수도 있기 때문이다. 만약 45세 즈음에 직업변화가 생겼다면 25~27세 즈음에 선택한 직업은 잘못된 선택일 가능성이 높다. 내면의 소리에 귀 기울여 자신의 선택이 옳은지 틀린지 느낄 수도 있다. 예로 20대 중반에서 40대 중반까지 했던 일들이 즐거웠는지, 즐겁지는 않았지만 선택한 것이기에 계속해왔는지, 내가 원하는 것이 아니라 남이 원하는 일을 하면서 살았는지 느낄 수 있기 때문이다. 그렇다면 내 삶이 꼬여버린 이유는 상기의 세 결정 중 하나였다. 20대 중반에는 누구라도 자신의 인생을 설계해야하는 시간에 이른다. 직업을 택하고 결혼하여 가정을 꾸려야 한다. 따라서 20대 중반의 결정이 40대의 전환점에 지대한 영향을 미쳤을 것이다. 하지만 과연 그럴까? 시간을 좀 더 앞으로 돌려보자. 대학교에 입학하고자 전공을 결정하던 순간으로 돌아가 보자. 나의 경우는 너무도 즉흥적인 결정이었다. 모 대학 경영학과에 원서를 작성하는데 일면식도 없고 지나가던 선배가 그 대학교는 알아주지도 않는다는 표현에 자존심이 상하여, 좀 더 높은 성적을 요구하는 대학교 무역학을 전공하고 종합상사에서 일을 시작했으니 나름 그럴싸한 선택이다. 하지만 시간을 조금만 더 앞으로 돌려볼 필요가 있다. 대학교에 진학하는 것을 포기했던 고등학교 1학년과 2학년 시기에는 철학이나 문학을 배우고 싶다는 생각을 했고 초야에 묻혀 공부하면서 독야청청 하리라는 치기에 사로잡힌 적도 있었다. 이런 생각들은 나름 강렬하여 무역학과를 졸업했음에도 기회만 생기면 대학원에 진학하거나 유학가려는 생각을 포기하지 않았다.

정리해보면, 20대 중반에 직업을 결정하는데 그 선택은 대학교와 학과를 선택하던 고3 시기였다. 너무 어린 나이이기에 대부분은 현실과 타협하여 내면의 소리에 귀 기울이지 않지만 내가 강렬하게 원하던 내면의 소리도 있었다. 어떤 선택이 옳았을까? 어떤 생각이 나의 본질에 가까울까? 이런 차이점을 깨달은 것은 근 30년이 지난 후였으니 둔감한 성격의 소유자가 분명하다. 결론적으로, 내 인생이 꼬여버렸다는 생각을 버릴 수 없는 결정적인 이유는 내면에서 들려오는 그 소리를 무시했기 때문이다. 2012년 壬辰년부터 하루에 10시간에서 13시간씩 미친 듯 공부했던 시간들은 어쩌면 고등학교 시절에 들려오던 내면의 소리를 그때서야 귀 기울였던 것이라 생각된다. 어리석게도 내면에서 울려 퍼지는 소리를 30년이 지난 후에야 들을 수 있었다니. 내면의 소리에 귀 기울여야 한다는 표현은 쉬워 보이지만 무엇이 內面에서 울리는 소리인지 구별하기는 결코 쉽지 않다. 예로 사주구조가 外面과 內面이 거의 동일한 구조는 차이를 느끼기 어렵다. 특히 命理를 학습한 적이 없는 분들은 감에 의존하여 판단할 수밖에 없다.

02 내면의 소리

앞으로 命理學과 四柱八字를 분석하는 방법으로 나의 존재가치와 삶의 의미를 찾아가는 방법을 설명하겠지만 먼저 內面의 소리가 어떤 의미인지 감을 잡고 넘어가자. 다만, 아직은 四柱八字를 어떤 방식으로 분석해야 하는지 감이 없기에 이해가 어렵다고 걱정할 필요는 없다. 성급한 면은 있지만 앞으로 학습하는 과정에 반드시 필요하므로 미리 감을 잡아보자는 것이다. 여기에 두 개의 사주예문을 살펴보겠다.

時	日	月	年
癸	甲	癸	辛
酉	辰	巳	亥

男

이 사주당사자의 삶을 간단히 정리해보자. 18세에 종교에 빠져 대학교에 진학하지 않았으며 10년 동안 神의 존재를 찾았지만 이루지 못했고 수많은 사이비 종교에 참여하여 진리를 찾았으나 이 또한 여의치 않았다. 그 후 불교에도 정진하였으나 진전이 없었고 3년 동안 氣수행도 하였으며 사주팔자, 손금, 관상 등에 심취하여 전국을 배회하였다. 신기하게도 수행자와 같은 삶을 살다가 갑자기 30대 초반에 맨손으로 사업을 시작하여 현재는 대형마트 두개를 운영하며 매출액 100억대에 이른다. 희한한 것은 46세 즈음부터는 사업에 큰 흥미를 느끼지 못하고 전국에 있는 명리선생들을 찾아다니면서 명리공부를 하고 있다. 여기에서 명리학과 사주팔자의 차이점을 간단히 구분해보면 이렇다. 사주팔자는 인간의 길흉화복을 살피는 수단이고 命理學은 우주와 지구자연의 순환원리를 학습하는 것이다. 즉, 사주팔자 70억 개를 다 합쳐도 지구조차 벗어나지 못하지만 명리학은 지구에서 훌쩍 벗어나 우주구조와 지구자연의 순환원리를 학습하기에 비교자체가 불가능할 정도로 차이가 크다. 지금부터 이 사람이 고등학교 시절부터 종교에 심취하고 30대 이후에는 사업하였으며 46세 이후에는 또다시 명리를 공부하고자 선생들을 찾아다니는 이유와 내면에서 들려오는 소리가 무엇인지 살펴보자.

辛亥년에 태어났으니 15세 까지는 辛亥에너지 영향을 받는다. 따라서 辛亥의 뜻을 알면 이 사람의 행동이나 생각을 이해한다. 辛은 가을에 수확한 씨종자와 같아서 겨울 지나고 봄이 오면 새로운 싹으로 땅을 뚫고 오른다. 이런 과정을 우리는 윤회라고 부른다. 즉, 辛은 씨종자로 生氣가 사라져 죽음을 맞이하였다가 영혼의 세계를 거친 후, 다시 생명체로 탄생하기에 윤회에 대한 강한 호기심을 가질 수밖에 없다. 이런 과정을 불교에서는 本性을 찾아간다고 표현하는데 辛은 부처요 亥水(壬水)는 우주를 지배하는 神과 같기 때문이다. 이런 에너지를 가지고 태어난 사람들은 나는 누구인가, 나의 존재가치는 무엇인가에 대한 호기심이 강렬하여 답을 얻기 전까지 끝없이 방황한다. 辛亥년은 탄생 후 15세까지의 시공간을 상징하지만 더 중요한 점은 나의 전생업보를 암시한다. 만약 내 전생업보가 무엇인가를 알고 싶다면 태어난 해를 알려주는 두 글자를 이해하면 되는데 예로 己酉, 辛酉처럼 씨종자를 암시하는 해에 태어났다면 평생토록 종교, 명리, 철학에 대한 호기심에서 벗어나기 어렵다. 그 이유에 대해서는 나중에 자세히 살펴볼 예정이다. 이렇게 年柱를 살펴보면 전생에 이어온 업보가 종교, 철학, 명리에 깊은 인연이 있음을 알 수 있다. 월주나 일주 혹은 시주가 아니고 년주에서 이런 특징을 드러내는 경우는 평생에 걸쳐 영향을 받을 수밖에 없다. 다만 15세까지의 육체와 정신의 성장과정을 고려하면, 종교, 철학에 깊은 인연이 있음을 스스로 자각 하기는 어렵다.

아무리 종교와 깊은 인연이 있는 인생으로 태어났어도 15세까지 어린 시절에는 명확하게 느끼지 어렵다. 대부분의 사람들은 35세 즈음에 이르러서야 비로소 전생에서 들려주는 내면의 소리에 귀 기울인다. 다만, 종교색채가 강한 사주는 사춘기를 지나면 그런 느낌을 받기에 일반 교육과정과 전생의 종교색채 사이에서 갈등한다.

時	日	月	年
癸	甲	癸	辛
酉	辰	巳	亥

男

이 사람이 고등학교 때부터 종교에 심취한 이유를 살펴보자. 辛亥년에 태어나 종교색채가 강하면서도 15세까지는 너무 어려서 느낌이 명확하지 않다가 月에 있는 癸를 만난다. 이 시기는 대략 16세에서 23세 사이로 고등학교에서 대학교 과정의 연령대다. 따라서 그 시기에 자신도 모르게 癸에너지에 영향을 받아서 그에 상응하는 반응을 할 수밖에 없다. 내가 내 의지대로 산다고 생각하지만 사실은 우리에게 주어진 에너지대로 반응하는 것이다. 癸水는 辛亥, 辛癸로 이어지면서 종교색채가 굉장히 강하다. 만약 월에 癸水가 없고 재물에 흥미가 많은 글자 예로 戊土가 있었다면 비록 辛亥年에 태어났더라도 종교에 대한 흥미가 대폭 줄어들었을 것이다.

정리하면, 辛壬癸, 辛亥癸, 癸亥酉, 癸酉壬과 같은 글자들이 모여 있으면 종교, 철학에 지대한 흥미를 갖기에 고등학교 시절부터 종교에 빠져 존재의미를 찾아 나선 것이다. 어린 시절부터 내면의 소리에 충실했음이 분명하다. 고등학교 시절에 종교에 지대한 흥미를 갖고 학업마저 중단하는 경우는 극히 드물기 때문이다. 사주하나로 믿기 어렵다면 기 출판한 시공간 부호 갑을병정 173페이지부터 201페이지까지를 참조하면 도움이 될 것이다. 여기에 사주예문 하나를 인용해보자.

時	日	月	年
辛	癸	癸	丁
酉	未	丑	卯

男

어려서 神氣가 있었고 12세부터 귀신을 보기 시작하였다. 종교, 철학에 인연이 깊은 에너지들이 가득하다. 辛酉와 癸癸 그리고 초년 운에 들어온 壬子, 辛亥의 에너지와 섞이면서 종교, 철학, 명리에 인연이 많은데 사주구조가 좋지 않으니 전생의 업보와 현재의 영혼이 섞여 정신적으로 불안정해지면서 어린 나이에도 신기가 있고 귀신을 본다. 즉, 윤회과정에 적절하게 실타래가 풀리지 않으면 인간의 정신에 영향을 미치고 접신, 빙의, 귀신, 정신병과 같은 문제가 발생하거나 상기처럼 종교에 깊이 빠져버리는 현상을 보인다.

다시 원래의 사주로 돌아가서, 종교에 심취하여 학업까지도 중단했던 이 사람은 30대에 이르러 우여곡절 끝에 봉고차 하나로 사업을 시작하고 근 10년의 세월이 지난 후에는 사업을 크게 일구어 매출 100억대의 사업체를 갖게 되었다. 무언가 신기하다. 인생의 굴곡이 이렇게 심할 수 있다. 마치 엄청난 파도에 춤을 추듯, 롤러코스트를 타듯, 인생에 큰 변화가 왔던 이유가 무엇이었을까? 어떤 방식으로 이런 이치를 설명할 수 있을까? 유일하게도 命理의 이치를 이해하고 四柱八字 구조를 이해하면 이 사람의 인생을 느낄 수 있다. 종교와 사업의 특징은 전혀 다르다. 종교는 정신을 추구한다면 사업은 물질을 추구하기 때문이다. 인간은 묘한 동물이다. 정신을 추구하다가 갑자기 물질에 푹 빠질 수 있고 반대로 사업 하다가도 갑자기 다 포기하고 종교에 귀의할 수도 있다. 물론 사업하고 싶다고 모두 사업에 성공하거나 돈을 벌고 싶다고 모두 돈을 버는 것은 아니듯, 종교에 깊이 빠져서 방황하다가 갑자기 돈을 벌어야겠다고 과감하게 사업에 뛰어드는 것도 쉽지 않다. 도대체 이 사람에게 무슨 일이 발생한 것인가? 이런 인생의 변화를 이끌어내는 정체가 무엇인가를 알고 싶었던 적이 있을 것이고 삶의 과정에 문득문득 의문점이 생길 것이다. 물론 그런 의문점을 갖는다 해도 뚜렷한 답을 얻기란 어렵다는 의견에 동의할 것이다. 더러는 전생의 업보라 하고, 전생에 나라를 구했다고 하고, 이생에서 선행을 많이 베풀어서 그렇다고 말하지만 느낌이나 생각에 불과하고 논리적, 체계적인 설명은 아니다. 전생을 알아보고자 전생체험도 하고 타로나 수많은 방법으로 미래를 알아보지만 이 또한 증명하기는 쉽지 않다.

時	日	月	年
癸	甲	癸	辛
酉	辰	巳	亥

男

지금부터 이 사람이 30대에 들어서자마자 갑자기 사업을 시작한 이유를 살펴보자. 이미 발생한 사실에 비추어 살펴보면, 甲辰에는 사업하려는 에너지 속성을 가지고 있음이 분명하다. 그 이유는, 甲은 지도자와 같아서 남의 지배를 싫어하고 독립적이며 과거를 따르기보다는 새로운 길을 개척하려는 욕망이 강하다. 이런 이유로 60甲子가 甲부터 시작한다. 이 사람은 묘하게도 태어난 날의 甲이 상징하는 나이 31-37세 사이에 새로운 출발을 시작한다. 즉, 종교에 빠져 살다가 노숙자로 전락하기도 하였으나 기적처럼 甲 에너지의 도움으로 새로운 인생을 출발하고 辰土가 상징하는 나이인 38-45세 사이에 가장 왕성하게 사업 활동하였으며 100억대 매출을 달성하고 재물을 모았다. 흥미로운 점은 甲辰의 시기에 사업에 열중하면서도 다양한 방식의 종교, 철학, 명리에 끈을 놓지 않았다는 것이다. 위에서 언급한 것처럼 35세 즈음에는 반드시 전생의 업보와 내가 연결되는데 년의 辛亥와 일주 甲辰 사이에 모종의 에너지가 업보처럼 이어진다. 이런 에너지결합은 철저하게 물질적으로, 정신적으로 혹은 물질과 정신이 섞인 상태로 발현될 수 있다. 이 사주는 甲辰의 물질을 득하는 시기에 辛亥 년의 종교, 철학, 명리가 섞여서 물질위주의 삶을 살면서도 내면에서는 종교, 철학의 울음소리가 멈추지 않았던 것이다. 이쯤에서 눈치 빠른 독자들은 알았을 것이다. 삶을 결정하는 것은 순차적인 시간흐름 때문이라는 것을. 시공간의 순차적 흐름 속에서도 전생과 현생의 시공간이 마구 얽히고설켜 있음도. 맨손으로 시작하여 10년 이상의 세월동안 사업을 키워가다가 46세에 이르러 점점 사업에 흥미가 줄고 사주팔자를 공부해보고자 전국의 스승을 찾아 나선다. 갑자기 물질에 대한 흥미를 잃은 것일까 아니면 원하는 만큼의 사업을 일구었기 때문일까?

時	日	月	年	男
癸酉	甲辰	癸巳	辛亥	

지금쯤 癸酉 두 글자에는 종교, 명리, 철학과 인연이 깊다는 생각이 들었을 것이다. 그렇다. 글자들은 고유한 에너지 특징을 품고 있기에 내가 태어날 때 어떤 글자들을 가지고 태어났느냐에 따라서 내 삶이 결정되며

글자들이 품고 있는 에너지 특징에서 벗어나지 못한다는 것을. 46세에 이르면 癸酉의 글자특징에 영향을 받을 수밖에 없는데 씨종자를 상징하며 윤회의 색채가 강한 酉金 글자가 있다. 甲辰에서는 열심히 사업에 뛰어들었으나 癸酉에 이르러서는 癸酉 에너지를 벗어나지 못한다. 따라서 기복이 심한 삶을 살아야 하는 이유를 알려면 글자의 특징을 이해해야 하는 것이다. 다만, 이해가 어려운 이유는 시간이 순차적으로 흐르는 과정에 각 글자로만 사는 것이 아니라 전생과 이생이 연결되고 시공간이 얽히고설켜 복잡해지기 때문이다. 이 사람이 가진 外面과 內面의 개념을 정립해보자.

 外面은 겉으로 드러나기에 타인이 나를 판단하는 기준이지만 한 사람의 정체성을 명확하게 규정하지는 못한다. 內面은 겉으로 드러나지 않지만 내가 추구하는 것이기에 타인들은 모르거나 안다고 해도 그 이유에 대해서는 알 수가 없다. 다만 여러 형태가 존재하는데 外面과 內面이 거의 동일하거나 전혀 다를 수도 있고 적절하게 섞인 구조도 있다. 이 사람은 甲辰을 제외하고 辛亥, 癸酉, 癸, 亥辰 등의 글자들이 모두 종교, 명리, 철학과 인연이 깊다. 이런 이유로 초년부터 말년까지 그런 인과에서 벗어나지 못하지만 오로지 甲辰의 시기 31세에서 45세에는 內面보다 훨씬 강한 外面의 에너지에 흥미를 느꼈던 것이다. 정리하면 外面은 재물, 권위, 육체 등으로 물질을 추구하는 것이라면 內面은 종교, 철학, 학문 등으로 정신을 추구하는 것이다. 즉, 삶의 본질을 크게 나누면 물질과 육체를 뜻하는 色界와 영혼, 정신을 뜻하는 空界로 양분할 수 있다. 현실과 이상처럼 타협하기 힘들어 보이는 조합이다. 우리는 왜 이런 기준에 대해 이해할 필요가 있을까? 우리가 살아가는 과정에 물질과 육체를 활용하는 것에 흥미를 갖는지 육체는 활용하지 못하지만 총명하여 정신을 적극적으로 활용하는지 알아야 인생방향을 명확하게 결정하며 결과적으로 적절한 학업과 직업을 택하여 인생의 황금기를 낭비하지 않도록 하기 위함이다. 다만 아쉬운 것은 外面과 內面으로는 한사람의 삶을 충분하게 단정하지 못한다. 생각은 수시로 변하기 때문이다. 사람은 변하지 않는다는 논리는 전체적인 틀을 이야기할 뿐, 세부적으로는 한시도 멈추지 않고 변할 수 있다. 상기에서 살펴보았던 사주 당사자의 인생역정에 보여주는 변화과정은 어떤 이유였을까? 과연 무엇이 그렇게 그 사람의 삶을 급변하는 폭우 속으로 밀어 넣었을까?

時	日	月	年
壬	戊	辛	甲
子	寅	未	辰

男

이 구조는 태어난 해가 甲辰이다. 상기 사주처럼 甲辰이 가진 에너지는 남 밑에 있지 못하니 사업의 성향을 가졌어도 15세까지는 너무 어리기에 사업한다고 주장해봐야 비논리적이다. 이 의미는 글자가 가진 에너지와 시공간이 엇박자라는 것이다. 즉, 月이나 日이 甲辰 이라면 구조에 따라서 젊은 나이부터 혹은 중년에 이르면 장사나 사업할 수 있는데 15세까지의 에너지이므로 너무 어려서 장사나 사업에 사용할 수 없다. 다만, 辛亥 년에 태어난 사람은 종교, 철학 성향이 매우 강력했지만 甲辰年에 태어났으니 종교, 철학에 대한 성향은 강력하지 않다. 다만, 月에 辛 씨종자가 있으니 16-23세 사이에는 종교, 철학에 관심을 갖지만 辛亥처럼 전생의 업보를 상징하는 윤회과정도 아니고 未月 열매가 익어가는 여름이라 정신을 추구하기에는 너무도 물질적인 공간이다. 태어난 날도 戊寅일이니 종교, 철학에 깊은 인연이 있는 것이 아니기에 16-23세 사이에 일시적으로 철학에 흥미를 갖지만 45세까지는 전체적으로 外面에 영향을 받는다. 그러나 46세 이후에는 태어난 시간 壬子의 영향을 받기 시작하는데 빛이 사라진 암흑세계, 영혼의 세계와 같아서 삶도 어둠속으로 사라지고 사회중심에서 멀어진다. 이런 이유로 46세 즈음부터 사회활동을 접고 공부에 전념하게 되었다. 여기에서 고려할 점은, 월간의 씨종자 辛은 辛未 月로 곡식이 익어가는 달이기에 물질과 인연이 강하고 정신적이지는 않지만 46세 이후 壬子와 조합하면 전혀 다른 양상으로 전개된다. 辛壬子, 辛壬癸로 조합을 이루면서 종교, 명리, 철학에 깊이 빠진다. 만약 月에 辛이 없었다면 명리공부 보다는 壬子를 다른 행위로 활용했을 것이다. 이런 <u>구조차이</u>를 이해해야 나와 주위사람들의 사고방식을 더욱 깊게 이해한다. 이렇게 두 사주의 상황을 비교해보면 사주구조에 따라 상이한 삶을 살아간다는 것을 명확하게 이해할 수 있다.

　內面에서 들려오는 소리에 적극적으로 반응한 사람은 누구일까? 당연히 辛亥년에 태어난 사람이다. 학업을 중단하고 10년 세월동안 나의 존재가치를 찾아다녔지만 찾지도 못했고 결과적으로 종교단체에서 쫓겨나와 노숙자 신세가 되었다. 하지만 분명한 것은, 外面에서 원하는 물질중심의 삶도 아니고 타인이 원하는 삶이 아니라 나의 내면에서 들려주는 소리에 충실했던 것만큼은 사실이다. 이런 의미가 매우 중요한 이유는 내 삶을 살 것인가? 타인이 원하는 삶을 살 것인가를 결정하기 때문이다.

03 타인을 살아가는 것은 아닌가?

　內面에서 들려주는 소리에 충실해야만 하는 이유는 무얼까? 그것은 나를 살아가는 길이기 때문이다. 內面에서 들려주는 소리를 들었음에도 모른 척 다른 길을 택하는 경우가 많다. 예로 철학과나 국문학과를 선택하여 교육자의 길을 갔어야 했음에도 무역학과를 택하고 20년을 낭비한 후에서야 비로소 10대에 들려주었던 내면의 소리에 집중하는 것이다. 물론 그럴 수밖에 없는 이유는 많다. 예로 가정형편이 좋지 않아서 돈을 벌어야만 하거나 내가 좋아하는 것을 부모가 반대하여 포기하였을 수도 있다. 이 경우는 부모가 자식에게 부모의 삶을 살도록 강요받으면서 자신의 삶을 포기한 것과 다를 바 없다. 좀 더 나쁜 경우는 자신이 가고 싶은 길이 어느 방향인가를 모르는 것이다. 다소 높은 비율이 여기에 속할지도 모르겠다. 이상한 것은 내가 나이면서도 내가 원하는 것을 잘 모른다. 이 문제는 참으로 묘한 것이다. 그 이유는 천천히 살펴보겠지만, 근본적인 답은 인간은 하나의 에너지로 이루어진 것이 아니라 <u>10개의 상이한 에너지</u>로 구성되어 마구 섞여 회오리치며 에너지 덩어리들이 수시로 변하면서 생각에 변화를 일으키기 때문이다. 어제는 분명하게 법대를 지원하고 싶었는데 오늘은 이상하게 국문학과를 가고 싶거나 내일은 기계공학에 흥미를 느끼는 이유도 모두 동일한 이유다. 이런 각도에서 살피면 내가 누구인지 무엇을 원하는지 모른다는 것이 틀린 말이 아니다. 이런 에너지들의 반란은 평생에 걸쳐 이루어지며 나의 정체성을 모호하게 만들어버리는 주된 원인이다. 설상가상으로 전생의 업보가 끼어들어 사태를 더욱 복잡하게 꼬아버린다. 어쩌면 내가 나이면서도 나를 살기란 하늘의 별따기처럼 어려운 일지도 모른다는 불안감이 몰려온다. 어떻게 내가 내 자신의 정체를 모르고 나의 인생을 어떻게 살고 있는지 모른단 말인가? 불행하게도 그렇다. 내 삶을 한마디로 규정할 수 있는 사람은 없다. 시대를 넘나들어도 철학책이 넘쳐나는 이유다. 나를 살기가 쉽지 않다는 생각에 동의할 것이다. 그 원인을 정리해보면 나의 존재는 10개의 상이한 에너지로 구성되어 수시로 변하기에 정체성이 수시로 달라지고 전생의 에너지까지 개입되어 시공간이 뒤틀리기 때문이다. 더욱 복잡하게도, 혼자만 살아가는 세상이 아니기에 식구들과 주위사람들 그리고 사회규정에 얽히고설킨다. 바로 이런 경우다. 대학을 선택할 시점에 부친이 말씀하시기를 "옆집 철수아빠는 사업을 경영하시기에 철수에게 사업을 물려받을 수 있도록 경영학과에 보낸다고 하더라. 너도 경영학을 전공하여 사업하거나, 법학을 전공하여 사법고시를 패스하고 집안을 좀 일으켜다오." 이런 설명은 부모가 자식의 삶을 살거나, 자식이 부모의 삶을 사는 것이다. 아쉬운 점은 부모는 뒷이야기를 듣지 못했다. 철수는 경영에 전혀 소질이 없는데 부친의 욕망으로 적성에 맞지 않은 경영학을 전공하고 부친의 사업을 이어받았으나 부도내고 말았다. 혹은 부모의 뜻에 따라 법대에 들어갔으나 사법고시 공부 12년 했지만 끝내 합격하지도 못하고 결혼도 못했으며 폐인처럼 살아간다. 이런 문제를 보면 무엇이 어디서부터 꼬여버렸는지 분석도 어렵다. 분명한 것은, 내 인생을 살았던 것이 아니라 부모의 인생을 살도록 강요받았다는 것이다.

時	日	月	年
甲戌	己亥	乙巳	壬申

男

　대학교에서 경제학과를 전공했는데 그 이유는 자신이 원하는 학과가 없었고 경제학을 전공하면 취직하기 쉬울 것이라 생각한 부모의 결정 때문이었다. 결과적으로 자신의 적성에 맞지 않는 학과에서 흥미를 느끼지 못해 학업성적도 좋지 않았고 유급 당했으며 우여곡절 끝에 대학은 졸업하였지만 결과적으로 잘못된 선택이었다. 운 좋게 2018년에 자신이 원하던 영상관련 공부를 다시하고 현재는 영상제작 업체에서 근무한다. 이 친구가 영상관련 공부하는 과정에 종종했던 말이 강의시간이 너무도 빨리 지나가 아쉽다고 했다. 자신이 좋아하는 공부를 하니까 시간이 너무도 빨리 지나간다고 느낀 것이다. 그렇다. 자신이 원하던 삶을 찾았던 것이다. 년과 월에 있는 巳와 申이라는 두 글자는 영상, 기계, 컴퓨터를 뜻하기에 타고난 대로 그 운명에 따르기를 원한다. 근 5년 동안 배웠던 경제학공부도 나중에 쓸 일이 있겠지만 전혀 다른 시공간에서 인생을 낭비했다는 생각을 버리기 어렵다. 이런 경우는 자식에게 부모의 인생을 살게 한 경우이지만 다행한 점은 20대 이른 나이에 자신의 길을 찾았다는 것이다. 어려서부터 영상이나 기술, 예술성향을 보였음에도 부모가 아이의 내면에서 들려주는 소리를 무시했던 것이다. 어쩌면 우리는 자식이나 타인의 삶에 너무 쉽게 개입하여 부모가 자식이나 타인의 삶을 살거나 혹은 자식이나 타인이 부모의 삶을 살게 강요하는지도 모른다. 결과적으로 나를 살지 못하는 원인 중 대부분은 부모 때문일지 모른다는 생각에 두렵기까지 하다. 부모가 만들었으나 자식의 에너지조합은 부모와 전혀 다르다는 것을 인정해야 하는데 그 당연한 이치를 이해하게 해줄 방법이 없다는 것이 아쉬울 따름이다. 물론 이런 이유로 이 책을 쓰게 된 것이지만.

잠깐 생각해보자. 부모가 자식의 인생에 개입한 것 외에 또 어떤 요인들이 원하지 않는 인생을 살게 만드는 것일까? 나의 경우는 부모의 무관심이었다. 이런 상황은 좋기도 나쁘기도 하다. 좋은 이유는 부모의 삶을 살 필요가 없고, 나쁜 이유는 너무 어려서 판단력이 흐림에도 조언을 받지 못하고 미래의 인생을 즉흥적으로 선택해버렸다. 경영학과는 무슨 공부를 하고 철학과는 무슨 공부를 하는지도 모르면서 경영학이나 무역학을 공부하면 돈 벌기 좋다는 단순한 판단으로 내면의 소리를 무시하였고 그 결과는 매우 후회스럽다.

신중하지 못한 무심한 선택의 결과다. 즉흥적인 판단은 결정의 오류를 만들고 20년의 시간을 낭비했다. 인생을 잘못 살았던 것이다. 내가 나를 살지 못했고 타인을 살았다고 해도 전혀 틀리지 않은 말이다. 이런 관점에서, 우리가 살아가는 과정에 자신의 정체성을 확인시켜줄 수단이나 방법이 절실하게 필요하다는 것을 느낀다. 아이들도 자신을 이해하고자 학습할 필요가 있고 부모와 선생님은 자식과 학생들을 위해 적성을 파악할 방법을 학습해야만 후대들이 긴 세월 헛되이 살지 않도록 도울 수 있다. 내가 좋아하는 일하면 즐겁기에 시간은 빠르게 흐른다. 남들이 하고픈 일하면 시간은 참으로 느리게 흐른다. 그 고통은 누구나 경험해서 안다. 명리의 매력이 느껴지는 부분이다. 어느 방법으로도 명리만큼 한 사람의 정체성과 심리상태를 합리적으로 추론하기 어렵다. 현재는 물론이고 미래에 어떤 시간이 찾아오고 어떤 변화를 줄 것인가를 추론해 낼 수 있는 학문은 명리를 제외하고는 없다고 생각한다.

04 물질과 정신

위에서 살펴보았던 外面과 内面은 본질적으로는 물질과 정신으로 나눌 수 있다. 이런 분류는 너무 간단하여 중요하지 않아 보이지만 자연의 순환원리를 陰陽으로 굵게 나누고 五行과 十干으로 확장하는 과정과 같아서 모든 것의 기준점이다. 인체 구조는 굵게는 두 개로 나뉘는데 정신을 추구하는 **뇌**와 물질과 육체를 추구하는 **심장**이다. 2부에서 이런 이치를 자세히 살펴볼 것이다. 인체의 뇌는 폭발하는 에너지와 같아서 항상 밖으로 튀어나가려고 하므로 우리의 생각에 변화가 생기고 갈등을 유발한다. 이런 뇌의 특징은 인간으로 하여금 만족함을 모르게 만든다. 인체의 심장은 모든 것을 내 쪽으로 당겨오려는 욕망 때문에 재물, 권력, 명예, 탐욕, 시기와 질투 같은 성향을 갖게 만든다. 타인중심이 아니라 내 중심으로 돌아가게 만들려는 욕망이며 물질을 당겨와 내 것으로 축적하려고 노력한다. 하지만 神의 의지는 참으로 오묘하다. 절대로 한쪽으로 치우치게 만들지 않았기 때문이다. 상반된 두 속성이 계속 충돌하면서 한순간도 멈추지 않고 변화한다. 인간관계로 표현하면 타협과 조정이다. 내 스스로도 항상 충돌하고 타협과 조정을 통하여 결론에 이르지만 그 결론도 시간이 지나면 수시로 변한다.

세상에 변하지 않는 것은 없다.
　그 변화에는 항상 두 개의 에너지가 개입되어 있다. 바로 폭발하려는 에너지와 수렴하려는 에너지다. 우주의 진화과정도 다를 바 없다. 점점 무거운 원소를 만들도록 진화하여 결과적으로 우주에 물질을 만들어냈지만 폭발과 수렴의 충돌과정으로 결정된다. 예로 별들이 사라지는 이유는 늙어서 폭발력은 약해지고 수축력이 강해지면 중력을 견디지 못하고 스스로 무너지기 때문이다. 인간도 마찬가지다. 어려서는 그렇게 부잡하게 뛰어다녔지만 46세 이후에는 육체가 급격하게 노화되고 무거워져 결과적으로 죽는데 별이 무너지는 이치와 동일하다. 이런 두 개의 상반된 에너지의 충돌이 인간의 성정을 규정한다. 물론, 일방적으로 물질적이거나 정신적일 수 없다. 때로는 정신이, 때로는 물질적인 성향이 강해지고 또 두 개의 중간 즈음에서 선택에 어려움을 겪는다. 다만, 인간의 삶을 크게는 두 가지로 규정할 수 있다. 물질추구와 정신추구다. 예로 교육, 종교, 철학에 흥미가 많은 인자를 가지고 태어났는데 물질계로 나가면 인생을 허비할 수 있다. 어떤 지인은 건설업에 종사하면서도 종교, 철학에 심취하여 40년 세월 동안 자신의 존재를 알고 싶어 했다. 이런 경우는 정신을 추구해야 하는데 물질과 타협하며 살아가는 경우다. 여기에서 정신을 추구하는 에너지들과 물질을 추구하는 에너지들의 차이를 간단하게 살피고 넘어가자.

먼저 뇌를 상징하는 에너지는 癸요, 심장을 상징하는 에너지는 丁이다.(자세한 내용은 시공간부호 갑을병정 책에 있다.) 두 글자는 속성이 정반대여서 수시로 충돌한다. 癸는 폭발하여 시공간을 넓게 쓰고, 丁은 수렴하여 시공간을 좁게 쓰지만 단단하게 뭉쳐져 물질을 만들어낸다. 癸로 생각하고 丁으로 물질을 만드는 것이다. 癸의 속성을 머금은 글자들은 子丑辰으로 폭발하는 에너지를 활용하여 정신을 추구하지만 구조에 따라서는 한순간에 큰돈을 벌려는 탐욕으로 사용될 수도 있다. 겨울과 봄에 뿌리내리고 성장을 위주로 하므로 결실이나 수확의 개념이 약하다. 따라서 시간이 걸리더라도 미래를 위해서 성장하려는 욕망이 강하다. 丁의 속성을 가진 글자들은 午未戌로 수렴에너지를 활용하기에 물질에 흥미가 많다. 계절로 살피면 여름과 가을에 과일이 커지고 수확하는 과정이다. 이런 에너지 특징을 가진 글자들은 丙庚, 丁辛, 午未申, 酉戌 등이다. 이런 에너지들은 물질 욕망을 포기하기 어렵다.

時	日	月	年
丙戌	乙丑	甲子	癸亥

男

명리가 全白人 사주로 정신을 추구하는 글자들이 가득하다. 달리 표현하면 물질과의 인연이 박할 수밖에 없으니 정신을 활용해야만 한다.

時	日	月	年
丁亥	乙亥	甲子	癸卯

男

명리가 朴在琓 사주다. 역시 물질과 인연이 없는 글자들로 가득하다. 따라서 정신을 활용하는 직업을 가져야 한다. 예로, 종교, 철학, 명리, 교육으로 남들에게 지혜를 전달하는 행위다.

時	日	月	年	男
庚戌	壬戌	丙戌	乙未	

세계갑부 빌 게이츠 사주다. 물질을 상징하는 글자들로 가득하다. 물질과 깊은 인연이 있다.

時	日	月	年	男
丁亥	庚午	己未	戊辰	

홍콩 갑부 이 가성 사주로 역시 물질을 상징하는 글자들로 가득하다. 극히 물질적인 삶을 살아간다.

주의할 점은, 물질과 정신이 적절하게 균형을 맞추면 좋다는 생각은 허점이 있다. 물질을 추구하다가 정신을 추구하고, 정신을 추구하다가 물질을 추구하면서 균형을 맞추려고 노력하기에 산만하다. 일방적으로 쏠린 사주구조들은 물질이던 정신이던 한쪽으로만 집중하기에 한 분야에서 두각을 나타낸다. 오해하지 말아야할 것은, 정신을 추구하면 재물을 모으기 힘들다는 생각이다. 정신을 추구해야 한다면 반드시 정신을 추구할 경우에서야 비로소 그 분야의 전문가가 되어서 재물을 축적하지만, 물질을 추구하면 힘들게 살아간다. 이것이 하늘의 이치다. 예로, 교육에 종사해야 하는데도 사업에 뛰어들었다면 실패하기 쉽다. 하지만 교육에 종사하면 삶도 안정적이고 재물도 모으고 명예도 얻는다. 이것이 순응하는 방법이다.

05 癸와 丁으로 이루어진 인체

지금까지 살펴본 바로는 나의 존재가 무엇이라고 단정하는 것은 어렵다. 참으로 우습게도 그러하다. 하나의 에너지로만 이루어졌다면 규정하기 쉬웠을 것이나 10개의 상이한 에너지로 뒤죽박죽 섞인 것도 부족하여 그 에너지들이 수시로 얽히고 섞이면서 생각과 행동에 영향을 미쳐 다양한 변화를 일으킨다. 신기하게도 내가 나의 존재가치를 규정하지 못하고 나의 정체를 모른다. 내가 어떤 사람이고 어떤 인생을 살아가는지 답하지 못한다. 불행하게도 자신의 삶을 규정할 사람은 많지 않은 듯하다. 어쩌면 극히 드물지도 모른다. 내가 누구인지 단정하기 어렵다는 것을 이해했다면 그럴 수밖에 없는 이유를 분석해야 한다. 내가 누구인지도 모르면서 살아가는 것은 참으로 아쉬운 일이기 때문이다.

나를 규정하기 어려운 가장 핵심적인 원인은 물질과 정신이 섞여서 회오리치는 것임을 살폈다. 바로 腦와 정신을 상징하는 癸와 심장과 물질을 상징하는 丁이 회오리친다. 우주가 계속 팽창하듯, 나로부터 멀어지려는 속성과 내 쪽으로 당겨오려는 속성이 공존하며 끊임없이 변한다. 癸의 팽창속성 때문에 우리의 뇌는 태어나 죽을 때까지 한시도 쉬지 않고 팽창하기에 우리의 생각은 절대로 멈추지 않는다. 또 현재에 만족하지 못하고 항상 미래를 위해 변화를 주려고 노력한다. 丁은 중력에너지로 모든 것을 내 쪽으로 당겨오려는 욕망이며 소유하려는 이기적 성향이다. 이렇게 타협불가한 두 개의 속성이 한 몸에 공존하면서 태어나서 죽을 때까지 충돌한다. 이런 인간의 끝없는 갈등을 표현한 곳이 있다.

로마서 7장 14절-25절

우리가 율법은 신령한 줄 알거니와 나는 육신에 속하여 죄 아래에 팔렸도다. 내가 행하는 것을 내가 알지 못하노니 곧 내가 원하는 것은 행하지 아니하고 도리어 미워하는 것을 행함이라. 만일 내가 원하지 아니하는 그것을 행하면 내가 이로써 율법이 선한 것을 시인하노니 이제는 그것을 행하는 자가 내가 아니요 내 속에 거하는 죄니라. 내 속 곧 내 육신에 선한 것이 거하지 아니하는 줄을 아노니 원함은 내게 있으나 선을 행하는 것은 없노라 내가 원하는 바 선은 행하지 아니하고 도리어 원하지 아니하는바 악을 행하는 도다. 만일 내가 원하지 아니하는 그것을 하면 이를 행하는 자는 내가 아니요 내 속에 거하는 죄니라 그러므로 내가 한 법을 깨달았느니 선을 행하기 원하는 나에게 악이 함께 있는 것이로다. 내 속사람으로는 하나님의 법을 즐거워하되 내 자체 속에서 한 다른 법이 내 마음의 법과 싸워 내 자체 속에 있는 죄의 법으로 나를 사로잡는 것을 보도다. 오호라 나는 곤고한 사람이로다. 이 사망의 몸에서 누가 나를 건져내랴. 우리 주 예수 그리스도로 말미암아 하나님께 감사하리로다. 그런즉 내 자신이 마음으로는 하나님의 법을, 육신으로는 죄의 법을 섬기노라.

마지막 글귀에서 극명한 갈등이 느껴진다. 여기에서 癸는 "마음으로는 하나님의 법을" 丁은 "육신으로는 죄의 법을" 뜻한다. 왜 인간은 갈등하는 것인가? 두 에너지가 마구 회오리치기 때문이다. 노자는 끝없는 인간내면의 갈등을 有物混成이라 표현했고 소강절은 自余吟(자여음)에서 우리에게 안타까운 갈등에서 벗어나라고 조언을 아끼지 않았다.

身生天地后　내 몸은 천지가 생겨난 후 얻은 것이나
心在天地前　내 마음은 천지가 생겨나기 전에 이미 존재하였노라.
天地自我生　고로 天地는 나로 말미암아 생겨나는 것인 바
自余何足言　그 여유로움은 어찌 글로 표현할 수 있으리

　빅뱅당시에 癸 에너지가 생겨나고 나중에 회오리쳐 만들어진 丁 物質界가 생겨났으니 물질과 육체의 주인은 癸 정신이라는 뜻이다. 성경에서는 정신과 물질의 혼돈을, 소강절은 정신과 물질의 차이점을, 노자는 정신과 물질이 함께 있음을 설명하였다. 癸가 빅뱅처럼 팽창에너지임을 증명하는 사주예문을 몇 개 살펴보자.

時	日	月	年	女
癸巳	丙寅	壬午	庚戌	

　상업 고등학교를 졸업하고 중소기업에 취직해 직장생활 했는데 직장동료의 권유로 사이비 종교에 빠져 어머니가 딸을 구하고자 모진 고생하고 겨우 집으로 데려왔다. 한동안 신경쇠약 증세를 보여서 신경 정신과 치료를 받았다. 사이비 종교에 빠진 이유는 뇌를 상징하는 癸水가 많은 火氣에 증발하여 뇌에서 환각작용과 같은 현상이 발생하기에 정신을 안정시키고자 종교를 찾는다.

　유의할 점은 癸는 뇌이기에 극히 안정을 요하는데 사주에 巳午未 火氣가 가득하면 증발해버린다. 마치 주전자 물이 가스 불에 끓는 상황과 같아서 뇌가 수시로 폭발하면서 이상증세를 보인다. 이 사람처럼 사이비 종교를 믿거나 사기꾼, 거짓말쟁이, 수다쟁이와 같고 적절하게 절제된 사주구

조는 영업에 특출한 재능을 보이거나 강사, 정치가로 두각을 나타낸다. 이런 설명들에 대해서 아직 이해가 어렵더라도 지나가면 된다.

時	日	月	年
癸	辛	庚	辛
巳	卯	寅	卯

男

 이 사람은 입만 열면 허풍이고 매우 게으르다. 출생가문은 좋았는데 공부 하지 않아서 중학교를 졸업하고 기술 배운다고 서울로 상경하여 맨날 사고치고 청년시절 허송생활 하다가 가족들만 고생시키는데도 큰소리를 친다. 여동생과 약국을 차려 돈 좀 벌었는데 모두 날리고 지금도 큰소리치는데 근본이 나쁜 사람은 아니다. 지금까지 6년 동안 형제들 돈으로 생활한다. 이 구조도 癸가 증발하면서 허풍이 생겼다.

時	日	月	年
甲	癸	丙	甲
寅	卯	寅	辰

男

 입만 열면 거짓이요 누구를 어떻게 사기 칠까만 생각한다. 부인이 미장원 하는데 결혼 후 백수로 살면서 PC방을 안방 드나들듯하며 돈 떨어지면 사기 치거나 부인이 운영하는 미장원에 찾아가 행패 부리고 2009 년에는 관재가 발생하여 감방에 갔다. 이 구조도 뇌를 상징하는 癸가 증발하면서 사고방식이 정상이 아니다.

 丁은 물질에 집착하는 중력에너지임을 증명하는 사주예문을 살펴보자. 이런 의미를 이해하는 것은 매우 중요하다.

時	日	月	年	男
癸	庚	丁	甲	
未	午	卯	辰	

영어공부에 전념하여 학원 강사 하다가 학습지 등 출판 사업까지 확장하여 번창하였는데 壬申, 癸酉年에 돈을 빌려 사업을 무리하게 확장하다가 甲戌年에 부도내고 외국으로 도피하였다. 당시 부도액이 80억이나 되었다. 이 구조는 火氣에 증발하여 허풍이 강하고 사기 치는 성정 癸水와 丁火의 물질욕망과 집착이 섞여 80억이라는 큰돈을 부도내서 많은 사람들에게 고통을 주었다.

흥미로운 점은 癸를 너무도 확장하고 부풀리기에 일반인들은 허풍에 속아 넘어간다는 점이다. 초년부터 바르게 교육을 받고 사상가, 정치, 교육, 영업행위에 활용하면 뛰어난 재능을 보이지만 상기 예문들처럼 잘못 사용하면 허풍인생을 보내고 만다. 이것은 모두 癸 뇌가 물이 끓는 것처럼 증발하면서 환각작용에 시달리는 부작용이다.

時	日	月	年	男
庚	丁	丁	庚	
戌	未	亥	戌	

이 여인은 丁丁으로 물질을 당겨오려는 욕망이 강하고 집착도 강할 수밖에 없다. 남편이 전화를 받지 않으면 받을 때까지 계속 전화를 해대는 집착증을 보인다. 또 잘잘한 술병소품을 끝없이 모아댄다.

뇌와 심장이 충돌하면서 生氣를 유지하는 인체의 속성은 심폐소생술에서도 확인할 수 있다. 예로 심장이 멈추면 5분에서 10분 사이에 腦死(뇌사)에 빠진다. 즉, 표현그대로 뇌도 사망하는 것이다. 이때 심폐 소생술에 성공하면 살아나는 이유는 심장에 있는 피를 뇌까지 연결시켜서 살리는 것이다. 의미를 확장하면 심장마비, 뇌출혈도 丁癸 沖 작용에 문제가 생겼을 경우에 발생하는 질병이다.

이렇게 인체는 심장과 뇌가 연결되어 상호 충돌을 통하여 살아있음을 증명한다. 인간은 뇌 작용만으로 혹은 심장의 작용만으로는 생기를 유지하지 못한다. 뇌와 심장은 자신의 고유한 작용력을 가졌지만 혼자서는 쓰임이 없다. 신비로운 점은 상반된 성질이 충돌을 일으키고 자극을 통하여 生氣를 갖는다. 이런 작용력을 묘사한 표현들은 굉장히 다양한 곳에서 발견할 수 있다. 예로 좀 극단적인 표현이지만, 사느냐, 죽느냐는 色界와 空界의 차이만큼 크지만 뇌의 영혼과 심장의 물질세계를 잘 표현한 것이다. 철학적으로 살피면 "에리히 프롬"이 쓴 소유냐 존재냐 또한 뇌와 심장으로 나뉘어져 마구 회오리치는 인간의 근원적 구조를 설명한 것이다. 그는 인간의 생존방식을 재산, 사회적 지위, 권력 등의 소유에 전념하는 소유양식과 자기 능력을 능동적으로 발휘하며 삶의 희열을 확신하는 존재양식 두 가지로 구분하였다. 현대 사회는 소유양식을 더욱 중요하게 생각하며 유능한 인간으로 판단한다.

흥미로운 점은 소유양식을 감소시키는 정도만큼 존재양식이 늘어난다고 설명하였는데 바로 뇌와 심장의 균형이 수시로 변하는 것이다. 즉, 심장에서 요구하는 물질집착과 욕망에서 벗어나야만 나의 존재를 찾기 시작한다. 불교에서 색즉시공, 공즉시색으로 표현하는데 이 또한 물질과 정신이 동일한 것이지만 물형이 달라 보인다는 설명이다. 그렇다. 인체구조는 단일하지 않다. 그리고 단일하다면 살아있을 수도 없다. 반드시 한 쌍으로 이루어진 정반대 에너지들이 충돌을 통하여 자극하면서 살아있음을 증명한다. 이런 주제는 인류 역사에서 끝없이 등장하였고 그 신비가 벗겨지는 날까지 이어질 것이다. 위에서 물질과 정신이 한쪽으로 쏠린 사주구조를 살펴보았다.

물질과 인연이 없어서 평생 공부만하는 인생과, 물질과 인연이 강하여 재물이 스스로 찾아오는 운명도 있다. 여기에 몇 가지 더 복잡한 유형이 존재한다. 예로 겉으로는 정신을 추구하는 것처럼 보이지만 속에서는 물질을 추구하는 유형이다. 또 겉으로는 물질을 추구하는 것처럼 보이지만 속에서는 정신을 추구하는 유형과 上下가 마구 섞여서 반응하는 조합도 있다. 또 사주구조 전체가 물질을 추구하지만 정신을 간절히 바라는 유형도 있는데 그 이유는 태어날 때 받은 사주팔자 구조가 물질에 집중하지만 물질만 추구하면 중력으로 별이 붕괴되듯 육체도 생기를 잃기 때문이다. 예로 갑자기 큰돈이 들어오고 사망했다더라. 혹은 이제 살만하니까 병에 걸려서 돈을 써보지도 못하고 사망했다는 식의 표현들이 그런 의미다. 인간의 이중적이거나 다중적인 성향은 사주팔자 구조를 살피면 어렵지 않게 이해한다. 사주 예문을 살펴보자.

時	日	月	年
辛	壬	癸	辛
丑	申	巳	未

男

이 구조는 천간에서 辛壬癸로 종교색채가 강하지만 地支는 巳午未申으로 극히 물질적인 글자들로 가득하다. 이렇게 천간과 지지의 에너지 특징이 너무도 다른 경우는 인간의 성정도 겉과 속이 전혀 다르다. 따라서 천간의 에너지들 영향으로 종교에 심취했지만 내면에서는 물질욕망이 강하여 사이비종교가가 되었고 혼란스러운 정체성 때문에 1997년 3월 추종자 38명과 함께 최면제를 타 마시고 자살했다.

상기내용은 모두 인간의 성정을 정신과 물질로 굵게 살펴본 것이지만 이 정도의 분류로 인간의 성정을 연구하기에는 턱없이 부족하다. 물질과 정신을 현실화 시키는 에너지들이 10개가 있는데 우리가 익히 알고 있는 甲乙丙丁戊己庚辛壬癸다. 다른 장에서 자세히 다루겠지만 열 개의 글자가 최초로 발견된 시기는 은허의 갑골문에서다. 오랜 옛날부터 이런 에너지들의 특징을 활용하였다는 점이 신기하기만 한데 선인들의 지혜에 감탄할 따름이다. '갑골문합집 6057정(甲骨文合集6057正)'을 예로 들어 갑골문의 형식을 살펴보면 다음과 같다.

癸巳卜, 殼, 貞, 旬亡禍? 王占曰 : 有祟其有來艱. 迄至五日丁酉, 允有來艱自西. 계사(癸巳)일에 점쟁이 각(殼)이(前辭), '앞으로 열흘 동안 재화가 없겠는가?'라고 점을 쳤다(貞辭). 왕이 점친 갑골편의 갈라진 모양을 보고 귀신이 앙화를 부려 아마도 불길한 일이 발생할 것 같다고 판단하였다(占辭). 닷새가 지난 정유(丁酉)일에 과연 불길한 일이 서쪽에서 발생하였다(驗辭)   인터넷 발췌

- 丙子卜 貞　多子其延學(?)　不購大雨.
- 병자 일에 점을 쳤다. 많은 아이들이 학교에 늦지 않는가?
  큰 비가 내리지 않았다. (해석은 필자가 임의로 한 것이다)

인터넷에서 찾은 두 개의 자료를 올린 것이다. 모두 은허의 갑골문에서 발견된 것들인데 이미 3천년~4천 년 전에 점법을 활용하였다. 다만, 대부분은 갑골문에만 집중하는데 우리가 살펴야할 것은 수천 년 전부터 60甲子를 활용하고 있었다는 점이다.(시공간부호 갑을병정 참조)
　　상기 문장들에서 보이는 癸巳, 丁酉, 丙子의 정체가 무엇이기에 그 것을 이용하여 점을 쳤을까? 또, 점을 친다는 행위의 본질은 무엇일까? 점을 칠 때 기준점이 없다면 점을 칠 수는 없다. 예로, 타로 점의 경우를 생각

해보자. 내가 타로 점을 치고자 타로를 골랐을 때는 바로 그 시기의 에너지를 살펴서 "지금" 어느 상황에 처해있는가를 살핀다. 즉, 겉으로 드러난 행위는 타로를 선택한 후 타로에서 보여주는 그림의 뜻으로 운세를 맞추는 것이지만 감안하지 않은 것은 타로를 뽑는 순간의 에너지파동 상태이며 정확한 표현으로는 타로를 뽑는 순간의 時空間이다. 유사한 행위로 주역 점을 치는 경우, 卦(괘)가 나오면 卦象(괘상)이 주는 의미를 해석하여 운세를 판단한다. 표면적으로는 괘를 택하고 卦象에서 보여주는 운세를 참조하지만 괘를 선택한 時空間이 결정한다. 이런 행위와 달리, 은나라에서 보여주는 癸巳일과 丙子일에 점치는 행위는 방식이 상이하다. 예로, 타로를 뽑은 날도, 주역 점을 치는 날도 癸巳일이었다고 해도 타로와 주역 점에는 癸巳일의 時空間을 감안하지 않는다. 타로와 卦에서 보여주는 의미를 읽어내서 길흉을 판단하기 때문이다. 하지만 은나라는 점을 치는 날의 時空間을 살폈다. 시공간의 기준을 결정한 후에서야 점치는 행위로 점괘를 읽어낸다. 그렇다면 타로, 주역 점과는 어떻게 다를까? 상기의 표현에서 "갑골편의 갈라진 모양을 보고 귀신이 앙화를 부려" 는 마치 타로그림처럼 판단하는 기준이 갑골편의 갈라진 모양이지만 癸巳일이나 丙子 일과 같은 60甲子를 기준으로 하였다. 癸巳 일에 점을 쳤을 경우 비록 癸巳일의 시공간부호를 살핀 것은 아니지만 癸巳일에 알려주는 甲骨의 모양을 읽었다. 다른 상황을 살펴보자. 어느 날 출국하려고 비행장에 갔는데 이상하게도 문제가 생겨 5시간 후에나 비행기가 이륙한다는 것이다. 무슨 날인가 살펴보니 丁未 日이었다. 또 어느 날 인터넷 연결이 끊어져서 무슨 날인가 살펴보니 辛卯 일이었다. 왜 무슨 날인가를 확인했을까? 바로 그 시공간 에너지와 당시에 발생했던 일들의 상관관계를 따지기 위해서다. 만약 에너지의 특징을 모른다면 5시간 동안 기다리는 행위가 매우 짜증스러웠을 것이고 또 당장 급하게 처리할 메일이 있었는데 인터넷문제로 메일을 발송하지 못하면 당황스러운 상황이다. 하지만 丁酉나 辛卯 일을 확인한 후에, 아하~ 오늘은 비행기가 正時에 출발하지 못하겠구나. 오늘은 인터넷 연결에 문제가 생길 수밖에 없구나 하면서 여유롭게 기다리거나 미리 문제를 예측하고 다른 방안을 택할 수도 있다. 또, 大運이 바뀌면서 운이 나빠진다고 판단한 김 선생은 일이 발생할 것이라는 그 순간까지 정말로 자신이 생각한 사건이 발생할지를 걱정하면서 기다려야 한다. 이 경우 미래에 발생할 가능성을 현재에 당겨와 고민한다. 이런 행위가 과연 현명할까? 사주팔자를 공부하여 발생할 일을 예측하고 대비하는 것은 현명해 보이지만 아직 실현되지도 않은 미래에 불안감을 느끼고 혹시나 발생하는 그 순간까지 고민하는 것이 현명한 행위라고 생각되지 않는다. 몇 가지 상황을 통하여 우리는 인생을 선택할 수 있는 다양한 방법들이 있음을 알았다. 어쩌면 가장 합리적인 방법은 미래에 발생할 문제를 현재에 피해가려고 노력하거나 미래의 고민을 현재로 끌어와 고민할 것이 아니라 발생하는 그 순간에 순응하면서 적절하게 대처하는 것이다.

時	日	月	年
甲辰	壬申	丙辰	癸未

男

한국에 있을 때 다리를 조금 절었고 팔이 좀 불편했는데 乙未년 여름에 모친과 함께 캐나다로 간 후로 다리도 편해지고 팔도 펴졌으며 굉장히 활동적으로 바뀌었다. 한국에 있을 때는 육체적, 정신적으로 불편했는데 사주팔자는 변함이 없음에도 캐나다에 갔더니 육체적, 정신적으로 편해졌다. 어떤 차이가 생긴 것인가? 시공간에 변화를 준 것이다. 특히 공간변화를 통하여 정신과 육체에 영향을 미치는 에너지의 흐름을 전환하였다. 이런 행위들로 에너지 흐름을 바꿀 수 있음을 다양하게 경험하였다. 비록 時

空間에 정해진 에너지흐름을 바꿀 수는 없지만 현재의 공간에서 다른 공간으로 이동하면 원래의 에너지에 변화가 오고 운명을 바꿀 수 있다. 이런 이해는 매우 중요하다. 예로 내 자식이 성장하는 과정에 "왕따를 당하거나" 공부에 집중하지 못하여 성적이 오르지 않거나, 이상하게 선생님과 친구들과의 사이가 나빠질 때는 에너지를 전환시킬 방도를 찾아야 한다. 상기에서 언급했던 丁未 일에 비행기가 늦게 출발하여 골탕 먹었던 이유를 살펴보자. 에너지 특징을 연구하면 丁에는 일의 흐름을 불편하게 만들어버리는 특징이 있음을 발견한다. 결과적으로 일의 흐름을 방해하기에 丁日에 걸리면 골탕 먹을 가능성이 높다. 갑골문에서 丁은 "못질하여 단단하게 고정하니 견실하다"는 뜻이지만 좀 더 연구해보면 熱氣를 품었고 열기가 식어가는 과정에 물질을 단단하게 만드는 에너지다. 예로, 빅뱅과정에 시공간을 팽창하는 역할은 癸가 하지만 폭발과정에 발생했던 엄청난 열기 丁은 회오리치는 중력으로 우주에 은하와 같은 물질을 만들어낸다. 즉, 부드러웠던 것을 딱딱한 물질로 바꿔주기에 丁은 모든 것의 움직임을 느리게 만들어버린다. 예로 살이 쪄서 무거워지면 움직임이 둔화될 수밖에 없는 이치다. 열기를 축적하는 작용으로 살피면 그 물상은 電力과 같은데 그렇게 할 수 있는 이유는 丙火 빛을 丁火 열로 바꾸기 때문이다.

예로 뜨거운 여름에 태양 빛을 돋보기에 받아서 한 곳에 집중하면 丁火 열이 모이고 무언가를 태울 수 있다. 이때 작용은 넓은 시공간을 극히 좁은 시공간으로 축적하기에 가능해진다. 이해가 어렵다면 병목현상을 상상하면 되는데 8차선 도로를 달리다가 갑자기 4차선으로 줄어들면 속도가 급속도로 느려진다. 이런 행위를 하는 에너지가 丁이다. 따라서 丁에 의해서 발생하는 상황은 흐름에 문제가 생기면서 일이 막히고 답답하고 느려지고 지체되는 현상이 발생한다. 辛卯 일에는 왜 인터넷 전송에 문제가 생겼을까? 그 것은 卯의 흐름이 辛에 의해 끊어졌기 때문이다. 卯를 쉽게 이해하는 길은 인체에서 피의 흐름을 생각하면 된다. 좌우로 펼치려는 속성을 가진 卯를 활용하면 예로 정보, 통신처럼 좌우로 필요한 정보를 펼쳐낸다. 만약 인터넷에 어떤 소문이 급속도로 퍼졌다면 그 에너지 특징은 卯뿐이다. 하지만 辛卯로 만나면 辛은 물질이 급속도로 딱딱해지고 움직이는 속도가 급속도로 위축되는 속성이기에 辛에 의해서 卯의 움직임이 어려워진다. 이렇게 타로나 주역으로, 다양한 점법으로 운을 살피지만 그 차이는 이것이다. 점법은 점괘가 나왔다는 것은 알지만 왜 그런가에 대해서는 답하지 못한다. 즉, 내가 왜 그런 타로를 뽑았는지를 설명하지 못한다. 하지만 癸巳, 丙子 일에 점을 쳤다고 기록한 것을 보면 그 時空間에 상응하는 에너지가 정신과 육체에 영향을 미친다는 것을 선조들은 이해하고 있었다. 정리하면, 丁未 일에는 일이 지연될 것이고, 辛卯 일에는 사람이나 사물과의 연결고리에 문제가 발생한다고 판단한 근거는 바로 두 글자가 가진 에너지 특징 때문이다. 그렇다면 이런 에너지 특징은 인간의 외부에만 존재하는 것인가? 아니다. 동일한 에너지들이 인체를 수시로 만지면서 뇌와 심장에 영향을 미치고 결과적으로 사고와 행동방식에 영향을 미친다. 이런 이치를 이해하면 태어날 때 받은 에너지들의 특징을 살펴서 상응하는 성격과 적성을 파악할 수도 있을 것이다. 그렇다면 어떤 에너지들이 우리가 살고 있는 지구에 존재하는 것일까?

06 열 개의 에너지로 구성된 지구와 인체

癸의 정신과 丁의 물질로 구성된 인체의 근본체계와 이에 따른 성향을 살펴보았다. 인간의 정신을 통제하는 癸(뇌)와 癸로부터 일부를 활용하여 물질과 육체를 형성한 丁(심장)이 수시로 충돌하면서 살아있음을 느끼게 해주지만 이중적인 성향을 육체에 장착한 우리는 혼란스러운 삶을 한시도 벗어나지 못한다. 癸가 강해지면 정신을 추구하여 종교, 철학, 명리에 흥미를 느끼고 丁이 강해지는 시기에 이르면 물질, 육체욕망이 강해진다. 癸는 삶의 근원적 문제에 흥미를 느낀다. 내가 왜 사는가에 대해 궁금증을 갖고 이런 문제에 답해줄 방법을 찾아다닌다. 종교, 명리, 철학이 그것이다. 부작용으로는 팽창에너지가 강해지면 능력 이상으로 확장하려는 욕망 때문에 도박, 투기, 한탕주의 속성에 휘말린다. 丁에너지가 강해지면 물질욕심이 강해지고 육체욕망이 강해지면서 자식을 낳고 싶다는 충동을 느낀다. 다만, 중력에 영향을 받아서 육체가 굳거나 폐병과 같은 질병에 시달릴 수도 있다. 이렇게 癸, 丁 두개의 혼돈으로 구성된 인체라면 복잡하지 않지만 불행하게도 우리의 운명은 癸와 丁의 혼돈으로 끝나지 않는다. 위에서 살펴보았던 갑골문에서 발견된 癸巳, 丙子, 丁酉처럼 癸와 丁 외에도 8개의 에너지들이 더해져 수시로 우리 몸을 관통하면서 영향을 미친다. 나는 10개의 상이한 에너지덩어리로 구성된 인체를 소유하였으며 그 에너지들이 수시로 변하면서 나의 정체성을 바꿔놓는다. 여기에서 에너지와 시공간 의미를 간략하게 정리하고 넘어가는 것이 좋겠다. 에너지의 종류에는 10개가 있다. 바로 甲乙丙丁戊己庚辛壬癸다. 즉, 지구에는 열 개의 에너지가 수시로 존재하며 모든 생명체에게 한시도 멈추지 않고 영향력을 행사한다. 따라서 인체는 상이한 10개의 에너지덩어리들로 구성되며 영향을 받아서 흔들리는 갈대처럼 수시로 휘청거린다. 왜 이런 에너지들이 지구와 인체에 존재할까? 이유는 간단하다. 기울어진 지구가 일정한 방향으로 회전하는 과정에 季節변화가 생기기 때문이다. 즉, 겨울에는 춥고, 여름에는 덥고 봄에는 따사롭고 가을에는 쌀쌀한 느낌이 드는 에너지들을 만들기 때문이다. 에너지들의 움직임을 명리에서 甲乙丙丁 부호를 사용하여 표현한다. 예로, 겨울에 추워서 움츠러드는 에너지는 壬이요, 여름에 덥고 뜨겁게 만드는 에너지는 丙이며, 봄에는 따사롭고 아지랑이 피게 만드는 에너지는 癸, 가을에 쌀쌀한 느낌이 들게 만드는 에너지는 丁이다. 이런 4개의 핵심 에너지들이 움직일 때마다 상응하는 반응을 보이는데 壬의 움츠러드는 에너지 때문에 甲이 밑으로 하강하며 癸의 따사로움 때문에 乙이 좌우로 펼쳐내며, 丙의 뜨거운 에너지 때문에 庚이 활짝 펼치며, 丁의 쌀쌀한 에너지 때문에 辛이 굳어 딱딱해진다. 여기에 추가적으로 봄과 여름의 에너지들을 수용하는 戊와 가을, 겨울의 에너지들을 수렴하는 己의 에너지를 더하여 모두 10개가 된다. 예를 들어 살펴보자.

時	日	月	年
庚	癸	庚	癸
申	酉	申	亥

女 28

이 사주는 대부분 金氣의 에너지로 물형을 딱딱하게 만든다. 예로, 주위 분위기를 딱딱하게 만들거나 정해진 틀에서만 움직이며 융통성이 부족하기에 군대, 경찰 같은 조직에 어울린다. 확장하지 못하고 움츠러들고 우물 안 개구리처럼 넓게 살피지 못한다. 이런 성정은 이 사주 당사자가 태어날 때 받았던 시공간구조 특징 때문이다. 이 여인은 2010년 당시 업무분배가 불공정하고 일이 너무 많아서 스트레스로 회사를 그만두었다. 주위평가는 수동적이고 순종적이면서도 말투가 직설적이고 사소한 오해에도 날카로운 금속처럼 공격적이다. 이기적이지는 않지만 이타심이 없고 타인에 대한 배려를 모르는 성격이다. 무엇이 이 여인에게 이런 평가를 받도록 만들었을까? 태어날 때 받은 에너지들 특징은 사물을 딱딱하게 만들어버리는 강한 金氣 때문에 주위사람들이 느끼기에 차갑고 직설적이고 날카로운 금속처럼 공격적이라 생각한다. 이런 에너지로 구성된 사주팔자로 태어났다면 주위로부터 이런 평가를 받으며 성장하고 직업을 택하여 사회활동 할 것이다. 그렇다면 주위에서 어떤 조언을 해야 부정적인 평가에서 벗어날 수 있을까?

첫째, 위에서 설명했던 한국에서 캐나다로 떠난 아이의 인생전환을 생각할 수 있다. 만약 캐나다로 이민 갈 상황이 아니라면 부산에서 서울로, 서울에서 부산으로 환경을 바꿔서 에너지 움직임에 변화를 주는 것이다.

둘째, 극히 딱딱하고 날카로운 속성을 필요로 하는 환경에서 살아가도록 유도한다. 예로 경찰, 검찰, 군인, 형사, 법관, 교도관, 금속을 다루는 직업, 금융업 등이다. 만약 이런 직업을 택한다면 나쁜 성격들이 오히려 장점으로 작용할 수 있다.

어쩌면 우리가 좋거나 나쁘다고 평가하는 것은 어느 시공간에 존재하느냐에 따라 전혀 다르게 발현될 수 있다. 만약 경찰에서 근무하면서 범인을 다룬다면 직설적이고 공격적이며 나쁜 성격이라 표현하지 않는다. 이런 이유로 우리가 소유한 에너지들의 특징을 반드시 이해할 필요가 있다. 그래야 에너지 조합이 어떤가를 이해하고 삶의 방향을 적절하게 결정하기 때문이다. 예로 이런 표현을 쓸 경우가 있다. 혹시 그 소문 들었나? 박 씨는 과거와 전혀 다른 사람이 되었다고 하데. 혹은 돈밖에 모르는 사람이었는데 지금은 이곳저곳 봉사활동 다닌다고 하데. 사람이 너무 달라졌어.

時	日	月	年
庚	癸	庚	癸
申	酉	申	亥

女

만약 이 여인에 대해서 표현하기를 "너무도 다정하고 자상하며 장난 끼가 많고 밝고 천진난만하데" 라고 표현했다면 갑자기 어떤 일이 생긴 것일까? 분명하게 동일한 사람인데 어느 시점에서 날카롭고 직설적인 성격이었다면 또 어느 시점에서는 극히 다정한 사람이 되어있다. 어떻게 동일 인물의 평가가 이렇게 다를까? 어떤 이유로 전혀 다른 사람으로 평가받을까? 그 답은 일정시점에서 살폈던 에너지들의 특징이 변화했기 때문이다. 이 여인의 에너지 변화과정은 아래와 같다.

79 69 59 49 39 29 19 09 ────────▶ 연령
戊 丁 丙 乙 甲 癸 壬 辛 ────────▶ 에너지 변화
辰 卯 寅 丑 子 亥 戌 酉 ────────▶ 물질, 육체, 환경, 공간변화

이 여인은 초년부터 28세 즈음까지 가을에서 겨울을 향하면서 더욱 움츠러드는 에너지에 휘둘린다. 타고날 때 받은 에너지들 조합도 매우 딱딱한데 운의 흐름도 그 문제를 해결해주지 못했다.

정리하면, 태어나서 죽을 때까지 에너지들은 수시로 변하면서 인간의 사고방식과, 행동방식에 영향을 미친다. 일정시점에서 한 사람의 정체성을 규정하고 그 것이 전부라고 판단하는 오류에 빠질 수도 있지만 동일한 사람도 다른 시공간에서는 완전히 다른 사람으로 달라질 수 있다. 시간은 언제라도 변화를 일으키고 인간의 사고와 행동방식에 영향을 미칠 수 있기 때문이다. 현재의 시공간은 단지 현재의 판단기준만 제공하기에 다른 환경, 공간, 시간좌표는 전혀 다른 존재를 결정한다. 사실 <u>내가 나를 모르는 이유도 동일하다.</u>

수시로 변하는 에너지들이 나를 한시도 가만두지 않기에 이런 변화를 감안하지 못하면 내가 누구인지 헛갈린다. 나의 존재는 그대로인데 나의 특징을 규정하는 시공간 좌표가 변하면서 달라지는 것이다. 현재는 현재의 나를 규정할 뿐이고 미래의 나는 미래의 시공간 특징을 이해할 때에서야

비로소 변해버린 나를 관찰할 수 있다. 변해가는 나의 정체성, 20대에 택했던 직업과 현재의 직업관, 그 외에도 다양하게 변하는 사고방식과 행동방식을 일으키는 원인은 바로 **時間 때문**이다. 우리는 시간의 정체를 곰곰이 생각해야만 한다. 時間이 우리의 삶을 결정하기 때문이다. 시간에 의해서 우리의 삶이 좌지우지된다는 생각을 할 때에서야 비로소 명리의 본질에 다가서고 시공간좌표에 변해가는 나의 정체성을 인정한다. 세상에는 나의 정체성을 규정하려는 수많은 방식들이 존재하지만 대부분은 현재의 나를 읽는 점법들이거나 시공간 좌표를 활용하지 못하고 생극 논리로 살피는 방식들이다. 멈추어진 시공간에서 정지된 현재의 나를 발견하지만 시공간 좌표가 움직이는 방식을 이해하면 미래의 나를 발견할 것이다.

달리 표현하면, 시공간 흐름을 읽지 못하는 방식들은 현재의 나를 살필 뿐이다. 나의 존재가치를 규정하는 핵심은 時間이며 변화를 읽어낼 수 있는 학문은 명리학 뿐이다. 우리는 중대한 인생의 전환점에서 바른 길로 인도해줄 적절한 방법이 필요하다. 종교를 통하여 시공간에 순응하는 나를 발견하고, 철학을 통하여 삶의 가치를 발견하며, 학문을 통하여 정신과 물질의 균형을 찾지만 나의 존재가치와 의미를, 그것도 변덕스런 나를 찾아가는 방법은 命理學 뿐이라 믿는다. 미신처럼 치부되는 사주팔자 술이 아니라 우주, 지구자연의 이치를 이해하는 명리학을 배울 가치는 충분하다. 그러기 위해서는 무엇보다 먼저 <u>時間</u>의 정체가 무엇인지 알아야 한다.

07 時間이란 무엇인가?

時間처럼 흥미로운 주제가 있을까? 최근에 읽었던 책 중 하나가 "시간은 흐르지 않는다."는 자극적인 제목의 "카를로 로벨리"의 책이다. 時間을 이해하는 과정에 반드시 등장하는 인물이 있는데 바로 성 아우구스티누스다. "시간은 흐르지 않는다."의 책 186페이지와 188페이지에 있는 내용을 그대로 인용하여 올려본다.

(고백서) 제 11편에서 아우구스티누스는 시간의 특성에 대한 의문을 제기하고 우리의 시간 인지능력에 대한 명석한 분석을 내놓았다. 그는 과거는 지난 것이라 더 이상 없고 미래는 앞으로 와야 할 것이라 이것 역시 없기 때문에 우리가 언제나 현재에 있다고 보았다. 그리고 우리가 언제나 현재에만 있다면 그 것은 정의상 순간적인 것이 되는데 어떻게 기간을 인식할 수 있는지, 혹은 평가할 수 있는지를 자문했다. 우리가 언제나 현재에만 있다면 어떻게 과거에 관해 이렇게 확실하게 알 수 있는 걸까? 지금 이곳에는 과거와 미래가 없다. 과거와 미래는 어디에 있을까? 아우그스티누스가 내린 결론은 우리 안에 있다는 것이다.

"그러니까 나는 머릿속으로 시간을 재고 있는 것이다. 내 머리가 시간이 객관적인 것이라고 우기도록 하면 안 된다. 나는 시간을 측정할 때마다 내 머릿속의 현재에서 무엇인가를 측정하고 있다. 시간이 이렇지 않다면, 나도 시간이 무엇인지 모르겠다."

처음 언뜻 본 것보다는 훨씬 그럴듯한 개념이다. 우리가 時計로 기간을 측정한다고 할 수 있지만, 이것은 불가능하다. 時間은 서로 다른 두 순간에 시계를 봐야 측정할 수 있는데 우리는 언제나 하나의 순간에 있지, 두 순간에 존재할 수는 없기 때문이다. 우리는 현재 속에서 현재만 본다. 과거의 흔적이라고 해석되는 것들은 볼 수 있지만 과거의 흔적을 보는 것과 시간의 흐름을 인지하는 것에는 큰 차이가 있다. 아우구스티누스는 그 차이의 근원이 시간의 흐름을 인지하는 일이 내면 적이기 때문이라고 파악했다. 그것은 내면의 일부이며, 뇌에 남은 과거의 흔적들이다.

상기에서 언급한 "기간을 잰다."는 의미를 다른 각도에서 살펴보자. 예로 빌게이츠 사주는 아래와 같은데 이 사주팔자의 시공간 좌표는 태어난 순간이다. 따라서 시계로 기간을 측정할 수는 없지만 시간의 기준좌표와 현재의 기준좌표를 비교하여 그 변화과정을 살필 수는 있다.

時	日	月	年
庚戌	壬戌	丙戌	乙未

男

아래는 현재의 시공간 좌표인데 숫자로 표기하면 2019년 10월 10일 오후 1시 37분에 해당한다.

時	日	月	年
癸未	庚辰	甲戌	己亥

男

우리는 이런 방식을 통하여 두 개의 時空間 좌표를 비교할 수 있다. 카를로 로벨리의 주장처럼 기간을 잴 수 없다는 것은 이런 것이다. 타로, 주역점, 기타 점법은 시간의 기간을 재지 못한다. 왜냐면 점을 쳐서 과거, 현재 혹은 미래의 상황을 살펴볼 수는 있어도 점치는 행위 자체는 오로지 현재의 에너지로만 가능하기 때문이다. 이런 이유로, 60甲子를 활용하는 명리의 매력은 시공간 좌표를 명확하게 가지고 두 지표 사이의 차이점을 비교하여 과거, 현재, 미래의 시공간 변화를 언제라도 읽어낼 수 있다. 왜 그리고 어떻게 과거, 현재, 미래를 읽어내는가는 앞으로 자세하게 풀어갈 것이다.

　다른 각도에서 시간의 정체를 살펴보자. 산호초 화석에 담긴 우주의 시간은 우리에게 시간의 정의를 더 명확하게 알려줄지 모른다. 미국 Cornell 대학의 John Wells 교수는 약 4억 년 전 Devonian 시대에 살던 산호초 화석을 채취한 뒤에 1년 동안 화석화 된 테두리 숫자를 세어 보았더니 놀랍게도 1년 동안 400개의 lime 테두리가 만들어진 것을 발견했다. 달리 표현하면 약 4억 년 전에는 지구가 약 22시간마다 한 바퀴씩 자전했으며
　지구가 태양 주위를 한 바퀴 돌아오는 동안에 약 402번 정도 자전하였다는 사실을 보여주었다. 따라서 인간이 생각하는 時間단위는 고정불변한 것이 아니다. 우리가 생각하는 시간은 지구가 자전하는 하루 24시간, 공전하는 365일 단위를 時計로 측정하지만 변하지 않을 것 같은 시간단위는 끊임없이 변해왔다는 것을 산호초가 증명해준다. 다만, 일정한 시간방향을 확인할 수 있는데 시간은 느려지는 방향으로만 흐른다. 즉, 4억 년 전에는 현재의 시간단위로 1년에 400번 회전하였는데 현재는 속도가 느려져 365번밖에 회전하지 못한다. 이런 변화과정에서 알 수 있는 것은 다시 4억 년이 지나면 지구의 회전속도는 330번 혹은 더 느려질 것이고 현재의 시공간 기준은 무용지물이 될 것이다.

　즉, 시공간의 기준점은 절대적일 수 없으며 인간이 만든 도구에 불과하다. 여기에서 우리는 한 가지 의문점에 답해야 한다. 왜 지구의 회전속도는 느려지는 것일까? 명백하게도 중력 때문이다. 중력에 묶여있으면서도 밖으로 뛰쳐나가려는 척력에너지 癸와 지구 내부에서 안으로 당겨오려는 중력에너지 丁이 충돌하고 회오리치면서 회전하는 지구는 45억 년 전에 생겨났는데 그 당시에는 1년에 1000번 이상 회전하였을지 모른다. 척력에

너지가 중력에너지를 압도했기 때문일 것이다. 달리 표현하면, 4억 년 전 1년에 400번 회전할 때는 지구가 현재보다 훨씬 젊어서 생기발랄하였고 300번 회전하면 지구가 늙었다는 의미다. 회전과정에 점차적으로 중력이 척력을 압도하기에 지구의 회전속도가 느려질 수밖에 없다. 인간도 어릴 때는 끊임없이 움직이지만 50대에 이르면 움직임이 둔해지고 몸이 말을 듣지 않는다. 별도 무거워지면 스스로 붕괴되는 이치도 다를 바 없다.

우주의 모든 원리는 이런 것이리라. 바로 丁-壬-癸 삼자가 하나로 묶여서 척력 癸가 강할 때는 생기발랄하고 움직임도 빠르지만 중력 丁이 강해지면 움직임이 느려지고 노화되는 것이다. 더 이상 움직이지 못하면 사망에 이르고 붕괴되고, 사라졌다가 다시 출현하기를 반복한다. 이렇게 지구가 회전하는 과정에 중력에너지는 계속 증가하여 강해질 수밖에 없는 이유는 회전과정에 발생하는 熱이 계속 축적되기 때문이다.

이런 이유로 더 강해진 중력 작용에 영향을 받은 인류는 시간이 지날수록 그 성정은 조급해지고 폭력적이 될 것이며 물질을 더욱 탐하는 種으로 변해갈 것이다.

時間으로 돌아가서, 아우구스티누스는 이런 작용을 時間이라고 인정하기 싫었다. 시간의 존재를 철학적으로 접근하고 싶었고 물질의 시간단위를 인정하기 싫었다고 보인다. 이런 방식은 지구가 회전하는 속도를 일정 간격으로 쪼개서 時間이라 간주하는 인식체계일 뿐 시간의 존재가치가 아니다. 다만, 우리가 아무리 時間이 흐르지 않는다고 주장해도 지구의 회전운동 자체를 부정할 수는 없다. 다행하게도 회전속도와 방향은 안정적이기에 규칙적인 현상을 반복적으로 보여주고 우리의 인지력은 그런 과정을 時間이라 생각하는 것이다. 생각해볼 문제는, 만약 지구가 회전해도 인간의 눈으로 확인할만한 물형변화가 없다면 시간이 존재한다고 느낄까? 만약 육체에 변화가 없다면 시간이 존재한다고 느낄까? 결론적으로 역사를 통틀어 時間이 무엇이냐고 명확하게 정의하지 못하는 이유는 時間은 실제로 존재하지 않기 때문이다. 회전하는 지구와 일정한 물형변화를 인지한 인간은 그런 작용을 "시간이 흐른다."고 착각하는 것이리라.

이런 이유로 시간의 정체를 연구하던 아우구스티누스는 시간은 실존하는 것이 아니라 우리의 인지작용 내에서만 존재한다고 주장했다. 時間이 존재한다 생각하는 이유는 중력에 의해 끊임없이 변하는 물형 때문이다. 지구가 일정방향으로 회전하면서 순차적으로 물형변화를 일으키는 방식을 時間이라 인지하는데 만약 변화가 없다면 時間의 존재를 인지하지 못한다. 그렇다면 시간이 흘러서, 혹은 지구가 회전하는 과정에 인간의 사고방식에 변화가 생겼지만 타인들은 눈치 채지 못한다면 중력이 작용하는 것일까? 이 역시도 중력 작용의 범주를 벗어날 수 없다. 뇌 癸는 비록 에너지이지만 인간의 육체를 만들어준 중력에너지에 갇혀있기 때문이다. 따라서 癸의 인식, 감각, 사고방식조차도 우리가 지구에 사는 한 중력에너지에 갇힌 척력에너지에 불과하다. 즉, 우리의 뇌에 존재하는 癸는 빅뱅 당시에 생겨난 순수한 우주어미의 정신이 아니라 물질에 익숙해진 것이다.

"아들아. 여기서는 시간이 공간으로 변한다는 것을 알게 될 것이다."
— 리하르트 바그너.

작곡가 바그너의 표현인데, 시간존재를 확인할 방법은 중력뿐이라는 의미다. 時間이 지구 위를 흐르면 물형에 변화가 생기는데 그 과정을 시간이 공간으로 변한다고 표현한다. 지구에 존재하는 모든 것의 物形은 시간에 의해 결정된다. 이런 이치는 命理의 三合운동과 연결되는데 시간이 공간을 어떻게 변화시키는지 살펴보도록 하자. 슬슬 머리가 아파올지도 모르지만 이런 개념을 정립하지 않고서는 누가 어떻게 우리의 인생을 뒤죽박죽 만들어버리는지 알지 못한다. 시간에 대한 선인들의 주장을 몇 개 더 살펴보자.

- 시간 없이 공간이 있을 수 없고, 공간 없이 시간이 있을 수 없다.
- 시간이란 계속되는 움직임의 수다.   (아리스토텔레스)
- 시간은 언제 사건이 발생할지 우리에게 알려주는 방식이다.
- 시간은 모든 일이 한꺼번에 일어나지 않도록 해주는 자연방식이다.
                                            (아치볼드 휠러)
- 시간이 방향성을 가지는 반면 공간은 방향성을 가지고 있지 않다.
- 시간은 변화하는 사물이다.
- 흐름이란 시간에 따른 공간과 장소의 변화를 뜻하지만 시간은 공간을 갖지 않는다.
- 시간의 화살은 생명 자체의 존재와 관련된 필수적인 성질이다.
- 물체가 하나도 없으면 공간의 의미도 함께 사라진다.

그렇다면 인체에 중력이 어떤 방식으로 축적되고 노화하여 사망에 이르는지 살펴보자. 이런 이치를 설명한 것이 十宮圖이다.

| 壬 | 庚(46세-53세) | 戊 | 丙 | 甲 |
| 癸 | 辛 | 己 | 丁(24세-30세) | 乙 |

←―――――――――――――――――――――― 인간의 일생

중력을 상징하는 丁은 24세에서 30세 사이로 육체는 성장을 멈추고 건장한 상태에 이른다. 또 달리 표현하면 노화가 시작되는 출발점이며 근 20년 동안의 노화작용 결과가 庚 46세에서 53세 사이에 명확하게 드러난다. 예로 치아가 빠지거나, 눈이 나빠지거나, 장기 일부를 잘라 내거나, 급속도로 노화되어 움직임이 둔화된다. 이런 현상들은 위에서 표현한 "시간의 화살은 생명의 존재와 관련된 필수적인 성질이다." 라는 표현에 적합하다.

08 時間과 에너지의 차이

지금까지 時間이 생명체의 물형을 주도하는 존재임을 살폈다. 다만 시간의 존재를 직접 확인할 방법은 없고 오로지 중력 작용으로 변화를 확인하고 존재를 인정한다. 위에서 표현하기를 시간과 에너지라는 용어로 표현하여 혼란스러울듯하여 차이를 정리하고 넘어가자. 氣라는 용어가 있다. 눈으로는 확인할 수 없지만 존재를 부정하기도 어려운 것이다. 마치 공기와 같아서 평시에는 모르지만 한순간 호흡이 불가해지면 절실하게 그 존재를 실감한다. 氣도 이와 같다. 인체를 소우주라 부르는 이유는 지구에 존재하는 모든 유형의 에너지들(氣)을 몸에 담기 때문이다. 모든 유형의 에너지들의 정체는 무엇일까? <u>十干</u>이다. 즉, <u>甲乙丙丁戊己庚辛壬癸</u>. 인간은 열개의 에너지들을 몸에 담고 살아간다. 다만 癸(뇌)와 丁(심장)의 충돌 작용을 기본 축으로 정신과 물질의 회오리과정에서 나머지 에너지들이 반응한다. 따라서 에너지란 10개의 각기 다른 <u>움직임</u>이다. 그렇다면 시간과 에너지는 어떻게 다를까? 시간은 10개의 움직임을 규정한다. 즉, <u>**에너지들**</u>

의 총합이 時間이다. 예로 乙의 에너지는 별개로 존재하며 그 특징대로 좌우로 확산하지만 지구에 시간이 흐르지 않으면 존재를 드러내지 못한다. 이런 이유로 에너지들의 움직임을 규정하고 결정하는 것은 시간이다.

時間 = 甲乙丙丁戊己庚辛壬癸 에너지의 총합이자 존재를 규정한다.

時間의 정체는 지구의 회전운동 때문에 그리고 지구에 존재하는 물형변화 때문에 확인 가능하다. 지구가 회전한다고 상상해보자. 사계절이 순환하는데 각 계절에 활용하는 에너지 특징은 상이하다. 겨울에 움츠리고, 봄에는 기지개를 펴고, 여름에는 활개치고, 가을에는 다시 수축되어 겨울에 더욱 움츠린다. 열 개의 에너지들 특징을 계절변화 과정으로 간단하게 살펴보고 넘어가자.

甲에서 乙로의 변화는 겨울에서 봄으로 바뀌는 과정이다.
甲은 지구에 존재하는 물형을 수직으로 하강하거나 상승하게 만드는 에너지다. 이런 움직임은 엘리베이터의 작동원리와 유사하다. 행동이 직선적이고 융통성이 떨어진다. 오로지 직선으로 위로 오르고 아래로 내려오기를 반복한다. 사주팔자에 이런 글자가 있다고 상상해보라. 우직하다는 표현은 좋지만 융통성이 떨어지고 고지식한 성격이다. 한번 시작한 일은 끝장을 봐야하기에 기획하고 추진력을 필요로 하는 일에 적합하다. 乙은 겨울에서 봄으로 바뀔 때 지구에서 활동하는 에너지다. 인간도 이런 에너지를 받으면 봄과 같은 성격으로 변한다. 글자모양에 주의할 필요가 있는데 乙은 좌우로 活力, 生氣를 확장하려는 노력을 기울인다. 친구들과 융화하는 성격이기에 대인관계에 뛰어난 소질을 보인다. 단점은 출발은 잘하지만 끝을 보기 어렵다. 그 이유는 글자모양 대로 어느 일정시점에 이르면 변화를 주려는 본성을 가지고 태어났기 때문이다.

丙에서 丁으로의 변화는 여름에서 가을로 바뀌는 과정이다.

丙은 여름에 활용하는 에너지로 지구에 존재하는 모든 물형을 활짝 펼친다. 심지어 주위 사람들도 살찌게 만든다. 꽃이 피려면 극도로 분산하는 작용이 필요하다. 기지개를 최대로 펴는 것이고, 활을 최대로 당기는 행위며, 크게 웃는 모습이다. 예로 사업을 한다면 사업규모가 최대로 확장된 상태다. 인체로 16-23세 사이에 가장 많이 먹는 시기다. 丙의 화사한 에너지를 잘못 활용하면 과장, 허풍, 거짓말, 사기를 칠 수도 있다. 乙의 좌우확산, 丙의 분산에너지가 만나면 수다쟁이, 뺑쟁이가 될 수 있다. 丁은 가을에 활용하는 에너지로 丙이 최대로 펼쳐놓은 물형을 단단하게 뭉치지 시작한다. 이런 움직임을 중력에너지라고 하는데 가을에 열매가 열리는 이유도 丁의 작용 때문이다. 수확한 열매는 인간에게 재물과 같다. 따라서 사주에 丁을 가졌다면 물욕이 강하다. 또 일정한 공간에 정확하게 못질하여 고정하기에 정확도를 필요로 하는 전문기술자, 전문지식을 필요로 하는 직업에 어울린다. 이런 에너지를 가지고 태어나면 현생에서 배운 적이 없어도 전기제품을 잘 만지고 수리한다.

庚에서 辛으로의 변화는 여름에서 가을로 바뀌는 과정이다.

丙이 분산하는 이유는 여름에 물질 부피를 확장하기 위함이다. 예로 꽃 피고 열매가 열렸는데 분산에너지가 없다면 여름에 튼실한 수박을 먹을 수 없다. 즉, 丙이 庚을 만나면 庚의 부피를 확장하려고 에너지를 적극적으로 활용한다. 이런 움직임은 돈을 모으는데 적극적이고 사업 확장을 위해 노력한다. 대학전공으로 비유하면 경영, 경제에 어울린다. 庚은 丙에 의해서 부피를 확장하는 물질자체, 열매와 같다. 다만, 丙의 분산작용으로 水

氣가 마르면 부드러웠는데 물형이 점점 딱딱해져 간다. 이 의미는 매우 중요하다. 열기만 쌓이고 움직임이 둔해지면 생명체는 목숨을 잃기 때문이다. 辛은 가을에 활용하는 에너지로 들판에 곡식이 익으면 수확한다. 또 나무에서 열매가 땅으로 떨어진다. 이렇게 辛은 사물을 단단하게 만드는 에너지다. 가을에 辛의 에너지가 작용하지 않으면 벼를 수확하지 못하며 열매가 익지 않아서 거둬들이지 못한다. 딱딱하다는 의미는 인간에게 죽음과 같아서 生氣를 잃고 사망한다. 벼를 수확하는 행위는 생기를 제거하는 것이다. 땅에서 수기를 공급받고, 하늘로부터 태양빛을 공급받던 벼가 낫에 잘리면서 水氣도 빛도 잃고 존재가치를 상실한다. 이런 이유로 辛이 사주에 있으면 존재에 지대한 흥미를 갖고 종교, 철학, 명리에 빠진다.

壬에서 癸로 변화는 겨울에서 봄으로 바뀌는 과정이다.

壬은 겨울에 모든 물형을 움츠리게 만든다. 그럴 수밖에 없는 이유는 丙의 분산에너지를 없애버리기 때문이다. 여름에는 공기 중에 있는 水氣를 최대로 분산하기에 뜨거워지고 열매를 익히지만 가을에서 겨울로 흐르는 과정에 공기 중의 水氣를 땅으로 저장하기에 추워지고 빛은 약해진다. 열매를 수확하기 어려운 겨울에는 미래를 기획하고 설계하는 행위를 해야만 한다. 정신을 추구할 수밖에 없는데 재물을 원하는 경우는 현재의 장소에서는 불가능하기에 해외로 가서 살거나 무역업을 하면서 해외로 자주 이동하는 것이 좋다. 癸는 壬의 응축에너지를 팽창시켜 온도를 올린다. 춥던 겨울이 지나고 봄에 따뜻해지는 이유는 땅속에 응축되었던 水氣가 팽창을 통하여 공기 중에 퍼지면서 온도가 상승하기 때문이다. 그런 작용을 癸水가 하며 봄에 새싹을 키우는 역할이다. 이런 에너지 특징을 직업에 활용하면 유치원 교사, 교육, 공직처럼 많은 사람들에게 따뜻한 분위기를 만들고 성장을 촉진하는 행위에 적합하다. 가을에 활용하는 丁은 규모를 축소하는데 집중하고 봄에 활용하는 癸는 규모를 확장하는데 집중한다.

戊己 지구터전

戊는 봄과 여름에, 己는 가을과 겨울에 에너지들을 받아주는 터전이다. 10개의 에너지 흐름은 순차적으로 甲에서 시작하여 癸에서 끝나지만 그 쓰임은 다르다. 戊는 봄과 여름에 사용하는 에너지들을 받아주는데 癸乙丙庚의 발산하고, 좌우로 펼치고, 분산하고, 단단하게 만들어가는 에너지들을 드러내는 터전이다. 이런 이유로 戊는 능동적이기 어렵다. 스스로 무언가를 추구하는 것이 아니라 다양한 대상들을 위한 터전이기 때문이다. 己는 戊와는 다른 속성이다. 戊는 봄, 여름에 에너지들을 밖으로 펼치는 특성이지만 己는 에너지들을 속으로 감추는 특성이다. 예로 丁의 수축하려는, 辛의 딱딱해지는, 壬의 응축하려는 甲의 하강하려는 에너지들 특징을 받아 보호한다. 사주에 己를 가졌다면 안으로 저장하고 지키려는 성정을 보일 수밖에 없다. 그 것이 己에너지의 사명이기 때문이다. 위에서 언급한 내용들은 지구가 회전하는 과정에 四季의 흐름을 기준으로 에너지 특징들을 살펴본 것에 불과하며 앞으로 다양한 방법으로 의미를 확장할 것이다.

四柱八字 - 에너지들의 집합체

열 개의 에너지들은 인간이 태어나서 죽는 순간까지 인간의 육체를 휘감고 있다. 달리 표현하면 인간은 한 순간도 시공간으로부터 자유로울 수 없다. 신비롭게도 인간이 발명한 수많은 것들 중에서 내가 어떤 에너지덩어리들로 구성되어 있는지를 알 수 있는 유일한 방법은 명리뿐이다. 타로가 내 상황을 잘 맞추고, 주역점이 잘 맞는다는 주장은 순간의 에너지들의 의미를 찾아내고 분석하여 맞추지만 내가 태어나던 순간에 받은 에너지들의 조합이 어떤 것인지를 알려주지 못한다. 윤회관점에서, 내가 태어날 때 받은 사주팔자는 전생의 업보다. 돈을 벌어야만 하는 팔자라면 전생에 돈을 벌던 업을 가지고 집착하고, 교육자로 살아야하는 팔자라면 전생에 끝내지 못한 공부를 하고자 다시 온 것이다. 따라서 사주팔자를 보고 내 전생의 업보가 무엇인지를 살필 수 있다. 왜 내가 이런 저런 것들에 집착하고 미련의 끈을 내려놓지 못하는지도 이해한다. 그렇다. 사주팔자는 에너지덩어리들로 조합한 내 전생의 업보다.

時	日	月	年	男
庚	壬	丙	乙	
戌	戌	戌	未	

빌게이츠 사주구조인데 보는 것처럼 위에 4개, 아래 4개 모두 8개의 에너지들로 구성되어 있다. 지금까지 甲乙丙丁戊己庚辛壬癸 열개의 에너지특징들을 간단하게 다루었던 이유는 시간이 흘러야 10개의 에너지들이 움직이고 비로소 지구에 물질변화가 생기기 때문에 겉으로 보이는 물질, 육체, 심정변화의 본질은 "未戌戌戌" 처럼 地支에 있는 글자들이 아니라 天干 때문이다. 종교로 표현하면, "하늘에서 이룬 것 같이 땅에서도 이루어지이다." 로 하늘에서 에너지들이 움직여 땅에서 반응하여 물질과 육체에 변화가 생긴다. 이렇게 주동적인 에너지와 피동적인 물질, 육체가 어떻게 조합을 이루는가를 표현한 것이 60갑자다. 시간과 공간이 조우하여 어떤 방식으로 지구 존재들에 영향력을 행사하는가를 표현한 것이고 그 의미를 분석하여 어떤 일이 발생할 것인가를 살폈던 것이 은나라 점법이다. 이런 이치에 동의한다면, 지구 공간자체로는 아무런 행위도 하지 못한다는 것을 깨닫는다. 우리는 자발적의지로 무언가를 했다고 생각하지만 인간은 우주와 소통하는 호흡작용으로 생존하며 우주에서 주는 에너지로 먹거리를 만들고 소화시켜서 육체를 움직인다. 지구에 존재하는 모든 것들은 어

느 것도 이런 이치에서 벗어나지 못한다. 봄에 씨앗을 뿌린다고 상상해보자. 씨앗이 발아되고 싹이 나고, 성장하여 열매 맺고 익으면 수확하여 창고에 저장하고 필요에 따라 음식으로 활용한다. 이때 우리는 씨앗이 저절로 자란다고 생각하거나 농부가 힘써서 물과 태양 빛의 조화로 성장하고 열매 맺는다고 상상하지만 지구의 회전운동 때문에 시간이 개입되고 각 계절마다 주어지는 에너지들의 특징을 활용하기에 가능한 것이다. 인간의 삶을 비교해보자. 태어나서 모친의 도움으로 성장하고 16-23세 사이에 육체를 확장하고, 24세 이후에는 장정처럼 육체가 탄탄해지고 30대에서 45세까지는 적극적으로 활동하여 재물을 축적하다가 자식이라는 열매를 얻으면 육체가 굳어지고 죽음에 이른 후 겨울에 새로운 영혼을 얻고 또 다른 지구에 재등장한다.

생각해보면, 이 또한 일정방향의 시간이 개입되고 지나는 공간마다 상이한 에너지에 반응하면서 일생을 살아간다. 따라서 봄에 모내기하고 가을에 벼를 수확하는 과정과 태어나고 가을에 죽음에 이르는 과정은 벼나 인간이나 다를 바 없다. 벼의 일생과 인간의 일생에 차이점이라면 지구에 존재하는 열개의 에너지 특징을 적극적으로 활용하는가, 피동적으로 활용하는가의 차이다. 인간은 열 개의 특징을 가장 적극적으로 활용하는 동물이다. 다만 태어날 때 받은 특징이 상이하기에 서로 다른 인생을 거친다. 사주팔자 구조를 다시 살펴보자.

時	日	月	年
庚	壬	丙	乙
戌	戌	戌	未

男

천간에 있는 乙丙壬庚이 에너지들을 쏟아내면 지구에 未戌戌戌 이라는 물형을 만들어낸다. 사주팔자는 위와 아래가 붙어있는 것처럼 보이지만 격하였기에 時間 차이가 존재한다. 만약 하늘과 땅이 동시에 반응하려면 하늘에서 비가 내리고 빗방울이 땅을 접촉하는 순간, 땅에서는 새싹이 바로 튀어나오고 한순간 나무로 바뀌어야 한다. 하지만 지구에서는 절대로 이런 일이 이루어지지 않는다. 반드시 시간이 필요하고 일정시점이 지나야 싹이 나오고 성장한다. 예로 사업을 개시한 날에 안정적인 회사로 변하는 것은 마치 하늘과 땅이 즉각 반응하는 것이지만 현실에서는 이런 기적이 절대로 발생하지 않는다. 천간과 지지는 하늘과 땅이 격한 것처럼 시공간 괴리가 존재한다. 여기에 생각해볼 문제가 있다. 자연에서는 시간이 일정방향으로 흐르기에 지구에서 물형은 항상 순차적으로만 변한다. 예로 겨울, 봄, 여름, 가을, 겨울을 반복하는 과정에 물형변화는 일정하다. 하지만 사주팔자에서 보여주는 변화는 뒤죽박죽이다. 예로 빌게이츠 사주 地支 4개 글자 "未戌戌戌"을 계절로 살피면 여름, 가을, 가을, 가을로 그 속성을 감안하면 열매를 키우고 수확하는 여름과 가을공간만 있다. 흥미롭게도 빌게이츠는 봄에 성장하는 과정이 없어도 또, 겨울에 윤회과정을 거치지 않아도 항상 여름과 가을공간에서 수확하는 재주를 가지고 태어난 것이다. 자연의 시간은 일정방향으로 흐르는데 사주팔자에 존재하는 시공간은 왜 뒤죽박죽일까? 그 것은 연월일시 시간단위가 상이하기 때문이다.

時	日	月	年
2시간	1일	30일	365일

年에서 月, 日, 時로 흐르는 시간은 일정한 방향으로 흐르지만 시간단위는 전혀 다르다. 년은 365일을 기준으로 한번 바뀌고, 월은 30일을 기준으로 한번 바뀌며, 일은 하루를 기준으로 한번 바뀌고, 시는 2시간을 기준으로 한번 바뀐다. 물론 시간변화는 가변적이다. 지구가 늙어서 느려지면 1

년은 200일에 한번 바뀔 것이다. 상이한 시간단위가 섞이면서 자연에서는 존재할 수 없는 시공간 방식이 사주팔자에 존재하고 시공간 비틀림으로 휘어지면서 삶의 질곡을 만들어낸다.

우리는 자연에서 에너지들이 어떤 방식으로 파동을 일으키고 지구에서 살아가는 생명체에게 어떤 방식으로 영향을 미치는지, 또 어떤 방식으로 60甲子의 時空間이 작용하는지 이해해야 내가 어디에 있고 어떤 존재이며 또 미래가 무엇인지 이해한다. 사주팔자 에너지들이 어떤 방식으로 움직이는지 이해하려면 우리는 우주가 탄생하던 순간으로 돌아가야만 한다.

제 2 부

움직임은 존재방식을 결정한다

첫 번째 움직임 – 癸. 빅뱅 無에서 움직임을 창조하다
두 번째 움직임 – 丁. 無에서 有를 창조하다 (物質界)
세 번째 움직임 – 戊. 대칭 불균형의 결과물
네 번째 움직임 – 甲. 지구주인의 등장
다섯 번째 움직임 – 己. 생존을 위한 몸부림.
여섯 번째 움직임 – 庚. 화려한 色界, 욕망
일곱 번째 움직임 – 乙. 생기의 본질, 물질의 근원
여덟 번째 움직임 – 丙. 色界에 떨어지다
아홉 번째 움직임 – 辛. 삶과 죽음의 갈림길
다시 빅뱅이전으로 – 壬. 블랙홀, 저승사자

레벤후크가 눈을 가늘게 뜨고 렌즈를 들여다본다. 쉰 소리로 무엇인가를 중얼거린다. 그러다 갑자기 흥분한 목소리가 들린다. "애야, 이리 좀 와 바라! 빨리! 빗물 속에 작은 동물들이 있구나. 수영을 하고 있네.! 돌아다니고 있어.! 우리가 눈으로 볼 수 있는 것보다 천 배는 작아...봐라.! 내가 무엇을 발견했는지 보라고.!
미생물 사냥꾼 27피. -폴 드 쿠르이프 지음, 이 미나 옮김

이런 느낌은 어떤 것일까? 사계의 순환원리를 四季圖로 완성했던 순간이나 우주의 본질이 丁-壬-癸 구조로 이루어졌음을 상상했던 날 느꼈던 흥분이라 생각된다. 위 내용은 역사상 첫 번째 미생물 사냥꾼 안톤 반 레벤후크의 이야기다. 인간의 눈으로는 존재하지 않으며 상상조차 할 수 없었던 미생물의 세계를 현미경으로 밝혀낸 인물이다. 그가 밝힌 세상은 표면적으로는 인간의 눈으로 확인할 길 없는 미생물의 세계이지만 본질적으로는 보이지 않는 세계에서 이루어지는 <u>생존의 움직임</u>을 알아챈 것이다. 그렇다. 우주공간 어디에서나 <u>움직임은 존재를 증명</u>하는 방식이다. 우주, 인류역사에서 중요한 움직임을 고르면 첫째는 우주가 빅뱅으로 찬란한 불꽃을 폭발시키던 움직임이고, 코페르니쿠스가 주장했던 지구가 움직이는 것, 그리고 레벤후크가 발견한 미생물의 움직임, 마지막으로 1900년대의 양자물리학의 움직임일 것이다. 지금쯤 우리의 삶과 우주빅뱅이 무슨 상관이냐고 고개를 갸우뚱할 분들을 위해서 움직임의 의미를 간단히 살펴보자.

우주와 지구에서 존재방식은 독특한 움직임으로 결정된다. 빅뱅당시의 폭발하는 움직임으로, 지구는 태양주위를 돌아가는 방식으로, 미생물들은

현미경 너머에서 끊임없이 꿈틀거리는 움직임으로, 또 원자는 어디로 튈지 모르는 뒤죽박죽의 움직임으로 존재방식을 드러냈다. 지금까지 인류가 – 특히 동양에서 – 연구한 바로는 인간은 10개 에너지들의 얽힘으로 고유한 움직임의 방식을 결정하기에 그 방식을 이해할 때에서야 비로소 존재가치를 이해한다.

미국에서 자라는 호박과 한국에서 자라는 호박은 그 종이 틀려서 모양과 크기가 전혀 다르다. 대부분 인식하기에 토양이 다르기 때문이라고 하지만 사실은 미국과 한국의 에너지들 움직임이 다르기 때문이다. 토양이 다르다고 생각하는 이유는 땅과 물이 호박에 영향을 미친다는 생각이지만 생명체들의 움직임을 결정하는 것은 보이지 않는 에너지들 때문이다. 다만, 에너지들이 움직이는 방식은 각 나라의 지형에 따라 달라지기에 호박의 모양과 크기가 다를 수밖에 없다. 겉으로 토양 때문에 차이가 생기지만 본질적으로는 에너지들 때문임이 분명하다. 생명체들이 호흡하는 것도 보이지 않는 산소 때문이고, 입으로 들어오는 음식물도 존재하지 않는다고 생각되는 에너지들의 도움으로 얻었다. 우리는 에너지들의 움직임을 이해할 때에서야 비로소 생명체들의 움직임을 이해할 것이다.

時	日	月	年
己	癸	戊	丙
未	丑	戌	辰

男

이 남자는 2019년 봄에 16년이나 탔던 차를 바꿨다. 신기한 것은 평시에는 세단을 좋아하기에 고출력 스포츠카는 전혀 고려하지 않았는데 이상하게도 그런 차를 구입하였다. 만약 에너지 특징과 움직임을 이해하지 못하면 갑자기 왜 그런 행위를 하였는지 이해하지 못한다. 빅뱅 당시의 폭발력을 척력이라 부르는데 상상조차 어려운 엄청난 에너지가 우주시공간을 팽창시킨 것처럼 지구에서도 子月에 이르면 봄을 향하는 몸부림이 시작된다.

우리의 감각으로는 느끼지 못하지만 겨울에서 봄을 향하기 위해서는 엄청난 폭발력이 필요한데 이런 움직임을 주도하는 것이 癸와 子다. 따라서 태어날 때 받은 癸丑 두 글자가 가진 에너지를 31-45세 사이에 활용하기에 소리가 요란한 스포츠카를 구입한 것이다. 또 우연히 31세부터 철도회사에 발을 디디고 현재까지 근무한다고 생각하지만 사실 에너지 특징을 이해하면 우연은 없을지 모른다. 癸丑이 가진 폭발력 그리고 火力을 담은 戌의 창고와 丑戌로 충돌하는 물상을 활용하여 철도와 인연된 것이다. 이와 유사한 물상은 예로 가스폭발, 가스통, 주유소, 가스사업과 같은 물상이다. 또 2012년부터는 볼링에 심취하여 7년째 활동하며 전문가의 경지에 올랐다. 이런 스포츠특징 또한 볼링 핀을 세우고 쓰러트리는 과정에 폭발하듯 요란한 소리를 내는 것도 癸丑의 폭발에너지와 丑戌이 충돌하면서 만들어내는 소리다.

나에게 우주의 역사란 무엇이냐고 묻는다면 "움직임이 우주의 역사" 라고 할 것이다. 역사는 生氣를 가진 자들의 소유물이다. 움직임은 과거에서 현재를 거쳐 미래의 움직임으로 이어질 것인데 그런 움직임을 결정하는 것은 10개의 에너지요, 빅뱅 당시에 생겨난 시간이다. 문제는 에너지들의 움직임은 극히 복잡하다는 점이다. 각각 혹은 함께 움직이면서 새로운 파동을 만들어내기 때문이다. 따라서 에너지 특징을 언어로 규정하는 것은 어렵고 불가사의한 일이기도 하다. 우주, 지구자연의 행동방식을 어떻게 모두 이해할 것인가? 모든 분야의 박사 70억이 모여도 그 이유를 알 수 없을 것이다. 이 책의 중점내용은 우리 존재를 시간과 공간 개념으로 살피는 것이기에 에너지 움직임과 특징을 이해해야 하는데 인간이 억지로 만든 인위적인 방법들로 접근하는 것은 옳지 않다. 반드시 자연이 주는 움직임의 원리에서 답을 찾아야 한다. 빅뱅에서 출발하여 지구에서 이루어지는 사계의 순환과정까지를 살펴야하는 이유는 명백하다. 삶의 방향에 대해 자연스러운 지혜를 얻기 위함이다. 지금부터 열 개의 에너지들로 이루어진 시간의 움직임을 살펴보자.

영혼이 깃든 이 두려움과 어둠은 한낮의 빛나는 햇살로는 몰아낼 수 없으며 오로지 대자연의 외적 형태와 내적 작동 원리를 이해함으로써만 가능하다.- 루크레티우스

01 첫 번째 움직임 - 癸. 빅뱅 無에서 움직임을 창조하다

최근에는 138억 년 전에 우주가 폭발하였다는 주장이 설득력을 얻어가고 있다. 빅뱅의 순간에 우주 사방팔방으로 벅차게 튀어 오르던 찬란한 불꽃은 무슨 생각을 했을까? 너무도 화려해서 존재조차 상상할 수 없는 엄청난 불꽃들은 100억년의 시간이 지난 뒤에 지구에 생명체를 선물하리라 생각했을까? 폭발하는 불꽃. 이것이 우주와 지구 생명체 그리고 인간들의 근원적 본성이다. 우리가 생각하는 道의 본질은 흥미롭게도 熱氣를 텅 빈 우주공간에 퍼트리는 폭발력이다. 이런 이유로 지구에 살아가는 모든 생명체들과 인간들의 본성은 폭발력, 움츠러들지 않고 확장하려는 그래서 멈추거나 죽음에 이르지 않으려는 神의 의지를 배웠다. 다만, 불행하게도 우리는 神의 의지를 절반밖에 이해하지 못했다. 神은 죽음에 대해서는 적극적으로 알려주지 않았다. 우리가 죽음을 두려워하는 이유다. 좀 우스운 비유지만 암흑에너지 96%와 물질계 4%로 비유하면 생기를 퍼트리려는 의지 96%와

죽으려는 의지 4%가 조합하였다. 찬란한 불꽃으로 폭발하는 움직임이 우주의 첫 번째 움직임이다. 에너지로 표현하면 癸水로 生氣를 부여한다. 인체에 비유하면 癸水는 움직임을 멈추진 않는 뇌이고 癸의 공간속성 子는 인체의 정액에 비유한다. 즉, 인체 상부와 하부 모두에 극히 중요한 역할 하는 뇌는 끊임없는 상상력으로 태어나 죽을 때까지 한순간도 멈추지 않으며 밤에 잠을 잘 때에도 꿈으로 움직임을 드러낸다. 인체 하부에서 생기를 퍼트리는 작용을 하는 정액은 한 번에 수억 마리를 방사하여 반드시 생명체를 만들려는 강한 의지를 보여준다. 이것이 바로 癸의 폭발하는 특징을 인체가 활용하는 예인데 인간은 성욕이라 부르지만 우주에 생기를 퍼트리려는 신의 의지다. 사주팔자에서 발현되는 예를 살펴보자.

時	日	月	年
甲	己	辛	庚
子	卯	巳	辰

女

 남편의 여자관계가 극도로 문란하지만 본인은 심장병으로 심한 활동은 못하고 있다. 日과 時에 子卯 두 글자가 보인다. 癸의 에너지가 空間(땅)으로 내려오면 子로 바뀌고 두 글자가 만나면 성욕이 생긴다. 子는 생기를 퍼트리려는 의지요 卯는 새싹과 같아서 두 글자가 접촉하면 생기를 퍼트리려는 욕망에 충실하기 때문이다.
 다만 글자를 이해할 때 그 특징이 무조건 하나라고 생각하면 안된다. 우주와 지구자연에서 발생하는 유사한 속성들 그리고 에너지들이 충돌하면서 휘어지는 반응들에 대한 이해가 필요하다. 여기에서 癸의 달라 보이지만 동일한 특징을 몇 가지 살펴보자. 주위에서 평시에는 몹시 착하고 순해서 법 없이도 살 사람인데 술만 먹으면 돌아버리는 사람들을 본적이 있을 것이다. 왜 저럴까? 술 때문에 그러려니 하지만 태어날 때 받은 폭발적인 에너지 특징 때문이다.

時	日	月	年
모름	乙丑	甲子	戊戌

男

평소에는 상상도 못할 정도로 얌전하고 내성적이지만 술만 먹으면 속내를 드러내며 기물을 때려 부수고 난동을 부린다. 술주정뱅이다.

時	日	月	年
庚辰	乙丑	庚辰	庚子

女

낮이나 밤이나 술만 먹으면 잔소리가 많아지고 경찰서에 끌려가서 난동을 부린다. 술주정뱅이에 재물복도 없다.

時	日	月	年
모름	己亥	己丑	庚子

女

술만 먹으면 귀신 장난처럼 난동부리며 포악해진다. 술주정으로 이혼 당했는데 공통점은 술 깨면 언제 그랬냐는 듯 시치미를 뗀다. 세 명의 공통점이 보이는가? 모두 子, 丑 글자를 가졌으면서도 火氣가 없어서 가스불꽃처럼 점화작용을 못하기에 평시에는 착해 보이지만 술이 들어가 폭발력의 촉매제로 작용하는 순간 돌변한다. 말이 많아지거나 사기 치거나 허풍이 강해지는 것들은 癸와 子의 작용이 火氣에 자극받아서 폭발하기 때문이다. 癸의 에너지 특징을 정신으로도 활용할 수 있다. 예로 인간의 상상력, 창조능력과 같은 것이다. 예문을 살펴보자.

時	日	月	年	男
癸	癸	癸	辛	
丑	卯	巳	未	

　2009년 당시에 이 아이의 성격은 온순하고 조용하며 아들임에도 딸처럼 행동하고 평소에 그림그리기를 좋아한다. 집밖에 나가지 않으며 혼자 집안에 틀어박혀 그림을 그리거나 컴퓨터를 한다. 위에 있는 3개의 癸는 물리학으로 표현하면 암흑에너지로 흑색이다. 겉으로 보이는 세상은 어두워서 밖으로 나가는 것을 좋아하지 않거나 운에 이르면 해외로 가버린다. 이것은 표면적인 자아에 불과하고 내면에서는 未巳卯는 굉장히 적극적이다. 따라서 이 아이는 겉으로 보이는 것과 내면의 성정은 전혀 다르다. 겉으로는 여성적, 소극적이지만 속에서는 엄청난 열정이 타오른다. 이런 이유로 癸를 상상력으로 활용하고 卯 손을 움직여 巳에서 화려한 색을 입힌다.

　癸는 우주를 창조한 에너지이기에 우주에 존재하는 모든 것을 보살피는 어머니와 같은 마음이다. 따라서 生氣를 퍼트리는 것을 목적으로 하므로 생명체를 탄생시키고 보호하는데 지대한 관심을 보인다. 인간의 삶에서는 어떤 형식으로 발현되는지 황희정승의 사주를 예로 살펴보자.

　세종대왕 곁에는 황희(黃喜)라는 탁월한 정승이 있었는데 24년 동안 정승을 지냈다. 영의정에 오른 것은 1431년으로 69세 때의 일이었는데 황희는 벼슬살이만 무려 73년을 했다고 하며 평생을 청빈한 재상으로 지냈다. 수많은 일화 중에서 황희 정승의 성정을 극명하게 보여주는 사례가 있다. 여종들이 싸우다가 한 여종이 와서 "아무개가 못된 짓을 했으니 나쁩니다." 하니 "네 말이 옳다."고 했다. 다른 여종이 와서 똑같은 말을 하니 "네 말이 옳다."고 했다. 마침 황희 조카가 옆에 있다가 이 아무개가 옳고 저 아무개가 나쁘다고 판결하자 황희는 "네 말도 옳다."고 말하고 독서를 계속했다. 겉으로 보기에 굉장히 우유부단해 보이는 성정은 어디에서 온 것인가?

時	日	月	年	男
丁巳	癸巳	乙卯	癸卯	

황희 정승 사주는 인본주의 성정이 확실하다. 癸의 본성은 우주의 어미와 같아서 모든 생명체들을 기르는 것에 목적을 둔다. 이런 이유는 四季圖에서 보여주는 지혜로 살필 수 있다. 황희 사주에서 癸는 년주와 월주에 있는 乙卯 새싹들에게 에너지를 공급하여 성장을 촉진한다. 또 木과 火로만 구성되어 결과나 결실, 물질을 바라지 않으며 어미와 같이 기르는 것에만 사명감을 갖는다. 만약 우주어미 같은 癸가 살성을 가진 글자들과 조합하면 갈등한다. 예로, 癸酉, 癸辛처럼 시공간이 어울리지 않으면 생기를 상하게 하는 속성으로 바뀌고 구타, 폭력, 종교, 명리, 철학을 통하여 살기를 풀어내려고 한다. 이렇게 모든 에너지들은 굉장히 이중적이며 심지어 다중 적이다.

다만, 에너지 본래의 속성을 먼저 이해하고 파생의미들을 살피는 것이 바른 순서다. 지금부터 癸의 특징에 대해 물리학과 빅 히스토리에서 주장하는 내용들을 연결하여 확장해보자. 머리 아픈 내용일 것이라고 걱정할 필요는 없다. 저자도 인문계를 졸업했기에 두려움으로 책장을 펼쳤지만 오래전에 편견을 버렸다. 처음으로 "時間"이 무엇인가를 설명하는 책을 읽었을 때 너무도 재미있어서 밤을 샜던 기억이 난다. 빅 히스토리는 호주 매퀴리 대학 교수 데이비드 크리스천이 제창한 것으로 빅뱅부터 미래까지의 역사를 포괄하는 학문분야다. 우주, 생명, 인간을 향하여 질문하고 답을 찾아가는 학문이다. 책 말미에 물리학과 빅 히스토리 관련하여 읽었던 책들의 목록을 올리니 참조하시기 바란다. 사실 빅 히스토리에서 주장하는 빅뱅에서 현재까지의 내용은 대동소이하다. 전문분야로 생각하지만 인류가 발견한 역사흐름은 유사할 수밖에 없다. 각 책들의 내용을 참조하면서 중요한 부분을 인용했는데 책을 읽는 과정에 중요한 부분만 발췌해둔 것이라 정확하게 어느 책, 몇 페이지에서 인용하였는지 찾기 어려워 책 말미에 읽었던 책들의 제목과 저자이름을 함께 올리니 참조하기 바란다.

물리학과 빅히스토리 관점에서 꽃에너지의 특징을 살피면 다양한 의미들이 쏟아져 나오는데 핵심은 크게 두 가지다. 첫째는 급팽창과 같은 단어들로 반드시 수소와 헬륨과 연결된다. 우주탄생에서 태양계 생성과정의 역사를 설명한 책들이 많은데 하기는 그 내용들을 간략하게 정리한 것이다. 이런 내용들이 쓸모없어 보이지만 10개 에너지들을 학습하는데 반드시 필요하다.

"태초에 찬란한 폭발로 시공간이 펼쳐졌는데 그 중심에 수소가 있다.
수소는 에너지를 활용하여 끊임없이 시공간을 팽창시킨다."

이런 이유로 우주본성은 팽창을 목적으로 한다. 수소 외에 헬륨도 매우 중요한데 우주의 물형을 바꿔주는 역할이다. 수소와 헬륨을 기반으로 우주는 팽창하고 반물질과 입자 사이에 극히 미세한 불균형으로 성운들을 거쳐 은하들이 탄생한다. 은하들은 수소구름들을 붕괴시켜 별을 만들었다. 별들의 중심에서 탄소가 만들어졌는데 생명체에게 엄청나게 중요한 역할이다. 지구에 막대한 양의 철, 니켈, 규소가 있지만 생명체들은 이것들을 거의 또는 전혀 사용하지 않는다. 탄소는 지구에서 차지하는 비율이 1백만분의 1도 되지 않지만 인간 활동에 놀라운 역할을 한다.

초신성 폭발이 태양계는 물론이고 인간도 탄생시켰다. 우리 몸을 구성하는 원소들 대부분은 태양보다 최소한 여섯 배 정도 큰 별들의 초신성 폭발에 의한 것이다. 태양의 3-6배 정도 질량을 가진 작은 초신성들은 밖으로 폭발한다. 중심핵에서는 수소가 타서 헬륨으로 변하고 헬륨이 타서 탄소로 변한다. 핵들은 융합반응을 일으키면서 산소와 칼슘, 그리고 더 큰 핵들로 변화한다. 일정한 단계에 이르면 거대한 폭발이 일어나 별을 구성하던 대부분의 물질을 가스형태로 우주 공간에 방출한다. 가스 속에는 수소와 헬륨뿐 아니라 생명을 유지하는데 필요한 복잡한 원소들이 새롭게 더해진다. **초신성**만이 철보다 무거운 물질들을 만들어낼 수 있다.

이런 방식으로 약 90억 년 동안 모든 물질들이 만들어졌다. 지구에 있는 모든 금들은 태양이 생기기도 전에 폭발한 거대한 별들로부터 왔으며 최소한 45억년 이전에 만들어졌다. 별의 폭발은 지구에 생명체들의 등장을 촉발시켰다. 결과적으로 인간은 우주먼지로 만들어졌다. 초신성의 폭발은 모든 물질을 사라지게 하는 블랙홀을 만들어낸다. 그런 일들이 벌어지는 동안 우주는 계속 팽창하면서 점차적으로 온도는 내려갔다. 약 46억 년 전에 우리 은하에서 초신성이 폭발해 태양이 만들어졌는데 그런 사실은 초신성에서 유래한 달의 암석과 운석을 통해 알 수 있다. (우주이야기- 토마스 베리. 브라이언 스윔)

상기의 흐름은 은하, 별을 만들고 재생산 과정에 점차적으로 무거워진다는 것이다. 癸 폭발에너지가 丁 중력에너지로 바뀌면서 무거워지고 느려지는데 인체에 응용하면 나이가 들수록 느려지고 노화되는 이유다. 수소와 헬륨을 활용하는 癸의 엄청난 폭발력을 사주예문으로 살펴보자.

時	日	月	年	男
庚辰	乙酉	戊午	癸卯	

　어려서 기계에 콩을 넣고 뻥튀기 만드는 과정을 신기하게 지켜본 기억이 난다. 잘잘한 콩이 튀겨지면서 엄청난 부피로 확장하는 것이 놀라웠다. 여기에는 콩, 열기와 압력, 폭발력이 합쳐서 콩을 뻥튀기로 변화시킨다. 콩은 酉金이고 열기는 午이며 폭발력은 年의 癸와 辰속에 있는 癸다. 부동산부자이며 재산이 천억이다. 이런 구조는 癸의 폭발력을 활용하여 재물을 한순간 축적하기에 수소와 헬륨의 작용과 같으며 재물 복이 두터워 사업욕망이 강하기에 학업과 직업은 경영, 경제, 금융, 부동산 계통이다. 다만, 주의할 점은 재물을 크게 부풀리려는 욕망이 너무 강하면 지나친 탐욕으로 감방에 갈 수도 있다.

時	日	月	年	男
癸卯	壬辰	庚寅	辛丑	

　이 남자도 폭발력을 상징하는 글자들이 癸, 丑辰에 들어있는 癸들이고 콩 辛이 있다. 40대에 부동산만 구매하면 가격이 폭등하여 천억 대의 부자다. 酉丑辰 삼자조합 특징으로 뻥튀기 작용 때문이다.

時	日	月	年	男
癸酉	甲寅	戊申	壬辰	

　서울 위성도시에 7층짜리 건물을 소유하고 있는데 부친의 땅을 받았는데 개발되면서 50억을 보상받았다. 젊어서 식당업으로 고생하다가 40대에 재물을 크게 모았는데 그 시기가 丑으로 酉丑辰 삼자가 모여서 뻥튀기하

는 시기였다. 이 구조도 장사나, 사업에 어울리는 적성이다. 재물 복이 두터우면 직장, 공직생활이 어렵기에 학업에 중점을 두지 않는다.

두 번째로 중요한 점은, 癸는 폭발과정에 時間과 엄청난 熱氣를 우주공간에 쏟아냈다. 폭발력이 만들어낸 우주공간은 암흑에너지로 가득 찼지만 인간은 아직도 정체를 모른다. 이런 이유로 인간은 하늘을 동경할 수밖에 없고 그런 호기심은 인간의 뇌로부터 無와 空, 道, 종교, 神을 창조했고 의미를 부여했으며 결과적으로 종교, 철학, 명리로 연결되었다. 암흑에너지에 대한 설명 중에서 無의 특징을 정리해보자.

"에너지는 절대로 0이 될 수 없다. 운동이 완전히 멈추는 일은 결코 없다. 정확히 0인 것은 아무것도 없기 때문에, 진공에는 언제나 에너지가 공급되고 있다. 그러므로 우주 전체에서는 모든 시간을 통해 입자와 반입자가 무로부터 끊임없이 생겨난다. 양자세계의 모든 것(존재하는 모든 것. 여기에는 無도 포함된다)은 끊임없는 동요상태에 있다. 그 것들은 마치 교실에 갇힌 아이들처럼 가만히 있지 못하고 항상 분주하게 움직인다. 양자역학은 물리세계에서 0이라는 개념 자체를 폐기해 버린다. 양자역학에서는 無조차 결코 잠들지 않는다. 절대적으로 아무 일도 일어나지 않고 존재하는 것이라고는 無밖에 없을 때조차 無는 항상 무언가로 바뀐다. 우주 어디에도 우주를 탄생시킨 근본적인 태초의 힘과 분리되어 있는 공간은 없다. 시간과 공간조차도 태초의 근원적 실체에서 매순간 흘러나와 거품처럼 휘저어져서 생성된 존재이다. (우주의 구멍 K. C 콜 지음 / 김희봉 옮김)

이런 癸의 특징을 활용하는 학업과 직업은 기독교, 불교, 철학, 명리, 교육, 상담 업에 어울린다. 물질과 육체를 활용하기는 어렵지만 정신적으로 높은 단계까지 오를 수 있기 때문이다.

時	日	月	年	男
己亥	辛亥	壬子	壬辰	

고등고시를 합격하여 판사로 근무하였으며 임기응변에 뛰어나다. 말년에 종교재단의 책임자가 되었다. 뛰어난 두뇌 정신을 활용하여 고시를 합격하였고 판사로 살았지만 결과적으로는 강한 종교색채를 말년에 활용했다. 辛壬癸, 辛壬子로 종교색채가 매우 강하다.

02 두 번째 움직임 - 丁. 無에서 有를 창조하다(物質界)

물리학의 화두 하나는 우주에 펼쳐진 암흑에너지 정체가 무언지 모른다는 것이다. 조물주의 정체를 밝혀내려는 시도와 같아서 결코 쉽지 않은 일이다. 그 정체를 추적하는 책들의 주장을 요약하면, 우리가 알지 못하는 에너지가 존재한다고 믿는다. 즉, 無의 상태가 아니라 無라고 느껴지는 그 속에는 엄청난 에너지가 언제라도 생명체로 탄생할 준비하고 있다. 無에 대해 누구보다도 잘 아는 하버드 대학의 물리학자 콜먼은 이렇게 말한다.

"진공이란 더 이상 아무것도 제거할 수 없는 상태를 말한다. 진공은 빈상자이다. 그렇다고 빈 상자가 구조를 가지지 않는다는 말은 아니다."

(우주의 구멍 K. C 콜 지음 / 김 희봉 옮김)

콜먼의 의미는, 우주 어디에도 無의 상태는 없다는 뜻이다. 無 속에는 한시도 쉬지 않고 끊임없이 꼼지락거리는 무언가가 있다. 언젠가 암흑에너지의 정체가 드러나고, 저승사자나 도깨비의 정체가 밝혀질 날이 올까?

사실, 우주에는 이보다 더 흥미롭고 신기한 조물주의 의지가 숨어 있다. 그것은 빅뱅 당시에 엄청난 폭발력과 온도 때문에 물질이 만들어질 수 있다는 사실이다. 이것은 불가사의하고 기적처럼 느껴진다. 생각해보라. 엄청난 폭발력과 엄청난 온도에서 물형을 만들어낼 존재가 우주에 있을까? 수소와 헬륨으로 이루어지는 폭발과정에도 물질을 만들어낼 수 있다는 것이 믿어지는가? 물리학 책을 읽는 과정에 가장 경이로운 점이라고 생각했던 부분이다. 대부분의 책에서는 반물질과 입자의 극히 작은 불균형으로 물질이 생겨났다고 주장한다. 빅뱅의 순간을 묘사한 내용을 다시 정리해보자.

1) 빅뱅이전에는 時空間조차 존재하지 않았다.
2) 엄청난 폭발력이 있었다. - 시간이 탄생했고 우주가 팽창한다.
3) 엄청난 열기와 상응하는 빛이 존재했다. - 공간과 물질의 존재를 이해하는 열쇠다.

138억년의 시간을 규정하는 것은 폭발력이고 물질과 생명체와 우주에 존재하는 공간들을 규정하는 것은 엄청난 열기와 그에 상응하는 빛이 분명해 보인다. 엄청난 열기의 흔적들은 지구에서 쉽게 찾아볼 수 있다. 지구 내부에도 5천도 이상의 열기가 존재하고 우리 심장에도 36.5도의 온기가 살아있음을 증명한다. 인간은 불을 활용하고 매일 전기를 사용하며 인터넷을 활용한다. 열기로 만들어진 물질들이 지구에 없다면 어떻게 될까? 인간은 육체에 열기를 빼앗기면 죽는다. 지구는 열기로 만들어졌고 회전하는 과정에 끊임없이 열기를 만들어내고 인간의 심장도 태어나 죽을 때까지 움직이면서 열기를 유지한다. 열기가 높아질수록 지구의 회전속도는 느려지고 인간의 육체도 노화하여 늙어간다. 이렇게 중요한 움직임을 만들어내는 주인공이 바로 "丁"이다. 癸와 더불어 우주와 지구자연을 다스리는 주인공이다. 丁을 이해하는 몇 가지 키워드는 이미 나왔다. 열기, 전기, 육체의 심장, 노화의 원인, 육체와 물질을 만들어내는 에너지, 癸의 폭발력과 한 쌍으로 충돌하면서 生氣를 유지하는 역할 등이다. 이런 물상들만 기억해도 인간의 다양한 삶을 이해한다. 예를 들어보자.

時	日	月	年	男
모름	乙酉	丁未	壬申	

축구선수 손 흥민 사주다. 손 선수의 특이한 점은 움직이는 순간속도가 남다르다. 순간폭발력으로 뛰어서 상대수비수들을 무너뜨린다. 그 이유를 살펴보자. 월에 있는 丁未는 강인하고 건장한 육체를 뜻하는데 丁의 에너지가 육체를 만들기 때문이다. 순간폭발력은 어디에서 생겨날까? 바로 丁+壬으로 수렴, 응축하는 에너지가 묶여져 있다가 자극을 받으면 한순간 폭발하기 때문이다. 丁은 육체를 단단하게 만들고 丁+壬은 엄청나게 축적된 에너지를 저장하고 있다는 것을 기억하고 넘어가자. 예문을 하나 더 살펴보자.

時	日	月	年	男
甲午	辛亥	壬午	庚申	

직업은 미사일 연구원이다. 엄청난 에너지를 가진 미사일이 한순간 폭발하면서 튀어나간다. 사주구조 어디에 그런 직업을 택하는 에너지가 숨어있는지 이해하면 된다. 이런 학습과정을 반복하면 나를 찾아낼 수도 있다. 이런 구조를 가졌는데 사업한다면 어리석은 행위다. 손 흥민 사주에는 丁+壬의 축적된 에너지가 있고 태어난 날이 乙이기에 엄청난 활력을 활용하여 축구선수가 되었다. 아래 사주는 태어난 날이 辛으로 내부에 엄청나

게 축적된 에너지가 있기에 미사일과 같은 물상에 어울린다. 여기에 丁+壬과 유사한 壬午가 月에 있다. 미사일을 장착할 장비가 필요한데 년에 있는 庚申 기계덩어리다. 기계장치에 辛 미사일을 매달고 壬午 폭발력으로 발사한다. 이런 이유로 엄청난 폭발력을 가진 미사일을 연구한다.

時	日	月	年	男
丁	庚	庚	丙	
丑	午	子	申	

이 남자는 총명하여 학업성적이 우수했는데 불행하게도 癸卯대운 24세 1979년 己未년에 심장병으로 사망하였다. 심장을 상징하는 글자가 丁과 午인데 子午가 다투고 천간에서 癸丁으로 또 상한다. 이 구조에서 丁午가 상해도 심장병으로 사망하기 어려운데 하필 피의 흐름을 상징하는 卯가 대운에서 들어와 적절한 역할을 못하면서 丁午 심장으로 가는 피의 흐름에 문제가 생겨 사망한 것이다. 사주구조와 물형을 이해하면 심리, 적성, 학업, 직업은 물론 질병까지도 파악할 수 있다. 여기에서는 丁 에너지의 특징이 어떤 것인가를 개괄적으로 살피는 중이다. 전혀 상관이 없을 것 같은 에너지 특징과 빅뱅당시의 상황과 깊은 연관성이 있다니 놀라운 일이다. 물리학에서 설명하는 "丁"의 특징을 간략하게 살펴보자.

無에서 有로 변화하는 과정에는 필연적으로 가볍다, 무겁다고 느끼는 차이점들이 발생하는데 시간이 흐르면서 무조건 무거운 쪽으로 진화한다는 것만 기억하면 된다. 달리 말하면 우주는 가벼움에서 시작하여 무거움으로 진화하고 이런 반응은 마치 엔트로피가 끝없이 증가한다는 논리와 동일하거나 유사하다. 그 원인은 바로 중력에너지 때문이다.

우주는 하나의 점에서 분출돼 나온 것이며 우리가 알고 있는 모든 물질과 에너지, 공간과 시간이 엄청난 밀도로 함께 응축되어 있다가 파도처럼 밀려 나와 모든 방향으로 물질과 에너지를 실어 나르며 식어가고 있다. 태초의 팽창에너지로 138억년 동안 수천억 개의 은하들이 생겨났으며 그 숫자는 지금도 증가하고 있다.

빅뱅당시에는 온도가 대단히 높아서 물질과 에너지 구분이 불가능하기에 에너지가 무엇인지 모르지만 우주가 식어가면서 물질의 구성요소들 중 가장 작은 쿼크가 뭉쳐져 양성자와 중성자를 만들기 시작했다. 빅뱅 발생 후 약 10만분의 1초가 지난 후의 일이다. 그로부터 100분의 1초쯤 지난 후 양성자와 중성자가 모여 가장 가벼운 원소인 수소와 헬륨의 핵이 만들어진다. 빅뱅 후 채 1초가 지나기 전에 물질을 지배하는 네 개의 기본적인 힘인 중력, 전자기력, 강 핵력, 약 핵력이 나타난다. 그중에서 가장 약한 힘이 중력이다.

중력은 뉴턴의 중력이론과 아인슈타인의 일반상대성 이론에 의해 묘사되기는 했지만 여전히 정확히 정의되지 않고 있다. 4개의 힘이 완벽한 균형을 이루고 있기에 우주가 현재와 같은 상태로 존재하고 팽창한다. 만약 중력이 조금이라도 더 강력했다면 모든 물질은 붕괴되고 말았을 것이다. 반대로 중력이 조금이라도 약했다면 원자조차 형성되지 못했을 것이다. 또 우주의 온도가 조금 더 천천히 식었다면 양성자와 중성자는 헬륨과 리튬을 만들어내는데 그치지 않고 철을 만들어낼 때까지 계속 결합했을 텐데, 철은 별과 은하를 만들어내기에는 너무 무거운 물체다. (빅 히스토리 신시아 브라운 지음 27페이지)

수소와 헬륨이 만들어지고 온도가 내려가고 움직임이 진정되면서 수소와 헬륨 구름들은 중력으로 결합해 충돌과정에 은하가 만들어졌다. 원자들이 충돌하면서 마찰로 엄청난 열이 생겨났고 수소 핵이 융합을 일으켜 헬륨 이온을 만들어냈다. 이 핵융합 반응은 엄청난 양의 빛과 에너지를 방출했다. 수소가 타기 시작하면서 초당 수백만 톤의 물질이 에너지로 변화하고 별이 태어났다. 우주는 매우 다양한 크기의 물체들로 가득 차 있다. 그중 가장 큰 물체는 별이며 스스로 에너지를 만들어낸다.

수소 구름들은 온도를 계속 상승시키는 상호 인력의 장이지만 이런 움직임을 막는 저항을 통해 별이 창조된다. 만약 수소구름들이 저항에 직면하지 않은 채 그 존재를 지속할 수 있었다면 별들은 출현하지 못했다. 자유분방한 불덩어리는 **중력이라는 인력**을 만나지 못했다면 완전히 흩어졌을 것이다. 팽창이 중력이라는 장애를 만났기에 비로소 은하가 출현할 수 있었다. 그 어떤 형태의 생명도 움직임을 방해하는 중력이 없었다면 탄생할 수 없었다.(빅 히스토리 신시아 브라운 지음 31페이지)

우리는 정반대 에너지 속성들이 이루어가는 장관을 감상하고 있다. 癸水가 우주 시공간을 끝없이 팽창하는 과정에 뜬금없이 나타난 丁火에너지는 어마어마한 팽창력을 이겨내고 일정한 형태를 갖춘 물질들을 우주에 펼쳐놓기 시작한다. 참으로 신비로운 우주다. 우주가 폭발하는 것도 신기하지만 팽창과정에 단단하게 뭉쳐지고 물질의 형태가 만들어진다는 점은 더욱 경이롭다. 처음 이런 이치를 깨달았을 때의 감격은 여전히 남아있다. 위 설명처럼 수소, 헬륨의 본질은 폭발하여 팽창하는데 물질, 육체가 생겨난 이유는 불균형과 저항, 중력에너지 때문이다. 이 과정의 본질을 정리하면 복잡한 듯 간단하다. 丁의 수렴에너지가 극도로 응축되면 壬에 이르고 어떤 촉발제가 붙으면 癸로 폭발한다. 따라서 癸의 성질은 丁의 중력 작용을 온 우주공간에 펼쳐놓은 것이다. 癸로 生氣를 퍼트리는 우주본성 방식은 丁 중력을 활용하여 물질과 생명체를 만드는 것이다. 간단하게 표현하면 우주는 펼치고 수축하는 방식을 반복한다. 펼치면 氣로 바뀌고 수축하면 物質로 뭉쳐진다.

"시공간을 쭉 펴면, 아무것도 없다. 시공간을 굽히면 무언가가 나타난다."

에너지로만 존재하면 물질이 없지만 丁의 수렴작용으로 뭉쳐지면 물질이 생겨난다는 멋진 표현이다. 신기한 점은 약력, 강력, 전자기력, 중력 중에서 중력의 본질을 아직도 규정하지 못했다. 정리해보자. 우주의 골격이 癸의 폭발력과 丁의 중력 작용이라는 것이 느껴지는가? 전혀 어울리지 않는 두 종류의 본질은 끝없이 충돌하면서 창조하고자 부순다. 그렇다. 우주본성 자체가 파괴적이면서도 창조적이다. 이런 작용은 우주 어디에서도 동일하다. 은하, 별, 지구자연, 인간의 삶, 양자물리학 어디에서도 발현되는 물형은 달라 보이지만 본질은 동일하다. 수소는 창조하여 헬륨이 되었고 헬륨은 파괴하여 탄소가 되었으며 탄소는 또 다시 융합하여 산소가 되기를 반복했다. 달리 표현하면 균형 작용이나 시소게임과 같다. 절대로 한쪽으로 치우치지 않으며 창조가 이루어지면 반드시 파괴를 동반했다. 우리는 이런 특징을 가진 우주에서 살고 있다. 우주본성 자체가 창조와 파괴의 조화이며 부드럽게 표현하면 "易"이며 변화를 본성으로 한다. 삶에서 어떻게 활용하는지 살펴보자. 첫째 우주는 폭발과 중력 작용에서 벗어나지 못한다. 중력이 강하면 물질을 만들고(은하, 별, 지구, 생명체) 척력이 강하면 물질을 분해하여 氣로 바꾸어버린다. 丁癸가 만나서 창조와 파괴로 조정하고 균형을 맞추는데 이런 성질을 활용한 직업은 법조계에 어울린다. 따라서 사주팔자에 丁癸가 있다면 특히, 年과 月에 있다면 법대로 진학하여 법 공부를 시키는 것이 바람직하다. 사주구조에 따라서 균형감각을 요구하는 예술계 성향으로도 발현된다. 사주예문을 살펴보자.

時	日	月	年
庚	辛	丁	癸
子	酉	巳	丑

男

년과 월에 丁癸가 마주보고 있다. 甲申년 2004년 사법고시에 합격하였다. 丁癸의 균형을 맞추려는 성정을 활용했다.

時	日	月	年
丁	甲	癸	丁
卯	申	丑	未

女

서울대 법대를 졸업한 판사다. 년, 월에 丁癸가 있으니 옳고, 그름을 판단하고 조정하는 법조계에 어울린다.

時	日	月	年
丙	乙	癸	丁
子	亥	卯	巳

女

丙戌년 당시 미술 치료사를 공부하고자 미국으로 유학을 떠났다. 卯월에 태어나서 몸을 활용하는데 년, 월에 丁癸가 있으니 균형감각과 손을 활용하는 미술치료사 공부를 원한다. 미술을 좋아하는 이유는 월의 癸卯 속성으로 癸의 생각을 卯 손을 활용하여 그림을 그리고 丙 색채를 입힌다. 치료 개념은 원래의 물형에 하자가 생겨서 조정, 수리, 교정하는 것인데 그런 에너지에 적합한 글자는 丁이요 치료 후에 생기와 활력을 불어넣는 에너지는 癸다. 이렇게 년, 월 丁癸는 법조계에 어울리지만 卯月, 乙丙으로 화려함을 가미하여 미술과 치료물상을 조합한 직업을 찾은 것이다.

時	日	月	年
癸	己	癸	丁
酉	卯	卯	未

男

판사로 지내다가 2009년 즈음에 변호사가 되었다. 이 구조도 년, 월에 丁癸가 붙어있다. 태어날 때 받은 에너지 조합으로 적성, 심리, 학업, 직업, 심지어는 삶을 결정한다.

둘째로 丁의 특징은 열기, 전기와 같은 속성이며 물질을 뭉치게 만든다. 이런 작용은 참으로 신기한데 육체를 만들기도 하지만 육체를 딱딱하게 굳게 만들어버린다. 그럴 수밖에 없는 이유는 丁 열기가 생명체에게 반드시 필요한 癸水를 증발시켜버리기 때문이다. 가을에 열매가 단단해지는 이치로 丁癸의 균형이 깨지고 丁 열기가 증폭하면 영혼을 상징하는 癸水가 증발하면서 불안정해지면 인간은 자신도 모르게 生命水 癸를 불러와 위기에서 벗어나려 한다. 이런 행위로 발현되는 물상은 종교, 명리, 철학, 사이비 종교, 접신, 빙의, 정신병 등이다. 특히 丙午와 丁未가 사주구조에 있으면 생명수를 불러오려는 욕망이 강하다. 6월에 화기가 탱천하여 정신을 상징하는 水氣가 무력해지기 때문이다. 이런 이유로 丙午, 丁未는 부족한 水氣를 당겨와 중력에너지를 상쇄하기에 종교, 명리, 철학, 교육과 인연이 강하고 심하게 편중된 사주구조는 사이비 종교에 빠지기 쉽다. 예문을 살펴보자.

時	日	月	年	男
戊申	丁未	丁未	壬子	

고려대를 수석으로 입학하였으나 사법고시에 합격하지 못했다. 현재는 태극권과 종교에 심취하였는데 그 이유는 丁未로 증발하기 쉬운 생명수를 끌어와 정신안정을 원하기 때문이다. 이런 이치를 모르는 부인은 남편의 행위가 싫어서 이혼을 요구하지만 자식 때문에 이혼하지 못한다.

時	日	月	年	女
己亥	丙子	癸卯	丁未	

2005년 乙酉년 11월 말 상황으로 丙午, 丁未대운을 지나는 동안 갑자기 사이비 종교에 빠져 가정을 외면하고 남편이 설득하면 오히려 이혼을 요구하며 별거중이다. 화기가 증폭하는 丙午, 丁未 운을 지날 때 생명수 癸水가 증발하니 정신을 집중하기 위한 방편으로 사이비종교에 빠져 가정을 돌보지 않는다.

時	日	月	年	女
丙辰	戊辰	丙午	丁未	

종교단체에 다닌다. 17세부터 사회 활동하여 돈을 벌었고 이혼 경력이 있는 남편과 결혼했다. 여러 번 유산해서 자식이 없다. 자식을 얻고자 무당, 종교단체에 많은 돈을 기부했다. 년과 월에 丁未, 丙午가 있으며 水氣가 증발하기에 정신을 잡아야만 안정이 되기에 종교 활동에 집착한다. 자식을 만들어낼 水氣가 말랐고 일과 시에 辰辰으로 자식 얻기 어렵다.

時	日	月	年	男
丁未	壬戌	戊寅	乙未	

　아사하라 쇼코, 사이비종교 단체인 옴진리교 교주다. 77년경 선도, 요가 수행을 시작하고 82년 신흥종교단체에 입회하였으며 84년 탈퇴하여 요가 도장 <옴 신선회>를 만들었다. 1995년 3월 20일 오전 8시경, 독가스가 살포되어 5,500여 명이 눈과 코에서 피를 흘리는 등 심각한 중독현상으로 쓰러졌고 12명이 목숨을 잃었다. 이 사건의 배우에 옴진리교가 있었다. 이 구조는 丁未가 있고 수많은 火氣들이 인간의 정신을 상징하는 壬水를 증발시킨다. 자신도 모르게 환각 증세에 빠지면서 자신의 존재를 망각하고 착각하면서 정신병에 시달린다. 壬水 생명수를 수많은 화기에 공급하여 살리겠다는 착각에 빠지면서 사이비교주가 되었다. 강한 火氣들(교인들)은 水氣가 필요한데 유일하게 壬水 밖에 없으니 교주로 추앙하고 따른다. 이런 이유로 사이비교주가 되었다.

03 세 번째 움직임 - 대칭 불균형의 결과물 戊

　대칭(symmetry)관련 책들을 읽다보면 나름 흥미로운 내용들을 만난다. 완벽한 대칭은 인간의 능력으로는 인지할 수 없는 종류의 패턴으로 물형이 없다. 대칭은 변하지 않는 것을 뜻하는데 예로, 어떤 것을 변화시켰는데 변하기 전과 후에 아무런 차이가 없는 것이다. 우리는 거울을 보고 일시적으로 속기는 하지만 왼쪽과 오른 쪽을 바꾸기 때문에 완벽한 대칭이 아니다. 대칭상태를 無라고 부를 수 있지만 아무것도 없다는 의미는 절대로 아니다. 대칭이라는 에너지가 존재하기 때문이다.

두 레슬링 선수가 똑같은 힘으로 밀면, 미는 힘이 아무리 커도 평형이 이루어져 두 사람은 꼼짝도 하지 않는다. 앞으로 가는 운동과 뒤로 가는 운동을 더하면 결과는 0이다. 이렇게 우주에서 일어나는 많은 일들은, 합해서 0이 되는 양들이 이합 집산하는 과정이다. 반도체 속의 전자와 구멍, 양전하와 음전하, 작용과 반작용, 인력과 척력이 그것이다. 억만장자가 억만금의 빚을 져서 명목상 재산이 한 푼도 없는 것도 동일한 비유다.

이렇게 無라고 생각되는 것이 실제로는 반대되는 것들의 합인 경우가 대부분이다. 진공이 가장 명백한 증거다. 실제로는 무한한 수의 陰과 陽으로 들끓고, 불확실성의 끝없는 요동으로 합쳐졌다, 나누어지기를 반복한다. 빈공간은 단지 평균했을 때만 無다. (우주의 구멍 - KC 콜 지음, 김 희봉 지음)

우리는 물질 혹은 인간 사이에서 다양한 대칭을 만나지만 유사한 대칭에 불과하다. 도플갱어의 경우도 사전적 의미로 나와 똑같이 생긴 사람이지만 그렇다고 완벽하게 동일한 것은 아니다. 즉, 완벽한 대칭으로 보이는 것들도 자세히 들여다보면 그렇지 않은 것처럼 우주도 완벽한 대칭이 아닌 이유는 無에서 有를 창조하는 과정에 균형이 깨졌기 때문이다. 無에서 有로 변하는 과정을 관찰하면 無에는 완벽한 대칭이 숨어있다. 그것은 바로 위에서 살펴보았던 두 개의 에너지 癸와 丁이다. 대칭이나 동일한 것이라는 의미를 사주구조에서는 어떻게 발현될까? 애정관계에서는 유부남과 결혼하거나 의처증, 의부 증으로 발현된다.

時	日	月	年	女
甲	戊	甲	戊	
寅	辰	寅	子	

이혼 경력이 있는 남자와 결혼했으나 매우 가난했고 남편은 차를 몰면서 채소장사를 하였다. 중년에 조금 발전했으나 유부남들과의 애정문제로 돈을 낭비했다. 나를 상징하는 戊와 동일한 도플갱어 戊가 년에도 있으니 다른 여인이 내 남자를 먼저 차지한 후에 다시 나에게 오는 구조로 유부남이나 이혼한 남자와의 인연이다. 이 여인의 남자입장에서 살피면, 부인 두 명이 공존하여 혼란스러운 상황이다. 두 명의 여인을 얻거나, 이혼하거나 의처증으로 시달린다.

時	日	月	年	女
戊	辛	乙	辛	
戌	丑	未	丑	

영화배우로 정식 결혼도 못하고 유부남에 속아서 미혼모가 되었다. 최근에는 정치인과의 소문으로 시끄러웠다. 辛丑과 辛丑으로 대칭구조다. 도플갱어 처럼 나와 동일한 존재가 내 남자를 차지하고서야 비로소 결혼이 가능하다. 이런 이유로 유부남, 이혼남과 인연되기 쉬운 것이다. 사주구조에서 대칭이 주는 삶의 의미는 참으로 다양하다(더 자세한 내용은 기 출판한 宮位 論을 참조하기 바란다).

이야기를 이어가보자. 無에 대한 물리학의 설명은 이러하다. 우주에서 제거할 수 있는 모든 것을 제거해서 마지막까지 남는 구조를 찾는 것이 물리학의 주요 목표이기에 無에 대한 탐색은 빈 공간의 진공으로부터 시작된다. 진공은 모든 것을 제거한 상태로 아무것도 발생하지 않는다. 물리학의 주장은 모든 것을 제거해도 진공에 두 가지가 남는데 時空間과 힉스 장이라고 한다. 힉스 장은 입자에게 질량을 부여하는 진공구조다. 이 표현을 일상의 표현으로 바꾸면 에너지가 물질로 바뀔 수 있게 해주는 것은 힉스 장으로 진공상태에서도 절대로 제거되지 않는다. 즉, 언제라도 우주에 물질과 생명체를 만들어낼 수 있는 본성은 절대로 사라지지 않는다. 어쩌면 물리학에서는 분리할 수 없는 우주의 근원적 입자형태인 丁-壬-癸 三字구조를 분리하려고 노력하는지도 모른다. 아무리 쪼개도 남는 그 무엇을 연구하지만 결과적으로 丁-壬-癸가 하나로 묶여서 절대로 분리될 수 없는 상태인데 그것을 분리해보려고 하는지도 모른다. 진공 상태의 성질을 時空間과 힉스장이라고 규정하였는데 바로 丁壬癸 중력과 척력 그리고 癸와 丁의 완벽한 대칭을 이루게 해주는 대칭 체의 중심축(an axis of symmetry) 壬의 존재라고 믿는다. 이런 에너지 구조의 특징은 언제든 입자에서 파동으로, 파동에서 입자로 변할 수 있는 것으로 양자물리학의 설명과 매우 유사하다.

無의 특징은 정체도 없고, 차이와 형태도 없으며 변하지도 않기에 시공간 방향도 없고, 크기도 없다. 이렇게 無는 완벽한 것처럼 보이지만 균형이 깨져서 有로 바뀌면 갑자기 불안정해진다. 양자물리학 주장처럼 입자와 파동사이의 대칭이 완벽하면 모든 물질과 반물질은 상쇄되어 물질로 존재할 수 없기에 우주에는 물질이 하나도 없었을 것이다. 즉, 완벽한 시공간의 대칭은 움직이지 않으니 과거도 미래도 없었을 것이다. 이런 이유로 우리가 살아가는 지구는 대칭구도가 약간 틀어진 시공간이다. 대칭이 깨지면서 전혀 다른 모양을 가진 존재들로 바뀌기 시작했고 다양성을 갖게 되었다. 신기한 것은 우주에 대해 공부할수록 모든 것이 대칭이면서 동일한 것으로 간주된다는 점이다. 다양성이 존재하는 시공간을 되돌려 가다보면 완벽한 대칭으로 보이는 無의 세계로 돌아가기 때문이다. 별개라 간주했던 전기와 자기는 같은 현상의 다른 측면임을 밝혔고 물질과 에너지, 중력과 관성, 시간과 공간도 그렇다. 다르다고 간주했던 모든 것들이 같은 것이라고 인식되는 경우의 수가 점점 많아지는 신기한 일들이 발생한다. 바로 All is One, One is All 이다.

우리는 빅뱅이전을 완벽한 無의 상태라고 믿으려는 의지가 강하다. 재미나는 현상은 <u>時間은 철저하게 비대칭</u>이다. 빅뱅 이전의 상태를 無로 규정하고 아무것도 변할 수 없기에 時空間이 존재하지 않는다고 믿는다. 블랙홀의 내부도 동일한 이유로 시공간이 존재하지 않는다고 믿는다. 저승사자에게 끌려가면 시공간이 존재하지 않는다고 믿는다. 그렇다. 우리가 인식하는 <u>時間은 변화를</u> 요구한다. 어제는 젊었는데 오늘은 늙어버린 이유도 모두 변화를 강요하는 시간 때문이다. 왜 빅뱅이전에 그렇게 완벽하게 보였던 丁壬癸의 대칭은 깨져버렸을까? 파인만은 물리학 강의에서 이 질문을 던지고 아무도 모른다고 말했다. 왜 우리는 완벽한 혹은 불완전한 대칭을 이해해야만 할까? 우리가 살고 있는 지구와 생명체들은 모두 대칭의 균형이 깨져서 만들어진 결과물이기 때문이다. 지구를 상징하는 戊는 척력과 중력의 불균형 사이에서 낳은 자식이다. 인간에게는 삶의 터전이자 놀이터지만 지구는 대칭의 불균형이 준 선물이다. 癸와 丁의 대칭이 깨지면 언제라도 파동에서 입자로 바뀔 수 있고 또 반대로 입자에서 파동으로 사라질 수도 있다. 달리 말하면 우리는 불완전한 우주에서 불완전한 생명체로 지구에 등장하여 100년 이내의 생명을 유지하다 불완전한 無의 세계로 떠난다. 다시 빅뱅으로 돌아가서,

> 우주공간이 천천히 혹은 빨리 펼쳐졌더라면 우주는 붕괴되고 말았을 것이다. 공간의 생성 속도나 중력이 어느 한쪽으로 쏠렸다면 우주의 모험은 중단되었을 것이다.(우주이야기 토마스 베리, 브라이언 스윔 지음 /맹 영선 옮김 34~35페이지)

중력이 조금이라도 약했다면 원자조차 형성되지 못했을 것이고 우주온도가 조금 더 천천히 식었다면 양성자와 중성자는 헬륨과 리튬을 만들어내는데 그치지 않고 철을 만들어낼 때까지 계속 결합해서 너무 무거워서 별과 은하를 만들지 못했을 것이다. 신기하게도 팽창하는 과정에 중력이라는 방해꾼을 만났기에 비로소 은하가 출현할 수 있었다. 문제는 팽창에너지 속에 중력이 있는지 팽창에너지 밖에 중력에너지가 있는지를 따져봐야만 한다.

지금으로부터 약 46억 년 전에 우리 은하에서 초신성이 폭발해 새로운 별 태양이 생겼다. 그런 사실은 초신성에서 유래한 달의 암석과 운석을 통해 알 수 있는데 모두 45억 6천만 년 전에 만들어졌다. 초기 태양의 주위에는 폭발한 초신성에 의해 생긴 수많은 원소 가스와 성운 먼지 같은 잔존물들이 원반 모양으로 돌다가 내부결합으로 행성이 만들어졌다.

수성, 금성, 지구, 화성은 태양 중력의 영향으로 암석이 많고 무겁게 만들어졌으며 외행성 목성, 토성, 천왕성, 해왕성은 가볍고 가스가 많은 형태로 만들어졌다. 오로지 지구만 중력과 전자기력이 균형을 이루는 크기를 갖기에 중심핵의 주변에 단단한 암석층이 형성될 수 있었다. 태양계에서 유일하게 지구에서만 화학반응이 계속 변화하며 일어난다. 중력은 온 우주에 거대한 영향을 주는데 일방통행으로 당기기만 하여서 항상 더해지기만 한다. 이런 과정으로 중력은 상쇄되지 못한 채 쌓여서 우주의 모든 힘을 압도하고, 심지어 어떤 별은 중력을 감당하지 못하고 블랙홀이 된다. 물질과 반물질이 초기 우주에서 똑같은 양으로 창조되긴 했지만 정확하게 똑같은 양으로 만들어지지는 않았다. (우주이야기 토마스 베리, 브라이언 스윔 지음 /맹 영선 옮김. 요약)

중력과 블랙홀의 이치를 인간의 삶에서 살펴보자. 이런 과정을 쉽게 이해하게 해주는 표가 바로 十宮圖이다. 매우 간단한 표인데도 불구하고 엄청난 진실들이 숨겨져 있다. 나중에 천천히 살펴볼 것이다. 철저하게 비대칭을 주도하는 시간이 만들어내는 물형의 변화과정을 열 개의 에너지특징으로 표현한 것이다.

壬	庚(46세)	戊	丙	甲
癸	辛	己	丁(24-30세)	乙

◀─────────────────────── 시간 흐름

인간은 태어나서 甲乙丙까지는 육체가 팽창하는데 24세 이후에 丁의 중력 작용이 육체에 누적되기 시작하면 몸이 딱딱해져 움직임이 둔해지고 46세 즈음에 이르면 급속도로 노화되고 결과적으로 辛에서 죽는다. 블랙홀의 이치처럼 노화의 원인은 중력에너지 때문이다.(저자의 추론과정의 결과물이며 과학적 근거는 없다. 인체의 노화원인은 아직까지 과학적으로 증명되지 않았다고 한다.) 이렇게 중력은 달콤한 에너지로 육체를 탄력적으로 만들기도 하지만 딱딱하게 굳어지게 만든다. 이런 작용에 대해서 아인슈타인은 물질과 필드를 구별하는 것은 순전히 인위적이라고 결론을 내렸다.

"물질은 에너지가 많이 집중된 것이고, 필드는 에너지가 조금 집중된 것이다. 이것이 사실이라면 물질과 필드는 질적으로 다른 것이 아니라 양적으로 다를 뿐이다. 물질과 마당이 다르다는 생각은 이치에 맞지 않다."

필드는 물질과 빈 공간, 유와 무 두 가지 형태를 모두 취할 수 있는 중간상태로 둘 사이를 잇는 다리가 되었다. 우리는 시공간 위에 얹혀

있는 것이 아니라 시공간 속에 산다. 이것은 물리학자들조차 완전히
납득하기 어려운 개념이다. 시간과 공간이 바로 우리다. (우주의 구멍
- KC 콜 지음, 김 희봉 지음)

조금은 어려워 보이는 표현들이지만 가만 생각해보면 이해할 수 있는 내용이다. 결론적으로 눈으로 보이는 것과 보이지 않지만 존재하는 것의 대칭구조 이야기다. 눈으로 보이는 존재들은 에너지들이 단단하게 뭉쳐진 것이며 지구도 그 중 하나다. 다만, 지구에서 보이는 다양한 형태들과는 달리 우주에서 보이는 모양들은 원형이며 회전하는 공통적인 특징을 갖는다. 이런 물형을 결정한 것은 丁壬癸로 이루어진 회전운동 때문이다. 지금부터는 위에서 살펴보았던 戊의 독특한 특징들만 골라서 살펴보도록 하자.

"욕심이 잉태한 즉, 죄를 낳고 죄가 장성한 즉, 사망을 낳느니라."
- 야보고서 1장 15절

우리는 척력과 중력의 대칭 불균형으로 만들어진 생명체다. 본질적으로 불균형의 산물이기에 완벽할 수 없는 존재다. 중력은 외부에서 내부를 향하여 당겨져 물질을 단단하게 뭉치는 에너지로 丁壬癸 회오리 작용으로 戊 지구를 만들어냈다. 중력으로 만들어지는 물질을 욕심이나 탐욕으로 규정하면 우리는 욕심이 잉태한 자식들이다. 언제든 죄를 낳고 키우고 결과적으로 그 죄가 무거워져 죽을 수밖에 없다. 따라서 욕심, 죄의 탄생과 성장 그리고 사망도 모두 중력에너지의 다른 표현이다. 그 욕심과 죄의 중심에 戊가 있다.

하느님께서는 '이제 이 사람이 우리들처럼 선과 악을 알게 되었으니, 손을 내밀어 생명나무 열매까지 따먹고 끝없이 살게 되어서는 안 되

겠다.'고 생각하시고 에덴동산에서 내쫓으셨다. 그리고 땅에서 나왔으므로 땅을 갈아 농사를 짓게 하셨다. 창세기 3:22-23 (공동번역성서)

결론적으로 대칭이 깨지고 만들어진 중력에너지의 결과물을 설명하는 내용이다. 癸, 丁은 선악의 대칭인데 원래는 한 쌍이며 균형을 이루어 그 차이를 인지하지 못했으나 중력에너지가 좀 더 강해지고 대칭이 깨지고 말았다. 결과적으로 일부가 물질과 육체로 바뀌면서 내 쪽으로 당겨와 소유하려는 욕망이 생겼으며 중력에너지가 축적되기에 시한부 생명주기를 갖게 된 것이다. 에덴동산에서 멀어지며 戊土 지구에서 살아야 하므로 땅에서 나온 생명체며 생명을 유지하려면 육체를 움직여 농사를 지을 수밖에 없다. 거의 유사한 의미의 내용은 아래와 같다.

하나님이 에덴동산을 만들고 온갖 열매들이 열리는 나무들을 만들었는데, 아담에게 "다른 나무의 열매를 먹는 건 상관없으나 선악을 알게 하는 나무의 열매는 먹으면 반드시 죽을 것"이라고 말하였다. 에덴의 뱀이 하와에게 다가와 "하나님이 나무 열매를 따먹지 말라고 하셨다는데 정말이야?" 하고 물었고, 하와 역시 "아니, 그건 아닌데 동산 한 가운데 있는 나무 열매만은 먹지도 말고 만지지도 말래. 그렇게 하면 죽을지도 모른대." 하고 대답한다.

戊의 속성 중에서 가장 중요한 부분을 살펴보았다. 비대칭의 산물이자 물질욕망을 가졌으면서도 지구에서 살아가는 모든 생명체의 안식처다. 따라서 戊는 안정과 불안정의 양면성을 가진 공간이다. 중력에너지를 활용하여 물질을 당겨오는 욕망 덩어리이기에 물질에 대한 강한 집념이 숨겨져 있다. 예로 부동산 투자와 같다.

時	日	月	年	男
丁	庚	己	戊	
亥	午	未	辰	

홍콩 제일의 부동산 부자 이 가성 사주다. 년과 월에 엄청나게 두터운 땅덩어리가 있다. 년, 월이 동일하지만 군인으로 살았던 다른 구조를 살펴보자.

時	日	月	年	男
戊	辛	己	戊	
子	未	未	辰	

육군 소장을 역임했는데 부동산으로 부자가 되었고 군대에서 발전했다.

나중에 살펴볼 庚의 특징은 성경에서 설명하는 선악과다. 금단의 열매이자 인간이 탐할 수밖에 없는 물질을 상징한다. 이 가성은 재물을 상징하는 庚일간이고 이 사람은 辛일간으로 씨종자이기에 쓸쓸함을 가진 에너지다. 이런 이유로 외곽지대 군대에서 살았다. 이렇게 글자 하나의 차이가 하늘과 땅만큼 크다.

중력에너지가 만들어낸 지구 戊土는 생명체들의 터전이다. 네 번째 움직임에서 살펴볼 甲은 지구에 존재하는 생명체들로 생명을 유지하려면 반드시 터전이 필요하다. 지구가 없었다면 모든 생명체들은 중력에너지를 활용하지 못하였고 육체가 없는 에너지 상태로만 존재하였을 것이다. 이런 의미를 사주팔자에 활용해보자. 만약 사주에 戊土가 있으면 "정해진 일정한 공간"에서 활동한다. 예로 공장을 운영하거나 사무실을 운영하며 그 공간에서 오래도록 머물기에 돌아다니거나 삶의 터전을 자주 바꾸지 않는다. 이런 특성을 직업과 연결해보면 공장운영과 같은 형태다.

時	日	月	年	男
丙寅	己卯	乙丑	戊辰	

戊辰, 己, 丑으로 안정적인 터전이 있다. 부친이 물려준 토지가 일확천금이 되었고 공장을 운영하며 수백억 자산가다. 서울 근교에 땅이 많다.

時	日	月	年	男
丙辰	戊辰	庚午	己亥	

이 구조도 戊辰, 己로 활동공간이 일정하게 정해져있다. 재봉사 염색과 재봉사를 감아 납품하는 공장을 운영했다.

時	日	月	年	男
己亥	丙辰	丙辰	戊戌	

戊戌, 己, 辰辰으로 땅이 넓고 다양하게 분포되었다. 부친이 하던 양봉 일을 어릴 때부터 거들다가 20대 후반부터 직접 운영한다. 상당한 규모로 외지에 머무는 일이 많다. 이 구조는 안정적인 공간이 있지만 이곳저곳으로 산만하게 나눠져 있기에 외지에 머무르는 일이 많이 생긴다. 마치 양봉하는 공간이 전국에 나뉘어져 있고 교대로 돌아다니는 모양이다.

전혀 다른 戊의 속성을 하나 더 살펴보자. 내 쪽으로 당겨오는 중력에너지에 의해서 지구가 생겨난 후 기존의 상황과 달라진 점은 일정한 경계가 정해졌다는 것이다. 이것은 심리적으로 굉장히 중요한 문제다. 편을 가르려는 욕망이 생겨났기 때문이다. 지구 밖의 존재는 외계인이 되었고, 내 육체 밖에 있는 존재들은 타인이 되었다. 이렇게 경계 밖에 있는 존재들은 모두 내가 아니라고 규정할 수밖에 없는 상황에 처한 것이다. 이런 속성에서 벗어나는 것이 결코 쉽지 않다. 그 이유는 생존이 걸린 문제이며 戊의 본질이 물질을 당겨오려는 중력에너지이기 때문이다. 丁火로 만들어진 육체 이전에 癸水 정신이 있었으며 우리의 진정한 주인이라는 의미가 새롭게 다가온다. 정신과 육체가 한 쌍이었지만 대칭이 깨져 육체가 만들어졌기에 육체는 정신의 산물에 불과하다. 그렇다면, 나와 너의 경계를 결정하는 태도들은 사주에서 어떻게 발현되는지 살펴보자. 부친은 우리에게 호전성을 선물했고 생존을 위협하는 대상들과 전쟁을 불사하게 만들었다. 또 경계를 정하고 편을 가르기 시작했다. 이런 속성을 보통 백호살, 괴강살, 삼형살로 표현하는데 육체 戊와 호전적인 성정이 가미된 물상들이다. 다만 저런 명칭들이 대단히 흉한 것이라고 착각하면 안된다. 백호, 괴강, 삼형은 모두 土의 문제지만 만약 문제를 해결하는 사주구조들은 백호, 괴강, 삼형의 문제가 발생하기 않는다. 즉, 어떤 명리이론도 무조건 맞는 것은 단 하나도 존재하지 않는다.

時	日	月	年	男
丁	丁	壬	戊	
未	丑	戌	辰	

중국 주원장 사주로 300년 동안 중국을 지배한 명나라 초대황제다. 호전성을 상징하고 경계를 정하려는 토가 다섯 개나 있다. 이런 이유로 정복욕이 강한 것이다.

時	日	月	年	男
戊	甲	庚	癸	
辰	辰	申	巳	

戊土의 물질과 庚申 금단의 열매를 모두 가졌다. 물질을 소유하려고 싸움이 발생하고, 호전적 성정이 드러난다. 채무자가 돈을 달라고 하자 집으로 유인하여 살해한 후 강도로 위장하기 위해 스스로 자해하고 불을 질렀다.

時	日	月	年	男
戊	甲	丁	庚	
辰	戌	亥	辰	

이 소룡 사주다. 사주전체에 토들의 호전성이 강하고 丁亥로 전문가적 자질도 강하다.

時	日	月	年	男
辛	戊	庚	庚	
酉	辰	辰	戌	

유 영철 사주라고 알려져 있다. 토들의 호전성과 庚辛의 殺氣가 뭉쳐져 살인마로 전락했다.

마지막으로 戊는 경계를 정하기에 경계 내에 존재하는 대상들과는 친하지만 경계 밖의 사람들에게는 경계심을 갖기에 보수적이다. 모르는 사람들과는 일정한 거리를 유지하지만 믿을 수 있다고 판단하면 끝까지 믿는 것이 戊로 장점이자 단점이다. 이렇게 戊土는 좋은 의미로는 삶의 터전이지만 나쁜 의미로는 삶을 위한 전쟁터로 아수라 지옥과 같다.

04 네 번째 움직임 - 甲. 지구주인의 등장

무주공산[無主空山]은 주인이 없는 산을 일컫는다. 46억 년 전 태양계에 속한 지구가 막 생겨났을 때에는 생명체가 없었고 무주공산이었다. 즉, 단단한 지구공간으로 만들어졌으나 생명체가 없다면 공간의 가치는 없다. 대략 8억년의 시간이 흐르고 38억 년 전 즈음에 지구에 단세포가 등장하였다. 드디어 무주공산에 주인이 찾아온 것이다. 과연 우리는 어떤 주인을 만난 것일까? 지구터전을 잘 관리해줄 주인이냐 아니면 터전을 망가뜨릴 주인이냐에 따라서 무주공산의 가치가 달라질 것이다. 무주공산을 다스릴 주인의 소양은 매우 중요하다. 공존의 삶을 추구하는 주인의 심정은 이러하다.

오지브웨 족에게는 다음의 창조설화가 전해진다. 동물과 식물, 인간 등 세상 만물을 하나씩 창조한 뒤 신은 마지막 고민에 빠졌다. 각각의 훌륭한 존재를 만들어 놓긴 했으나 그 모두를 하나로 연결하는 것이 필요했다. 그렇지 않으면 저마다 잘나고 훌륭한 존재들이 서로를 파괴할 가능성이 크기 때문이었다. 방법을 궁리하고 있는 신 앞에 거미 한 마리가 나타나 자신이 돕겠다고 말했다. 그리하여 작은 거미는 자신의 몸에서 뽑아낸 가느다란 실로 세상의 모든 존재들을 이어서 전체를 연결하는 하나의 그물망을 만들었다. 그럼으로써 모든 창조물이 보이지 않는 그 물망 속에서 하나로 연결될 수 있었다. 신은 크게 기뻐했다.

(나는 왜 너가 아니고 나인가? 시에틀 추장 외 / 류 시화)

아래는 무주공산을 거칠게 다루는 주인들의 태도를 설명한다.

대지는 태양의 도움을 받아 창조되었다. 그러니 있는 그대로 놔둬야 한다. 대지와 나는 한 몸이다. 대지의 가치와 우리 몸의 가치는 똑같다. 원래 경계선 같은 것은 없었다. 땅을 갈라 이리 붙이고 저리 붙이고 해선 안된다. 인간에게는 그 위에 금을 그을 권리가 없다.
(나는 왜 너가 아니고 나인가? 시에틀 추장외 / 류 시화 128페이지)

우리가 반드시 기억해야할 것이 있다. 빅뱅 후에 지구가 생겨나기까지의 과정에서 보여주는 지혜다. 癸가 우주 전역에 펼쳐질 때 열정을 상징하는 丁 도 함께 펼쳐졌고 수렴작용으로 물질이 생겨났다. 따라서 인간이 지구에 등장하는 과정에는 명확하게 두 개의 에너지가 필요했다. 바로 癸와 丁으로 인간의 정신과 육체를 지배하는 에너지다. 이런 에너지들이 戊土 지구에 펼쳐진 후에서야 비로소 甲, 우주어미의 영혼을 이어받은 단세포가 무주공산에 등장한 것이다. 따라서 戊土도 생명체도 모두 우주어미의 영혼을 받았기에 모두 형제임이 분명하다.

나는 땅 끝까지 가 보았네.
물이 있는 곳 끝까지도 보았네.
나는 하늘 끝까지 가 보았네.
산 끝까지도 가 보았네.
하지만 나와 연결되어 있지 않은 것은 하나도 발견할 수 없었네.
— 나바호족 노래 (나는 왜 너가 아니고 나인가? 시에틀 추장 외 /
류 시화 서문)

문제는 가끔은 戊土 대지를 난폭한 방식으로 다스리는 甲 생명체들이 존재하는데 유일하게 인간일 것이다. 대지와 공존하여 살아갈 것인가 아니면 대지를 정복하여 파괴할 것인가는 무주공산을 차지한 주인들에 따라서 전혀 다르게 발현되는 것이다.

할아버지여,
부서져 버린 우리를 보소서.
모든 창조물 중에서 오직 인간만이

성스러운 길에서 벗어났음을 우리는 압니다.

오직 인간만이 서로를 갈라서

살고 있음을 우리는 압니다.

다시 하나로 돌아가

성스러운 길을 걸어야 함을 우리는 압니다.

할아버지여, 성스러운 이여,

우리에게 사랑과 자비와 존중심을 가르쳐 주소서.

우리가 이 대지를 치료하고

서로를 치료할 수 있도록.

- 오지브웨 족 기도문 (나는 왜 너가 아니고 나인가? 시애틀 추장외 /류시화)

그렇다면 사주팔자 구조에서 땅을 다스리는 이치는 어떻게 현실적으로 발현되는지 살펴보자.

時	日	月	年
甲子	己亥	壬寅	壬寅

女

예로 이런 여인이 있다. 己는 지구내부의 땅을 상징하고 나무들이 뿌리내리는데 활용한다. 이 구조는 너무도 많은 뿌리들이 있어서 품을 땅이 턱없이 부족하다. 따라서 己土의 땅은 많은 뿌리를 품는 과정에 갈라지고 터져버려 땅으로서의 가치를 상실한다. 따라서 정체성에 문제가 생기고 결과적으로 무속인이 되었다.

時	日	月	年
戊辰	甲辰	甲辰	壬申

男

학력이 높고, 조상으로부터 받은 땅이 정부의 신도시개발 정책으로 땅값이 폭등하여 큰 부자가 되었다. 이 구조는 甲주인이 넓은 무주공산의 주인으로 살아간다. 땅, 부동산 물상, 사업물상에 적합하다.

時	日	月	年	男
戊辰	甲辰	戊戌	丙辰	

어릴 때는 부모덕이 없어서 나무를 팔아서 생계를 유지했는데 43세부터 재물을 모아서 동대문시장 근처 땅을 구입하면서 갑부가 되었고 국회의원에 당선되었다. 엄청난 땅을 혼자서 다스리는 영주의 형상이다.

이렇게 甲은 지구와 함께 살아가는 생명체이거나 지구를 파괴하는 생명체다. 甲의 에너지 특징 중에서 가장 특별한 특징은 "절대로 움직임을 멈추지 않는다."는 것이다.

달리 표현하면 움직임을 통하여 존재함을 증명한다. 물리학으로 살피면, 빅뱅 후 1초 – 3분 사이에 수소와 헬륨이 만들어졌다. 인체의 수소, 산소도 빅뱅의 시기에 만들어진 것으로 모친이 우리에게 준 것이 아니라 빅뱅이 준 것이다. 우주는 매우 섬세한 방식으로 팽창하여 가장 가벼운 수소의 핵으로 최초의 살아있는 세포를 만들어냈다.

> 최초의 세포였던 원핵생물 아리에스는 스스로 자기조직 할 수 있는 힘을 가지고 있었다. 원핵세포들은 대양으로부터 수소를 모아 산소를 방출했다. 따라서 수소는 비활성 물질이거나 수동적인 물질이 아니다. 전자, 양성자 및 광자를 통일된 하나의 전체로 응집시킨 작용의 역동적인 중심이 수소다. 수소는 우주의 새로운 힘이고 작용의 중심이며 우주에 나타난 새로운 존재였다. (우주이야기 토마스 베리, 브라이언 스윔. 59페이지)

이와 같은 설명에서 알 수 있듯, 만약 팽창을 주도하는 극히 가벼운 성질의 수소가 없다면 인간은 생명을 유지하는 것이 어렵다. 인간의 육체에 무거운 성질의 원소들을 받아들인다면 움직임을 본질로 하는 존재들은 등장하지 않았을 것이다. 이런 이유로 甲의 생기에 문제가 생기거나 혹은 극히 무거운 물질들이 많은 사주구조는 단명하거나, 폭력적이거나, 자학하거나, 생명체의 움직임을 방해하는 에너지가 강하기에 주위로부터 따돌림당한다. 인간의 삶에서 어떤 현상으로 발현되는지 예문을 살펴보자.

時	日	月	年
甲	庚	辛	戊
申	申	酉	午

男

1918년 생 남자다. 사주구조에 생명수도 없고 극히 건조하게 마르면서 금기들이 매우 사납고 날카롭다. 이런 구조에서는 甲 생명체는 殺氣를 견디기 어렵다. 생기를 상징하는 甲이 時에 있는데 어떤 방식으로 살기를 견디며 생기를 유지할 것인가를 고민해야만 한다. 이 남자는 평생을 대머리로 지낸다. 머리카락이 자라지 않는 것이 아니라 머리카락이 나오면 바로 잘라버리고 싶은 충동을 느낀다. 辛酉 월에 수많은 金氣에 甲을 보호하려고 머리털을 깎아 보호하는 것이다. 이런 현상이 일상에서 어떻게 발현될까? 지구에 처음으로 생겨난 생명체 甲의 존재를 드러내지 못하고 감추어야만 하므로 이 사람은 주위에 자신의 존재감을 드러내지 못한다. 또 甲은 이 사람의 재물과 같은데 돈이 생기면 모으지 않고 낭비해버리기에 주위에서는 호탕한 성격이라 판단하지만 재물 복이 없다. 평생 농사를 지었고 물건을 자주 잃어버린다. 이렇게 날카로운 금에 의해서 甲 생기가 심하게 상하면 육체가 상하기 쉽다. 이런 문제로부터 벗어나려면 이 남자처럼 머리카락을 자르고 돈 욕심을 버려야 육체가 망가지지 않는다.

時	日	月	年	女
甲	癸	乙	乙	
寅	酉	酉	未	

40대 2000년 庚辰년 당시에 이혼하고 꽃가게를 운영하였다. 이 구조도 甲寅으로 생기가 있고 乙酉로 가을에 수확한다. 이런 이유로 癸로 먼저 甲乙 생기를 키우고 酉로 잘라내는 물상으로 꽃가게를 운영하였다.

時	日	月	年	女
丙	己	戊	丁	
寅	酉	申	未	

30대 상황으로 1999년 己卯년 당시에 미용실을 개업하였다. 甲 생기는 없지만 時에 寅으로 있고 申酉 낫으로 잘라내는 구조이기에 미용실을 운영한다. 꽃집과 미용실의 차이는 바로 이것이다. 꽃집은 먼저 길러야 하고 미용실의 경우는 바로 잘라야 한다. 따라서 꽃집은 甲乙 生氣의 성장을 촉진하는 癸나 壬이 있지만 미용실은 없는 구조가 많다.

時	日	月	年	女
庚	癸	辛	乙	
申	酉	巳	巳	

木을 살려야만 하는 상황이면 생기를 보호하거나 치료하는 직업으로 쓰인다. 예로 의사, 한의사, 간호사, 약사의 물상이다. 2001년 辛巳년 당시에 약사였다. 甲乙 생기가 강한 금기들에 상하기에 이것을 보호하고자 약사의 길을 택한 것이다. 만약 그렇지 않다면 질병에 시달릴 수 있다. 이런 구조들은 치료할 것인가 치료 당할 것인가 둘 중 하나를 선택해야만 한다.

만약 의사, 약사처럼 치료하는 직업에 종사하지 않으면 삶과 죽음 사이를 연구하는 종교, 철학, 명리, 교육과 인연이 깊다.

時	日	月	年
丁	癸	壬	丁
巳	卯	寅	巳

男

이 남자는 건설관련 일을 하다 우연히 횟집 주방장을 소개하는 방송을 보고 천직이라는 생각에 횟집주방장 일을 시작하였고 적성에 잘 맞는다고 느낀다. 이런 구조는 甲乙, 寅卯 생기를 寅巳 刑으로 가공하는 물상이다. 刑의 개념은 나중에 직업부분에서 다시 다룰 것이다. 壬癸 물속에 살아있는 물고기 寅을 寅巳 刑하여 회로 가공한다. 즉, 甲寅은 살아있는데 寅巳로 刑하면 원래의 물형에 변형을 주어서 활용하는 행위나 직업에 어울린다.

그 외에 甲의 특징 중에서 매우 중요한 점은, 甲 생기가 상하면 우울증, 왕따, 따돌림 문제가 생긴다. 生氣는 사람과 사람사이를 이어주는 에너지와 같은데 생기가 없어서 죽으면 절대로 그 사람 곁으로 가지 않는 이치와 같다. 이처럼 사주팔자에 생기가 상하면 문제가 생길 수밖에 없다. 예로 자식이 성장하는 과정에 따돌림 당해서 학교에 적응하지 못하면 부모의 마음은 고통스럽다. 따라서 이런 이치를 이해하고 적절하게 대응해주어야 더 큰 문제가 발생하지 않는다. 생기가 없는 사주구조 유형은 다양한데 몇 개의 사주예문을 살펴보자.

1. 수기가 전혀 없어 다혈질이고 자학하는 구조
열 개의 에너지 특징을 이해하지 못하면 주위 사람들의 삶을 이해하기 어렵다. 예로 이런 친구가 있다.

時	日	月	年
辛	甲	戊	丁
未	寅	申	卯

男

　이 친구는 유명대학에 다니지만 친구들과 술만 마시면 주변 사람들을 폭행하고 공격성향으로 경찰서 신세를 자주 졌다. 특히 2013년 癸巳년에는 자해소동을 벌이고 친구를 폭행하여 이가 부러져 시달렸으며 지금은 병원에서 치료받고 있지만 강박증으로 고생한다. 이런 내용의 사정을 읽더라도 에너지 특징을 모르면 이 친구는 성격이 나쁘다고만 생각한다. 또 가정교육이 잘못되었거나 배우지 못해서라고 생각한다. 하지만 실상은 전혀 그렇지 않다. 실제로 유명대학에 다닐 정도로 총명한데 단지 술만 먹으면 문제가 생긴다. 그 이유는 타고난 사주구조에 水氣가 없으니 수시로 갈증을 느끼고 술을 찾을 수밖에 없고 화기에 말라버린 申과 辛 금기들은 술이 들어가면 정체성을 상실해버리고 甲寅 생기를 찔러댄다. 이런 이유로 폭력적, 공격성향, 자해소동을 벌인다. 당장은 이런 이치를 이해 못할 수도 있지만 걱정할 필요는 없다. 좀 더 쉽게 설명하면 이렇다.

　辛과 申은 금속성 물질이다. 예로 칼이라고 가정해보자. 대장장이가 화로에 불을 가하면 벌겋게 달궈지지만 물을 만나기 전까지는 반응하지 못하다가 물에 넣는 순간 熱氣가 물에 풀어지면서 칙 하는 소리와 함께 물에서 수증기가 발생하는데 뜨겁게 자극받은 칼이 반응하는 방식이다. 이때 옆에 甲寅 生氣가 있다면 殺氣에 상하는데 그런 물상이 총탄에 맞거나 칼에 다치는 것이다. 이런 자연의 이치를 인간의 성정으로 응용하면 이 친구처럼 폭력적이고 공격적인 성향이며 더러는 스스로 자해한다. 그렇다면 술을 마시지 않으면 왜 문제가 없을까? 물을 만나지 않는 辛, 申은 딱딱하게 틀을 유지하기 때문이다. 예로 평시에는 법 없이도 살 사람이지만 술만들어가면 개가 된다는 사람들의 사주구조 특징이 그러하다. 이것은 쉽사리 고치기 어려운 일종의 정신병인데 너무도 갈증이 나서 술을 마시고 싶다는 충동에서 벗어나지 못하기 때문이다. 이런 문제가 심해지면 마약중독자가 된다. 정반대의 구조도 그렇다. 예로 겨울에 너무 차가워서 움직이지 못하다가 약한 火氣로 자극하면 가스가 폭발하듯 폭발해버린다. 이렇게 수기가 전혀 없는 구조들은 일반적인 사회활동이 쉽지 않기에 특수조직에서 일하는 것이 좋다. 예로, 군대, 경찰, 교도관, 특수부대 등으로 일반인들이 접근하기 어려운 직업에 적합하다. 요리의 경우, 예로 뜨거운 기름에 튀기는 통닭집과 같은 물상이다.

時	日	月	年	男
乙	庚	庚	丙	
酉	申	寅	午	

43세 상황으로 택시기사도 하였고 壬午년 2002년 신 굿하고 무당이 되었으나 삶이 더욱 힘들어지고 癸未년 부인이 가출하여 아이도 직접 키우며 빚만 늘어나 생활이 어려워 자살충동과 우울증이 심하다. 많은 금들을 다스릴 火氣가 丙午로 년에 있지만 문제는 寅月에 태어나서 먼저 水氣로 뿌리를 내리고 새싹으로 성장시켜야 한다. 하지만 水氣가 전혀 없고 화기를 머금은 金氣들은 날카로워져 성장하는 寅과 乙 생기를 자른다. 생기가 상하면 주위 사람들이 자꾸만 나를 떠나간다. 살기를 견디지 못하기 때문이다. 신 굿하고 무당이 되었으며 부인이 가출하는 것도 모두 그런 이유다. 혹은 위 사주처럼 폭력성향을 갖거나 자학한다. 또 다른 반응은 자살충동과 우울증 증세를 보인다. 壬午년과 癸未년에 흉한 일들이 계속 발생하는 이유는 상기에서 설명한 담금질 칼을 물속에 넣으면 칙 소리를 내는 이치와 동일하다.

時	日	月	年	女
모름	癸丑	丙申	丙寅	

　팔목에 담배 불을 지지고, 면도날을 가지고 놀며, 자신의 몸에 자해하는 애들을 이해하기 어려울 것이다. 하지만 그 이치는 거의 유사하다. 이 여자는 2008년 戊子년 부친이 사망한 후에 오른 팔목을 자해하고 수십 군데 문신으로 가리고 술집에서 일한다. 이 구조도 동일하게 이해하면 된다. 丙丙으로 화기에 자극받은 申은 癸를 만나면 치직거리며 반응하는데 만약 옆에 생기가 있으면 찌를 것이다. 년에 寅생기가 있으니 언제라도 화기를 품어 날카로워진 申 칼로 寅을 찔러댄다. 이런 살기를 해소하고자 온 몸에 문신을 하는 것이다. 문신, 제모, 왁싱, 눈썹교정 등도 모두 살기를 해소하려는 움직임으로 일종의 개운법이다.

時	日	月	年	女
丙午	丁未	壬申	甲寅	

　상기 구조와 전혀 달라 보이지만 그 이치는 동일하다. 이 여인은 우울증에 자살을 기도하였고 생리도벽이 심하다. 甲寅으로 생기가 있는데 丙午, 丁未로 火氣를 申金에 가하면 날카로워지고 壬水를 보면 칙 소리를 내며 풀어지는 과정에 甲寅을 자른다. 이런 이유로 우울증에 시달리고 살기 싫어서 자살을 기도한 것이다. 또 특이하게도 생리도벽으로 도둑질하다 걸려서 경찰신세를 지는 이유는 丙午, 丁未에 의해서 壬水가 증발하면서 정신적으로 불안정해지고 午未로 물질을 내 쪽으로 끌어오려는 중력에너지 때문이다.

時	日	月	年	女
戊申	丁未	壬午	乙卯	

33세 당시의 상황이다. 주위 사람들이 이 여인과 조금만 지내보면 "정신에 문제가 있는 것" 이냐고 하면서 고개를 절레절레 흔들고 따돌림 시키거나 멀리하게 만든다. 잔머리를 너무 굴려 간사하고 들통 날 거짓말을 밥 먹듯 하고, 남자를 상당히 밝혀서 본인 말로도 남자를 만날 때 "성관계"가 매우 중요하다고 한다. 만난 지 하루 이틀 만에 남자들을 집에 들여서 잠자리를 해서 주위 사람들의 입방아에 오르내린다. 모친이 무속 인이다. 술을 먹거나 기분이 나쁘면 막말하거나 싸움, 시비를 걸어서 대인관계가 나쁘다. 결벽증이 있어서 집에 방문하는 친구는 무조건 욕실에 들여보내 전신샤워를 시켜야만 직성이 풀린다. 상기 여인과 구조가 유사하면서 유사한 성향을 보인다.

2. 수기가 너무 강해서 활력이 약하다.

수기가 많다는 것은 삶이 어둡고 밝지 못하며 밖으로 자신의 존재를 알리기 어렵다는 의미다. 삶에 생동감이 없고 움직임이 무거워 생기를 찾기 어렵다. 사주예문을 보자.

時	日	月	年	男
癸亥	戊子	壬申	甲辰	

42세 2005년 乙酉년 상황이다. 모친에 의하면 아들이 결혼하고 며느리가 모든 일을 좌우하여 월급이 나와도 한 푼도 못쓰고 며느리가 교통비와 도시락만 싸준다. 회사에서 동료들에게 밥 한번 못 사고 커피한잔 못사니

외톨이, 따돌림 당해 견디기 어려운 처지다. 乙酉년에 더 이상 견디기 어려워 회사를 그만둘 수밖에 없었는데 취업도 어려워 부인이 구박하여 견딜 수 없어 가출한지 한 달 째 무소식이다.

時	日	月	年
辛	乙	壬	壬
巳	丑	寅	午

女

무술년 18세 상황이다. 생기발랄한 여학생인데 2018년 戊戌년에 학교친구들이 시기하여 따돌림 당하여 부모가 아이를 대구에서 서울로 전학시켰다. 이 구조도 대동소이하다. 戊戌년에 수기가 부족해지면서 화기가 증폭하면 火氣를 더 많이 저장한 辛은 水氣를 보고 달려가는 과정에 乙 생기를 잘라버린다. 辛戊乙 三字조합이 반응한 것이다. 생기가 상하면 살기가 강해지고 주위에 사람들이 나를 떠나간다. 이런 물상이 바로 **따돌림**이다. 지금 당장은 에너지들의 작용방식을 이해하기 힘들 것이나 火氣에 날카로워진 金氣는 水氣를 보면 반드시 튕겨나가는데 그 과정에서 生氣가 주위에 있으면 상하면서 우울증에 시달리거나 주위 사람들이 떠난다는 이치를 기억하자.

3. 未土는 따돌림 당할 가능성이 높은 글자.

未土는 산에서 홀로 살아가는 양이다. 험산 산을 홀로 타고 오른다. 누가 그렇게 살라고 하지 않았음에도 산양은 왜 산에서 살아갈까? 산양은 고독함을 즐기는 동물이다. 고집이 세고 인간에 길러지는 것을 거부한다. 이런 고독한 성정을 가진 짐승 未土가 사주에 있으면 순하지만 자신만의 주장과 고집이 강하고 지배당하지 않으려는 성향이 강하다. 이런 특성이 나쁘게 작용하면 따돌림과 같다. 특히 午未로 중력 작용이 강해지면 집착한다. 이런 성향은 고독과 따돌림으로 발현되기 쉽다.

時	日	月	年	男
己卯	乙巳	己未	癸未	

　16세 상황으로 부친은 일본인 사업가요 모친은 한국인 어학원 강사다. 어려서는 미술에 재능이 뛰어나 수상도 했는데 몇 년 전부터 게임중독이 심하고 학교에서는 따돌림 당한다. 초년에 癸未로 癸가 乙 生氣의 성장을 촉진하기에 어려서 총명하고 재능이 뛰어나지만 월에 이르면 을의 활동이 己未에 의해 위축되기 시작한다. 유사한 사주구조를 살펴보자.

時	日	月	年	男
乙巳	丁未	乙未	丙戌	

　13세 상황으로 부친은 야간노동자요 모친은 식당을 하는데 별거 중이다. 어릴 때부터 잔인한 성정으로 동물학대가 심했고 친구들과 놀이 중에 식칼을 들고 장난하여 문제가 된 후 왕따가 되었다. 마음만 먹으면 공부는 잘하는데 거짓말을 자주하고 고집불통에 말을 듣지 않는다. 태권도 도장을 다니는데 팔다리를 자주 다친다. 乙 생기의 성장을 돕는 발산에너지 癸가 없으며 丁未의 강한 중력에너지에 묶여서 乙이 답답해진다. 생기들이 고통을 겪기에 주위 사람들이 떠나간다. 이런 구조들은 타향이나 해외로 보내서 교육시키는 것이 좋다. 동물학대가 심한 이유는 甲과 乙이 살아있는 동물인데 많은 火氣들에 마르고 未未로 활동이 자유롭지 못하다. 丁未가 생기를 방해하기에 이 아이는 동물의 움직임을 방해하는 행위를 나쁘게 생각하지 않는다. 살기를 가지고 태어난 것이다. 이런 이치를 부친 乙에 대입해보면 부친의 입장이 이해될 것이다. 이런 구조들도 특수한 직업을 갖도록 유도하는 것이 좋다. 일반 사회에서는 발전하기 어렵다.

時	日	月	年	男
庚午	己未	丙寅	己巳	

23세 2011년 辛卯년 왕따 당하고 우울증으로 자살했다. 겉으로 보면 굉장히 좋은 사주처럼 보인다. 하지만 생명수가 전혀 없으니 생명체가 살기 어렵고 寅巳로 甲 생기가 상하고 午未로 집착하고 편협한 생각에 빠져들면 헤어 나오지 못한다.

지금까지 따돌림 당하는 사주특징을 간단히 살펴보았다. 주위 사람들이 친구, 학교, 사회로부터 따돌림 당한다면 고통스러운 일이다. 주위 사람들은 여러 추측성 이유로 따돌림 당한 당사자를 이해하지만 사실 정확한 이유를 모른다. 왕따 당하는 이유를 알 수 있는 유일한 방법은 命理學과 사주구조를 학습하여 태어날 때 받은 에너지 특징을 이해하는 것이다. 만약 명리와 사주구조를 학습하지 않아서 모르는 상황인데 따돌림 문제가 발생했다면 어떻게 하는 것이 옳을까? 몇 가지 팁을 정리해보면 아래와 같다.

1. 평시에 전혀 문제가 없었는데 따돌림 당한다면 내 사주의 에너지 파동에 살기가 강해지거나 甲乙 生氣의 움직임이 답답해진 것이다. 위에서 살펴보았던 예문들의 사례를 보면 이해할 것이다. 그런 문제는 한 해에 그칠 가능성이 높다.
2. 왕따 당하는 당사자를 설득하여 현재의 공간에서 활동하도록 하는 것은 현명한 방법이 아니다. 년 중에서 이미 9개월이 지났다고 3개월만 잘 참으면 해결될 것이라고 생각할 수 있지만 당사자의 고통은 주위 사람들이 생각하는 것보다 훨씬 심할지도 모른다.

3. 가장 빠르고 합리적인 해결 방법은 현재의 공간을 벗어나는 것이다. 그 이유는 에너지 파동으로 살아가는 생명체들은 시공간에 반응할 수밖에 없기에 동일한 공간에 있으면 노력해도 따돌림 문제에서 벗어나기 힘들다. 만약 장기간에 걸쳐 문제가 생겼다면 가능한 멀리 도망가는 것이 좋다. 예로 해외로 유학 가는 방법이다.
4. 동일한 호박도 한국과 미국에서 자라는 모양이 전혀 다른 이유는 하늘에서 주는 에너지 특징이 다르기 때문이다. 따라서 따돌림 당하는 문제가 발생하면 빨리 공간을 바꿔서 변화를 주어야 한다. "가능한 빨리"는 가장 중요한 행동지침일 것이다. 어설프게 적당히 참으면서 현재의 공간에서 버티는 것은 생각보다 좋은 방법이 아니거나 문제를 더 크게 만들지도 모른다. 에너지의 흐름을 변화시키는 가장 확실한 방법은 공간을 바꿔주는 것이다.
5. 다른 방법은 몸에 자극을 주는 행위들이다. 예로 문신을 하거나, 눈썹을 교정하거나, 제모, 귀를 뚫거나, 성형수술과 같은 행위다. 이런 행위도 모두 원래 에너지들을 변형시키려는 노력이다.
6. 개명하는 것도 에너지에 변화를 줄 수 있다. 에너지의 본질은 쫓이기에 우리의 생각과 눈과 입과 행동을 통하여 그 정체를 드러내는데 개명하여 에너지에 변화를 주면 일시적으로 흐름을 바꿀 수 있다.
7. 명리를 공부하고 자연 순환원리를 이해하면 존재의미를 깨우치고 윤회도 순환의 한 방법임을 이해한다. 현재 나는 전생의 나와 시공간이 이어져 있고 학교와 사회에서 따돌림 당하는 이유 또한 조상들의 업보문제가 아니라 내 전생의 업보 때문임을 이해한다. 업보는 내 전생의 업보이지 조상들의 업보가 아니다. 따라서 전생의 나와 현생의 내가 막힌 업보의 문제를 소통하고 해결해야만 한다.

생명은 끝닿는 데 없는 파도 아래서 태어나
바다 속의 진주 빛 동굴에서 컸다네.
최초의 형태는 유리구슬에도 나타나지 않을 만큼 작았지
그러나 개펄로 올라오거나 물속을 뚫고 나와
대대손손 자손을 꽃 피우며
새로운 힘을 얻고, 더 큰 몸을 갖추니
거기서부터 셀 수도 없는 식물이 탄생했고
지느러미와 발과 날개 달린,
호흡을 하는 무리들도 등장했더라.
(생명 최초의 30억년 - 앤드루 H. 놀 지음/김 명주 옮김. 112페이지)

05 다섯 번째 움직임 - ㄹ. 생존을 위한 몸부림

우주가 가장 대칭적인 상태에서 시작되었다. 물질이 존재하지 않으며, 진공이었다. 그 후에 나타난 두 번째 상태에서는 물질이 존재할 수 있다. 대칭성이 아주 조금 붕괴되면서 에너지가 더 낮은 상태이다. 우주가 두 번째 상태로 접어들면 물질 - 반물질의 대칭성이 우주전역에 걸쳐 빠르게 붕괴되고, 이 과정에서 방출된 에너지는 창조의 순간에 입자로 변형되었다. 이 사건을 빅뱅이라고 부른다. 따라서 우주는 왜 텅 비어있지 않고 무언가가 존재하게 되었는가? 라는 오래된 질문의 답은 다음과 같다. 無는 그 자체로 불안정하기 때문이다. - 물리학자 프랭크 윌첵 - (無로부터의 우주 - 로렌스 크라우스 지음/ 박 병철 옮김 227페이지)

우리는 대칭에너지 두 개와 그것을 중개하는 壬 바로 丁-壬-癸 구조에서 보여주는 극히 자연스러운 척력과 중력의 불균형 때문에 우주에 물질이 생겨나고 지구행성에서 단세포가 등장하는 과정까지를 살펴보았다.(丁壬癸 구조는 뒤에서 자세히 다룰 문제이기에 지나쳐도 좋다.) 무주공산 지구행성에 甲 생명체가 등장한 것이다. 甲은 生氣이자 움직임을 본성으로 한다. 甲 생기를 좌우로 펼쳐서 더욱 확장해주는 것이 乙이다. 자연스러워 보이는 지구행성과 생명체 사이에 극복하기 어려운 문제가 있다. 바로 처음 등장한 생명체 甲이 지구 戊土에서 살아가는 조건이 굉장히 불편하다는 점이다. 지구표면에 노출된 생명체는 수많은 위협에 노출되어 언제 죽을지 모르기에 반드시 이 문제를 해결해야만 한다. 가장 안전한 방법은 지구내부에 들어가 노출위협에서 벗어나야 한다.

사람이 집을 짓고 살아가고 조개들이 딱딱한 틀에 들어가서 보호하고, 나무는 땅 속 깊이 사방팔방으로 얽히고설킨 뿌리를 내리는 이유다. 이런 문제로 甲이 戊土 지구를 다스리는 방법이 환경에 따라 전혀 다르다. 예로 水氣가 부족해서 살기 어려운 아프리카와, 산이 많고 수기가 충분하여 살기 좋은 대한민국을 비교하면 이해가 쉽다. 척박한 땅에서 생명체들은 땅을 깊게 뚫어서 지구내부에 숨겨진 물을 찾아내야만 생명수로 활용한다. 한국에서는 힘들게 땅을 뚫어야할 필요가 없다.

甲 생명체, 戊土 지구지하에 존재하는 생명수 壬, 대기에 존재하는 생명수 癸가 어떤 조건이냐에 따라서 생명체들의 삶의 환경이 달라진다. 이해가 어렵다면 땅속에 水氣(壬)가 충분하여 뿌리 깊은 나무 甲이 항상 푸름을 유지하는 상태와 가뭄이 들어 지하수도 말라 죽어가는 나무의 상태를 상상해보자. 이런 상황에서 甲은 어떤 행위를 할까? 땅 속에 있는 水氣들을 강하게 빨아올려야만 한다. 이 과정에 땅은 더욱 마르고 갈라진다. 이렇게 甲과 戊의 상황은 주위조건에 따라서 크게 달라진다. 이런 상황이 사

주구조에서는 어떤 형태로 발현될까?

時	日	月	年	男
丙辰	戊午	甲申	庚辰	

　18세 2017년 丁酉년 상황이다. 월간 甲의 시간을 지나고 있다. 午火 열기를 품은 申과 庚이 도끼처럼 甲 生氣를 찍어낸다. 生氣가 상하면 주위에 있는 사람들이 내 곁을 떠나간다. 月의 甲 부친이 할 수 있는 행동을 상상해보자. 부친은 반드시 땅으로부터 水氣를 빨아올려야 살 수 있기에 戊土 땅에게 물을 달라고 요구하지만 戊土는 甲 때문에 땅이 갈라지고 사막처럼 변했다. 이런 이유로 부모는 이혼하고 외조모에게 가서 성장했고 생기가 상하여 학교에서 따돌림 당하고 아이들과 수시로 싸워서 적응하지 못하고 특수학교에 갔는데도 부산에서 사고뭉치로 유명하다. 폭력, 가출을 일삼아 부산을 벗어나서 재혼한 어머니가 살고 있는 전북에서 살기로 했다.

　조부가 일찍 사망하여 조모가 홀로 부친을 길렀고, 부친은 건달로 살았으며 이혼한 어머니는 재가하여 약간의 재산이 있다. 甲이 水氣가 없으니 戊土의 표면이 찢어지기에 자해하는 성향이 강하다. 생기가 살아갈 수 있는 환경과 살 수 없는 환경은 사주구조를 분석하는데 극히 중요한 요인이다.

時	日	月	年	男
甲寅	戊子	甲寅	癸巳	

　41세 2000년 庚辰 년에 주식투자로 20억을 손해보고 자살하였다. 부인

과 자식은 유학을 위해 호주에서 생활하는 기러기 아빠였다. 戊土 지구에 甲寅과 甲寅 생명체들이 너무도 많아서 생명을 유지하려면 水氣를 빨아올려야 하므로 일지에 있는 子水 생명수는 마르고 땅이 갈라진다. 재물을 탐하다가 水氣는 마르고 땅이 갈라지니 자살했다. 탐욕이 부른 결과였다.

時	日	月	年
甲	戊	甲	癸
子	子	寅	丑

女

34세 戊午대운 丙戌年에 애인과 강원도 계곡에서 캠핑하다 갑자기 내린 비로 산사태가 발생하고 물에 떠내려가 죽었으며 애인은 목숨을 건졌다. 戊土가 세 개의 생명체들을 품었지만 癸, 子子로 水氣가 많아서 문제가 없어 보인다. 다만 戊午 대운과 丙戌년 그리고 戊癸가 합하여 열기가 오르기에 상대적으로 수기가 고갈되면서 甲이 戊土의 땅을 뚫는다.(이해하지 못하는 부분들은 다른 장에서 설명할 것이다.)

지금쯤 생존을 위해서 甲은 반드시 戊土 표면을 뚫고 들어가 내부에 침투하고 안정적인 터전을 얻어야 하는 이유를 이해할 것이다. 그 과정에 상황에 따라서 땅이 찢어지기도 하고 풍경이 아름다운 땅으로 바뀌기도 한다. 이런 변화과정을 표현하면 甲은 戊土 표면에 존재를 드러냈지만 살기 어려운 환경이기에 땅을 뚫어서 내부를 상징하는 己土에서 뿌리내림을 시도한다. 이 과정에 표면은 찢어지고 갈라지는데 인간의 삶에서는 주위환경이 거칠어지거나 육체가 상하거나 질병에 시달리거나 심하면 사망한다. 다만, 이렇게 살벌한 에너지들도 무조건 나쁜 것은 아니고 좋은 방향으로 활용할 수도 있다.

時	日	月	年	女
모름	癸丑	甲子	戊午	

필리핀 복싱 영웅, 파퀴아오 사주다. 엄청나게 가난한 가정에서 태어나 길거리를 전전하다 무작정 상경한 뒤, 링에 올라 두 주먹으로 세계를 제패했다. 아시아에서 가장 성공한 스포츠 스타로 필리핀에서는 神과 같은 존재라고 한다. 위에서 대부분 흉한 일들이 발생하는 사람들과 파퀴아오 사주구조에 공통점이 존재한다. 바로 癸甲戊, 甲戊子와 같은 조합들이다. 이렇게 세 글자가 만나면 강한 살기를 갖는다. 다만 동일한 에너지도 폭력으로 활용할 수 있고 파퀴아오처럼 운동으로 활용할 수도 있다. 따라서 저런 에너지를 가지고 태어났다면 어려서부터 운동을 시켜주는 것이 좋다. 김연아 사주팔자를 살펴보자.

時	日	月	年	女
모름	癸酉	甲申	庚午	

시간은 정확하게 모른다. 癸甲 두 글자에서 폭력에너지가 발현되는데 파퀴아오 처럼 요란한 소리를 내는 운동에 전념하여 국제적인 스포츠 스타가 되었다. 유사한 직업으로는 빵집, 피자집처럼 손발을 활용하여 밀가루를 반죽하는 과정에 두들기는 행위다. 이처럼 살벌한 기운을 폭력으로 쓸 수도 있고 남들보다 훨씬 뛰어난 재능으로 활용할 수도 있음을 기억하자. 이런 이치를 깨달으면 살기를 가지고 태어난 사람들에게 어떻게 조언하고 어떤 방식으로 활용하는지 이해한다. 살벌한 기운을 나쁘게 활용하면 흉하지만 좋게 활용하면 스포츠로 큰 재물을 모은다. 동일한 에너지의 결과가 하늘과 땅만큼 차이가 크다.

안정적인 터전을 얻으려는 甲의 생존본능이 느껴지는가? 뿌리 깊은 나무는 땅 속 깊이 뿌리를 내린다. 자신의 종자를 지구상에 오래도록 존재하게 하려는 種들의 욕망이다. 생기를 가진 모든 種들은 자신의 씨종자를 가능한 많은 숫자들을 가능한 멀리 퍼트리고자 죽음도 불사한다. 씨종자를 퍼트릴 수만 있다면 장렬하게 죽음을 택하는 사례는 매우 많다.

연어는 강에서 태어나 바다에서 자라고 강으로 돌아와 생을 마감한다. 다시 돌아오는 이유는 오직 하나 번식을 위해서다. 곰과 여우 등 천적들이 사냥할 준비를 마친 그 곳으로 암컷과 수컷 모두 죽기 위해 온다. 이들이 믿는 것은 오직 하나 개체 수뿐이다. 곰과 여우와 새들이 사냥을 해도 살아남는 놈들이 생긴다. 태어났던 강의 상류까지 기어이 오고야 만다. 와서는 지느러미가 다 헤도록 바닥을 판다. 그 위에 암컷은 알을 낳고 수컷은 정액을 뿌려 수정을 시킨다. 이렇게 수정이 끝난 뒤 암컷과 수컷 연어는 모두 죽는다.

가시고기도 마찬가지다. 연어처럼 먼 바다를 여행하고 오는 것은 아니지만 이들도 죽음으로 짝짓기를 완성한다. 암컷은 수컷의 둥지에 알을 낳고는 바로 죽어버린다. 자신의 마지막 모든 에너지를 짜내 알을 만들고 낳는다. 수컷은 암컷이 낳은 알에 정자를 뿌려 수정하고, 알이 부화하도록 지키는 일에 자신의 마지막 생을 건다. 알을 다른 천적으로부터 보호하고 산소가 원활히 공급되도록 한다. 알이 부화할 때 비로소 수컷은 죽는다. 수벌의 삶도 기구하기는 마찬가지다. 수벌에게는 단 한 번 여왕벌의 결혼비행을 기다리는 것이 삶의 목표다. 이들은 벌집에서 맡은 역할이 딱 그것밖에 없다. 일종의 정자기계인 셈. 여왕벌이 교미를 위해 비행을 시작하면 수백 마리의 수벌들이 여왕벌을 따라 나선다. 수벌들끼리 서로 먼저 여왕벌에 가겠다고 경쟁을 벌이지만 먼저 죽기 위한 경쟁이기도 하다.

여왕벌이 마침내 교미를 위해 벌침 방(ting chamber)을 열면 수벌은 그 벌침 방에 자신의 하복부를 꽂고는 폭발한다. 폭발을 통해 터져 나온 정자를 품은 조직들은 여왕의 몸속에 박히게 된다. 그리고 수벌의 복부에서 흘러나온 점액질은 벌침 방 입구를 봉해버린다. 번식을 위해 자신의 하복부를 폭발시켜버린 수벌은 펑 소리를 내며 여왕벌에서 떨어져 나오고 추락한다. 땅에 떨어진 수벌을 보면 내장이 터져 나온 채로 죽은 것을 볼 수 있다. 가미가제인 것이다.
이 모든 과정은 여왕벌이 내는 페로몬과 이 페로몬에 반응하는 수벌의 호르몬이 벌이는 일이다. 여왕벌과 교미를 하지 못해 살아남은 수컷은 죽은 수컷을 부러워한다. 앞서 보았던 것처럼 사마귀의 수컷과 거미의 수컷도 목숨을 내놓고 교미를 한다. 하지만 이들 뿐만 아니라. 많은 곤충에게 짝짓기는 마지막 죽음의 의식이다. 번식 이외의 즐거운 삶을 살다가 번식을 마지막으로 삶을 마무리한다. 이들에게 번식은 인간과는 다르게 즐거움이라기보다는 생의 마지막 의무 같은 것이다. 그야말로 情死다. (생명진화의 은밀한 기원 짝짓기 98페이지)

암사마귀는 동족을 잡아먹는 무시무시한 습성이 있다. 짝짓기를 할 때 수컷은 암컷 위에 올라타고 교미를 한다. 암컷은 기회가 되면 수컷을 잡아먹는다. 수컷이 접근할 때나 올라탄 직후, 혹은 떨어진 후에 머리부터 잘라 먹는다. 물론 주된 이득은 암컷이 좋은 먹이를 얻는 것이다. (이기적 유전자 리쳐드 도킨스 지음/ 홍 영남. 이상임 옮김 52피)

이런 행위를 하는 것은 자식을 위해서 영양을 보충하는 것이다. 이런 말이 있다. 강한 種이 지구에 살아남는 것이 아니라 씨종자를 많이 넓게 퍼트리는 種이 살아남는다고. 우리는 과일 속에 숨겨진 엄청난 양의 씨앗들에서 강인한 생명력을 느낀다. 인간도 지구에 씨종자를 남기고자 1회에 수 억 마리의 정액을 방사하여 생기를 퍼트리고자 노력한다. 그리스 로마 신화에 독특한 비유로 설명한 신화가 있는데 바로 크로노스가 그의 부친 우라노스의 성기를 거세해버린다는 내용이다. 이 때문에 하늘(우라노스)과 땅(가이아)이 영원히 갈라져서 다시는 섞이지 않게 되었다는 설명이라고는 하지만 성기를 거세했다는 비유는 특이하게 느껴진다. 거세는 씨종자를 만들지 못하게 하겠다는 뜻이 분명하다. 마치 위에서 보았던 가미가제 식의 수벌인생과 다를 바 없다. 생존을 위한 神의 강렬한 의지가 느껴진다. 神의 의지는 온 우주에 생기를 퍼트리는 것을 목적으로 한다. 씨종자 번식을 위해서라면 기꺼이 목숨을 버릴 정도로 강한 집착이 우주본성이라 믿는다. 인간은 배우자를 찾고 짝짓기 하는 방식으로 자신의 씨종자를 퍼트린다. 이런 과정을 갑을병정으로 설명하면 甲과 己가 슴하는 과정으로 甲己 합이라 부른다. 이렇게 씨종자를 퍼트리기 위한 부모의 노력을 十宮圖로 살펴볼 수 있다. 이런 자연의 이치를 논리적으로 설명해주는 표는 지구상에 유일하게 十宮圖 뿐이다. 여기에서는 甲己 합의 이치만 간단히 다루고 다른 장에서 의미를 확장해서 살펴볼 것이다.

壬	丙	庚	甲	戊	壬
	辛	乙	己	癸	丁
	水	金	土	火	木

무토 지구와 癸 대기(산소)가 조화를 이루어 甲이 나오면 갑은 戊土 터전을 뚫고서 지구내부 己土에 정착한다. 이 과정이 戊癸 부모가 자식 甲을 위해 희생하는 과정과 동일하다. 己土가 씨종자 庚을 낳으면 甲 부친을 활용하여 자신의 배우자 乙을 얻는다. 부모가 자식을 위해 희생하는 인간들

의 행위다. 종합해보면 생명체들의 본성은 유사하다. 종족번식을 위한 몸부림은 인간이건 곤충이건 다를 바 없다. 지구표면에서 땅 속으로 파고 들어가 안식처를 구하는 행위와 짝짓기를 위해서 배우자를 골라내는 행위는 모두 자신의 생명체를 안전하게 보존하여 종족을 번식하기 위한 것임이 분명하다. 이렇게 戊에서 己로 바뀌는 상황은 생명체들에게는 극히 중요한 의미를 갖는다.

> 모든 생명체들은 타고난 본성을 이루고자 노력한다. "모든 도토리는 미래에 참나무로 자라날 운명을 내부에 품고 있다." 우주에 있는 모든 존재들은 고유한 주체성 안에서 자신의 잠재력을 실현하려고 노력한다. 이 과정에 원하던 원하지 않던 필연적으로 생존을 위한 저항과 폭력이 발생한다. 우주에 있는 존재들은 존재와 발전에 필요한 자유 에너지를 갈망한다. 각각의 존재들은 멸종에 저항한다. 이 과정에 한편에는 폭력, 파괴, 붕괴가 있고 다른 한편에는 창조, 종합, 통합이 있다.
> (우주이야기 105페이지)

생각해보라. 우주에서 발생하는 폭력과 창조의 본질은 무엇인가. 그 것은 다름 아닌 생존을 위한 몸부림이고 생명을 유지하려는 생명체들의 이기적인 행위다. 나만을 위한 나를 위한 그리고 자신의 種을 끝없이 이어가려는 생존본능이다. 이런 己의 이기적인 에너지는 사주팔자에서 어떤 작용을 하며 어떤 물상을 만들어내는지 살펴보자. 己를 품은 글자는 모두 세 개로 午, 未, 丑이다. 공히 내부에 己土에너지를 품고 있다.(地藏干의 설명으로 다른 장에서 다룰 내용이다.) 이 중에서 午未는 엄청난 중력에너지로 집착이 심하여 모든 것을 내 쪽으로 끌어오려는 욕망이다. 丑土는 폭발하는 에너지와 己土의 이기적 유전자속성 때문에 午未의 중력에너지만큼 탐욕적이거나 더 강할 수 있다.

기억할 것은 己土의 이기심에 휘둘리면 물질의 집착에서 허우적거리면서 문제가 생기기에 욕심을 경계해야 한다. 여기에 몇 가지 사주구조를 살펴보는데 기 출판한 時空間부호 - 60干支(上) 사주사례에서 고른 것이다.

1. 강탈, 도둑, 조폭, 살인 - 어둠 속에서 이루어지는 일들

時	日	月	年
甲	癸	辛	癸
寅	丑	酉	丑

男

암흑가 건달로 사주구조가 매우 습하고 어둡다. 金水의 날카로운 살기가 강하고 위에서 살펴본 것처럼 癸, 甲寅으로 폭력성향이 강하니 건달, 조폭이 분명하다. 丑은 己土의 내 것, 남의 것 구별하지 않고 저장하여 내 것으로 만들려는 속성이다.

時	日	月	年
丁	乙	丙	戊
丑	丑	辰	戌

女

살아보려고 온갖 일을 가리지 않던 억척스러운 삶이었다. 장기간 티켓다방을 운영했으나 빚만 늘어서 庚辰년 43세에 여관에서 음독자살 하였다. 애인은 조폭이었다. 어둠과 탐욕과 강탈의 속성들이 버무려져 빛을 잃은 삶이 되었다. 나의 배우자를 상징하는 日支에 丑이 있으니 己土의 이기적인 성향, 폭력적인 성향으로 조폭과 인연했다.

時	日	月	年
己	辛	己	壬
丑	酉	酉	子

男

조폭의 우두머리로 壬운에 수십억을 벌었고, 子운 辛巳년 30세에 체포되어 자산을 몰수당하고 壬午년에 무기징역을 선고받았다. 己丑의 이기적 유전자가 강하여 남의 것을 강탈하고 살기가 등등하며 辛酉와 己丑이 조합하고 사주구조가 빛이 전혀 없어서 어둡게 살다가 丑土의 물상대로 감방에서 살아간다.

時	日	月	年	女
戊辰	己未	辛丑	辛亥	

고등학교를 졸업한 후 경리로 일하다가 절도의심으로 해고당한 후 늘어나는 카드빚을 감당할 수 없자 사채 하던 여자를 찾아가 수석으로 머리를 쳐서 실신시키고 마취제를 주사한 후 목 졸라 살해하고 금품을 갈취했다. 27세 丁丑년에 일어난 사건이다. 丑土는 도둑질에 대한 욕망이나 충동이 강하다.

2. 정신이상, 빙의, 접신

己, 丑은 저승과 이승 사이에 있는 귀신의 세계와 같다. 丑月에 사망하는 사람이 가장 많은 이유다. 丑土 속의 辛은 이미 새로운 육체로 태어나기 위해 원래의 물형이 변질되었기 때문에 사주구조가 나쁘면 정신에 이상이 생기고 빙의에 걸리며 접신하여 무당이 되기도 한다. 사주예문을 살펴보자. 위에서 이미 살펴본 것처럼, 未土의 특징도 丙午, 丁未 간지와 연결되면서 학문 뿐만 아니라 종교, 명리, 접신, 빙의와 연관이 많다.

時	日	月	年	女
庚午	己酉	己丑	庚戌	

1995년 26세 乙亥년에 미국에서 빙의되었다. 정신과에 가도 병명이 없고 뇌가 점점 멍해지는 것을 느낀다. 己丑이 있고 빛이 전혀 없다. 이런 문제가 생기면 빨리 귀신을 좋은 곳으로 인도해야 하는데 해결책을 모르니 속수무책으로 지낸다. 丑土의 문제를 時空圖로 좀 더 살펴보자.

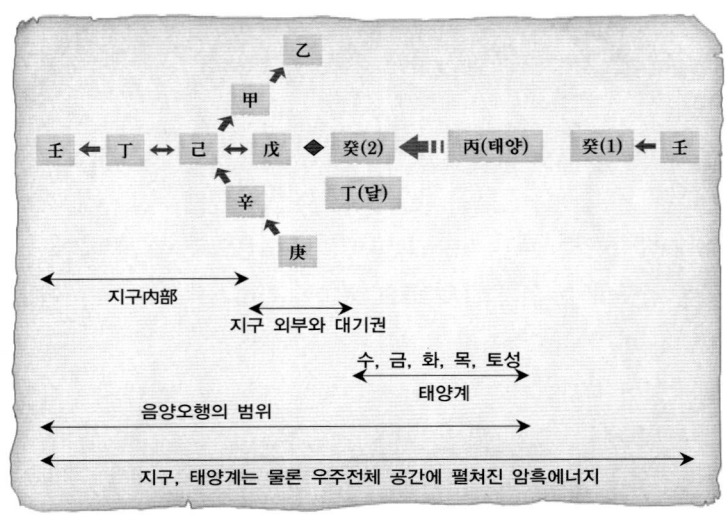

時空圖의 構造

상기에서 癸(2)는 지구에서 살아가는 생명체들의 정신을 지배하는 에너지로 귀신, 빙의, 접신 등을 일으키는 원인이다. 태어나 살다가 죽으면 육체를 잃고 영혼만 남아서 癸水로 氣化되지만 戊土 지구에 있는 丁火의 중력에너지에 갇혀서 지구 大氣圈을 벗어나지 못하고 저승을 떠도는 鬼로 새로운 육체를 얻어 태어날 때 축적된 전생의 탐욕, 업보를 가지고 온다.

時	日	月	年	女
壬	辛	辛	戊	
辰	丑	酉	戌	

어릴 때부터 무병과 비슷한 증세를 보였는데, 34세부터 손발이 저리고 머리가 아프고 다리에 힘이 없어 길을 가다가도 쓰러져 힘들었다. 헛배가 불러오고 오장육부의 기능이 거의 작동하지 못할 만큼 상태가 악화되었다. 대학병원에서 병명도 모르고 치료를 거부했다. 결국 제천의 깊은 산에 들어가 토굴생활 해왔다. 전생의 업보가 중하니 풀어주어야 하는데 방법을 모르니 이런 삶을 살았다. 종교, 명리, 철학으로 정신을 집중하면 일정 부분은 해소가 가능해진다. 좀 더 자세한 내용은 윤회에서 다시 다루자. 이런 내용을 이해해야만 하는 이유는 年柱의 전생기운과 연결되어 있기 때문이다.

"내 배만 배부르면 그만이다."는 己土를 상징한다. 己土의 글자모양을 보면 인간 배속의 내장처럼 생겼다. 고불고불 안으로 들어가면 절대로 나오지 못한다. 이런 이유로 己의 저장하려는 에너지 속성은 가을과 겨울에만 필요하다. 씨종자를 보호하고 새로운 생명체를 품는 역할이기 때문이다. 성장을 위주로 하는 戊와는 달리 보호, 저장역할을 맡은 己土의 숙명이다. 내 배는 내 머리와 붙은 몸통부위로 日支 宮位이며 내 배우자다.

壬	丙	庚	甲	戊	壬
	辛	乙	己(日支)	癸	丁
	水	金	土	火	木

배우자를 부를 때 自己야! 라고 부르는 이유도 또한 내 배속처럼 내 소유물이라는 의미다. 이런 구조를 생각해보면 내 腹心, 남들이 알 수 없는 나의 기본성향이나 내 배우자의 특징은 일지를 기준으로 살펴야 한다. 만약 내가 진정으로 원하는 것이나 혹은 나의 본질적인 성향도 또한 일지를 기준으로 살펴야 한다. 사주예문을 살펴보자.

時	日	月	年	女
辛	戊	辛	乙	
酉	寅	巳	卯	

　이 여인은 2019년 己亥년 戊와 己가 만나서 주위의 지인들과 매우 즐겁게 살아간다. 그럼에도 불구하고 속에서는 이러면 안 되는데, 혼자 있고 싶은데 하면서도 다음 날에는 친구들과 즐겁게 떠드는 자신을 발견한다. 예로 지인들과 함께 하는 것이 싫다면 이상할 것이 없지만 매우 즐겁게 지내면서도 腹心 즉, 내면에서는 日支 寅호랑이처럼 무리에서 벗어나 홀로 지내려는 성향을 버리지 못한다. 이렇게 운과 본성은 다르다. 운에 따라서 전혀 다른 나를 만나면서도 본성을 버리지 못하는 이유다.

時	日	月	年	女
甲	甲	甲	戊	
戌	子	子	申	

　日支가 子로 빅뱅처럼 폭발하는 에너지다. 우주의 출발을 뜻하기에 子의 에너지는 현실에 만족하지 못하고 새롭게 출발하려는 의지가 강하다. 따라서 이런 특성을 가진 배우자와 인연되고 튀어나가는 배우자를 만나기에 함께 지내기 어렵고 밖으로 돌아다닌다. 자신은 수시로 집안의 가구배치에 변화를 주는 것을 좋아하고 배우자는 집에서 머무는 시간보다 해외나 타향에 돌아다니며 살아가는 시간이 더 많다. 이렇게 복심이 무엇인지 알고 싶다면 日支 글자의 에너지를 살펴야 한다.

06 여섯 번째 움직임 - 庚. 화려한 色界, 욕망

여섯 번째 움직임은 庚 에너지로 인간에게 가장 무거운 숙제다. 지금까지 살펴본 것처럼 癸와 丁의 대칭이 깨지면서 빅뱅이 발생하고 결과적으로 물질과 생명체가 생겨났지만 대칭 불균형으로 만들어진 인간은 완벽하지 못하다는 이유로 "원죄"를 뒤집어써야만 했다. 원죄의 역사를 따라가다 보면 플라톤을 만난다.

1. 플라톤의 원죄 - 편을 가르다.

플라톤은 현실의 영혼이 본래의 본성과 일치하지 않는 것은 영혼이 육체와 결합되어 타락하였기 때문이며, 육체의 욕구가 영혼을 오염시켰기 때문이라고 주장한다. 영혼의 본성은 육체와 결합됨으로 말미암아 어느 정도 변한다는 것이다. 육신을 영혼의 감옥으로 보는 플라톤의 견해로부터 반복적으로 나오는 하나의 이미지가 있다. 플라톤은 비물질과 물질을 대비시키는데, 물질적인 것에 세상의 모든 악을 결부시킨다. 플라톤은 물질의 일시성과 가변성 때문에 진리의 원천을 다른 곳에서 찾았던 것이다. (인간본성에 대한 철학적 논쟁 - 로저 트리그 지음/ 최 용철 옮김 46페이지)

플라톤은 물질에 대한 혐오가 극단적이어서 육체나 물질이 아니어야 영혼의 본성과 일치한다는 논리다. 무언가 이상하다. 마치 하도와 낙서처럼 훲은 오로지 훲이고, 生은 오로지 生이라는 극단적 이분법을 취하고 있다. 색즉시공이나 공즉시색은 인정하기 싫었던 것으로 보인다. 플라톤은 神의 본성만을 추구했고 영원하지 못하는 물질과 육체를 惡으로 규정했고 변화하는 실체를 인정하기 싫었던 것으로 보인다. 플라톤이 그토록 싫어했던 물질과 육체는 어디에서 오는 것일까?

나이가 같은 두 친구가 있는데, 한 명은 평지에 살고 다른 한 명은 산에 산다고 해보자. 수년이 지난 뒤 두 사람이 만나면, 평지에서 산 친구는 살아온 시간이 더 짧아서 덜 늙어 있다. 아래쪽은 위쪽보다 시간이 적기 때문이다. 믿기 힘든가? 그럴 수 있다. 하지만 세상은 그렇게 만들어져 있다. 어떤 곳에서는 시간이 천천히 흐르고, 어떤 곳에서는 빨리 흐른다. 시간의 구조를 변경한다는 것은 무슨 의미일까? 시간의 지연을 뜻한다. 모든 물체는 자기 주위의 시간을 더디게 한다. 지구도 하나의 거대한 덩어리로, 주위의 시간을 늦춘다. 평지에서 시간이 더 많이 지연되고, 산에서는 덜 지연되는 이유는 산이 지구의 중심과 좀 더 멀리 떨어져 있기 때문이다. 이러한 이유로 평지에 사는 친구는 덜 늙는 것이다. 이처럼 시간이 지연된다는 사실을, 누군가는 무려 한 세기 전에 깨달았다. 심지어 정밀 시계도 없이 알아냈다. 그 위대한 인물은 바로 아인슈타인 Einstein, 1879~1955이다.

플라톤, 시간과 같은 골치 아픈 주제를 왜 庚에너지를 설명하는 곳에 넣었을까 의아해할 수도 있다. 중력을 설명하지 않으면 물질과 육체를 만들어내는 근원적인 문제를 이해하기 어렵기 때문이다. 사실 상기 내용의 본질은 간단하다. 중력이 강할수록 시간이 느리게 간다는 뜻이다. 예로 365일을 1년으로 계산하고 있는데 상황이 변하여 1년이 250일만 흐른다면 시간이 느리게 가서 덜 늙었다는 논리다. 논리에 허점이 있지만 인간의 육체를 만들고, 육체를 늙게 만드는 원인이 무엇인가를 이해해야만 플라톤이 그토록 싫어한 이유를 알 수 있다. 아마도 플라톤은 아래와 같이 변화하는 세상을 극히 혐오했을 것으로 보인다.

> 파동은 입자가 되고 입자는 파동이 된다. 파동은 붕괴하면 神은 우주를 가지고 주사위 놀이를 한다. 그리고 입자는 옷을 입음으로써 질량을 얻는다. (물질의 탐구 짐 배것 지음/ 배 지은 옮김. 155페이지)

인간의 삶도 동일하다. 죽어서 영혼의 세계에서 놀다가 육체를 얻고 인간으로 태어나 살다가 다시 죽어서 사라진다. 양자물리학에서 주장하는 논리들과 다를 것이 전혀 없다. 그럼에도 불구하고 플라톤은 파동만 편애했던 것이다.

2. 육체를 가졌기에 원죄를 가지고 태어난다?

플라톤의 주장과 닮은 내용이 있다. 바로 아담과 이브의 문제다. 창세기 2:5-9에 따르면, 하나님께서는 선과 악을 알게 하는 나무 열매만은 절대로 만지지도 먹지도 말라고 당부했다. 아담의 갈빗대로 하와라는 여성을 만들어 아담의 아내로 삼았다. 어느 날 뱀이 하와에게 다가가서 말하였다. 너희 눈이 열려 하나님처럼 되어서 선과 악을 알게 될 줄을 하나님께서 아시고 그렇게 말씀하신 것이다." 여자가 열매 하나를 따서 먹고 남편에게도 주었다. 그러자 눈이 열려 자기들이 알몸인 것을 알고, 무화과나무 잎을 엮어서 입었다."

창세기 3:1-7 뱀은 앞으로 모든 동물 가운데 가장 혐오스러운 존재가 될 것이고, 하와는 출산의 고통을 크게 치러야 하며 남편을 따라야 할 것이고, 아담은 앞으로 일생 동안 배고픔에 시달리며 땀을 흘려 노동하며 먹을 것을 얻어야 할뿐더러 끝내는 죽어서 흙으로 돌아가야 한다는 것이었다.

존 밀턴의 실낙원에서는 선악과를 먹기 전과 먹은 후의 두 인간에 대한 묘사가 판이하게 다르다. 먹기 전의 아담과 하와는 하느님의 은총이 충만하고 마치 존재 자체로 성스러운 듯이 묘사되지만, 먹은 후의 부부는 욕정에 젖은 존재로 치부된다. 먹기 전과 먹은 후의 부부관계도 묘사가 다르다. 먹기 전은 일종의 '화합'처럼 묘사되지만 먹은 후는 짐승과 같은 '짝짓기' 급으로 격이 낮아진다. 이 모든 내용들은 사실 플라톤의 주장과 닮아 있다. 물질과 육체는 영원할 수 없으며 그 것들을 탐하는 것은 악이라는 주장이다. 사실 지구에 존재하는 모든 것은 癸와 丁의 대칭 불균형과 중력에너지가 만들어낸 제한적 수명을 가진 생명체들이다. 그렇다고 이것이 神의 뜻이나 의지가 아니라고 주장하는 플라톤의 입장을 선뜻 받아들이기 어렵다. 왜냐면 神은 우리에게 먹거리를 주셨기 때문이다.

> 내가 온 땅 위에 있는 씨 맺는 모든 채소와 씨 있는 열매를 맺는 모든 나무를 너희에게 준다. 이것들이 너희의 먹거리가 될 것이다.
> – 창세기 1장 29절 (씨앗의 승리 – 소어 핸슨 지음/ 하 윤숙 옮김)

지상낙원에서 쫓아 내버리고도 먹거리를 주는 神의 의지가 무엇인지 혼란스러운 것은 사실이다. 138억년 우주역사를 만들어낸 빅뱅에너지 癸는 온 우주에 생명체들을 퍼트리는 것을 목적으로 한다. 四季圖에서 癸의 의지를 살필 수 있다.

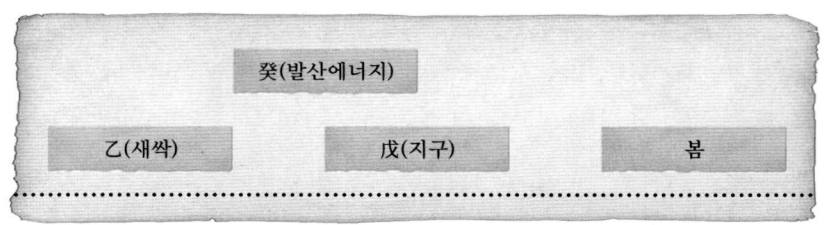

癸는 지구에 존재하는 乙 생명체들을 좌우로 펼친다. 이런 이유로 생명체들은 강력한 삶의 의지를 배웠지만 죽는 방법을 배우지 못해 죽음을 두려워한다. 이런 癸의 의지는 丙과 丁에너지에 의하여 변화한다.

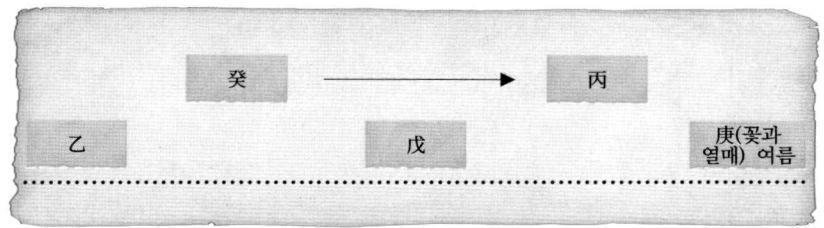

癸는 봄에서 여름으로 가는 과정에 점점 丙 분산에너지로 변화한다. 따라서 乙의 물형도 庚으로 바뀐다. 丙의 문제는 생명체들의 육체를 크게 확장시켜주지만 동시에 水氣를 증발시키고 결과적으로 乙 생기를 딱딱하게 만든다. 육체가 노화되는 과정이다. 즉, 생명체를 퍼트리려는 의지가 丙으로 바뀌면서 色界에 빠져들고 神의 의지가 변질되기 시작한다. 善惡果, 바로 아담과 이브의 일탈사건이 발생하며 뱀이 등장하고 눈이 열려 부끄러움을 알게 되는 이유는 화려한 色界로 나와서 시비를 가리기 때문이다.

丙이 庚에게 에너지를 방사하면 꽃이 활짝 피지만 동시에 水氣가 마르면서 딱딱한 틀을 만들고 결과적으로 丁중력이 庚을 辛씨종자(죽음)로 만들어버린다. 이런 과정을 관찰하면 생명체들이 태어나 늙고 죽어야만 하는 이유를 깨우친다. 결론적으로 丙丁이 庚辛을 딱딱하게 만들어 버리는 이유는 생명의 원천인 생명수를 고갈시켜 죽음에 이르게 만들기 때문이다.

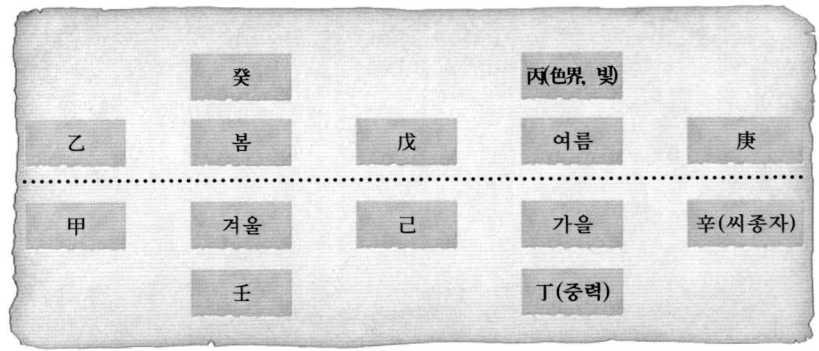

이런 이유로 중력이 강해지면 무거워지고 결과적으로 죽어서 움직이지 못한다. 인간이 늙어서 죽는 이유도 모두 丁 중력 때문이다. 丁은 生氣를 퍼트리려는 신의 의지 癸와 정반대편에 있다. 癸는 봄에 丁은 가을에 위치한다. 생명체들이 태어나 성장하고 늙어서 죽고 윤회하는 과정을 명확하게 설명해주는 것은 四季圖 뿐이다.

3. 뱀은 왜 가장 혐오스러운 존재가 되었을까?

불쌍한 뱀은 자신이 왜 가장 혐오스러운 존재가 되었는지 알고 있을까? 뱀을 상징하는 글자는 巳로 성경에서 설명하는 모든 의미들이 숨어있다. 일반적으로는 뱀 巳라고 말하지만 글자 내면에는 숨겨진 특징이 있다.

巳 = 戊庚丙

巳라는 글자 속에는 戊庚丙 세 종류의 에너지들이 숨어있다. 이런 이치를 地藏干이라 부르는데 다른 장에서 다룰 것이다. 戊는 지구터전, 庚은 巳月에 활짝 피어 아름다운 꽃이고, 丙은 빛, 화려함, 밝음을 상징하며 꽃이 아름답다고 느끼게 해주는 원인이다. 뱀이 말한 "눈이 열려" 선과 악을 알게 된다는 의미는 丙 때문에 色界에 빠져든다는 뜻이다. 즉, 영혼의 세계로만 존재하다가 처음으로 화려한 色界를 경험하면서 善惡의 구별 - 善惡果는 癸(영혼, 본성)와 丁(육체, 물질)이 하나로 섞인 과일이다. - 이 생겨나는데 바로 금단의 열매다. 뱀이 가장 혐오스러운 존재가 되어야만 하는 이유는 플라톤이 말한 色界, 물질계의 허무함을 상징한다.

또 먹을 것을 얻어야 하고 끝내는 죽어서 흙으로 돌아가는 이유는 중력에너지 때문에 발생한다. 정리해보자. 巳를 뱀이라 부르는데 아름다운 꽃과 열매를 상징하는 庚이 있고, 丙의 화려함에 눈이 열리면서 선악을 구별하게 되었으며 戊土 육체를 얻고 생명을 유지하기 위해서 먹어야 하며 중력이 축적되면 죽음에 이른다는 표현이다. 원죄의 개념은 원래부터 죄를 가지고 태어났다는 의미가 아니라 플라톤의 설명처럼 육체를 가져서 죽어야만 하는 운명, 영원할 수 없으며 항상 선악을 구분하고 변해가는 인간의 불안정성을 뜻한다. 이런 에너지 특징을 사주팔자에서는 어떻게 활용하는지 살펴보자.

4. 뱀 巳 속의 화려한 꽃과 금단의 열매 庚

巳月에 피는 꽃의 특징은 화려하지만 가치는 과장되었다. 이런 성질을 활용하는 직업으로 홈쇼핑, 광고, 홍보, 미용, 영화, 인터넷쇼핑과 같다. 뱀이 이브를 유혹하듯 "눈이 열려" 물질에 욕심이 생기게 만들어야만 하는 제품들이기에 실제보다 본래의 모습을 부풀려서 과장해야만 한다. 다른 각도로 보면 눈이 열려 부끄러움을 느끼고 외형을 포장하려는 욕망을 뜻한다.

時	日	月	年
甲	己	乙	壬
戌	亥	巳	申

男

월에 巳火가 있다. 따라서 눈이 열려 화려함을 느끼도록 해주는 직업에 어울린다. 다만 巳申으로 묶여서 기계와 화려함이 함께 움직인다. 또 巳亥 沖으로 전자, 전기의 물상이기에 이런 구조의 특징을 직업에 활용했다. 연예인들의 행사가 있을 때마다 무대 뒤의 배경화면을 컴퓨터로 조작하는 직업이다.

時	日	月	年
癸	乙	乙	丁
未	未	巳	丑

男

영화배우 신성일 사주다. 巳月에 태어나 영화배우로 한 세월을 풍미했다. 상기와 이 사주에는 보이지는 않지만 세 글자가 공통적으로 들어가 있는데 바로 乙丙庚 삼자다. 방송, 기계, 정보통신, 가늘고 길게 늘어지는 물상을 뜻한다.

時	日	月	年
癸	壬	戊	庚
卯	午	寅	辰

女

영화배우 김 지미 사주다. 겉으로는 巳나 丙이 없어서 화려하지 않기에 영화배우를 했던 이유를 이해하기 어렵지만 戊, 癸卯가 합하여 봄에 화려한 아지랑이를 피우고 또 寅午가 火氣를 뿜내서 壬癸 水氣를 증발시키면 화려한 무지개가 드러난다. 화려한 색채를 방송이나 통신으로 활용하는 구조도 있다.

時	日	月	年
모름	乙	庚	丙
	巳	子	午

女

방송인 이 금희 사주다. 乙과 庚이 합해지면 정보통신과 방송물상을 겸하는데 여기에 丙이 가미되면서 乙丙庚으로 三字조합을 이루면서 태어난 월에 따라 방송이나 사업으로 활용할 수 있다. 사업으로 활용하는 사주구조를 살펴보자.

時	日	月	年	男
戊	己	乙	壬	
辰	卯	巳	辰	

학업성적이 좋았고 성대 영문과를 나와 엘지화학에서 15년 근무한 후 41세 1990년대 庚戌대운에 샤시 공장을 차려 공장, 부동산 합하여 50억 정도의 재산을 축적했다. 이 구조에서 乙巳는 화려한 방송, 홈쇼핑과 같은 물상만 가능하지만 庚戌과 조합하면 乙庚丙 삼자가 사업물상으로 바뀌고 乙庚의 물형인 길게 늘어나는 샤시 공장으로 발전했다. 시기적절하게 적합한 직업물상을 택한 경우다. 만약 善惡果 庚열매가 사주 내에 있으면 어떻게 되는지 살펴보자.

時	日	月	年	男
庚	壬	丙	乙	
戌	戌	戌	未	

乙丙庚 세 글자가 보인다. 을은 새싹이고 병은 화려한 색채, 모든 사물의 부피를 확장하는 에너지며 庚은 금단의 열매, 물질을 상징한다. 따라서 세 글자가 조합하면 물질의 부피를 크게 확장하려는 욕망이 강하다. 빌 게이츠 사주로 전 세계에서 가장 유명한 부호가 된 이유가 바로 이것이다. 또 乙庚 물상을 정보통신으로 활용했다.

時	日	月	年	男
모름	壬辰	己卯	庚午	

랩을 작사, 작곡하는 가수 도끼 사주다. 이 구조는 乙丙庚 삼자조합이 없어 보이지만 卯와 庚이 만나서 乙庚 합하고 午에 있는 丙丁이 庚 열매의 부피를 확장한다. 재물과 방송 물상을 동시에 활용하여 유명하고 부자가 되었다. 가수처럼 목소리가 좋으려면 丙庚壬, 丙, 庚子와 같이 火氣에 자극 받은 金氣의 공명이 水氣에 풀어지면 아름다운 소리가 울려 퍼진다. 마치 종소리가 울려 퍼지는 이치와 동일하다. 庚에너지는 금단의 열매로 인간의 물질에 대한 탐욕을 뜻하기에 지나치면 문제가 생긴다.

時	日	月	年	男
庚寅	丙戌	壬辰	丙寅	

丙庚이 붙어 있고 열매가 아직 크지 않은데도 丙에너지로 계속 부풀리려는 탐욕 때문에 욕심이 강해져 사업한다고 고집부리다 재산만 탕진했다. 이 구조는 감질 맛 나는 庚열매가 마약과 같아서 탐욕을 버리지 못한다. 丙으로 눈이 열려 화려한 색채를 구별하고 庚 금단의 열매를 따먹으면 에덴동산에서 쫓겨나는 것이다. 아담이 노동해서 먹고 살아야하고 이브가 자식을 낳아야하는 이유는 모두 巳 뱀 속에 있는 丙의 색채로 선악을 구별하고 庚 금단의 열매를 따먹었기 때문이다. 물질의 탐욕이 죄를 잉태한 것이다. 만약 내 아이의 사주구조에 乙丙庚 삼자가 있다면 대학교를 졸업하고 상기에서 언급했던 직업물상을 갖도록 유도할 필요가 있다. 버릴 수 없는 물질욕망, 사업욕망을 가지고 태어났는데 법조계나 교육계로 나가도록 강요하는 것도 바른 선택이 아니다.

5. 庚 틀을 만들어 나를 보호하다.

성경에서 설명하는 "눈이 열려"는 굉장히 중요한 의미를 갖는다. 丙 에너지에서 다룰 내용이지만 눈이 열리면 기존에 없었던 是非를 따지고 분별하려는 욕망이 생긴다. 예로 조개의 경우 적의 공격으로부터 자신을 방어할 무언가가 필요해서 단단한 껍질을 만들고 자신을 보호한다. 이렇게 庚은 조개껍질처럼 보호하거나 혹은 공격하는데 활용한다. 이런 이유로 庚의 직업물상을 경찰이라고 하지만 잘못 사용하면 굉장히 강한 살기를 갖는다.

時	日	月	年	男
丙	庚	丁	甲	
戌	寅	丑	申	

교직에서 근무하다 壬午대운 己巳년 경찰로 전향하여 수사과장이 되었다. 직업변화가 극적으로 보이지만 에너지의 변화를 이해하면 어렵지 않다. 월주 丁丑은 어두운 공간에 켜진 등촉과 같으니 교육 직으로 근무했고, 시주 丙戌의 시기 46세 즈음에 이르면 丙火의 환한 빛으로 밝히고 丑戌로 감옥을 刑하여 범죄자를 가두고 교화하여 사회에 환원하는 직업으로 사용하였다. 또 壬午 대운에 丙庚壬 三字조합의 직업 중 하나인 검경으로 직업전환을 하였다. 이 모든 변화는 에너지 조합에 변화가 발생하기 때문이다. 만약 庚으로 상대를 공격하는 에너지로 활용하면 어떤 물상으로 발현될까?

時	日	月	年	男
丙	庚	庚	乙	
戌	戌	辰	卯	

丙子운 乙未년 41세 5월 상황으로 재혼하였고 주벽이 심하고 부인에게 폭행을 일삼으며 빛에 시달린다. 부인이 자기를 떠나면 친정 식구들에게

보복하겠다고 협박한다. 이 구조는 庚에너지를 잘못 사용하여 상대를 공격하고 괴롭히는 것이다.

6. 금단의 열매 庚 - 중력에너지의 결과물

위에서 살펴보았던 새싹이 열매로 바뀌는 과정을 다시 살펴보자.

새싹이 꽃을 활짝 펼치고 열매 맺어 가을에 이르면 열매로 완성한다. 이렇게 씨종자를 만드는 과정에 반드시 丁 중력이 개입한다. 그렇다면 왜 금단의 열매일까? 바로 육체를 굳게 만들고 노화시켜서 죽음에 이르기 때문이다. 금단의 열매를 탐하지 말라는 의미는 자신의 능력을 벗어난 지나친 탐욕을 버리라는 의미다. 달리 표현하면 인간은 "눈이 열려" 물질에 탐닉하고 욕망을 버리지 못하면 결과적으로 죽음에 이른다는 뜻이다. 다만 庚은 겉으로 드러난 열매에 불과하고 원초적 본능은 巳 바로 뱀으로부터 시작된 것이며 화려한 꽃에서 씨종자로 바뀌는 과정에 丁 중력 작용이 개입되었다. 결론적으로 모든 문제의 원인은 중력에너지였다. 플라톤이 그토록 싫어했던 "금단의 열매"를 조금 더 종교적으로 정의하면 선과 악이 완벽한 대칭으로 분별이 없었는데 대칭이 깨지고 <u>분별이 생겨난 것</u>을 뜻한다. 따라서 금단의 열매란 善惡을 분별할 눈을 뜨게 만드는 과일이며 간택만 하지 않으면 선악과를 따먹지 않은 상태 즉, 道에 이른다는 다른 표현이다. 즉, 모든 종교에서 추구하는 이치는 달라 보이지만 동일한 것이다.

07 생존의 몸부림 – 乙. 生氣의 본질, 물질의 근원

하나의 도토리 안에 집약되어 있는 강렬한 에너지를 생각해보라! 땅에 도토리를 심으면 엄청나게 팽창하여 거대한 참나무로 자란다! 羊 한 마리를 땅에 묻어보라. 아무 일도 일어나지 않는다. 그저 썩을 뿐이다. 조지 버나드 쇼, 「쇼의 눈으로 본 채식주의 식사」 1918년 – 씨앗의 승리 – 소어 핸슨 지음/ 하 윤숙 옮김

로마 장군 폴라비우스 실바는 72년에서 73년 사이의 겨울에 마사다 요새를 침략했지만 천명의 사람들은 자신의 역사를 불로 태우고 집단 자살을 택하였다. 2천년동안 묻혀있던 역사가 1960년대에 고고학자들에 의해 발견되었는데 대추야자 씨앗도 있었다. 다시 40년이 지난 후에 그 씨앗을 심었더니 2005년 봄 화분에서 새순 하나가 솟아오르는 것을 발견했다. 2천년의 시공간을 뛰어넘어 부활한 그 대추야자 씨앗의 이름은 구약성서에 나오는 가장 나이 많은 사람의 이름과 동일한 "므두셀라"지만 수명은 두 배로 길었다. (씨앗의 승리 – 소어 핸슨 지음/ 하 윤숙 옮김 145-8페이지 요약)

위에서 씨앗을 "심었더니" 에 숨겨진 의미는 적절한 토양과 물과 열기를 제공했더니 2천년이나 지나서 도저히 살아날 것 같지 않았던 생명체가 살아났다. 2천년도 더 지났음에도 생기가 있다는 것이 믿어지지 않는다. 끈질긴 생명력이 느껴지는가? 이런 질긴 생명력을 가진 글자는 천간에서 유일하게 乙 에너지뿐이다. 나의 부친은 乙 日干이었기에 엄청난 생명력을 가진 분이셨고 죽음을 극히 두려워했다. 乙日에 태어난 친구는 최소한 120

살까지는 살 것이라고 이야기한다. 乙 에너지는 죽음이 무언지 모른다. 죽음이 무엇인가를 배우지 못했기 때문이다. 보라. 2천년 시공간을 뛰어넘어 부활을 꿈꾸는 므두셀라의 끈질기고 폭발적인 생명력이 느껴지는가? 乙이 존재하는 시공간을 다시 살펴보자.

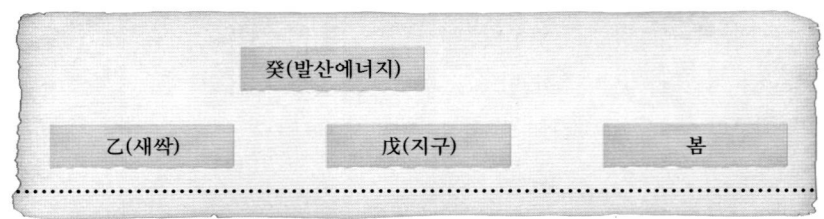

乙 생명력을 좌우로 펼쳐주는 에너지는 癸인데 므두셀라는 癸의 발산에너지가 없는 건조한 곳에서 썩지 않을 완벽한 상태로 2천년을 견뎠다가 乙 새싹으로 펼쳐낼 환경이 조성되자 화분에서 새순이 땅을 뚫고 올라왔던 것이다. 문제는 죽음과도 같은 씨앗 辛이 땅을 뚫고 솟아올라 乙 새싹으로 바뀌면 강력한 삶의 의지를 갖지만 죽는 방법을 배우지 못했다. 이렇게 봄의 에너지들을 가지고 태어난 사람들은 미래를 설계하고 생기를 퍼트리는 것을 목적으로 하며 죽음을 두려워할 수밖에 없다.

時	日	月	年	男
甲	戊	乙	癸	
寅	辰	卯	卯	

건설회사 사장이다. 가만 생각해보자. 왜 건설회사 사장일까? 이 구조는 乙癸戊 三字조합으로 봄의 에너지들로 가득 차있다. 우리는 봄에 이르면 다양한 계획을 세우고 한 해를 보람차게 보내려고 노력한다. 따라서 봄에는 절망이라는 감정이 개입될 틈이 없다. 모든 것이 새롭고 활기차며

발랄한 생기를 가졌기 때문이다. 戊辰의 땅에 癸 발산에너지를 활용하여 乙卯 새싹들이 아름답게 성장하도록 돕는다. 이 과정에 戊辰의 땅은 새싹들이 가득차서 활력이 넘치는 땅으로 바뀐다. 이런 물상이 바로 건설업이다. 원래는 아무것도 없던 戊辰의 땅에 乙卯 새싹들이 무럭무럭 자란다. 이 때 주의할 것은 乙卯는 절대로 무조건 자라는 것이 아니다. 반드시 癸 발산에너지가 있어야만 좌우로 펼쳐지고 아름다운 땅으로 바뀐다. 이런 자연의 이치를 그대로 활용한 직업이 건설, 건축, 임대, 조경, 乙卯 어린아이들의 교육을 책임지는 유치원과 초등학교 교사, 공직이다. 만물의 본성과 변화하는 이치는 반드시 자연에서 찾아야 한다. 만약 사주팔자에 乙癸戊 세 글자를 가지고 있다면? 당연히 이런 적성, 심리를 가졌고 그에 상응하는 학업과 직업을 고려해야 한다. 다만, 이 구조처럼 수기가 부족하면 책상에 앉아서 공부하는 것보다는 이 땅 저 땅을 밟고 다니는 행동 대장처럼 사는 것을 선호한다. 즉, 水氣가 충분하면 교육, 공직에 어울리고, 수기가 부족하면 학업에 흥미가 부족하고 밖으로 나돌며 물질을 추구한다. 다만, 위에서 언급한 직업물상들 범주를 벗어나지는 않는다. 이쯤이면 乙이 얼마나 끈질긴 생명력을 상징하는지 느낄 것이다. 乙은 이 본성을 절대로 포기하지 못한다. 따라서 甲과 乙은 인체의 건강상태를 확인할 수 있는 가장 기본적인 요소다. 즉, 내 건강과 질병 그리고 장수하는가를 알고 싶다면 生氣의 변화과정을 살펴야만 한다. 十干 중에서 生氣와 생명체를 의미하는 것은 甲乙뿐이다. 모든 생명체는 움직여야 살아있음을 증명하고 움직이지 못하면 생명체라 부르지 않는다. 乙의 가장 중요한 덕목은 끊임없는 활력과 번식, 확산이다. 그렇다면 乙의 활력을 방해하는 인자는 무엇일까? 庚辛은 活力을 무력하게 만드는 에너지다. 사주예문을 살펴보자.

時	日	月	年	女
癸	癸	辛	丙	
丑	卯	丑	戌	

　장녀로 13살 乙亥년부터 사진관에 취직, 사진기술을 배워 식구들 생계를 책임졌다. 22살 戊申년에 결혼, 남자쌍둥이를 출산하다 1명이 죽고 몇 차례 유산했다. 32살 戊午년 정신분열증으로 이혼했다. 일지에 토끼 卯가 인체의 생기와 활력을 상징하는데 양쪽에서 동토의 땅 丑이 卯의 활동을 제약하니 성장발육에 문제가 생기고 자식 한명이 상했으며 피가 제대로 돌지 않으니 정신분열증에 걸렸다.

時	日	月	年	男
丁	丁	乙	辛	
未	巳	未	巳	

　이 남자는 의치를 했다. 辛 치아가 火氣에 녹았다고 판단하지만 辛이 乙을 沖하여 육체 일부의 활력에 문제가 생긴다. 또 강한 화기에 辛金 치아가 상하여 의치를 했다. 즉, 辛만 있으면 의치할 가능성이 낮아지는데 乙이 상하기에 그 가능성이 높아진 것이다.

時	日	月	年	女
甲	丙	辛	己	
午	戌	未	未	

　戌운에 자궁 수술을 받았다. 보통은 戌未가 刑하여 수술을 받았다고 판단하지만 戌土가 未土 속의 乙 생기를 상하게 했기에 수술한 것이다. 이렇게 水氣가 전혀 없고 火氣로 건조해지면 육체가 상하기 쉽고, 심각한 구조는 화성이나 금성처럼 생명체가 살기 어렵다. 이 여인의 근본적인 문제는

甲乙 생기와 활력에 문제가 생겼기 때문이다.

時	日	月	年	男
戊	辛	己	己	
戌	未	巳	巳	

乙丑 운에 다리가 절단되었다. 水氣가 전혀 없고 戌未로 乙 활력이 상하고 있다. 乙丑 운에 乙이 상하니 다리에 문제가 생겼다. 丑戌未 三刑이 문제이지만 본질적인 문제는 乙이 상하기 때문이다. 내용들 중에서 이해가 어려운 용어들이 나왔다 당황할 필요는 없다. 내용의 요지는 甲乙이 인체에서 생기와 활력을 상징하는데 어떤 요인에 의해서 상하면 육체에 질병이 생긴다는 것이다. 인체에서 乙의 역할은 몸 구석구석에 피를 전달해주는 택배행위와 같다. 甲寅은 동맥이요, 乙卯는 정맥, 실핏줄로 구석구석 피를 공급한다. 인체의 질병은 대부분 피의 흐름에 문제가 생길 경우 발생하기에 만약 甲寅과 乙卯에 문제가 생기면 다양한 병리현상을 드러낸다. 乙卯에 문제가 생기면 피의 흐름에 장애가 발생하면서 감각기관에도 문제가 발생한다. 예로 성욕도 피의 흐름에 기인하기에 문제가 생기면 불감증에 시달릴 수도 있다. 아래는 불감증을 호소하는 여명들의 사주예문이다.

時	日	月	年	女
己	辛	乙	癸	
亥	巳	丑	巳	

이 여인은 불감증 환자였는데 월에 있는 乙이 丑月이라 그 흐름이 느리고 辛에 상하여 피의 흐름이 불순하여 불감증이다.

時	日	月	年	女
辛	壬	己	壬	
亥	子	酉	子	

이 여명은 불감증으로 이혼하였다. 피의 흐름을 상징하는 乙은 없지만 전체 구조가 피의 흐름이 응결되기 쉬운 구조다. 따라서 감각작용이 둔해지거나 심하면 무감각해진다.

時	日	月	年	女
丁	丙	庚	壬	
酉	申	戌	子	

혼전 동거로 丙子년에 딸 낳고 결혼하여 丁丑년에 아들을 낳았으나 신혼여행 직후부터 잠자리를 완강하게 거부하는데 다른 문제가 있는 것도 아니다. 乙卯가 전혀 없지만 강한 金氣에 의해서 피의 흐름에 문제가 생기면서 잠자리를 거부한다. 피의 흐름에 문제가 생기면 발생하는 현상들 중에서 불감증 보다 더 특이한 케이스는 바로 동성애나 변태성 욕자와 같은 현상이다. 피의 흐름을 상징하는 乙이 어떤 요인에 의해서 막힌다고 상상해보자. 바르게 흐르지 못하고 역류하거나 일시 정지하다가 흐르기를 반복하면서 육체의 감각기관에 문제를 일으킨다. 마치 교통흐름이 사고에 의해서 막히면서 교통체증이 발생하는 경우와 유사하다. 이런 내용은 학업, 직업과 어울리지 않아 보이지만 乙 에너지의 가장 중요한 특징에 해당하기에 여기에 올린다. 사주예문을 살펴보자.

時	日	月	年	男
丙	辛	癸	壬	
申	酉	卯	辰	

미국인 남자로 1969년 18세에 동성애를 경험했다. 부친에 대해 모호한 감정도 가지고 있었다. 1973년 22세에 결혼하고, 두 아들을 얻었다. 1978년 27세에 동성을 만나 3개월간 동성애 불륜을 저질러 이혼했다. 피의 흐름을 상징하는 卯木이 암시하는 나이인 24세에서 30세 사이에 강한 金氣에 상하여 피의 흐름에 문제가 생기면서 감각작용에 오류가 발생하고 동성으로부터 사랑을 느낀다.

時	日	月	年
丁	乙	辛	癸
亥	亥	酉	丑

男

대만출생자로 동성애자다. 피의 흐름을 상징하는 乙이 많은 金氣에 상하고 水氣에 흐름이 막히면서 감각작용에 문제가 발생한 것이다.

時	日	月	年
乙	乙	己	乙
酉	丑	卯	卯

女

이런 구조도 乙卯가 丑에 응축되고 酉에 잘리니 감각작용에 오류가 발생하여 동성애자가 되었다.

時	日	月	年
癸	丁	丁	己
卯	酉	丑	酉

女

이 여인은 남자가 두려워 결혼도 못하고 있다. 불감증, 동성애, 혹은 남자가 무서워 성행위나 결혼을 못하는 이유도 모두 피의 흐름에 문제가 생겼기 때문이다. 즉, 겉으로는 달라 보이는 현상들이지만 근본원인은 모두 피의 흐름에 문제가 생긴 것이다.

　乙의 가장 기본적인 에너지 특징은 지금까지 설명한 活力과 같고 인체에서 피의 흐름처럼 사망하기 전까지는 끊임없이 움직여야만 하는 숙명이다. 이런 행위를 상상해보라. 乙을 가지고 태어났다면 집에서 한가롭게 놀 수 없는 숙명이다. 밖으로 나가서 바지런히 몸을 움직여서 무언가를 해야만 한다. 육체노동에 어울린다. 그렇다고 나쁜 의미의 노동만을 뜻하는 것은 아니다. 상기 사례처럼 건설회사 사장, 건축임대사업, 미술, 스포츠, 서예, 물리치료사 등 몸을 활용하거나 입을 활용하는 행위도 모두 乙의 특징이다. 따라서 乙의 이미지는 질병으로 누워있을 경우가 아니면 고정된 공간에 오래도록 머물지 못하고 계속 이곳저곳을 뛰어다니며 바쁘게 움직인다. 그 이유는 乙의 특징은 절대로 밖에서 안으로 들어가지 못하고 반드시 안에서 밖으로 튀어나가야 하기 때문이다. 봄에 새싹이 땅 속에서 땅 밖으로 솟아오르는 모습을 상상하면 이해가 쉽다. 인간의 행위로 살피면 사회활동을 위해서 문을 열고 밖으로 나가는 상황이다. 乙은 왜 이런 행위를 해야만 할까? 봄에 피어나는 새싹을 상상하면 乙을 이해한다. 산과 들에 피는 싹들은 땅속에 숨어서 전혀 모습을 드러내지 않다가 한순간 산과 들을 덮어버린다. 새싹 하나를 한사람으로 상상하면 산과 들에서 엄청난 사람들과 함께하는 것을 즐긴다. 다양한 인맥을 빠르게 형성하는 재주를 가졌고 이성도 포함된다. 이런 乙卯의 특징은 庚申, 辛酉에 의해서 좌절된다. 庚申, 辛酉는 인간관계도 끊어내려고 한다.

　<u>乙卯는 어떻게 하면 잘 사귈까를 고민하고, 辛酉는 어떻게 하면 관계를 정리할까를 고민한다.</u> 이런 에너지의 특징을 이해하면 사주구조에 따라 어울리는 직업을 찾을 수 있다. 사람 사귀는 것을 좋아한다면 그에 어울리는 직업을 택하는 것이다. 예로, 정치인, 교육, 공직으로 대중이나 다중을 상대로 자신의 활력을 전파는 직업에 어울린다. 만약 회사라면 직접 사람들을

접촉하고 상담하는 인사행정에 어울린다. 또 다양한 인간관계를 필요로 하는 영업에도 적합하다. 이런 乙의 성향은 사주구조에 따라 전혀 다르게 발현되는데 그 차이를 이해하기 위에서 살펴보았던 황희정승 사주를 다시 들여다보자.

時	日	月	年	男
丁巳	癸巳	乙卯	癸卯	

황희정승 사주에는 플라톤이 싫어했고 성경에서 설명하는 금단의 열매가 밖으로 드러나지 않았다. 달리 표현하면 물질에 흥미가 약하거나 비록 있다고 해도 인간을 먼저 생각하는 인본주의 성향이 강하여 물질이나 노력의 결과물에 흥미가 약하다. 이처럼 乙卯는 노력하는 행위에 목적을 두는 것이지 무언가를 얻으려는 욕망은 강하지 않다. 하지만 乙의 결과물을 뜻하는 庚申이 사주에 있다면 전혀 다른 이야기다. 이런 차이를 이해할 때에서야 비로소 한 개인의 적성, 심리, 학업, 직업을 고려할 수 있다. 복잡하게 생각할 것이 전혀 없다. 자연에서 알려주는 이치 그대로를 상상하여 사주팔자에 활용하면 그만이다. 사계절의 변화과정을 정확하게 알려주는 四季圖를 다시 살펴보자.

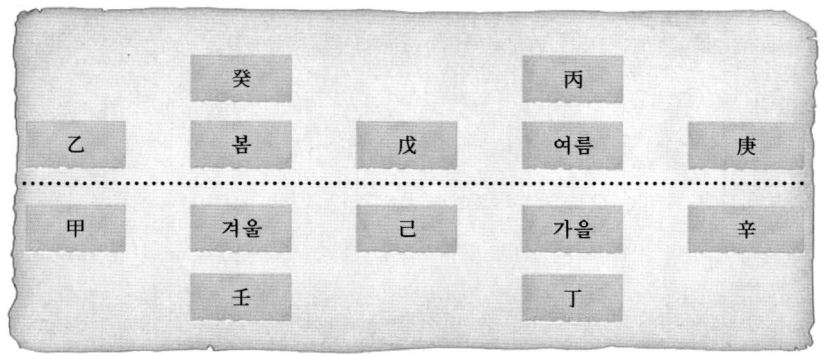

봄에 사용하는 乙에너지는 사방팔방에 새싹을 퍼트리는데 그렇게 하는 이유는 인맥을 형성하여 물질을 얻기 위함이다. 새싹이 여름에 이르면 열매로 바뀌는데 그 것을 상징하는 부호는 庚이다. 여기에서 생각을 해보자. 만약 乙만 있다면 순수하게 생기를 퍼트리려는 노력만 할 뿐 결과를 바라지 않는다. 하지만 庚申이 사주에 함께 있다면 반드시 새싹을 열매로 만들어 재물을 득하려고 한다. 황희정승과 빌게이츠 사주구조를 기억하면 이해가 빠를 것이다. 乙卯는 많지만 庚申이 없으면 사업하라고 경영, 경제, 회계, 금융과 같은 학업, 직업을 갖게 할 수는 없다. 또 乙卯와 庚申이 모두 있어서 돈과 사업에 지대한 흥미를 가지고 있는데 종교, 철학, 교육, 공직에서 일하라고 하는 것은 적절하지 않다. 잘못된 판단은 우리의 30년 인생을 낭비하게 만들어버린다. 사주예문을 살펴보자.

時	日	月	年
戊	戊	乙	戊
午	申	卯	寅

男

27세 이후 재물을 모으기 시작하여 1986년 즈음에 이미 수천억 재물을 모았다. 월에 乙卯가 있으니 이 에너지를 활용하면 다양한 인맥을 형성할 수 있는데 일지에 申이 있으니 황희정승과는 전혀 다른 성격이다. 반드시 乙卯의 노력을 申 물질로 만들어 내 배속에 저장하려는 욕망이 엄청나게 강하다. 태어날 때 받은 에너지들 특징에는 부자라고 정해졌다.

자연스럽게 부자가 될 수밖에 없다. 돈이 알아서 찾아오는 구조다. 여기에서 새싹과 열매, 키우고 수확하는 차이점을 기억해야한다. 이 구조를 수확의 개념으로 이해하면 봄에 乙卯가 세 개의 지구터전 戊 위에서 순식간에 사방팔방에 펼치고 申으로 수확한다. 이 과정에 열매를 확장해줄 에너지가 필요한데 卯申 열매가 열리면 午火에 있는 丙 에너지로 부피를 확장한다. 사업으로 표현하면 사업규모를 확장하고 재산을 크게 축적한다. 천간으로 표현하면 乙庚 열매를 丙이 확장하는 乙丙庚 三字조합으로 경제관념이 가장 뛰어난 조합이다. 여기에 戊 안정적인 터전이 있으니 재물을 축적할 넓은 땅을 가졌기에 수천억 재산가다. 乙과 庚으로 전혀 다른 에너지로 존재하다 구조에 따라 에너지를 교환하면서 새로운 물형을 만들어낸다. 乙의 특성은 끊임없이 변화하면서 물형을 바꾸기에 개인주의 속성이지만 庚은 단단해지면서 일정한 외형, 틀을 만들기에 조직, 단체의 특징이 강하다. 이런 이유로 乙庚 합은 개인에서 단체로 변화하는 과정이요, 물질을 추구한다. 하나만 더 살펴보자.

時	日	月	年
丙	乙	乙	庚
戌	巳	酉	子

女

甲申년 2004년 45세 당시 미혼으로 유치원을 운영해 재물을 모으고 건설공무원을 돈과 미인계로 매수하여 부동산 투자로 30대 말에 3천억 재산을 모았다. 남자관계가 복잡했으며 권위 지향적이다. 위에서 설명했던 乙丙庚 三字가 모두 있기에 3천억 대 재산을 축적했다. 乙丙으로 확장하려는 속성과 庚, 巳酉의 물질과 권력 욕심이 강하다. 유치원을 운영하는 목적이 아이들의 교육에 흥미가 있어서가 아니라 재물을 축적하기 위함이다. 이렇게 에너지 특징을 살피면 겉과 속이 동일한지 틀린지를 쉽게 이해한다.

乙은 육체를 적극적으로 활용하는 에너지다. 성장을 위해서 끊임없이 육체를 움직인다. 아이들이 15세 이전까지 성장하는 모습을 상상해보자. 정말 어디에서 저런 에너지가 나올까싶을 정도로 움직인다. 이런 乙의 특징을 활용하는 직업은 참으로 다양하다. 乙이 다른 에너지와 조합을 이룰 때 어떤 반응을 보이는지 癸乙과 丁乙로 살펴보자. 乙이 丁과 조합을 이루면 丁의 수렴에너지를 활용하고 癸水와 조합을 이루면 癸水의 발산에너지를 활용한다. 따라서 乙이 丁에게 활력을 제공하여 조정하는 기운을 사용한다. 丙 분산에너지를 수렴하려면 반드시 집중하기에 조정, 축소과정에 원래의 물형이 변한다. 이런 이유로 乙丁 조합은 그림, 붓글씨, 조각, 물리치료사. 침술, 수리, 목수, 도자기예술 등의 직업에 어울린다. 간지로 바꾸면 丁卯로 乙 활력을 조절하기에 교사, 요가 등에 어울리고 乙未로 쓰면 미토 속의 정화로 예술작품, 조각, 글 그림에 활용한다. 丁未라면 전기기술자나 한국전력공사에 어울린다. 乙이 癸를 만나면 癸水의 발산과 乙의 활력이 만나 팔, 다리를 적극적으로 활용한다. 간지로 癸卯이니 악기를 다루거나 무용, 붓글씨, 그림, 축구선수, 택배업처럼 사방팔방 돌아다니는 직업에 어울린다. 사주예문을 살펴보자.

時	日	月	年
壬	癸	庚	壬
戌	卯	戌	寅

女

바이올린을 배우고자 독일에 유학하였다. 癸卯를 악기를 다루는 에너지로 활용했다.

時	日	月	年
壬	乙	丁	庚
午	亥	亥	子

남

유명한 조각가 로댕의 사주다. 乙과 丁이 만나고 乙의 활력을 丁을 통하여 집중한 후 壬亥亥의 깊은 생각, 사고력을 바탕으로 丁壬의 폭발적인 육체의 에너지를 활용하여 예술행위로 활용했다. 손 흥민 사주에서 보이는 구조임을 기억할 것이다.

時	日	月	年	女
癸	癸	乙	己	
丑	卯	亥	未	

　대학원을 졸업하고 외국계 영업부서에 취업해 매년 승진하여 사장자리에 올랐다. 이 구조는 癸乙 총명함과 亥卯未 삼합운동으로 끊임없이 노력하는 태도를 보인다.

08 여덟 번째 움직임 – 丙. 色界에 떨어지다

　이윽고 나는 삼엽충을 발견했다. 그 암석은 그 동물을 사이에 두고 쩍 갈라졌다. 나는 반으로 갈라진 암석 두 조각을 손에 들고 있었다. 왼손에는 그 동물 자체가 박힌 채 볼록 튀어 나온 반쪽이 들려 있었고, 오른손에는 나머지 절반이 있었던 오목한 주형이 담긴 반쪽이 들려 있었다. 양쪽은 서로 꽉 껴안은 채 변화무쌍한 수억 년의 세월을 묻힌 상태로 살아남았다. 삼엽충의 길고 가느다란 눈이 나를 응시했고 나도 마주 바라보았다. 그것은 5억 년이라는 세월을 뛰어넘어 전율을 느끼게 했다. - 삼엽충 리처드 포티 지음 / 이 한음 옮김 15 페이지

　5억년 시공간을 뛰어넘어 짜릿한 전율을 느끼는 것은 일생에 한번 있을까 말까한 일이며 누구에게나 주어지는 특권은 아닐 것이다. 기 출판한 時空間부호 甲乙丙丁을 기획하는 과정에서 가장 고민스러웠던 문제는 丙에너지의 특징을 어떻게 설명할까 이었다. 사실 이 책도 마찬가지다. 丙의 특징은 빛과 눈, 色 그리고 외형골격과의 연관성에서 벗어날 수 없다. 이미 오

랜 세월 두 눈을 활용하면서 살아가는 인간에게는 눈의 유무에 대해 둔감하지만 우주역사에서 엄청난 변화를 이끌었던 두 가지 사건을 꼽으라면 우주의 시작점 빅뱅과 지구에서 단세포 생명체가 드러나고 거의 35억년이 흐른 후에 현존하는 38문의 종이 결정되었던 생명체들의 빅뱅과정이다.

"時空間부호 甲乙丙丁"을 써내려가는 과정에 눈이 달린 생명체가 언제 등장했는지를 찾고자 수 십 권의 책을 찾고 읽었던 기억이 난다. 어느 날 어느 책에선가 우연히 "눈을 뜬 생명체가 등장했다. 그 것은 삼엽충이었다." 라는 글귀를 읽는 순간의 희열은 참으로 강렬했다. 마치 어려서 보았던 "사이키" 조명의 현란한 色界를 맛보는 순간처럼.

삼엽충을 알게 된 후로 관련 서적들을 읽으면서 우리가 모르는 어마어마한 진화의 세계가 있음을 깨달았다. 지면을 빼앗기지만 충분히 할애할 가치가 있다고 판단하여 생명체가 눈을 뜨는 과정을 정리해보려고 한다. 그리고 눈을 뜬 후에 달라진 세계의 모습들도 함께 그려볼 것이다.

이 모든 설명은 丙 에너지의 특징을 살펴보기 위함이며 대략 5권의 책 중요한 부분만을 요약, 정리한 것임을 밝힌다. 인용한 책 제목은 말미에 붙였다. 다만, 내용의 골자는 주로 "눈의 탄생 - 엔드루 파커 지음 /오 은숙 옮김"을 인용했다. 대략 네 개의 파트로 나눠서 눈, 뼈, 빛 그리고 세 개의 상관관계를 차례대로 살펴보기로 하자.

1. 눈의 출현

지구상 최초의 눈이 언제 나타났는지 알기 위해서는 화석에 의존하는 수밖에 없다. 지금까지 알려진 가장 오래된 삼엽충은 5억4,300만 년 전이었다. 게다가 완전겹눈을 제대로 갖춘 삼엽충들이었다. 삼엽충의 눈에 관한 자료를 살피다보면 흥미로우면서도 공통적인 사실이 드러난다. 눈을 가진 삼엽충 가운데 많은 종이 5억 4300만 년 전쯤에 등장했다는 것이다. 그 이전의 것은 단 한 종도 없다.

이제 중요한 질문은 눈의 진화에 과연 어느 정도의 시간이 걸렸을까? 하는 것이다. 닐손과 펠게르는 물고기 눈이 맨 처음의 초보형태에서 진화해 나오기까지 40만 세대가 채 걸리지 않음을 밝혀냈다. 각 세대가 1년이면 완결된다고 가정할 때, 이 결과는 상을 형성하는 효과적인 눈이 불과 50만년 이내에 진화할 수 있음을 말해준다.

삼엽충의 눈 주변에는 다른 감각기관들이 있었으므로 겹눈이 진화할 시간은 단 100만 년이면 충분하다고 결론지었다. 5억 4,400만 년 전과 5억 4,300만 년 전 사이 100만 년이란 기간에 시각이 탄생한 것이다. 햇빛이 비치는 환경 내의 동물 행동과 진화에 가장 막강한 자극이 출현한 것이다. "눈의 탄생 - 엔드루 파커 지음 /오 은숙 옮김" 51페이지, 303페이지

동물들은 햇빛을 받아들이고 적응해야 한다. 여기서 동물이 취할 수 있는 선택은 두 가지다. 자기 존재를 은폐하는 위장의 길을 택하거나 자기 존재를 눈에 띄게 만드는 과시의 길을 택하는 것이다. 뭔가 특별한 목적을 위해 색이 바뀌었다면, 우리가 판단할 수 있는 한 이것은 항상, 직접 혹은 간접적인 보호이거나 이성을 유혹하기 위한 것, 둘 중 하나이다. -찰스 다윈, 「종의 기원」 (초판, 1859) 121

2. 뼈 - 외형을 결정하다.
다윈에게도 황당한 사건이 있었다.

현재로서는 이 [캄브리아기 화석의 갑작스런 출현에 관한] 사례는 설명할 수 없는 문제로 남아 있음이 분명하다. 어쩌면 그 사실은 여기서 말한 [진화의] 관점을 반박하는 유력한 반증이 될 것이다.
-찰스 다윈, 「종의 기원」(1872, 6판이자 최종판)

'캄브리아기 폭발'은 생명의 역사에서 가장 중추적인 순간이었다.
-스티븐 제이 굴드, 「생명, 그 경이로움에 대하여」 (1989)

지구 생명의 역사에서 가장 극적인 사건을 꼽는다면 단연 동물 진화의 빅뱅일 것이다. 기나긴 역사에서 눈 깜짝할 사이나 다름없는 기간에, 오늘날 볼 수 있는 주요 동물 집단들이 한꺼번에, 그것도 처음으로, 딱딱한 부분을 진화시켜 저마다의 독특한 생김새를 지니게 된 것이다. 이 사건은 정확히 5억 4,300만 년 전, 지질학에서 캄브리아기라고 부르는 시기의 벽두에 일어났으며, '캄브리아기 폭발'이라고 불린다.

이 유례없는 폭발을 일으킨 원인에 대해서는 지금까지 많은 설명이 있었지만 납득이 가는 것은 없었다. 제시된 모든 이론마다 그에 대한 강력한 반증이 존재한다. 우리는 진화의 빅뱅으로 무슨 일이 일어났는지는 잘 알고 있으며 이 문제를 다룬 책들도 수없이 많았지만, 왜 그 일이 일어났는지에 대해서는 여전히 모르고 있다.

5억 4,400만 년 전에는 여러 가지 외부형태를 지닌 3개의 동물 문이 있었으나 5억 3,800만 년 전에는 오늘날과 똑같은 38개의 문이 존재하고 있었다. 그렇다면 신체 건축학의 엄청난 다양성은 모두 500만 년 사이의 기간에 등장했을 것이다. 500만 년 이란 특별한 시간대는 바로 '캄브리아기 폭발'을 포괄한다. 캄브리아기 폭발은 모든 동물 문이 저마다 복잡한 외형을 획득하게 된 진화상의 일대 사건이다. 다시 말해서 모두 똑같게만 보이던 동물 문들이 서로 다른 모습으로 변하게 된 사건인 것이다. "눈의 탄생 - 엔드루 파커 지음 /오 은숙 옮김" 31페이지

캄브리아기 초인 약 5억 4,300만 년 전의 화석들에서 이전 조상들에게서는 보이지 않던 딱딱한 껍질을 가진 동물화석들이 갑자기 나타났다는 사실에 특히 당황한 사람이 다윈 이었다. 다윈은 최초의 딱딱한 껍데기를 가진 화석동물들이 갑자기 등장했다는 사실 때문에 고민했다.
"눈의 탄생 - 엔드루 파커 지음 /오 은숙 옮김" 51페이지

무슨 이유에서인지, 각 동물문의 초기 성원들은 딱딱한 외피를 갖고 있지 않았으며, 캄브리아기 전에는 특색 있는 표현형도 없었다. 딱딱한 외피의 진화는 우연적인 사건이 아니었다. 아주 오랫동안 아무 일도 없다가 하루아침에 그렇게 된 것이다. 삼엽충 올레노이데스(Olenoides)의 3표본은 눈길을 끈다. 몸의 상당 부분이 사라지고 없기 때문이다. 없어진 반원형이 보여주는 규칙성은 <u>물어뜯긴 자국</u>이라는 것이다. 캄브리아기의 커다란 포식자가 이 삼엽충을 물어뜯었던 것이다. 삼엽충은 캄브리아기의 먹이였다. 캄브리아기 삼엽충들은 갑옷이 있었을 뿐 아니라 막 노출된 신체부위를 재빨리 봉할 수 있는 능력까지 갖춤으로써 공격에 충분히 대비하고 있었다. "눈의 탄생 - 엔드루 파커 지음 /오 은숙 옮김"

눈이 생기기 전의 부드러운 몸을 가진 선캄브리아 시대(약 5억 6,500만 년 전)의 '원시삼엽충'이 존재했단 말인가? 1991년에 의문이 풀렸다. 놀랍게도 부드러운 몸을 가진 삼엽충이 발견된 것이다. 그러나 전반적인 몸 구조는 캄브리아기 삼엽충의 것과 똑같았다. 다른 것이 있다면 딱딱

한 외골격이 아니라 탄력적인 피부를 가졌다는 점이다. 당시 이들의 몸에는 초보적인 형태의 갑옷(甲)이 막 생겨나고 있었다. 피부는 선캄브리아 시대의 원시삼엽충만큼 부드럽지는 않았지만, 몇 백만 년 후에 등장한 삼엽충의 외골격처럼 완전히 딱딱한 것(庚)도 아니었다. 그러나 이들은 매우 능동적인 동물이었다. 물속에서 자유자재로 재빠르게 헤엄칠 수 있었으며, 가시 달린 튼튼한 다리를 가진 포식자였다.

"눈의 탄생 - 엔드루 파커 지음 /오 은숙 옮김" 330페이지

3. 빛과 色

무엇이 색을 띠게 만드는가? 색의 목적은 무엇인가? 1690년, 뉴턴과 같은 시대를 살았던 크리스티안 호이헨스는 파면 위의 각 점은 똑같은 진동수를 가진 새로운 파동의 근원이라고 선언했다. 햇빛 속에는 서로 다른 파장을 갖는 파동들이 포함되어 있으며, 각각의 파장이 눈에 의해 서로 다른 색깔로 전환된다는 사실을 알고 있었다. 색은 환경 속에 존재하는 것이 아니며, 머릿속에서만 존재하는 것이다.

빛 파장이 물체에 부딪치면 굴절된 파장이 우리 눈에 닿으면 망막에 초점이 맺히고, 우리는 그 정보를 해석한다. 우리의 눈은 두 개이므로 그 파장을 편광 시키는 물체의 거리까지 가늠한다. 그러나 눈은 세 번째 마술을 발휘해서, 파장 속의 조금씩 다른 광파들을 서로 다른 색으로 변환시킨다. 우리가 어디에 있든, 주변에서 볼 수 있는 그 다채로운 온갖 색들은 사실상 존재하지 않는다. 다만 특정유형의 전자기 방사를 굴절 편광 시키는 물체들이 존재할 뿐이다. 실제로 장미는 빨간색을 뿜어내지 않으며, 잎이 초록색을 내는 것도 아니다. 우리가 이 진실을 실감할 기회가 있다면 아마도 자외선을 다룰 때일 것이다. "눈의 탄생 - 엔드루 파커 지음 /오 은숙 옮김" 347 페이지

빛을 모든 동물의 행동이나 진화와 연결시켜주는 것이 눈이다. 눈이 있기 때문에 빛은 모든 동물에게 자극이 된다. 눈이 없는 개체도 빛에 자극받는다. 오늘날 햇빛이 비치는 환경에 사는 동물에게 눈은 말할 수 없이 중요하며, 이것은 대부분 동물의 눈 크기를 통해서도 뚜렷이 확인된다. 잠자리는 커다란 머리에, 머리의 4분의 3을 차지하는 눈을 가지고 있으며, 일부 패충은 눈이 몸의 3분의 1을 차지한다. 그리고 눈을 가진 동물에서 두뇌의 상당 부분은 항상 시각에 할애되어 있다. 지질시대를 시각 이전과 이후의 시기로 나눈다고 생각해보자. 이 두 부분을 구분하는 경계선은 5억 4,300만 년 전이다. 동물세계에 완전히 새로운 감각이 들어왔다 더구나 이 감각은 결코 평범한 것이 아니었다. 그 어떤 감각보다 막강해지게 될 감각이 삼엽충으로 변화하던 어느 원시삼엽충의 탄생과 함께 세상으로 나왔다. 눈을 가진 최초의 삼엽충이 출현한 것이다. 지구 역사에서 처음으로 한 동물이 눈을 떴다. 그리고 그것이 눈을 떴을 때, 바다 밑바닥과 물속의 모든 것이 사실상 처음으로 빛에 노출되었다. 눈이 도입되면서 동물들의 시각적 외모가 갑자기 중요해졌다. 선캄브리아 시대에는 포식자와 직접 부딪치지 않는 이상, 특정 화학물질을 분비하거나 소리를 내지만 않는다면 얼마든지 잡아먹힐 위험을 면할 수 있었다. 그러나 캄브리아기에 들어서자 빛이 켜졌다. 빛 스위치가 처음으로, 그리고 딱 한 번 켜졌다. 이 스위치는 그 후로도 계속 켜진 상태다. 눈을 뜨면 우리는 동물의 크기, 모양, 색뿐 아니라 동물의 행동까지도 보게 된다.

"눈의 탄생 - 엔드루 파커 지음 /오 은숙 옮김" 361 페이지

지상의 모든 다세포 동물에 대한 선택압력은 최초의 눈이 뜨인 순간 변화했을 것이다. 그 다음의 선택 압력은 능동적인 포식과 그에 대한

대응책을 요구했다. 부드러운 몸을 한 모든 동물 문 이웃들이 먹음직한 단백질 덩어리, 널려 있는 먹이였다. 그러나 그들에게는 그 많은 먹이를 죽일 수 있는 기동성이나 단단한 턱이 없었다. 떠다니는 먹이들을 잡으려면 헤엄을 쳐야 했으며, 찌르는 입이라든지 살육을 수행할 다리가 있어야 했다. 딱딱한 부분이 필요했다는 말이다.

딱딱한 부분을 가져야 한다는 선택압력은 엄청난 것이었다. 딱딱한 부분과 능동적 포식은 순식간에 일어났을 것이다. 곧이어, 원시삼엽충이 명실상부한 삼엽충이 되었다. 캄브리아기 초, 지구 곳곳의 바다에서 눈과 포식자의 튼튼한 다리를 가진 삼엽충들이 등장했다. 능동적 포식이 탄생한 것이다.

　　　　　"눈의 탄생 - 엔드루 파커 지음 /오 은숙 옮김" 364 페이지

따라서 어느 동물 문에서나 나타났던 딱딱한 부분의 진화, 다세포 동물의 신체형태 상의 진화는 능동적 포식자들에게 내몰린 결과였던 것 같다. 이 과정이 바로 캄브리아기 폭발이었다. 그것은 눈의 진화로 촉발 되었다. 최초의 눈의 등장은 이전의 법칙을 산산조각 내버렸으며, 동물들 사이에 대 혼돈을 일으키면서 무법의 시나리오를 창조했다. 이제 새로운 법칙이 필요했다.

모든 동물은 자기가 먹히기 전에, 또는 먹이의 꾀에 넘어가기 전에 시각에 적응하도록 진화해야 했다. 따라서 캄브리아기 초기는 시각에 적응하기 위한 경쟁의 시대였다. 새로운 틈새를 찾기 위한 쟁탈전, 오늘날과 같은 생명의 법칙이 쓰여 지는 동안 벌어진 혼돈이 캄브리아기 폭발이었던 것이다. 마침내 우리는 이제 답을 찾았음을 확신할 수 있다.

　　　　　"눈의 탄생 - 엔드루 파커 지음 /오 은숙 옮김" 368 페이지

4. 눈, 뼈, 빛, 색의 상관관계

약 5페이지에 걸쳐 요약한 핵심사항은 이런 것이다. 모든 동물 문이 5억 4300만 년 전에서 5억 3,800만 년 전 사이에 갑자기 한꺼번에 육체의 외형과 딱딱한 부분을 진화시켰는데 그 이유를 찾아보니 삼엽충이 눈을 갖게 된 시기와 일치한 것으로 보인다. 눈을 뜨고 빛을 받아들이면서 생명체들은 선택을 강요받았다. 상대방을 잡아먹느냐, 잡아먹히느냐의 문제로 "사느냐 죽느냐 그 것이 문제로다." 상황으로 내몰리면서 자신의 육체 일부를 딱딱하게 만들어야할 필요가 생기고 엄청난 속도로 신체의 외형을 진화했다. 매우 논리적이고 합리적인 추론이라 생각한다. 이런 과정을 설명해주는 표가 十宮圖 1이다. 十宮圖1은 다른 장에서 설명할 것이기에 이런 표가 있다는 정도로 넘어가면 그만이다.

壬	丙(눈, 빛)	<u>庚(딱딱함)</u>	甲(갑옷)	戊	壬
	辛(죽음)	乙	己	癸	丁

눈이 생겨나기 전까지는 甲 생명체의 신체일부가 단단한 부위도 있었지만 딱딱할 정도는 아니었다가 갑자기 눈을 뜨면서 주위환경을 깨닫게 된 후로 적으로부터 자신을 보호하고자 혹은 먹이를 포획하기 위해 신체일부를 딱딱하게 만들 필요가 생긴 것이다.

죽음을 재촉하는 행위라는 것을 모르면서. 극히 단순해 보이는 진화과정에 다양하고 복잡한 생명의 법칙들이 탄생한 것이다. 의미들을 정리해보자.

1) 세상이 환하게 드러난다.

굉장히 극단적인 선택을 강요받은 생명체들의 심정은 어땠을까? 신체를 강하고 딱딱하게 만들어 상대를 잡아먹을 수 있는 포식자들에게는 엄청난 세상이었을 것이고, 신체가 약하여 쉽게 잡아먹힐 상황이면 신체일부를 딱딱하게 만들어야만 했다. 극히 극단적인 환경으로 오로지 아군과 적군 둘 중 하나 밖에 없는 세상이었다. 부드럽게 살고 싶지만 딱딱하게 살아갈 수밖에 없는 생명체들의 몸부림이 느껴진다. 눈을 뜬다는 것은 이런 것이다. 예로 사주팔자에 丙에너지가 강하면 세상이 뚜렷하게 보인다.

時	日	月	年	男
모름	乙卯	丙寅	己酉	

어려운 가정형편 탓에 고등학교 2학년을 채 마치지 못하고 고교를 중퇴하고 취직한 후 사업에 두 번 실패하였으나 2000년 넷 마블을 설립하고 2017년 丁酉년 당시에 13조 규모를 상장하여 IT 최고 부자로 떠오른 방준혁 기업인 사주다. 게임업계에서 방 의장은 뛰어난 사업 감각을 지닌 경영인으로 "최신 트렌드를 재빠르게 포착해 게임에 적용하는 능력이 탁월하다" 평가받는다.

月에 丙에너지가 있으니 남들보다 세상을 환하게 보는 눈을 가졌다. 다만, 년과 월에 己酉와 丙寅으로 水氣가 없으니 공부에 전념할 수 없어서 일찍 사회에 진출하여 돈을 버는 것을 선호한다. 만약 그런 직업이 아니라면 대부분 특수 조직에서 활동한다. 예로, 군대, 경찰, 교도관과 같은 직업이다. 다만, 乙卯와 丙이 조합을 이루면 창의력이 굉장히 뛰어나고 발명왕처럼 아이디어가 샘솟는다. 여기에 酉金 정교한 기계와 결합하여 IT업계에서 성공하였다.

2) 밖을 향하다.
눈이 없는 것과 있는 것은 하늘과 땅 차이만큼 크다. 눈의 역할은 나의 내면이 아니라 외부세계를 살피는 것이다. 따라서 운동방향은 밖을 향한다. 예로 입에서 밖을 향하여 소리가 나가거나, 몸에서 무언가가 밖으로 돌출된다. 내부에 감추어졌던 욕망을 밖으로 드러내는 것이다. 특히 乙과 丙이 조합을 이루고 사주구조가 좋으면 표현력이 뛰어나지만 사주구조가 나쁘면 수다쟁이, 거짓말쟁이다. 만약 이런 구조를 가졌다면 교사, 강사, 달변 등으로 입과 손을 활용하며 만약 乙庚 合으로 단체, 기계 물상이 가미되면 언론인, 방송인과 같은 직업에 어울린다.

時	日	月	年
모	乙	癸	丁
름	丑	卯	卯

女

개그맨 신보라 사주다. 경희대 신방과를 졸업하였다. 16세부터 乙巳대운의 화려한 시공간을 지나고 있다. 2006년 경희대 신방과 입학, 2010년 KBS 공채 25기 개그맨 합격, 2011년 KBS 연예대상 우수상, 2012년 KBS 연예대상 최우수상을 수상했다.

사주구조는 결코 개그맨처럼 입담이 좋은 구조가 아니다. 다만, 16세부터 들어오는 乙巳대운에 乙과 巳火 그리고 그 속에 숨겨진 丙에너지와 庚과 합하여 乙庚 合과 丙 화려한 색채를 방송으로 활용했고 乙丙 조합을 입담을 활용하였다. 즉, 원래는 자신을 적극적으로 표현하지 않는 성격인데 운에서 乙巳에너지를 만나면서 외향적으로 바뀐 것이며 신문방송학과를 졸업한 것도 모두 乙庚 合과 丙 에너지에 영향을 받았기 때문이다.

3) 빛을 활용하다.

時	日	月	年	女
모름	丁未	丁巳	癸亥	

　중국의 공유자동차 시장을 평정한 디디추싱(滴滴出行)앱은 출퇴근 전쟁 해소에 큰 역할을 했다. 하루 평균 3100만 건의 차량 탑승이 이 앱을 통해 이뤄진다. 29살의 영업사원 청 웨이(程維)가 창업한 건 2012년의 일이다. 택시로 출퇴근하던 청 웨이가 "어떻게 하면 택시 잡는 고생을 덜 수 있을까" 궁리한 결과가 창업으로 이어졌다. 최근에는 인공지능(AI)을 이용한 스마트 모빌리티 서비스 '췬옌(群雁)' 플랫폼을 선보이며 또 한 번의 도약을 준비 중이다. 디디추싱을 운영하면서 축적한 빅 데이터를 기반으로 차량 공유, 스마트 교통시설, 지능형 교통망 등 세 가지 유형의 솔루션을 제공하고 스마트 신호등 및 안내판 등으로 스마트시티 구현에 다가선다는 구상이다. 五行의 특성은 크게 에너지와 물질로 나누는데 水火는 물질의 형태가 없는 에너지요, 木, 金은 물질이다.

　이 사주는 년과 월에 癸亥, 丁巳로 水火가 충돌하는 과정에 빛이 폭발하는 작용으로 창의적인 두뇌와 소프트웨어처럼 無에서 有를 창조하는 직업에 어울린다. 따라서 물질을 다루는 것보다 창조능력을 가미한 예술행위 혹은 창의력과 빛의 분산을 활용하는 IT 사업에 어울린다. 구조에 따라서는 전자제품 유통에도 적합하다. 흥미로운 것은 丁巳로 극히 바쁜 시공간에서 丁未 사방팔방으로 흩어지는 교통물상과 합해지면서 巳火 전혀 다른 공간에서 튀어나온 다양한 사람들이 丁丁未로 일정한 공간에 집합하여 교통물상을 이루니 참으로 적합한 공유자동차 시장을 직업으로 선택하였다.

당장은 설명이 명확하게 느껴지지 않아도 넘어가기로 하자.

4) 사춘기와 청소년기

사춘기는 신체가 변화하며 여학생은 유방의 발달, 초경의 경험, 남학생은 고환의 발달, 사정을 경험하는 시기다. 사춘기에 접어들면 다양한 욕구가 증가한다. 첫째, 독립의 욕구다. 개성이 뚜렷해지고 독립에 대한 욕구가 강해진다. 둘째 소통의 욕구다. 또래와의 친밀함이 중요한 시기로 스마트폰 등을 통해 실시간으로 소통할 수 있으므로 친밀감의 욕구가 증가한다.

셋째 자기표현 욕구다. 스마트미디어를 통하여 다양한 간접경험을 하고 여러 방식으로 자신을 표현한다. 이와 같은 설명들은 대부분 13세에서 18세 즈음으로 육체에 급격한 변화가 발생하고 또 가족중심의 활동에서 사회중심 활동으로 변화하는 시기다. 이런 이치는 十宮圖 2로 매우 쉽게 이해할 수 있다.

甲	壬	庚	戊	丙(16-23세)	甲
	癸	辛	己	丁	乙(8-15세)

乙과 丙은 8세에서 23세 사이로 그 시기에는 육체의 급격한 성장과 폭 넓게 사회활동에 참여하면서 가족들 사이에서는 느끼지 못했던 화려한 세상과 조우한다. 꽃으로 비유하면 꽃이 활짝 피어나는 시기로 짝짓기를 통하여 열매를 맺기 위함이다. 인간의 육체도 씨종자를 만들어낼 수 있는 상태로 변화한다. 따라서 甲乙丙丁이 많은 구조들은 주로 육체를 활용하는 직업에 어울린다. 상기에서 살펴본 방 진혁 사주구조에서 丙寅, 乙卯도 활동력이 강한 육체를 의미하기에 회사에서 숙식을 해결하면서 사업에 몰두하는 행동을 하는 것이다. 乙丙, 丙寅, 甲, 丁卯 또 乙丁壬, 乙壬午 조합도 모두 강한 육체를 활용하는 조합들이다.

時	日	月	年	女
丁卯	甲午	甲子	癸丑	

丙寅대운 17세 己巳년에 유흥업소에 취직하였고 인기가 좋았다. 사춘기와 청소년 시기, 육체를 활용하는 글자들이 많아서 어린 나이에 유흥업소에서 일하기 시작했다. 甲, 丁卯, 丙寅, 己巳 등은 모두 강한 육체, 가족을 벗어난 화려한 물질의 세계, 사회활동을 뜻한다. 육체에서 밖을 향하는 움직임은 예로 청소년기에 육체가 확장, 돌출하는 것이다.

時	日	月	年	女
丙寅	甲寅	丙寅	甲午	

연령대가 대부분 23세 정도까지를 상징하는 글자들로 구성되어 있다. 따라서 성정이 청소년처럼 계산적이지 않고 순수하다. 베풀기 좋아하고 인정 있고 감정이 풍부하고 응용력, 표현력 좋고 미인이며 총명하며 임기응변도 발달해 능력이 뛰어나지만 남자 복이 없어서 결혼하지 못했다. 나를 기준으로 양쪽에 丙火가 아름다운 꽃처럼 돌출되었다. 이처럼 丙은 꽃처럼 화려하고 아름다운 물상을 상상하면 된다. 교사로 재직하다 퇴직하고 그림학원에 다녔다. 丙 에너지를 언변과 화려한 색채로 활용한 경우다.

5) 죽음을 재촉하다.

캄브리아기 진화과정에 숨겨진 가장 심각한 의미는 삶의 긴장감이다. 눈을 뜨고 주위에 존재하는 나와는 다른 포식자들을 느꼈을 때의 긴장감을 상상해보라. 머리가 쭈뼛 서고, 온몸은 굳어서 꼼짝 못했는지도 모른다. 이렇게 눈이 생겨 빛을 받아들이고 화려한 세상을 보는 대가로 생명을 담보했다. 눈을 뜨기 전에는 아군과 적군의 구별이 없었으니 두려움을 느끼지 못하다가 언제 포식자에게 잡혀 먹힐지 모른다는 긴장감으로 살아야 하며 부드러운 육체를 딱딱하게 만들어야만 했다. 달리 표현하면 육체 일부의 生氣를 포기하고 딱딱하게 만들어 죽음을 재촉했다. 위에서 살펴보았던 성경의 내용을 기억하는가? 어느 날 뱀이 하와에게 다가가서 말하였다. 너희 눈이 열려 하나님처럼 되어서 선과 악을 알게 될 줄을 하나님께서 아시고 그렇게 말씀하신 것이다." 뱀과 "눈이 열려"는 존재하지 않았던 선과 악을 구별하려는 태도가 생겨났음을 뜻한다. 어리석음이 탄생한 것이고 이로 말미암아 色界의 화려함에 취해 끝없는 문제들을 야기하는 것이다. 생명체에 눈이 생겨난 것은 이렇게 심각한 문제였다. 돈 때문에 매일매일 수많은 문제들이 생겨나는 이유도 모두 어둠은 틀리고 밝고 화려함은 무조건 맞는다는 분별 때문이다. 결과적으로 이런 태도는 인간을 낙원에서 쫓겨나게 만들었다.

時	日	月	年
庚	丙	壬	丙
寅	戌	辰	寅

男

日時에 丙庚이 붙어있다. 庚 선악과를 丙 화려한 색채로 꾸미고 가꾸고 확장하기를 원하지만 辰月에 아무리 열매를 키우려고 해도 키우지 못하는 이유는 아직 새싹이 자라야 하는 시공간이기 때문이다. 따라서 직장생활이 분수에 맞는데 사업한다고 재산만 탕진했다.

타인들은 바보 같은 짓을 하는 이유를 이해하지 못하지만 당사자는 마약과 같은 감칠 맛 나는 물질탐욕에서 벗어나지 못한다. 이런 삶의 이치를 노자는 道德經에서 죽음을 재촉할 뿐이니 경계하라고 강조했다. 여기에서 기억할 것은 丙庚, 乙丙庚으로 조합하면 물질욕망이 매우 강하며 주로 장사, 사업을 추구한다는 것이다.

時	日	月	年
丙	庚	壬	壬
戌	寅	子	寅

男

가난한 집안에 태어나 목공기술로 직장생활 하다가 도급업으로 바꾸어 30억 이상의 재산을 모았다. 이 구조는 기술, 예술을 뜻하는 庚壬과 물질을 추구하는 丙庚이 조합하여 목공기술과 사업을 직업으로 활용하였다. 만약 丙庚의 위치가 년, 월로 바뀐다면 그 물상은 전혀 다르다. 예로 검경, 교육, 성악과 같은 직업물상으로 바뀐다.

時	日	月	年
丙	庚	癸	丁
戌	戌	丑	酉

女

일시에서 丙庚이 조합하였다. 물질에 대한 욕망이 강하다. 2004년 甲申년 500억 부도로 남편이 받은 유산 등 부동산을 모두 날리고 이혼 당했다. 이런 구조는 火氣가 강해지면 庚 열매는 丙에 의해 타죽는다. 재물과 남편을 잃고 육체는 상하지 않았다. 丙庚이 만났을 때 水氣가 적절하지 않고 火氣만 강하면 庚금은 상할 수밖에 없다. 여기에 물질을 탐하면 불나방처럼 죽음을 재촉하는 것이다.

時	日	月	年	男
庚	乙	丙	戊	
辰	亥	辰	戌	

丙戌년 49세 상황으로 庚申대운 룸살롱을 확장하다 1998년 戊寅년에 부도내고 힘들게 살아간다. 庚申대운에 丙에너지가 庚申 열매를 키우고자 물질에 욕심이 생기고 무리하게 확장하다가 부도난 것이다. 탐욕이 화를 부른다. 정리하면 丙에너지로 庚 열매를 키우는 욕망은 물질을 탐하는 것으로 수기가 적절하면 큰 재물을 모으지만 화기가 강해질 때 지나친 욕심은 부도나고 모든 것을 잃는다. 이렇게 丙을 잘못 활용하면 죽음을 재촉한다. 부피를 확장하는 丙에너지에는 과장, 과시, 착시, 부풀림, 허세, 물질에 대한 끝없는 욕심이 숨겨져 있으니 경계할 일이다. 생명체는 눈을 얻고, 분별하고, 色界에 빠졌고 결과적으로 죽음으로 내몰린 것이다.

6) 죽음은 자기복제(씨종자)를 만들어냈다.

壬	丙(눈, 빛)	庚(딱딱함)	甲(갑옷)	戊	壬
	辛(죽음)	乙	己	癸	丁

인체의 36.5도 열기는 빅뱅당시의 열기를 육체에 저장했기 때문일 것이다. 생명체가 눈을 뜨고 빛을 받아들이면 육체의 내부에 열이 축적되는데 그 과정이 丙己丁 흐름이다. 빛이 己로 집약하고 저장하면서 丁 熱로 바뀐다.

문제는, 丁 에너지가 축적되면 중력이 강해지면서 육체는 굳어서 결과적으로 죽음에 이른다. 즉, 생명체의 죽음은 필연적으로 丙 빛과 관련이 깊다.

반드시 죽어야만 한다는 이치를 깨달은 생명체들은 어떤 선택을 해야 했을까? 자신의 복제품을 만들어 영생을 꿈꾸었을 것이다. 온 우주에 생기를 퍼트리려는 神의 의지는 사망에 이르더라도 자신의 씨종자를 지구상에 퍼트리고 확장하는 방식으로 진화했을 것이다. 씨종자를 얻고자 죽음을 불사해야만 하는 생명체들의 의지다. 사마귀, 연어, 숫 벌이 후대를 위해 죽음을 불사하는 이유다. 이런 흐름이 상기 十宮圖 1에서 丙-->庚-->辛이다. 신비롭게도 빛으로 물질을 추구하다보니 결과적으로 씨종자를 만들고 죽음에 이른다. 죽음을 맞이하면 丙 빛이 辛 죽음과 丙辛 合으로 어둠 속으로 사라진다.(合의 개념은 다른 장에서 따로 다룰 것이다.) 일정한 수명주기를 갖게 되면서 종족번식을 통하여 영생하려는 본능이 생명체 내부에 각인되었을 것이다. 햄릿의 "사느냐 죽느냐 그 것이 문제로다"를 천간 합으로 표현하면 丙辛 합이다. 이제 우리는 죽음을 어떻게 받아들여야 하는지를 고민해야만 한다.

09 아홉 번째 움직임 - 辛. 삶과 죽음의 갈림길

우리는 평시에 척력과 중력에 별로 신경 쓰지 않는 경향이 있다. 척력은 우리에게 활력을 제공하고, 중력은 육체를 움직이게 하는 원동력이다. 두 에너지는 태어나 죽는 순간까지 한시도 우리 곁에서 떠나지 않는다. 癸 우주의 어미와 뜨거운 열정 丁이 충돌하면서 움직임을 통하여 살아있음을 증명한다. 그런데 왜 죽어야만 하는 것일까? 그 이유를 앞장에서 살펴보았다. 부드러운 육체를 가졌던 삼엽충들이 갑자기 딱딱한 골격을 가질 수밖에 없었던 이유를 기억할 것이다. 딱딱해야만 생명을 보호할 수 있는 환경으로 바뀌었던 근본적인 이유는 눈을 뜨고 빛을 받아들였기 때문이다. 눈을 떠서 주위환경을 살피고 아군과 적군, 아름답고 추함을 구별하는 것과 눈을 통하여 빛을 받아들이고 열기를 육체 내부에 축적하는 것은 다른 성질의 것이다. 色界에 물들고 몸이 굳어지고 화려함의 끝에서 씨종자를 얻는 과정은 참으로 경이롭다.

육체의 죽음으로 영생할 수 없음을 깨달은 생명체들은 生死의 갈림길에서 生氣를 퍼트릴 방법을 강구해야만 했을 것이다. 영원히 살 수 있는 방법은 자신의 씨종자를 가능한 많이, 멀리 퍼트리는 것이었다. 자신의 생명을 포기하고도 살아남는 방식을 터득한 것이다. 여기에서 두 가지 문제를 세분하여 살펴볼 필요가 있다. 왜 생명체들은 生氣를 버리는 것이 어려운가? 왜 죽음을 두려워할 수밖에 없는가의 문제다. 또 다른 문제는 왜 노화하여 죽을 수밖에 없느냐의 문제다. 이 문제는 종교, 철학은 물론이고 명리를 관통하는 가장 근본적인 문제이자 가장 현실적인 문제다.

1. 생명체들이 生氣를 버리기 어려운 이유

빅뱅 상황은 무한응축 되었던 壬이 폭발하면서 癸로 빅뱅을 이끌어냈는데 그 순간의 주요한 특징은 수소와 헬륨처럼 폭발하는 에너지 속성으로 이루어졌다. 우주본성 자체가 발산, 폭발, 확장하는 것으로 움츠림을 좋아하지 않는다. 그 것이 神의 의지다. <u>神의 의지는 우주에 生氣를 퍼트리는 것이다.</u>

生氣는 움직임을 통하여 살아있음을 증명하고 절대로 움직임을 멈추지 않는다. 우주본성, 생명체의 본성이 丁-壬-癸 한 쌍으로 이루어져 수시로 충돌하면서 회오리치며 파동을 일으키고 움직이기 때문이다. 즉, 한순간도 움직임을 멈출 수 없는 본성을 가지고 있다. 이 표현은 이렇게 바꿀 수도 있다. <u>神은 생명체들에게 生氣를 주었지만 죽는 방법을 알려주지 않았다.</u> 즉, 우리는 죽는 방법을 배우지 못했다. 이런 이유로 우리는 죽음이 두려울 수밖에 없다. 무엇인지 모르기 때문이다. 죽음이 생의 반쪽이며 굉장히 즐거우며 당연한 흐름이라고 인식한다면 누가 죽음을 두려워할 것인가? 四季圖로 그 이치를 살피면 명확하다. 神의 의지는 癸水로 봄에 배속되며 乙 활력을 확장하는 것을 목적으로 생기를 퍼트리려는 에너지다.

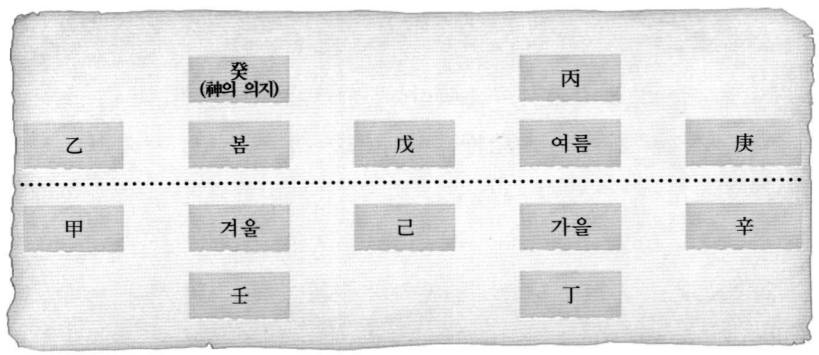

2. 왜 노화하여 죽느냐의 문제.

노화는 육체가 굳어가는 것이다. 지구의 회전속도가 일 년에 400번에서 365번으로 느려지는 것도, 별이 늙어서 붕괴되어 사라지는 것도 모두 동일한 이치로 우주의 모든 것은 태어나 성장하다가 어느 일정기간에 이르면 노화되고 결과적으로 사망에 이른다. 위에서 살펴본 것처럼 눈을 뜨고 빛을 받아들이고 난 후에 갑자기 진화의 역사에서 매우 짧은 시기에 동물들은 딱딱한 외형을 갖기 시작했다. 눈을 떴을 때 주위에 포식자들이 득실거려서 공포심으로 외형을 딱딱하게 바꾸고자 한다고 로봇 조립하듯 부드럽던 육체를 딱딱하게 만들 수 있을까? 빛을 받아들이기 전과 눈을 뜨고 빛을 받아들인 후의 구조는 전혀 다르다. 빛이 육체에 축적되면 열을 저장하고 결과적으로 중력이 쌓이면 노화를 촉진한다고 본다. 이런 이치를 十宮圖 2로 쉽게 살펴볼 수 있다.

甲	壬	庚(46-53세)	戊	丙(16-23세)	甲
	癸	辛	己	丁(24-30세)	乙(8-15세)

甲乙, 丙까지 인간의 육체는 생기와 활력이 넘치고 위와 옆으로 펼쳐지기를 반복하면서 성장하다 24세 이후에 육체의 골격이 완성되고 더 이상 성장하지 않는다. 그리고 천천히 노화되기 시작하다가 46세 이후가 되면 급속도로 노화하는데 갑자기 시력이 나빠지거나 수술할 일이 생기거나 치아가 빠지며 움직임이 급속도로 노화된다. 丁 중력이 축적되어 극점에 이르는 상태가 辛으로 육체의 움직임이 정지되고 죽음에 이른다. 이쯤에서 우리가 고민해야 할 문제는 바로 이것이다. 辛은 우리에게 살 것인가 죽을 것인가를 물어본다. 그렇다고 너무 두려워할 필요는 없다. 각 연령에 따라서 辛의 의미도 다르기 때문이다. 10대 후반에는 종교, 명리, 철학관련 학과에 진학하지만 30대 중반이후에는 내가 왜 살아야 하는가를 고민하고 말년에는 홀로 고독을 즐기며 살거나 종교에 귀의할 수도 있다. 다만, 이런 움직임의 궁극적인 문제는 바로 生死의 문제다.

3. 사느냐 죽느냐 그 것이 문제로다.

사주팔자를 길흉을 살피기 위한 수단정도로 간주하면 미신이라는 생각에서 벗어나지 못한다. 종교와 철학의 문제를 명확하게 분석할 수 있는 것은 유일하게 명리뿐이다. 사주팔자의 길흉을 살피는 것은 명리의 5%도 되지 않는다. 마치 우주에 존재하는 모든 물질을 모두 합하여도 5% 이하이듯 말이다. 철학관점에서 인간의 生死 문제, 인간본성의 문제가 주를 이루는데 예로 사느냐 죽느냐, 본성은 타고 나는가 만들어지는가, 선악의 문제들로 이런 물음에 명확하게 답을 내릴 수 있는 것은 명리뿐이다. 사주팔자에 국한하고 물질의 길흉에만 집중하니까 미신으로 터부시한다. 명리 공부한다면 "무슨 그런 공부를 하느냐"는 식이지만 막상 명리를 조금이라도 공부하면 종교와 철학에서 고민하는 문제들을 모두 설명할 수 있는 유일한 학문임을 인정하고 편견에서 벗어난다. 生死의 문제에 대해서 철학과 종교를 공부하지만 수 천 년이 지나도록 동일한 주제와 논쟁으로 끝나지 않는다. 물질의 길흉, 육체의 길흉도 그 본질은 生死의 문제다. 대칭, 혹은 대립으로 구성되어진 정-임-계의 본질을 정리해보자.

丁 - 물질, 육체, 악, 흉, 질병, 고통, 지옥, 악마, 어둠, 움츠림, 퇴보 등으로 인간이 싫어하는 본성이다.
癸 - 정신, 영혼, 선, 길, 건강, 즐거움, 천국, 천사, 밝음, 확장, 발전 등으로 인간이 좋아하는 본성이다.

이 두 가지 속성은 壬을 중간에 두고서 丁-壬-癸 조합으로 회오리치면서 1초 단위로 바뀐다. 예로 올해 100억을 벌었는데 불행히도 돈에 깔려서 죽었다. 돈의 중력 작용을 견디지 못한 것이다. 100억을 벌어들인 것이 매우 좋은 일이라고 생각했는데 결과적으로는 극히 흉한 작용이었다. 이런 이유로 본질을 깨달은 선인들은 간택, 분별하지 말라고 한다. 어느 한순간 吉이 凶으로 바뀌고 다시 吉로 바뀐다. 수시로 회오리치는 작용에 속지 말아야 한다. 이렇게 길흉, 호불호라고 생각하는 문제의 본질도 生死의 문제와 다를 바가 없다. 모든 것은 사느냐 죽느냐의 문제로 종교, 명리, 철학의 본질이다.

삶과 죽음에서 갈등하는 삶. 우주본성이자 인간본성이며 우리가 매일 고민하는 문제다. 丁壬癸 삶과 죽음이 한 쌍으로 마구 회오리쳐 어느 것이 옳고 틀린지 조차도 구별할 수 없다. 전혀 다른 두 속성이 명확하게 분리되었다면 고민할 필요가 없는데 하필 우주를 창조한 壬에너지가 중간에서

丁癸 양쪽을 잡고서 회오리치는 속도가 너무도 빨라서 수시로 바뀌면서 인간의 생각도 계속 변화한다. 이런 갈등은 태어나기 전에도, 태어나서도, 죽어서도 벗어나지 못할 것이다. 따라서 벗어나려 하지 말고, 어느 것이 맞는지, 좋은지 고르지도 말라고 한다.

본질이 혼탁한 세상임을 인정해라. 그때서야 비로소 고통에서 벗어난다. 우리의 문제는 무조건 한쪽이 옳기에 한쪽만 고르라고 강요한다. 마치 지옥과 천당이 있는 것처럼 말이다. 우리가 사는 이 세상도 지옥이자 천당인데 굳이 또 천당과 지옥을 힘들게 찾아갈 필요가 있을까?

사주팔자에서 삶과 죽음을 어떻게 표현하고 있는지 살펴보자. 현재의 사주팔자 이론은 生死구분이 불가능한 체계이기에 生死를 구분하는 것이 좀 당황스러울 수 있다. 하지만 시공간의 연속선상에서 육체를 얻고 태어나 죽을 때까지 활동하다가 육체를 버리고 윤회하는 과정까지도 어느 것 하나 생사를 벗어날 수 없다. 따라서 생사의 차이를 인정할 때에서야 비로소 사주팔자에서 生 관련 직업을 택할지 아니면 죽음관련 직업을 택할지를 선택한다. 간단한 예로 生은 산부인과 의사, 간호사와 같은 직업이라면 죽음은 장의사, 도살장과 같은 직업이다. 최근에 대학진학 문제로 상담한 학생 사주예문을 살펴보자.

時	日	月	年	女
丁	己	辛	辛	
卯	丑	丑	巳	

이 학생은 2019년 간호학과나 심리학과를 가려고 고민 중이다. 간호학을 전공하려는 이유는 사주구조에 生과 死가 섞였기 때문이다. 辛辛은 죽음을 상징하는 부호지만 丑土는 어머니 배속에서 아이가 만삭되어 寅 생

명체로 탄생을 기다리고 있다. 또 卯는 토끼처럼 극히 활동적인 에너지이기 때문에 가만두면 문제가 생긴다. 이런 문제를 해결하고자 간호학을 전공하려고 한다. 예로 丁卯가 아니라 丁酉라면 추구하는 성향과 직업이 전혀 다르다. 오로지 물질위주로 구성되어 이에 상응하는 직업을 원하기 때문이다. 예로, 금융, 군벌, 검경과 같은 직업물상이다. 지금부터는 명리 이론에 生死의 의미를 부여해보자.

4. 十干의 生死

- 甲乙은 生, 庚辛은 死다.

甲은 막 탄생하여 활력이 강하지 않다. 또 庚辛은 모두 육체가 굳어져가는 에너지들이지만 庚은 아직 살아있는 상태, 辛은 생기를 잃어 죽은 상태다.

- 壬癸는 죽음에서 생기를 불어넣는다.

壬은 저승사자처럼 모든 것을 극히 응축된 시공간으로 몰아넣는다. 따라서 어둠, 죽음과 같은 속성이지만 결과적으로 癸를 만들고 癸는 乙 활력을 확장하는 에너지다. 죽음에서 삶으로의 전환과정이다.

- 丙丁은 삶에서 죽음으로 내몬다.

丙은 아름답고 화려한 물질계를 상징하며 생명체들이 가장 좋아하는 에너지다. 하지만 색계에 빠져 물질을 추구하면 결과적으로 육체가 굳어지고 사망에 이른다. 丙이 庚 꽃을 피우고 丁이 辛 씨종자를 만드는 과정을 거치기 때문이다.

- 戊己는 조건에 따라서 삶과 죽음이 달라진다.

戊己 지구터전으로 乙癸와 조합하면 성장을 위주로 하고, 丙庚과 조합하면 확장을 위주로 하지만 丁辛과 배합하면 殺氣가 강해지고 壬甲과 배합하면 어둠 속에서 생명체를 배양한다.

5. 12地支의 生死

고대에 12地支를 살아있는 짐승들로 표현했다. 즉, 지구에서 살아가는 생명체들이기에 움직이는 동물들로 표현한 것이다. 天干은 수시로 움직이는 에너지이지만 동물로 표현하지 못한다. 그 이유는 육체를 갖지 않았기 때문이다. 천간 열 개의 글자들과 12개 地支글자들의 차이점은 다양하지만 가장 중요한 차이점은 육체의 유무다. 육체가 없는 세상을 우리는 영혼의 세계라 부른다.

天干은 영혼의 세계라고 불러도 무방하지만 地支는 육체를 가졌기에 그렇게 부르지 못한다. 다만 12개의 지지가 모두 육체를 가진 것이 아니기에 구별할 필요가 있다. 寅에서 戌까지는 육체를 가진 생명체들의 삶의 과정이다. 즉, 寅卯辰, 巳午未, 申酉戌 9개월로 寅에서 육체를 얻고 戌에서 죽어서 묘지에 들어간다. 다만 시간 흐름은 평면도가 아니다. 육체도 마찬가지다. 寅에서는 극히 작은 3-4킬로의 어린아이와 같고 午에 이르면 장정처럼 육체가 강해진다. 壯丁이라고 할 때 丁이라는 단어를 쓰는 이유가 바로 중력에너지로 만들어져 가장 단단한 육체를 상징하기 때문이다. 12地支 중에서 丁 에너지를 가장 강력하게 사용하는 것이 바로 午다. 따라서 丙午처럼 육체가 강한 구조들은 경찰, 검찰, 스포츠선수처럼 육체를 활용하는 직업에 어울린다.

生死의 문제를 상기 그림으로 살펴보자. 이 그림의 의미는 참으로 크고 다양하며 우주, 지구자연의 전부를 표현한 것이라 해도 과언이 아니다. 꼬리와 입이 연결되어 있는 뱀은 영원한 시간을 상징하며 우주와 지구에 色界, 物質界를 창조했다. 아쉬운 것은 육체를 가지고 살아가는 生命體는 뱀처럼 영원한 시간을 갖지 못한다. 육체와 물질은 일정한 수명주기를 가질 수밖에 없기 때문이다. 직선의 시간 위에서 탄생하고 살다가 죽는다. 그렇다면 왜 직선이 아니고 삼각형이어야 하는가? 탄생에서 죽음까지 육체가 쏟아내는 에너지의 파동이 다르기 때문이다. 壯丁이라 표현한 것은 일생에서 가장 강한 육체를 가진 시공간이다.

내 인생의 가장 화려한 시기는 어느 때였다는 식으로 표현하는 바로 인생의 정점이다. 화려한 정점을 지나면 육체와 물질은 시들어 결과적으로 사라진다. 이런 생명주기를 직선의 시간으로 표현하면 입체적일 수가 없다. 상기 그림에서 검은색으로 위를 향하는 삼각형은 물질계를 표현한 것이다. 꼭짓점이 아래를 향하는 삼각형은 영혼의 세계를 표현한 것이다. 하강을 시작하는 출발점과 가장 밑바닥에서 상승을 시작하여 삼각형이 끝나는 지점에서 물질과 영혼이 그 기운을 주고받으면서 순환, 윤회한다. 우리는 위를 향하는 삼각형의 세상을 살기에 반대편 삼각형을 귀신의 세계라 생각하는데 눈으로는 존재를 확인할 수 없기 때문이다.

따라서 인간의 사고방식은 거의 모두 위를 향하는 삼각형을 기준으로 하며 아래를 향하는 삼각형은 영적인 종교, 명리, 철학을 뜻한다. 12지지로 표현하면, 위를 향하는 삼각형의 출발점은 탄생을 뜻하는 寅이고 육체가 가장 강력해지는 午가 꼭짓점이며 육체가 움직이지 못해 무덤으로 들어간 戌이 완성점이다. 이런 구분은 사주구조를 이해하는데 극히 중요한 정보를 제공한다. 12개의 地支 중에서 나머지 3개가 남는데 바로 亥子丑이다. 인간의 삶으로 비유하면 이 시공간에는 육체가 없는 영혼의 세계다. 만약 이런 글자들이 많은 사주로 태어나면 자연스럽게 종교, 명리, 철학에 흥미를 가질 수밖에 없다. 육체가 없고 영혼들만 존재하는 세상과 같기 때문이다. 사주예문을 살펴보자.

時	日	月	年
辛卯	辛酉	癸丑	壬戌

女

2019년에 시끄럽게 유명해진 사람이다. 전 남편을 살해하고 현 남편의 자식을 살해한 사주라고 한다. 년과 월이 壬戌, 癸丑으로 육체가 없고 영혼을 상징하는 글자들로 구성되어 있다. 壬戌은 戌亥로 天門이라 부르며 말 그대로 죽어서 하늘로 오르는 문이다. 癸丑은 子丑으로 년과 월에 육체가 없는 亥子丑 세 글자와 인간이 죽어서 들어가는 무덤을 상징하는 戌土까지 모두 육체를 빼앗는 에너지들이 강하다. 달리 표현하면 생명체를 빼앗아가는 저승사자와 같아서 주위에 생명체들이 살아남지 않는다. 이렇게 생사를 구분하는 것은 중요하며 직업을 선택할 때도 매우 중요하게 고려할 인자다. 다른 사주예문을 살펴보자.

時	日	月	年
壬辰	丙辰	癸丑	壬寅

女

이 여명의 사주에도 영혼의 세계를 상징하는 亥子丑이 모두 있다. 하지만 이 여명의 직업은 사법고시에 합격한 검사다. 고씨 사주와 차이점이 느껴지는가? 살기를 가진 사주에는 빛이 없다. 하지만 검사 사주는 어둠을 밝히는 丙 에너지를 가졌다. 어둠을 밝히는 것과 어두운 것은 하늘과 땅차이다. 어둠을 밝히는 구조는 어둠 속에서 이루어지는 나쁜 행위를 잡아들이는 검사가 되지만 빛이 없는 고 씨는 어둠 속에서 육체를 빼앗아간다. 저승사자들은 겁이 없다. 본성이 생명체를 앗아가는 역할이기 때문이다.

時	日	月	年
丁	己	己	辛
卯	酉	亥	亥

女

庚子大運 15세 乙丑 年에 남자에게 강제로 당하여 억지 결혼하여 두 아들을 두었으나 남편의 끊임없는 폭행과 학대로 辛丑大運 23세 癸酉年 壬戌月에 과도로 남편을 살해했다. 여성단체 옹호와 동정으로 甲戌年 징역 三年 판결로 옥살이하다 丙子年 자녀양육 등을 참작하여 가석방되었다. 15세 어린 나이에 강제로 당하고, 남편을 살해하는 시기의 특징은 모두 亥子丑, 壬癸 글자들이 모여 있다. 저승사자들이 육체를 빼앗으러 오는 것이다.

사주에서 生死를 구분하는 것은 매우 중요하다. 사주팔자를 분석하는 방법들 예로, 12운성, 12신살, 十神, 三合, 六合, 刑沖破害 등은 모두 生死의 구분이 명확하며 시공간 흐름도 명확하다. 생사의 문제에 대해 의미를 충분히 전달했기에 지면관계상 다음에 상세히 논하기로 하자.

지금까지 살펴본 내용을 정리해보자. 생기와 활력을 유지하려는 생명체들은 辛의 에너지특징을 극도로 싫어한다. 부드럽던 육체가 딱딱해지다가 굳어져 사망하게 만드는 범인이 바로 辛이기 때문이다. 근본원인은 24세 즈음 丁 중력으로 丑丁처럼 단단해지기 시작했기 때문이다.

甲	壬	庚	戊	丙(16-23세)	甲
	癸	辛(죽음)	己	丁(24-30세)	乙(8-15세)

辛의 몇 가지 독특한 특징을 살펴보자. 내가 누구이고 왜 사는가에 대해 질문하고 죽음에 대해서 자문하지만 명확한 답을 얻기 힘들다. 이 또한 生死에 대한 본능적인 고민이다. 만약 이런 호기심이 강하면 종교에 귀의하거나 철학공부에 빠진다. 종교적인 표현을 甲乙丙丁으로 바꿔서 살펴보는 것도 즐거운 일이다. 모든 세상사는 갑을병정과 자연스럽게 연결되는데 색즉시공, 공즉시색, 보현보살 털구멍 속의 삼라만상, 산이 물이고 물이 산이며 산은 산이고 물은 물이라는 표현들도 모두 갑을병정으로 바꿔서 살필 수 있다.

甲	壬(윤회)	庚	戊	丙(16-23세)	甲
	癸	辛(죽음)	己	丁(24-30세)	乙(8-15세)

十宮圖 1로 부처님의 상황을 살펴보자. 부처님은 궁궐에서 태어나고 부러움 없이 살다가 생각지도 못한 삶의 환경을 접한 후 화려한 궁궐을 떠나 삶의 의미를 깨우치고자 떠난다. 화려한 인간의 삶을 甲乙丙丁으로 표현하면 丙으로 물질문명을 화려하게 발전시키기 때문이다. 12地支는 巳午未申 봄, 여름인데 가장 화려한 것은 꽃을 활짝 핀 巳로 바로 성경에서 언급했던 뱀이다. 부처는 극히 화려한 세상에서 홀로 떨어져 존재가치와 의미를 깨우치고자 수행하러 떠나는데 여기에서 궁궐은 권력, 물질의 중심이고 인간이 가장 가치 있다 생각하는 물질계를 상징한다. 이렇게 물질, 권력, 화려함으로부터 홀로 떨어져 나오는 에너지가 辛이다. 辛의 글자는 立 + 十으로 완벽하다는 의미이지만 달리 표현하면 인간이 갈 수 없는 세상을 암시한다.

가끔 "아홉수라 그래요"의 의미는 인간이 갈 수 있는 가장 높은 단계를 뜻하며 더 이상 오르지 못하고 죽음에 이르는 것이다. 숫자 十은 완벽, 완성, 인간이 육체를 가지고는 갈 수 없는 곳이다. 이처럼 아홉수는 가장 높은 곳까지 올라가 추락할 일만 남았으니 조심하라는 뜻이다. 그렇다면 부처는 왜 홀로 떠났으며 무엇을 찾고자 했던 것인가? 우주본성 壬癸를 찾아서 떠났던 것이다. 道, 좌선, 참선, 요가, 면벽수도 등은 모두 우주본성을 찾아 나서는 여행으로 우리의 육체와 정신의 주인이 누군가를 찾아가는 길이다. 불교에서 말하는 우주본성은 빅뱅의 순간에 터져 나온 에너지다. 生氣를 살리려는 순수한 의도가 바로 그것이다. 老子는 道德經에서 이런 에너지를 有物混成이라 표현한다. 본성은 섞여서 순수하지 않다. 마구 섞인 물건이 본성이다. 척력과 중력이 회오리치는 것이 우주본성이라고 한다. 十宮圖에서 辛에서 壬으로 흐르는 과정으로 본질적으로 내면을 파고들어간다. 무한응축에서 빅뱅으로 폭발하기 직전의 순간까지의 본성을 추구하는 것이다. 따라서 불교는 화려한 색계로부터 멀어져가는 운동방향을 가졌다. 시내중심 도시중심에 사찰이 없는 이유다. 홀로 외롭고 쓸쓸하게 보이지 않는 곳에서 내면을 살핀다. 철저하게 홀로 서는 것이 辛이 가진 에너지 특징이다. 辛의 또 다른 작용력은 화려한 빛 丙을 사라지게 만들어 버린다. 마치 눈을 없애버리고 어둠속에서 살아가도록 하는 것이다.

時	日	月	年
丙	己	辛	己
寅	亥	未	酉

女

어려서부터 책읽기를 좋아했는데 이상하게 소설, 에세이, 신변잡기 책보다는 철학, 종교, 역사 서적이 좋아서 그런 책들을 위주로 읽었고 취미도 돌아다니기 보다는 혼자 조용히 할 수 있는 취미활동을 해왔는데 나이가 들수록 재미난 일이 없고 가슴 뛰는 관심사가 없어서 무료하던 중 문화센터 사주명리 과정에 수강 신청하여 듣는데 재미있고 신기하여 카페를 찾아오게 되었다. 2019년 11월에 이 여인이 표현한 자신이다. 왜 철학, 종교에 흥미가 있고 그런 책들을 읽는지 그리고 왜 그렇게 흥미로운지 명리를 공부하면 쉽게 이해한다. 己酉년에 태어난 것만으로도 종교, 명리, 철학에 대한 흥미가 지대하다. 酉金에 숨겨진 전생의 나를 찾으려는 호기심이 강하기 때문이다. 또 세상으로부터 멀어져가려는 辛酉의 에너지 속성 때문에 혼자서 할 수 있는 취미활동을 선호한다. 예로 절에 가거나, 홀로 산행하거나, 홀로 책을 읽는다. 달리 표현하면 비사회적 유형이다.

46세가 넘어가면 丙寅 時柱의 영향을 받아서 존재의미를 丙으로 밝히고 싶어진다. 만약 우리가 이런 에너지 특징을 가지고 태어났다면 대학전공도 철학, 종교, 명리, 문학 등 깊은 내면의 세계를 추구하는 학문을 선택하도록 유도해야 한다. 돈을 벌기 어렵다는 이유로 회피하면 자신의 본성을 찾고자 30년의 인생을 허비할 수도 있다. 40이 넘어가면 원래 했어야만 했던 공부를 다시 찾기 때문이다. 저마다 타고난 숙제가 있고 그 숙제를 풀다가 가는 것이다.

時	日	月	年
庚	辛	辛	戊
寅	亥	酉	戌

男

천도 재를 지내는 스님이다. 사주 대부분 글자들이 모두 生氣가 없으며 고독을 상징하는 글자들이 가득하다. 辛酉 수많은 죽음들을 亥水에 풀어서 바르게 윤회하도록 유도하여 새 생명 寅으로 재탄생하는 것을 돕는다. 만약 내 자식이 종교인의 길을 가는 것이 마땅하지 않다면 어떻게 해야 할까? 택일을 잘 해서 그런 에너지들을 갖지 않도록 할 수밖에 없다. 만약 이런 업보를 가졌는데 일반사회에서 살라고 한다면 바른 선택이 아니며 평생을 방황하며 살 수도 있다. 辛의 독특한 점은 丙辛이 서로 붙으면 태양과 달처럼 어울리지 않는 사람들이 만나서 이별하는 운명이다. 만약 년과 월에서 만나면 부모 중 한분과는 인연이 없기에 홀로 해외, 타향으로 떠나서 살아간다. 사주예문을 살펴보자.

時	日	月	年	女
壬	丙	丙	辛	
辰	辰	申	未	

19세 상황이다. 어릴 때 부유한 환경에서 자라다가 부친의 사업실패로 휘청했고 모친의 질병으로 사춘기까지 겹쳐서 소심해지고 학교생활에 적응하지 못했으며 우울증도 겪고 자살시도도 여러 번 했고 의지할 곳이 없어 힘들었고 학업에 열중하지 못했다. 대학에 입학하려고 하는데 해외무역, 항공운항, 패션 에디터 일을 생각 중이다. 성격 상 한곳에 오래 머물지 못하고 앉아서 하는 일은 지겨워한다. 어머니와는 잘 맞는데 부친과는 만나기만하면 싸운다. 그래서 같이 지내는 것보다 떨어져 있는 것이 도움이 될듯하여 기숙사에 들어가 공부하는 것이 좋은지 궁금하다.

년과 월에서 丙辛이 만났다. 또 丙丙으로 월간 부친과 도플갱어처럼 동일한 글자의 경우는 함께 사는 것이 어렵다. 이런 이유로 부친이 사업에 실패하였고 본인은 우울증, 자살시도 등과 같은 어두운 삶을 살았으며 부친과 떨어져 살기를 고민한다. 해외무역, 항공운항 학과를 고민하는 것도 모두 丙辛이 합하였기 때문이고 패션은 辛未로 원단(未)을 가위(辛)로 자르기 때문이다. 이처럼 사주팔자는 나를 보여주는 거울과 같다.

참고로 "도플갱어(doppelgänger)"는 독일어 Doppelgänger에서 온 것으로 둘을 뜻하는 Doppel과 걷는 사람을 뜻하는 Gänger로 구성된다. 장 파울이 그의 1796년 소설 지벤케스(Siebenkäs)에 처음 사용하였으며 새로 만들어낸 신조어다. 의미는 세상에 나와 똑같은 영혼이 존재하며 당사자가 아니면 알아볼 수 없고 만약 그를 만나면 죽음이 임박했다고 생각한다. 도플갱어는 문학작품이나 영화의 단골 소재로 ≪지킬박사와 하이드씨≫도 이에 속한다. 표도르 도스토예프스키의 <이중인격(Dvoynik)>(1846)에서는 가난하고 이룰 수 없는 사랑 때문에 미쳐가는 골랴드킨과 도펠겡어가 등장한다. 그는 자신의 도플갱어를 목격하는데 그가 실패한 모든 일에 성공을 거두고 결과적으로 그를 완전히 대체한다. 사주예문을 하나 더 살펴보자.

時	日	月	年	男
甲寅	戊午	戊午	戊戌	

부친이 일찍 사망했고 양부모와 자랐으나 양부모도 일찍 사망했다. 회계업무를 담당하는데 36세 계유년에 돈 문제로 감방에 갔다. 부모 戊午와 내가 도플갱어다. 나와 동일한 부모를 만났으니 함께 하지 못한다. 만나면 한쪽은 죽어야만 하는 이치다.

時	日	月	年	女
甲寅	癸酉	丙申	辛亥	

초등학교 즈음 영어교사였던 부친이 갑자기 외항선을 타고 해외로 돌아다니다가 이 사람이 24세 즈음에 폐암으로 갑자기 사망하였다. 늦게 결혼 하고 아버지 없이 예식장에 들어갔다. 딸 둘 낳고 살다가 46세부터 피부 마사지 숍에서 일하는데 적성에 잘 맞는다고 한다. 젊어서 학원에서 수학강사로 생활했기에 집에서 과외를 하라고 해도 스트레스라고 하지 않고 전혀 생각지도 않았던 피부마사지 일을 하고 있다. 영어교사였던 부친이

갑자기 외항선을 타고 떠나야 했는지 이해가 되는가?

년과 월의 丙辛 合 에너지 때문이다. 부친이나 모친과 인연이 없어서 어려서부터 떨어져 살아야 하는 운명이다. 이런 운명의 굴레를 모르고 함께 살면 상기 사주예문처럼 부친이 사업에 망하거나 경제적으로 힘들어지거나 심하면 이 여명의 부친처럼 단명 한다. 죽음을 상징하는 辛이 빛을 삼켜버려 어둠속으로 사라지니 부친이 사라지는 이치와 다를 바 없다. 갑자기 피부마사지를 하는 것은 권투선수 파퀴아오 예문으로 다루었던 癸, 甲寅 구타물상을 피부를 두들기는 것으로 활용한 것이다. 어려서는 丙辛 合을 학문으로 활용했다면 40대가 넘어서면 전혀 다른 癸, 甲寅 에너지에 영향을 받기 때문이다. 이런 이유로 학원 강사 했으니 집에서 과외하면 좋을 것이라는 생각은 時空間이 수시로 변화하며 그 영향을 받은 인간은 생각이 수시로 바뀐다는 이치를 이해하지 못하는 것이다. 달리 표현하면, 주위 사람들이 갑자기 이상한 짓을 하는 이유는 그 사람이 반응하는 에너지파동이 평시와 매우 다르기 때문이다.

時	日	月	年
庚	己	辛	丙
午	亥	卯	寅

男

어렸을 때 부모가 모두 사망하여 절에 맡겨졌다. 학문을 좋아하여 18세부터 실력을 인정받고 28세 부터 37세에 이르기까지 인생에서 가장 화려한 시절을 맞아 한국에서 최초로 거리에 공중전화박스 건설을 제안하여 인정받고 적극적으로 사회활동 하였다. 48세 이후 경제적 어려움을 겪고, 건강도 좋지 못해 여러 차례 장 수술을 받고 온몸이 성한 곳이 없을 지경이다. 이 구조도 년과 월에서 丙辛 합하니 부모와 인연이 짧다. 또 丙辛 합의 물상대로 종교, 명리, 철학인연이 강하여 절에서 성장하였다. 공중전화박스를 설치한 것은 卯, 庚午가 만나서 乙庚 合으로 정보, 통신 물상을 활용한 것이다. 예로 방송국, 신문방송학, 떡 방앗간에서 나오는 가래떡 등도 모두 달라 보이지만 동일한 물상이다.

丙辛 合의 에너지를 정리해보자. 만약 년과 월에 있다면 부모와의 인연이 박하기에 멀리 떠나라는 암시다. 해외, 항공, 외항선과 같은 물상이 나오는 이유는 삶과 죽음처럼 현재의 공간에서 멀리 떠나야하기 때문이다. 적절한 학업으로는 亥子丑 월에 태어나 丙辛 합하면 종교, 명리, 철학과 인연이 깊다. 만약 이런 에너지를 가졌다면 이에 상응하는 적절한 행동을 취해야 한다. 마지막으로 辛의 특징을 한마디로 정의하면 일생의 삶을 기록하고 저장한 반도체칩과 같으며 水氣에 실타래가 풀리듯 풀어져 윤회한다.

10 다시 빅뱅이전으로 - 壬. 블랙홀, 저승사자

이 세상 모든 것 속에 깃들어 있으나,
이 세상 모든 것과는 다르고,
이 세상 모든 것이 알아보지 못하나,
그의 몸은 이 세상 만물, 그 속에서 모든 것을 다스리는 그는
네 영혼 안에 있는 불멸의 통치자.
- 현대물리학과 동양사상/프리초프 카프라 지음 김용정, 이성범. 43P

辛에너지의 특징을 살피면서 아쉽게도 사주팔자에는 삶과 죽음을 규정하는 방법이 없다고 언급했다. 그 이유는 질량의 증감을 표현하는 방식인

生과 剋으로만 살피기 때문이다. 이 문제는 生死의 구분뿐만 아니라 時空間 개념도 없다. 생사의 경계를 규정하는 것은 시공간인데 그런 경계를 결정할 방법이 없기 때문이다. 十宮圖 1과 2를 통하여 壬 에너지의 근본적인 특징을 살펴보자.

甲	壬(저승)	庚	戊	丙	甲
	癸(새 영혼)	辛(죽음)	己	丁	乙

◀─────────────────────────── 시간흐름

지구의 회전운동은 시공간을 창조했고 안정적인 시간흐름으로 우리의 삶에서 발생하는 사건들이 순차적으로만 발생하도록 한다. 따라서 生氣가 사라지고 육체가 굳어져 죽음 辛에 이른 다음 우리는 어디로 가는 것일까? 이런 문제는 답하기 어렵다. 죽음 이후에 어떤 일들이 발생하는지 알지 못한다. 인류역사에서 지금껏 수많은 논의들이 있었지만 언제나 불분명하고 모호한 문제로 남아있다. 따라서 辛에서 壬으로 흐르는 시공간 특징을 설명하는 것은 결코 쉬운 문제가 아니다. 고대에 戌亥를 天門이라고 표현했는데 바로 辛에서 壬으로 흐르는 시간을 공간으로 표현한 것이다. 즉, 戌亥에서 인간세상에서 영혼세상으로 흐르는 것이다. 戌은 인간이 죽어서 가는 墓地로 그 속에 있는 辛이 亥(壬)로 들어간다. 블랙홀처럼 모든 것이 사라져버리듯 육체 辛이 壬水 속으로 완벽하게 사라지는 현상이다.

色界에 존재하던 육체가 空界로 사라지는 것이다. 화려한 色界를 좋아하는 우리에게 좋지 않으며 쓸쓸, 고독, 어둠처럼 부정적이며 종교, 명리, 철학과 인연이 깊다. 生死와 時空間 특징으로 壬의 본질을 살피면 삶에서 죽음으로의 과정이요 중심에서 떨어져 어두운 시공간에서 살아간다. 壬의 특징을 우주로 확장하면 빅뱅이전 모든 것이 응축되어 시공간조차 존재하지 않았던 상황을 표현한 것이다. 신비로운 것은 壬의 무한응축에서 癸 빅뱅이 생겨나

고 현재에 이르렀으니 모든 에너지들의 속성이 이중적이지만 壬의 속성은 특히 극단적이다. 부정적인 면에서는 우주에 존재하는 모든 것을 블랙홀처럼 빨아들여 응축시켜버리지만 긍정적인 면으로는 생기를 만들어내는 癸에너지의 어미이자 우주의 통치자다. 우주에 존재하는 모든 것은 예외 없이 모두 壬이 만들어낸 피조물들이다. 19세기 미국 최대의 시인으로 각광받고, 윤회의 통달자 월트 휘트만(walt Whitman)은 이렇게 표현했다.

나는 내가 죽지 않으리라는 것을 안다.
나는 내 삶의 궤도가 어느 목수의 컴퍼스에 의해
지워지는 일은 없으리라는 것을 알고 있다.
그리고 나의 날을 내가 오늘 맞닥뜨린다고 해도,
설령 만년 아니면 천만년 뒤에 그날이 온다고 해도,
나는 오늘 즐거이 그날을 살 것이며,
기꺼이 그날을 기다릴 것이다.

나는 웃는다, 당신이 소멸을 말할 때,
그리고 나는 시간의 진폭을 안다.
어떤 형태로 있다는 것, 그것이 무엇인가?
돌고 돌아, 우리 모두는 저곳으로 돌아온다.
오천년 후, 내가 지구로 다시 올 것이라는 사실을 믿으며...
- 월트 휘트먼 : 크랜스턴과 윌리엄스(1994) 319페이지
영혼의 물리학 - 아미트 고스와미 저 / 최경규 옮김 235페이지 인용

이런 壬에너지 특징을 사주팔자에서는 어떻게 활용할까? 가만 생각해보자. 壬은 일상적인 삶이 아니라 죽어야만 가는 곳이다.

현실세계를 벗어나 저승길로 가야하기에 살아서는 갈 수 없는 시공간이다. 따라서 사주구조에 壬이 있다면 기존의 환경에서 사라져야만 한다. 이런 상황을 상상해보자. 매일 보이던 사람이 갑자기 사라졌다면 몇 가지 상황을 가정할 수 있다. 예로 사망, 이민, 유학 혹은 갑자기 타향으로 이사하는 경우다. 사주예문을 살펴보자.

時	日	月	年	男
庚午	甲子	壬寅	壬戌	

2007년 丁亥년 1월 당시의 상황이다. 어려서 가정도 어려워지고 친구들과 멀어지고 해외로 유학 가서 그나마 한국 사람들과 친하게 지낸다. 부친은 폐에 물이 차서 병원에 입원한 상황이다. 년과 월에 모두 壬戌, 壬寅으로 어둡다. 따라서 갑자기 환경이 어려워지고 멀리 떠나서 해외에서 살아가기에 그나마 안정되어 지내고 있다. 만약 壬戌간지를 가졌다면 해외이민, 해외유학, 무역업 등을 고려하는 것이 좋다. 현재의 환경은 너무 어둡기 때문에 바꿔줄 필요가 있다. 현재 환경에서는 발전하기 어렵다.

時	日	月	年	男
己丑	丙午	辛酉	癸亥	

25세 丁亥년 상황이다. 부친은 건축학 교수요 부모사이가 다정하고 건강하다. 화학전공인데 7년간 외국유학 하다가 丙戌년 12월에 귀국했다. 적성에 맞지 않아 경제공부를 다시 하고자 한다. 년과 월에 癸亥, 辛酉이기에 마치 사람이 죽어서 가는 시공간과 같다. 따라서 어둠에서 벗어나고자 어린나이부터 해외에서 유학생활 하는 것이다. 辛酉, 壬戌, 癸亥, 甲子는 가족

이나 고향을 떠나서 살아가는 에너지들이다.

時	日	月	年
己	己	癸	癸
巳	巳	亥	丑

男

43세 당시의 상황이다. 잘 생기고 아나운서처럼 목소리가 좋다. 미국에서 공학계통 석사, 박사과정을 모두 마치고 귀국해서 모 대학교수로 지내는데 서울소재 대학교수로 가고 싶지만 답답한 상황이다. 이 구조에도 죽어야 갈 수 있는 시공간을 상징하는 癸丑과 癸亥가 있다. 따라서 국내에서 살면 발전이 어렵기에 미국으로 유학 가서 석사, 박사학위까지 받았다.

時	日	月	年
庚	丁	丁	甲
午	未	卯	午

女

국제 변호사로 활동했다. 이 구조는 壬戌, 癸亥처럼 저승, 해외를 상징하는 간지들이 없음에도 왜 국제변호사로 활동했을까? 그 이유는 이 여인의 중년 운로가 甲子, 癸亥, 壬戌, 辛酉로 계속 현재의 시공간에서 벗어나야만 발전할 수 있기에 국제변호사로 활동했다. 즉, 사주구조에 국내용과 해외용이 있는데 운명에서 정해진 것이다.

時	日	月	年
壬	丁	庚	丙
寅	未	寅	申

男

영국 옥스퍼드로 유학하여 국제정치학을 전공하고 국제변호사로 활동한다. 이 구조도 해외특징이 뚜렷하게 없어도 시간에 壬이 있고 대학입학

당시 운로가 壬辰이었기에 그 영향으로 유학 가서 국제변호사로 활동했던 것이다. 예로 년과 월이 沖 하여 혹은 지살, 역마가 중중하여 해외로 간다는 분석은 무의미하다. 모든 사람들은 사주에 역마, 지살 1개 이상은 가지고 있기 때문이다.

時	日	月	年	男
辛巳	乙丑	丙寅	己酉	

20대 癸亥 운을 지나는 시기에 고시에 합격하고, 국제 변호사 공부를 하였다. 사주팔자에는 없지만 운에서 두뇌를 활용하는 에너지를 받아서 국제변호사 공부를 하였는데 12신살로 따지면 월지 寅이 겁살이기에 해외, 국제물상을 국제변호사로 활용했다.

時	日	月	年	男
癸卯	壬寅	丁卯	己亥	

사업실패를 비관하여 壬戌 運 45세 癸未년 8월에 자살했다. 壬戌을 글자 그대로 저승길로 사용했다.

時	日	月	年	男
己酉	壬戌	丙申	丙午	

서울대를 졸업하고 대기업에서 직장 생활하다가 1995년부터 독립해서 기계, 전자 무역업을 하였다. 23세부터 시작되는 己亥 運에 원래의 환경에서 벗어나서 壬戌과 亥에너지를 무역업으로 활용하면서 살아간다.

辛에서 壬으로 과정이 죽어서 육체와 영혼을 분리시키는 과정이라면 사용했던 육체는 자연으로 돌아가지만 영혼은 어떤 여행과정을 거치는 것일까? 굉장히 난해한 질문이지만 수천 년을 이어온 인간의 궁금증이다. 이런 궁금증에 관하여 뺄 수 없는 책이 "티벳 死者의 書"다.

> 죽음에 관한 모든 서적 중에서 「티베트 사자의 서)」는 학습 경험의 연속체를 형성하는 인간의 生死를 묘사하는 것으로서 가장 탁월하다. 거기에는 티베트 사람들이 바르도(bardos)라고 부르는 통로가 있다. 이곳을 지나면 사후상태가 되는 문으로 가게 된다. 이 모델은 삶과 죽음을 하나로 연결하는 이행의 연속으로 본다. (영혼의 물리학 - 아미트 고스와미 저 / 최경규 옮김 40페이지)

만약 삶과 죽음을 별개로 보지 않고 이어진 시공간으로 생각할 수만 있다면 삶과 죽음이 동일해지면서 죽음의 두려움에서 벗어날 수 있다. 일곱 번의 전생과 그 중간과정들을 기억해낸 한 사회복지사는 자신의 경험을 이렇게 표현했다.

> 전생의 죽음 이후에 나는 엄청난 신체적, 정신적 변화를 느꼈다.
> 내 몸이 커지고 부풀어 방 안을 가득 채웠다.
> 곧 한 번도 느껴본 적 없는 극도의 희열이 흘러넘쳤다.
> 또한 내가 누구인지, 내가 존재하는 목적이 뭔지,
> 또 내 자리는 어디인지를 완전히 이해하고 자각하게 되었다.
> 모든 것이 명쾌했고, 모든 것이 완벽했다.
> 경이롭게도 **사랑이 바로 만물의 본질**이었다.

평소의 의식으로 돌아와 깨어날 때, 나는 그 절대적인 사랑과 지혜, 평온을 내려놓아야 했다. 조악하고 불쾌한 이 현실을 다시 마주하면서 나는 차라리 죽음을 바라고픈 심정이었다.

그러면 그 경이로운 상태로 돌아갈 수 있을 테니까.

지금껏 나는 죽음을 두려워했다.

그러나 지금은 죽음이 손톱만큼도 두렵지 않다.

- 윤회의 본질/ 크리스토퍼 M. 베이치 지음 / 김우중 옮김 142페이지 인용

티벳 사자의 서에서 여섯 번째 바르도가 환생의 바르도로 재탄생하는 경로다. 업보에 따라 천국, 지옥 그리고 지구를 포함하는 여섯 로카스 (lokas, 장소) 중 하나에서 재탄생 한다. 여섯 번째 바르도 이후에 영혼은 새로운 업보가 쌓일 수 있는 신체적 형태에서만 환생할 수 있다.

- 영혼의 물리학 아미트 고스와미 저 / 최경규 옮김 41페이지 인용

신체 형태에서만 환생한다는 의미는 육체를 가져야만 새로운 업보가 쌓인다는 뜻이다. 환생하기 위해서 육체를 얻으려면 어떻게 해야 하는가? 대답하기 전에 壬이 가진 에너지 특징이 빅뱅이전처럼 극도로 응축된 상태임을 상상해보자. 이런 조건이 마련되려면 壬은 반드시 별이 블랙홀로 빨려 들어가 붕괴되는 것처럼, 인간이 가졌던 물질, 육체를 빼앗아 無로 돌아가게 만들어야만 한다. 생명을 가진 생명체들에게는 굉장히 무서운 에너지다.

그 과정을 甲乙丙丁으로 표현해보자.

甲(재탄생)	壬(저승)	庚	戊	丙	甲
	癸(새 영혼)	辛(죽음)	己	丁	乙

辛에서 죽고 육체는 자연으로 돌아가고 영혼은 저승사자 壬에게 끌려간 후 새로운 영혼을 배정받은 후 육체를 얻고 甲으로 재탄생한다. 이 과정을 정확하게 표현한 글이 있어서 소개한다.

> 사람이 죽으면
> 그 영혼은 다시 이 땅으로 돌아오나니,
> 새로운 몸으로 변장한 그를
> 또 다른 어머니가 세상에 내놓는다.
> 더 튼튼한 사지와 더 총명한 두뇌를 갖고
> 그 오래된 영혼은 다시 길을 나선다. -존 메이스필드-

한 가지 주의하여 살필 것은, 壬과 癸는 모두 인간이 갈 수 없는 세계이지만 그 특징은 하늘과 땅만큼 다르다. 壬은 죽음을 주도하는 저승사자와 같지만 癸는 生을 주도하는 우주의 어미와 같다. 辛壬은 생명체들이 죽으러 가는 과정이요 癸甲은 새로운 영혼을 육체에 담아서 재탄생하는 과정이다. 그렇다면 저승사자와 같은 壬의 특징은 사주에서 어떤 방식으로 발현되는지 살펴보자.

時	日	月	年
壬	戊	癸	庚
戌	寅	未	午

男

이공계 대학교를 졸업했고 丁 大運에 제약회사 간부로 승진하고 좋은 날이 많았지만 불행하게도 모함으로 44세 癸丑年 癸丑 月에 자살했다. 육체를 상징하는 丁이 육체를 빼앗는 壬癸를 만나서 블랙홀로 빨려 들어가니 억울하게 자살했다.

時	日	月	年	女
壬	癸	戊	丁	
戌	亥	申	未	

52세 상황으로 중년에 사업으로 돈을 벌었지만 어디로 갔는지 모두 흩어지고 말았다. 위 사주와 유사한 구조가 보인다. 바로 壬癸丁 삼자가 모여서 결과적으로 육체, 물질을 상징하는 丁에너지가 블랙홀로 빨려 들어가 버렸다. 돈을 벌었으나 어둠 속으로 사라져 보이지 않는다. 만약 돈을 잃지 않았다면? 분명하게 목숨을 잃었을 것이다.

時	日	月	年	男
辛	壬	甲	戊	
丑	子	子	申	

절도전과 3범이며 3년 실형을 살았다. 2003년 癸未년에 대학기숙사에서 노트북을 훔치다 검거되어 다시 감방에 갔다. 사주가 모두 어둡고 탁한 글자들로 구성되었다. 도둑을 상징하는 축토까지 있으니 성정이 음습하다. 亥子丑, 壬癸를 종교, 명리, 철학으로 활용하지 않고 물질을 탐하는 도둑, 강도, 절도행위로 사용한다. 남의 것을 내 것이라 착각하고 훔쳐오는 것이다. 壬은 빅뱅을 만들어낼 수 있는 응축된 상태이기에 그 속에는 누구도 알 수 없는 어마어마하게 축적된 자료를 가지고 있다. 만약 이런 자료들을 癸로 빅뱅작용을 일으킨다면 남들과는 전혀 다른 새로운 것들을 창조해 낼 수 있다.

時	日	月	年	男
壬	壬	甲	甲	
子	子	戌	戌	

MBC '신비한 TV 서프라이즈' 방송했던 내용이다. 1814년 9월 25일에 태어났고 부친은 악기 설계 및 제조업자였다. 1846년 33세 丙午년에 섹소폰을 발명하였지만 1856년 43세에 경쟁업체의 소송으로 악기 제조공장이 부도났고 1873년 60세에 또 소송으로 부도가 났다. 불운한 사고를 몰고 다녀 저주받은 유령이라 불렸다. 실수로 화약약품을 마시고, 거리를 걷던 중 느닷없이 날아온 돌에 머리를 맞고 사경을 헤맸으며 예기치 못한 수많은 사고를 겪었다. 이 남자의 삶에는 저승사자의 움직임이 가득하다. 섹소폰을 발명한 것은 임자의 창조능력 때문이지만 숱한 불운을 겪은 것 또한 술토 무덤에 있는 육체와 영혼을 빼앗아가려는 壬子, 壬子 저승사자 때문이었다.

時	日	月	年	男
모름	甲午	甲申	庚午	

헤지펀드는 1949년 처음 발명됐지만 40년 동안 대중은 그 존재 자체를 몰랐다. 소로스가 플라자 합의 이후에 엔화표시 자산에 투자해 수억 달러를 벌어들인 사실이 89년에 알려진 이후에야 비로소 대중은 헤지펀드에 눈을 떴다. 또 3년 뒤인 92년 소로스가 영국 파운드화를 공격해 16억 달러를 챙긴 사실이 알려진 이후 대중은 헤지펀드를 신묘(神妙)한 투자 장치로 여기기 시작했다. 소로스는 2011년 이후 헤지펀드 무대에서 퇴장했다고 한다.

조지 소로스 구조는 오로지 물질 밖에 모르는 구조이지만 運路가 亥子丑 저승길처럼 흘러서 육체를 뺏고 빼앗는 일에 능숙하다. 바로 돈이다. 亥子丑 윤회과정에 훔쳐야 하는 것이 辛酉 씨종자이며 바로 돈을 뜻한다. 酉子나 酉丑으로 조합하면 사채놀이 하는 이유다. 즉, 유금 씨종자를 활용하여 한탕을 벌려는 강한 욕망이 숨어있다. 따라서 壬 에너지를 좋게 활용하면 재물을 엄청난 속도로 블랙홀로 빨아들여 거대한 자산을 축적한다.

時	日	月	年	男
丁	庚	丁	壬	
丑	辰	未	午	

56세 당시의 김 진만 한빛은행장 내정자 사주다. 상업은행과 한일은행이 합병한 자산규모 1위인 한빛은행장으로 추천된 데는 다양한 경력이 고려됐다. 경영자로서 김 행장 내정자는 감이 빠르며 수완이 있고 순발력, 추진력을 두루 갖췄다는 평을 받고 있다. 이 구조도 중년에 조지 소로스처럼 辛亥, 壬子, 癸丑으로 뺏고 빼앗는 저승사자와 같은 운으로 흘렀다. 참고로 사주에 壬戌 간지가 있다면 은행, 재정 쪽으로 직업을 고려할만 하다. 壬戌은 戌亥로 丁辛壬 조합처럼 丁火가 辛에게 열기를 가하여 壬水로 빠르게 재물을 축적하기 때문이다. 이런 이유로 壬戌은 해외물상 외에 은행, 재정, 금융, 증권, 투자관련 직업이 많다. 아래에 참고 사주들을 올린다.

時	日	月	年	男
辛	壬	丙	甲	
丑	戌	寅	寅	

재정계로 출세하였고 농업은행장을 지냈다.

時	日	月	年	男
甲	壬	丙	庚	
辰	戌	戌	戌	

농협중앙회 부장이다.

時	日	月	年	男
庚子	壬戌	己酉	己巳	

수원 세무서장을 지냈다.

時	日	月	年	男
壬寅	壬戌	癸卯	丁巳	

한국 상업은행장이 되었다.

   그 외에도 여성으로 丁巳년, 癸卯월, 壬戌일, 己酉시도 은행원이며 성격이 밝다. 또 남자 은행원으로 丁巳년 丙午월 壬戌일 甲辰시다. 壬의 특징을 다시 생각해보자. 辛壬으로 흐르는 과정에 현재의 육체를 반드시 버려야만 한다. 사람들은 이런 속성을 어떤 방식으로 활용할까? 윤회의 영향을 받아서 나를 버리는 행위를 하는데 예로, 피부 관리처럼 원래 가지고 있던 자신의 모습에 변형을 주거나 페이스오프처럼 성형하거나 화장처럼 원래의 외형을 감추고 새로운 모습을 드러내는 행위들이다. 이런 행위에 대해서 대부분 아름답게 꾸미는 것으로 생각하지만 그 본질은 윤회하려는 노력이다. 이런 속성의 간지들은 辛亥, 壬申, 癸亥, 癸酉, 癸丑 등이다. 따라서 사주에 있다면 그런 직업을 원할 것이다. 사주예문을 살펴보자.

時	日	月	年	女
戊申	丁酉	丁酉	辛亥	

피부 관리 업에 종사한다. 년주에 辛亥가 있고 수많은 씨종자들이 저승사자 亥로 들어가 자신의 모습을 버리고 새롭게 탄생하려고 한다.

時	日	月	年	女
戊	辛	壬	甲	
子	丑	申	辰	

피부미용실로 성업 중이다. 월에 壬申이고 亥子丑이 모두 있으니 나를 버리고 새로운 나를 추구하는 행위를 피부미용으로 활용했다.

時	日	月	年	女
庚	丁	壬	甲	
戌	未	申	辰	

남편은 한국전력공사에 다니는데 부업으로 피부미용 업 하였다. 월주 壬申이 가진 에너지 속성 때문이다. 이렇게 壬은 멀리 떠나거나 자신의 외형을 다르게 바꾸려는 노력을 통하여 살아있는 과정에도 윤회행위를 하는 것이다.

이상으로 10개 에너지들의 움직임을 살펴보았다. 처음 명리를 접한 분들에게는 어려운 내용일 것이다. 하지만 인간의 육체와 정신이 에너지 파동으로 움직이는 것이라 이해하면 모든 행위의 주인은 十干의 파동임을 깨닫는다. 인간이 자발적 의지로 움직이는 것이 아니라 에너지들 반응으로 움직이는 것이다. 타고날 때 받았던 에너지들을 기초로 운에서 오는 에너지들과 결합하면서 반응하고 그 결과물이 우리 인생이다. 따라서 에너지들의 특징을 이해할 때에서야 비로소 우리의 삶을 관조할 수 있다. 지금까지 설명한 에너지 특징들은 피상적으로 느껴질 수 있지만 근원적이고 중요한 원리들을 설명하였다. 세상은 전혀 달라 보이는 물형들이 동일한 것임을 확인할 때가 많다. 예로 인간의 모든 행위는 굉장히 다양해 보이지만 결과적으로 丁壬癸 밀고 당기는 움직임에서 벗어나지 않는다.

방랑하는 이기적 유전자는 말했네.
나는 많은 육체들을 보았지.
당신은 자신이 더 뛰어나다고 생각하겠지만
나는 영원히 살지.
당신은 살아 있는 기계에 불과할 뿐이야.
조상이야기- 생명의 기원을 찾아서 리처드 도킨스, 옌 웡 지음, 이한음 옮김 95페이지.

이제 다시 지구로 돌아가자.

제 3 부

나의 정체를 결정하는 인자

時間의 종류와 특징
時空間을 표현하는 方式
干支構造의 이해
사주팔자 宮位와 시공간 - 十宮圖

"時間이 바로 神이었구나" - 紫雲

지금까지 지구에 존재하는 10개의 에너지 특징을 여러 각도에서 살펴보았다. 다양한 호기심이 생겼을 것이다. 내 사주에 저런 글자가 있다면 나도 동일한 성향을 보인단 말인가? 더러는 박수를 치면서 정말 내 이야기를 하고 있다고 생각하고 더러는 유사하지만 정확하게 일치하는 것은 아니라고 느낄 수도 있다. 사실 우리가 살펴보았던 에너지 특징은 다양한 이유 때문에 변형될 수 있다. 아인슈타인 표현을 빌리면 시공간은 왜곡된다, 비틀린다는 표현과 동일하다. 즉, 甲乙丙丁 10개의 에너지는 고유한 에너지 값을 가졌고 그 특징을 유지하려 노력한다. 하지만 쉽지 않은 이유는 10개 에너지가 동시다발적으로 반응하면서 변화를 일으키기 때문이다. 예로 乙의 좌우로 펼치는 에너지는 똘똘 뭉쳐 응축해버리는 辛의 에너지에 걸리면 여지없이 제약을 받고 불편해진다. 사주팔자 천간 4개 에너지는 조화를 이루면서 변화하는데 이때 경우의 數는 매우 다양하다.

예로 4개 글자는 각각 고유한 에너지 특징을 가지면서도 2개, 3개, 4개가 상호 조합하여 변형된다. 추가적으로 대운과 세운에도 반응하면서 시공간이 뒤틀린다. 그렇다면, 나의 정체성을 결정하는 것은 오로지 천간에 있는 4개의 글자들뿐이란 말인가? 그랬으면 좋겠지만 아니다. 간단하게 살펴도 사주팔자에는 天干 10개와 地支 12개, 그리고 地藏干에 33개 글자가 있기 때문이다. 사실, 문제는 사주팔자가 아니다. 생각해보자. 내가 사주팔자를 통하여 살필 수 있는 것은 모두 물질적인 부분이다. 예로 돈은 언제 벌고, 취직은 언제하며, 건강은 어떻고, 승진은 언제하고 등등 모두 물질적인 것들뿐이다. 즉, 사주팔자를 통하여 개인이나 가족에 국한된 사건들을 알아보려는 것이다. 이런 이치를 이해하면 왜 그렇게 자주 사주팔자를 보러 다니면서도 종교를 갖고, 철학에 빠져 자신의 정체를 찾고자 노력하는지 알 수 있다.

달리 표현하면 사주팔자로 나를 이해하는데 한계가 있다는 것이다. 사주팔자와 종교 그리고 철학은 전혀 다른 성질의 것들이다. 사주팔자는 개인과 가족의 물질세계를 살피지만 그 외의 세계는 살피지 못한다. 인간의 능력으로는 해결하지 못하는 문제에 대해서는 神의 존재가 등장한다. 철학은 또 다른 것이다. 대부분 인간의 존재가치를 살피는 학문이다. 이런 이유로 사주팔자, 종교, 철학은 전혀 섞일 수 없는 것으로 인식된다.

과연 그럴까?
사주팔자로는 개인의 일생만을 다루기에 신의 영역이나 철학의 영역을 포괄하지 못한다. 이런 이유로 물과 불처럼 섞이지 못하는 사주팔자는 學이 아니라 術로 인식된다. 하지만 사주팔자를 파고 들어가다 보면 이상한 곳에서 생각지도 못했던 명리학과 조우한다. 더욱 신기한 점은 그 곳에 전혀 다르다고 생각했던, 그래서 절대로 섞일 수 없다고 인식했던 종교, 철학, 과학이 명리학과 함께 있음을 깨닫는다. 보현보살 털구멍 속에 삼라만상이 함께 있다가 나왔으니 달라 보이지만 동일한 것이다. 달라 보이는 것들이 동일한 것임을 이해해야만 하는데 반드시 뛰어넘어야할 강력한 장벽을 만난다. 가장 넘기 어려운 장벽은 時空間이다. 그 외에도 **열, 중력, 대칭, 色空과 無, 양자와 거시**로 사주팔자가 종교, 철학과 교류하면서 명리로 발돋움하는 과정에 뛰어넘을 장애물들이다. 그 중에서 時空間은 명리, 철학, 종교를 관통하는 키워드로 이 개념을 이해하지 못하면 사주팔자에서 명리에 이르는 길은 요원하다. 생극을 뛰어넘어야 극히 자연스러운 4차원의 시공간 세계를 만난다. 지금부터 時空間이 어떻게 열, 중력, 대칭, 색공, 無, 양자세계와 연결되고 또 명리학과 무슨 연관이 있는지 살펴보기로 하자. 먼저 용어들의 개념을 정리하고 넘어가자. 다만, 이 책에서는 시간과 공간 개념을 집중하여 살펴볼 것이다.

■ 時間의 정체

벅찬 감정을 글로 표현하는 것이 얼마나 어려운지 느끼곤 한다. 그 중 하나가 바로 時間과 空間의 정체를 어렴풋하게 깨달았을 때의 가슴 벅참이다. "時間이 바로 神이었구나" 이런 생각에 이르렀을 때는 참으로 오랜 세월 四柱八字를 生과 剋으로만 바라보는 편협한 관점에서 탈출하고 時空間이 실타래처럼 끊임없이 순환하는 이치를 깨닫고 난 후였다. 八字 術에서 벗어나 命理의 길로 들어서는데 반드시 넘어야할 산이 바로 時空間이다. 다시 강조하지만 시간과 공간을 넘어서지 않고는 명리의 길로 나아가지 못한다. 인류역사를 돌이켜보면, 時間의 정체를 밝히려는 시도들은 지나칠 정도로 넘쳐난다. 오묘하게도 時間은 다양한 면모를 가졌으며 수많은 책들은 時間의 서로 다른 모습을 담아내기 바쁘다. 장님 코끼리 만지듯 시간을 찾으려는 시도는 여전히 진행 중이다. 아우구스티누스 표현처럼 시간의 정체를 우리는 명확하게 알 수 없다. 왜 우리는 3천년이 넘도록 時間의 정체를 밝히지 못했을까? 神의 정체처럼 접근하기 어려운 것이 時間인가 싶다. "時間이 바로 神이었구나." 라는 느낌은 극히 합리적인 생각일지도 모른다. 당황스러운 표현이지만 절대로 알 수 없다고 생각하는 神의 정체는 時間일지도 모른다. 저자는 神의 의지와 時間의 정체를 참으로 엉뚱한 곳에서 찾았다. 그 과정을 간략하게 설명하면 이렇다. 근 20년 넘도록 사주팔자 학습과정이 너무도 단조롭다는 생각에서 벗어나지 못했다.

오로지 生 혹은 剋으로만 이루어졌다는 논리밖에 없는 사주팔자 술이 터무니없어 보였다.

    그러던 어느 날, 地藏干이 時空間을 표현하는 방식이며 시간과 공간이 실타래처럼 얽히고설켜서 四季의 순환을 설명하는 것임을 깨달았다. 정확하게 27세에 취미로 시작했던 명리공부 20년 정도의 세월을 흘러 보냈던 2007~2008년도였다. 그렇다고 地藏干 전체를 모두 이해했던 것은 아니고 막힘없이 이해한 것은 그 후로도 최소 6년이 지난 후였다. 그 중간과정에 그토록 싫어했던 물리학 책을 접할 기회가 있었는데 그 중 하나가 바로 "時間"을 주제로 한 책들이었다. 밤새워 읽으면서 피상적으로만 생각했던 과학, 물리학 책들은 절대로 이해하지 못하는 내용들일 거라는 생각에서 벗어날 수 있었다. 밤을 새워서 읽을 정도로 엄청나게 재미있던 내용이 時間이었고 조금씩 이해하기 시작하자 전혀 다른 것이라 느꼈던 地藏干과 時間이 연결되기 시작했다. 이 의미는 참으로 중요하다. 왜냐면 時空間의 정체를 명확하게 설명해줄 수 있는 것은 지구에 地藏干 밖에 없다고 믿기 때문이다.

    시간이란 무엇인가? 아무도 나에게 묻지 않는다면 나는 안다고 할 수 있다. 시간에 대해 설명해야 한다면 나는 아는 것이 없다. 아우구스티누스의 고뇌가 느껴지는가? 그도 시간의 정체를 모른다. 도대체 時間이 무어냐고 반문한다. 時計는 알지만 時間은 모른다. 기계적이고 물리적 시간단위는 이해하지만 시간의 본질은 모르겠다. 시간의 정체를 표현하는 방식이 없는 한, 시간은 우리의 뇌 속에만 존재한다. 시간의 정체를 확인할 방법이 있지만 우리는 시간의 정체를 명확하게 알려주는 표현방식을 무시한다. 우리에게 시간의 정체를 명확하게 알려주는 것은 오로지 "자연"뿐이다. 自然은 우주와 지구의 순환과정을 보여주는 방식으로 時間의 정체를 보여주려고 노력한다. 생각해보라. 시간의 존재를 알려주는 것이 과연 있는가? 종교, 철학, 기타 방식으로 시간을 이해하려고 해도 神처럼 모호하여 손에 잡히지 않는다.

독일 작곡가 바그너가 했던 표현이 있다.
"아들아 여기서는 時間이 空間으로 변한다는 것을 알게 될 것이다."
이 표현을 발견했을 때, 시간과 공간의 정의를 참으로 명쾌하게 설명하고 있다는 생각에 충격을 받았다. 時空間을 표현한 다양한 방식들 중에서 참으로 아름다운 표현이다. 이 짧은 문장에는 時間과 空間, 色界와 空界, 정신과 육체, 陽과 陰, 입자와 파동 등 거의 모든 세상이 담겨져 있다. 色卽是空, 空卽是色의 의미로, 일차원을 흐르는 時間이 지구 공간을 지날 때 삼차원 空間이 반응하여 물질이 생겨나 色界를 이루고, 생명이 다하면 사라졌다가 생겨나기를 반복한다. 時間이 空間으로 변하고 空間은 다시 時間으로 변하기를 반복한다.

甲乙丙丁 에너지들이 지구 空間 위를 지나가면 열두 개 달을 표기한 子丑寅, 卯辰巳, 午未申, 酉戌亥 공간에서 물형이 시시각각 변하며 생장쇠멸을 반복한다. 우리가 느끼지 못하는 사이에 봄이 가을이 되고 겨울이 여름이 되며, 끊임없이 변화하는 그것이 時間과 空間이요, 甲乙丙丁과 子丑寅卯가 그 변화방식을 설명해준다. 이런 이치를 이해하면, 우리의 정체성은 사실 시공간에 춤추며 반응하는 움직임에 불과하다는 것을 깨닫는다. 달리 표현하면 우리의 정체성을 결정하는 것은 시공간이다. 時間에 대한 아름다운 표현이 있다. 존 아치볼드 휠러가 한 말로 "時間은 모든 일이 한꺼번에 일어나지 않도록 해주는 자연방식이다." 이와 거의 동일한 표현을 아리스토텔레스도 하였다. "시간이란 前과 後로 배열되는 움직임의 수다. 또

아낙시만드로스는 이렇게 말했다." 사물은 필요에 따라 이것에서 저것으로 변화하고, 그것들은 시간의 순서에 따라 정당화 된다. 사실 달라 보이는 이 모든 표현들은 <u>변화의 척도가 시간</u>이라는 다른 표현에 불과하다.

우리는 시간을 시계로 인식하고 있다. 이런 이유로 시간은 "나누다"를 의미하는 어원으로 거슬러간다. 영어의 타임 time과 프랑스어인 탕 temps 그리고 라틴어인 템푸스 tempus는 자르다는 의미의 그리스어 템노 temno와 잘라냄 이라는 뜻의 토메 tome에 뿌리를 두고 있다.
- 시간의 탄생. 알렉산더 데만트 지음 / 이덕임 옮김 21페이지

■ 空間의 정체

공간의 개념도 시간만큼 모호하다. 책에 실린 공간에 대한 내용을 약간만 인용해서 살펴보자.

"時間은 모든 사건의 근본적 자산이다. 시간은 움직임과 변화를 요구하는데 이러한 움직임은 역으로 시간을 필요로 한다. <u>시간 그 자체는 역사가 없으며 변화도 없지만</u> 그것이 가진 규칙성을 통해 우리는 변화의 표상을 감지한다. 시간은 움직임을 필요로 하고 움직임은 시간을 필요로 한다. 둘 다 대상과 공간을 필요로 한다. 구분을 통해 구역이 생겨난다. 공간개념으로부터 시간의 기본개념이 도출되었는데 일정한 기간이나 시점, 시간의 축, 시간의 방향, 시간 범위와 간격 개념 등이다."

"공간 없는 시간이란 생각 할 수 없고, 역으로 시간 혹은 움직임을 통해 시간을 만들어내고 사용하는 다른 에너지 전송체 없이는 공간을

생각할 수 없다. 시간은 공간의 움직임에 의해 측정되고 움직임은 공간 속의 시간에 의해 측정된다."

"공간과 시간을 말할 때, 우리는 직접 경험을 통해 오래된 과거와 먼 미래에 대해서 물리적으로 알게 된다. 우주학에서 말하는 물리적 거리로서의 시간 개념의 최대치는 바로 광년이다. 우주에서 이론적으로 공간에서 측정 가능한 가장 최대치의 광년은 지금 여기서부터 140억 년 전에 이루어진 빅뱅의 시기까지다. 공간의 끝이 시간의 시작인 것이다."
- 시간의 탄생 24~29페이지.

손에 잡히지 않는 표현들이다. 시간의 정체만큼이나 모호하다. 다행한 점은 사주팔자를 분석하는 과정에서 時間과 空間 개념은 어렵지 않다. 공간을 크게 분류하여 텅 빈 공간(실제로는 에너지들로 가득 찬)과 물질공간으로 나눈다. 명리에서 空間은 물질공간으로 지구공간을 뜻한다. 예로 우리 집 정원의 공간은 항상 동일함에도 봄에 꽃피고 여름에 열매가 열리고 가을에 열매가 땅에 떨어지고 겨울에 눈에 덮여서 아무 것도 보이지 않다가 봄에 새싹이 파릇파릇 땅위로 오른다. 누가 혹은 무엇이 동일한 정원의 외형을 변하게 하는가? 공간은 그대로인데 時間에 따라서 외형이 달라지는 것이다.

> 종교의 時空間은 변화에 존재하는 변하지 않는 本性을 찾지만, 명리에서 時空間은 물형변화의 원인을 찾는 과정이다. - 紫雲

예로 어떤 사람이 모범적으로 생활하다가 어느 날 갑자기 방탕 하는 이유를 알고 싶다면 時空間 변화가 어떤 영향을 미쳤나 살피고 원인을 분석해야 한다. 물형변화의 원인에는 반드시 時間이 개입되기 때문이다. 時間

은 無形으로 눈에 보이지는 않지만 한순간도 쉬지 않고 끊임없이 변화하면서 지구공간을 흐른다. 다행하게도 회전하는 지구는 일정한 변화원칙을 제시하고 그 이치를 연구했던 선조들은 변화과정을 甲乙丙丁으로 아름답게 표현했다. 甲乙丙丁은 <u>時間을 상징</u>하는 부호로 봄, 여름, 가을, 겨울 四季가 변화하는 방식을 그 무엇보다 명확하게 표현한다. 지구空間은 일정한 물질형태를 가질 수 있지만 자발적 의지는 없고 반드시 時間에 의해서만 바뀔 수 있다. 즉, 공간이 자발적의지로 변화를 줄 수 있는 것이 아니라 時間이 지구 위를 흐를 때에서야 비로소 변할 수 있다. 선조들은 12개의 글자로 물형변화의 원리를 표현했는데 바로 子丑寅卯辰巳午未申酉戌亥로 사계절이 어떤 방식으로 물형을 바꾸는지를 표현했다.

한 가지 생각할 문제는, 우리 집 정원은 항상 동일한 공간임에도 외형은 수시로 변한다. 개인의 정체성에 대입하면 우리의 존재는 변함이 없는데 외형과 사고방식은 한시도 멈추지 않고 변한다. 이런 이치를 이해할 때에서야 비로소 우리의 존재를 조금은 너그럽게 살피게 된다. "네가 원래는 그런 사람이 아니었는데 현재의 파동에 반응하여 다른 사람처럼 행동하는구나." 이런 생각을 할 수만 있다면 상대방의 행동을 자연스럽게 이해하게 된다. 따라서 우리의 행동양식과 사고방식을 이해하려면 반드시 時空間이 작용하는 방식을 학습해야만 한다. 사실, 十干과 十二地支 그리고 그것을 바탕으로 조합한 60甲子만큼 시공간이 움직이는 방식을 명확하게 설명해줄 방법은 존재하지 않는다. 우리는 다양한 방법으로 우리의 삶을 읽어보려고 노력한다. 예로 타로, 주역, 점성술, 다양한 점법 등이다. 이런 행위들의 정체는 운세를 보려는 것이지만 사실은 모두 時空間의 움직임을 관찰하는 것이다.

이런 방식들은 운세를 설명해주지만 왜 그런 판단을 했는지 설명하지 못한다. 예로 타로카드를 뽑아서 발전하는 운이라고 해석하지만 왜 그렇게 판단하느냐고 물으면 단지 그런 카드를 뽑았기에 그렇게 해석했다고 말한다. 이유는 모르지만 운세를 읽어내는 방식을 점법이라고 부른다. 그렇다면 무엇을 통하여 시공간 존재를 확인하고 변화원인을 설명할 수 있을까? 그것은 바로 <u>地藏干</u>이다. 가장 명확한 방식으로 시간과 공간의 움직임을 설명해주는 것은 이것뿐이다. 너무도 명확하여 한 치의 의문도 남지 않는다. 시공간의 순환원리에 흥미가 있다면 地藏干에 대하여 필독하기를 권한다.

■ 熱의 정체와 중력

시간의 독특한 특징 중의 하나는 열과 관련되어 있다는 것이다. "<u>시간의 화살표는 熱이 있을 때만 나타난다.</u>" 이처럼 시간과 熱은 아주 깊은 관계에 있는데, 과거와 미래 사이에 차이가 나타날 때마다 열이 관여한다. 만일, 거꾸로 진행된다면 터무니없어지는 모든 현상에는 열과 관련된 무언가가 있다. -시간은 흐르지 않는다. 카를로 로벨리 지음/이 중원 옮김-

사실 우리는 熱에 대해 잘 모른다. 특별한 경우를 제외하고는 열에 대해 별 관심이 없으며 몰라도 크게 문제될 것도 없다. 따라서 시공간에 비해서 매우 소홀한 주제다. 하지만 신기한 점은 시간과 공간을 파고들수록 열의 존재가 궁금해지기 시작하고 반드시 이해할 필요성을 느낀다. 겉으로는 전혀 관련이 없어 보이는 시공간과 熱은 왜 떨어질 수 없는 관계가 된 것인가? 무엇보다 문제는 우리가 열을 명확하게 이해하지 못하면 시간, 공간은 물론이고 물질과 생명체를 이해하기 힘들다.

138억 년 전에 빅뱅으로 우주가 형성되고 46억 년 전에 지구가 생겨났다. 빅뱅이전과 이후의 차이점은 공간이 팽창했고 시간이 탄생했으며 폭발하는 과정에 엄청난 熱이 생겨났다. 열은 우주창조와 밀접한 관계가 있음이 분명하다. 빅뱅을 시공간의 존재와 연결하려는 경향 때문에 열의 존재를 소홀히 하지만 열이 있었기에 지구가 생겨나고 생명체가 태어났으며 생명을 유지한다. 만약 우리의 육체에서 열이 사라지면 죽을 수밖에 없기에 생명과 직접적인 연관성을 가진 것이다. 결론적으로 빅뱅 당시 생겨난 엄청난 열기는 식어가는 과정에 회오리치면서 물질계를 창조했다. 은하, 항성, 행성을 창조한 에너지가 바로 열이며 인체에는 36.5도의 체온으로 그 존재를 드러낸다. 熱과 時空間은 무슨 관련이 있을까? 우리가 생각하기에 時計와 時間은 동일한 것으로 간주하지만 그렇지 않다. 시계는 움직임을 분석하는 척도로 지구의 일정한 회전운동 때문에 시간이 흐른다고 생각한다. 하지만 우리가 시간이 흐른다고 느끼려면 지구에 존재하는 물형에 변화가 있어야만 가능하다.

예로, 시계가 계속 움직여서 시간이 흐른다고 믿어도 物形 변화가 없다면 시간의 존재를 확인할 방법이 없다. 따라서 "시간의 화살표는 熱이 있을 때만 나타난다."는 표현은 지구에 존재하는 열기는 물형을 가진 모든 것들의 움직임에 반드시 개입한다는 뜻이다. 즉, 열이 물형을 결정하는데 그 주체는 시간이다. 달리 표현하면 시간의 존재를 확인하고 싶다면 열의 변화를 살피면 된다. 이런 현상을 멋지게 표현한 글이 있다. 누군가 했던 바로 그 표현 "시간은 변화하는 사물"이다. 이렇게 지구회전, 시간흐름, 물형변화, 열기와 공간, 척력과 중력, 시간과 공간은 깊은 연관성을 가지고 있다. 지구가 회전하는 현상과 물형변화 과정에는 깊은 연관이 있는 것이 확실하다. 이렇게 중요한 熱의 의미를 갑을병정으로 설명하면 이렇다.

빅뱅당시에 엄청난 열이 생겨나고(丁火) 식어가면서 회오리치는 과정에 지구(戊土)를 만들었기에 지구는 열을 품고 있다. 인간의 심장에 열이 있는 이유다. 지구도 인간도 모두 열이 만들어낸 결과물이다. 시간과 열의 상관관계가 명확해졌다. 여기에 중력을 덧칠하면 물형변화의 원리를 더욱 명확하게 이해할 것이다. 하지만 이런 설명들은 모호해서 손에 잡히지 않는다. 열의 존재를 더욱 구체적으로 인지할 방법은 없을까? 자주 듣는 단어들이 있다. 지진, 해일, 쓰나미, 화산폭발, 천둥, 번개와 같은 단어들이다. 가만 생각해보면 이 모든 것들은 지구 속에 존재하는 열의 폭발력 때문에 생긴 것들이라 믿는다. 이런 자연의 이치를 사주팔자에서는 어떻게 발현될까? 戊土를 개라고 부른다. 개의 특징은 집을 지키고 주인을 방어하는 역할에 충실하다. 상황에 따라 사람을 물어서 문제를 일으키는데 이런 작용은 마치 경찰, 군인이 국가를 지키기 위해 총칼을 소지하여 살상의 문제가 발생하는 경우와 유사하다. 戊土가 殺氣를 가진 이유는 火氣를 머금었기 때문에 폭탄, 탄약, 총알처럼 열기가 폭발할 수 있기 때문이다. 戊土 속에 있는 辛은 丁火에 단련되고 압축되어 단단하고, 날카로운 칼이나 총알과 같아서 잘못 반응하면 살기로 육체가 상하고 심하면 사망한다. 따라서 戌土 속 열기가 밖으로 폭발하는 경우는 다이너마이트가 폭발하는 이치와 같아서 주의하여 살펴야 한다. 사주예문을 살펴보자.

時	日	月	年	男
壬	癸	甲	甲	
戌	巳	戌	辰	

78	68	58	48	38	28	18	8
壬	辛	庚	己	戊	丁	丙	乙
午	巳	辰	卯	寅	丑	子	亥

乙亥大運 丁巳年 총상으로 왼쪽 손을 다쳐 1년 동안 치료받았다. 丁巳년은 戌土 속에 숨어있던 丁火 열기가 폭발하여 드러났고 壬癸 水氣에 상했다. 壬癸丁이 삼자조합을 이루면 육체가 상하거나 교통사고 물상이다.

열은 결과적으로 중력과 연결되는데 제 2부에서 丁火를 설명할 때 중력에 대해서 살펴보았다. 지구에 존재하는 사물을 단단하게 만들어 형태를 결정하는 에너지이며 내 쪽으로 당겨오는 운동과정에 반드시 熱이 생겨난다. 심리상태에 비유하면 집착, 집념, 집중, 이기적이다. 지구에 열과 중력이 없었다면 인간은 생겨나지 않았고 우리는 여름에 맛난 수박을 먹지 못했다. 중력이 생겨난 시점을 살피면 빅뱅당시의 열기 때문에 생겨난 것이 분명하다. 열기가 식어가고 회오리 운동이 발생하고 먼지와 가스층이 단단하게 뭉쳐 회전하기에 열과 중력은 매우 밀접한 관계가 있는 것이다. 중력의 특징을 설명한 내용을 간략하게 살피고 넘어가자.

> 중력은 일방통행으로 당기기만 한다. 그러므로 미약한 중력은 상쇄되지 못한 채 쌓이고 쌓여 우주의 모든 힘을 압도하고 심지어 어떤 별은 중력에 짓눌려서 블랙홀로 빨려 들어가 잊혀 진다. 우주의 구멍 - KC 콜. 89페이지

이런 중력에너지의 특징을 사주팔자에서는 어떻게 활용될까?

時	日	月	年	男
庚子	壬戌	丙午	丁未	

77	67	57	47	37	27	17	7
戊戌	己亥	庚子	辛丑	壬寅	癸卯	甲辰	乙巳

이 구조는 열과, 중력에너지를 상징하는 글자들이 년과 월에 가득하다. 따라서 무엇이던 자기 쪽으로 당기려고 한다. 년과 월의 강력한 중력에너지들은 반드시 金氣를 만나서 열매를 수렴해야만 하는데 다행하게 시간에 庚金이 강력한 화기들의 열기를 내부에 축적한 후 壬水를 향하여 오기에 재물 복이 두텁다. 200억이 넘는 재산을 축적하였다.

■ 無 - 존재하지만 보이지 않는 것

항상 우리를 괴롭히는 주제는 神이 존재하는가의 문제다. 우리는 神의 존재유무에 관계없이 神을 믿는 경향이 있는데 보이지 않는다고 존재하지 않는다는 의미가 아니라고 생각하기 때문이다. 인간의 인지능력으로는 우주, 지구자연의 모든 것을 이해하는데 한계가 있음을 인정해야만 한다. 제2부에서 저승사자의 개념에 대해서 살펴보았다. 세상에는 보이지 않기에 존재하지 않지만 실제로는 존재하는 것들로 넘쳐난다. 물질계는 기껏 4%에 불과하지만 96%는 무엇인지 잘 모른다고 해서 광활한 우주가 존재하지 않는 것은 아니다. 또, 사주팔자라고 해서 8개의 글자만 있는 것이 아니라 보이지 않는 암흑에너지 壬水와 癸水가 존재하기에 五柱十字이며 이런 이유로 인간은 윤회를 반복한다. 만약 사주팔자만 있다면 우리는 神을 믿을 필요가 없고 저승사자의 존재를 믿지 않으며 후생을 걱정할 필요가 없다. 無에 대한 연구는 인류의 역사만큼 오래되었다. 선인들의 생각을 간략하게 살펴보자.

플라톤은 대화편 티마이오스에서 말했다. "모든 원소들이 공간의 본성에 영향을 줄 수 있어서 그 속에 다른 것이 들어갈 때마다 성질이 바뀌고 또 바뀐다. 공간이 물질을 창조할 뿐만 아니라 흔들기도 한다는 플라톤의 설명은 시공간을 깊이 연구한 아인슈타인의 말처럼 들린다." 물질은 다시 빈 공간을 흔든다."

물리학자 휠러는 아인슈타인의 시공간을 요약하여 이렇게 말했다. "물질은 공간이 어떻게 휠지 알려주고, 공간은 물질이 어떻게 움직일지 알려 준다" (우주의 구멍 - KC 콜. 54-55 페이지)

아인슈타인은 이렇게 말했다. "물질은 에너지가 많이 집중된 것이고, Field(장)는 에너지가 조금 집중된 것이다. 이것이 사실이라면 물질과 장은 질적으로 다른 것이 아니라 양적으로 다를 뿐이다. 물질과 장이 다르다는 생각은 이치에 맞지 않다." (우주의 구멍 - KC 콜. 103 페이지)

페르미 연구소의 물리학자 퀵은 이렇게 말한다. "힘과 물질의 구분은 낡고 신화적인 것이다. 지금까지는 공기와 물, 사랑과 다툼 따위의 구별이 유용했다. 그러나 결국 이 구분들은 무의미하다. 힘을 운반하는 것과 물질을 구성하는 것의 구분은 언젠가 사라질 것이라고 나는 믿는다." (우주의 구멍 - KC 콜. 113 페이지)

사실 저런 설명들은 어떤 면에서 간단한 문제다. 불교에서 설명하는 색즉시공, 공즉시색과 동일한 표현이기 때문이다. 즉, 물질과 에너지는 한 쌍이며 언제라도 그리고 수시로 물질에서 에너지로, 에너지에서 물질로 변화할 수 있다. 이런 생각에 미치면 세상에는 두 가지 형태가 공존하는데 보이는 것과 보이지 않는 것이다. 인간의 인지력으로 존재한다고 믿으려면 열과 중력에너지가 개입되어 물질과 육체를 만들면 되고 물질과 육체가 소멸하여 사라지면 존재하지 않는다. 보이지 않는 것이 보이는 것을 만들고, 보이는 것이 사라지면 보이지 않는다 생각하지만 결론적으로 두 개는 물형만 달라 보일 뿐 동일한 것임이 분명하다. 그렇다면 이런 변화는 사주팔자에서 어떻게 발현되는 것일까?

時	日	月	年	女
庚	丁	戊	乙	
戌	丑	子	亥	

73	63	53	43	33	23	13	3
丙申	乙未	甲午	癸巳	壬辰	辛卯	庚寅	己丑

이 여인의 팔자는 마치 롤러코스터처럼 엄청나게 심한 기복을 겪었다. 젊어서는 년월 乙癸戊 三字조합으로 시청공무원으로 재직하다가 30대 중반에 애인이 생겼고 남편은 사망했으며 공무원을 그만두고 카바레 꽃뱀 비슷하게 되었다가 53세 이후에는 불교에 귀의하여 중생들의 삶을 보살피면서 살아간다. 우리의 삶은 이 여인처럼 물질에서 정신으로, 입자에서 파동으로 수시로 바뀌면서 살아간다. 우리가 無라고 생각하는 에너지에 휘둘리면 정신을 추구하고, 우리가 有라고 생각하는 에너지에 휘둘리면 육체와 물질을 탐하는 것이다.

■ 대칭

우연히 無에서 대칭을 보았다. 우리는 항상 존재하거나, 존재하지 않거나 둘 중 하나를 습관처럼 편들었는데 이 세상은 有와 無가 함께하고 분리될 성질이 아니라는 것을 인정할 수밖에 없는 상황에 내몰린다. 공부를 할수록 신기하게도 존재와 비존재가 한 쌍으로 이루진 세상임을 인정할 수밖에 없는 다양한 증거들을 발견하고 혼란스러워진다. 2부에서 설명했지만 유와 무가 완벽한 대칭을 이루면 아무런 변화가 없지만 대칭이 깨지면 有라고 세상을 발견하는데 그 과정은 丁火의 重力, 수렴작용으로 戊土 물질계가 생겨났기 때문이며 이것이 성경에서 말하는 선악의 분별에 빠진 세상이다. 즉, 有無의 균형이 깨지고 물질이라 느끼는 쪽이 조금 더 강해진 상태. 따라서 인간은 有無의 대칭이 깨지고 丁火가 좀 더 강한 戊土 色界에 살기에 삶은 불안정할 수밖에 없다.

이 의미는 종교와도 연결되는데 인간의 고통이 비대칭으로 발현되는 것임을 끊임없이 강조하면서 비대칭에서 벗어날 때에서야 비로소 자유로

워진다고 주장한다. 즉, 우주본성은 丁火와 癸水 중력과 척력이 한 쌍으로 구성되어 완벽하게 균형을 이룬 無의 상태이기에 내편, 네 편의 경계가 없었지만 불균형이 만들어낸 세상에서는 간택할 수밖에 없는 속성으로 살면서 고통에서 시달리기에 그 고통에서 벗어나려면 有無 대칭을 완벽하게 맞추라는 것이다. 즉, <u>종교에서 생각하는 우주본성</u>은 有無의 대칭이 완벽하여 전혀 변화가 없는 상태다.

> 한 생각을 일으키지 않으면 과거와 미래가 끊어지고, 밝게 비추는 본체가 홀로 오뚝하면 사물과 내가 모두 여여(如如)하다. 곧장 마음의 근원으로 나아가면 알았다고 할 것도 없고 얻었다고 할 것도 없으며 취하지도 않고 버리지도 않으면 물리칠 것도 없고 닦을 것도 없다. 景德傳燈錄 30 : 51-459중

여기에서 한 생각은 丁-壬-癸 대칭이 완벽한 無의 상태에 머물고 깨지 말라는 뜻이다. 만약 균형을 잃으면 즉시 色界의 탐욕이 동하기 때문이다. 다만, 如如한 상태는 움직임이 전혀 없다는 의미가 아니다. 시공간이 열리기 전에도 완벽한 대칭이 <u>有物混成</u> 상태로 <u>冲氣를</u> 통하여 조화를 이루기 때문이다. 즉, 우주가 생기기 전에도, 우주가 생긴 후에도 한순간이라도 움직임이 존재하지 않는 시공간은 없다.

대칭의 개념을 좀 더 확장해보자. 丁(입자)과 癸(파동) 沖의 대칭과 양자물리학, 그리고 시공간의 순환원리를 응용하면 전생과 이생의 시공간이 절대로 끊어지지 않는다는 결론에 도달한다. 예로 내가 태어난 날을 기준으로 임신한 날을 추론하는 과정을 상상해보자. 양자물리학에서는 입자와 파동이라는 용어를 설명하는데, 내가 엄마의 몸속에서 임신되기 전의 상

태는 파동으로 존재하다가 임신하여 일정의 시간이 지나고 지구에 태어난 날은 입자로 이루어진 색계로 나온 것이다. 의미를 확장해보면, 인간은 육체의 유무에 따라 파동의 세상에서 입자로, 입자의 세상에서 파동으로 순환한다. 여기에 업보의 개념을 덧칠하면 그럴싸한 전생업보의 개념을 추론해 낸다. 우리가 평시에 "업보"라는 단어를 반감 없이 자연스럽게 사용하는 이유는 업보가 존재한다는 생각에 동조하거나 틀리지 않다고 생각하기 때문이다. 하지만 업보가 실제로 존재하는지 증명해보라면 당황할 수밖에 없다. 명리학은 <u>시공간의 순환과정을 통하여 변화하는 색계의 물형을 연구</u>하기에 "업보"를 논리적으로 설명할 수 있는 유일무이한 학문이다.

좀 더 쉽게 파동과 입자의 순환과정을 대칭으로 살펴보자.

丁	(色空의 완벽한 대칭, 神)	癸
色界		空界
입자		파동
甲子		己丑

예로 甲子 일에 태어났다면, 엄마 배속에 임신된 날은 己丑일이며 파동에서 입자로 변하는 과정을 거쳐 甲子 일에 탄생한 것이다. 따라서 己丑과 甲子의 시공간에는 보이지 않아서 정체를 모르는 壬水 神이 色空 양쪽을 연결하고 있음이 분명하다. 그런데 왜 業報라는 용어의 느낌은 좋지 않은 것일까? 그 이유는 色界의 세상을 살던 과정에 잘못된 행위가 있었다고 느끼기 때문이다. 즉, 업보는 전생에 色界를 경험하였다는 뜻이다. 그렇다면 色界를 경험하지 않으면 업보가 없다는 말인가?

이제, 己丑과 甲子 사이에 어떤 업보가 연결되어 있는지 살펴보자. 甲子는 60甲子 즉, 60개로 구성된 시공간의 순환방식 중 처음이다. 인간이 정한 시간표가 지구공간에서 처음으로 출발하였다. 우주에서는 빅뱅의 순간이고 지구에서는 생명체가 탄생할 여건을 갖춘 상황이었다. 이런 이치를 생각해보자. 빅뱅이전에는 시공간조차 없었다고 주장하기에 甲子는 無, 맨손으로 좋던 싫던 새로운 시작을 강요당한다. 또 마치 전생에서 현생으로 타임머신을 타고 뚝 떨어진 상황이라 해도 틀리지 않는다. 황당한 상황에서 얼떨결에 출발하는 것이다. 이런 甲子 에너지의 대칭은 己丑이기에 갑자와 동일하거나 유사한 의미를 가지고 있다. 즉, 전생에서부터 이미 그렇게 살아갈 수밖에 없는 업보를 가지고 甲子로 태어난 것이다. 이것이 시공간, 업보, 양자물리학, 대칭의 개념을 명리에 활용한 예이다. 다만, 책의 내용과는 상이하여 다음 기회에 세론해보자.

■ 양자세계

가장 작은 단위의 세계를 연구하는 학문이 양자물리학이다. 양자를 설명하는 용어들 중에서 가장 익숙한 것은 입자와 파동 그리고 불확정성인데 그 단어들의 중심에도 대칭이 깊이 개입되어 있음을 느낀다. 시간과 공간 그리고 有와 無, 色界와 空界, 육체와 정신이 불완전한 대칭을 이루고 시소게임을 하는 것처럼 보인다. 우리가 위에서 살펴본 것처럼 無는 없음이나 0이 아니고 대칭의 완벽한 균형이라는 것을 알았다. 이렇게 시간과 공간을 파고들면 필연적으로 접해야할 단어들이 熱과 대칭이다. 가만 생각해보자. 위에서 설명한 내용들을 정리해보면 대칭이 중심에 있고 불완전한 대칭으로 色界가 만들어지고 우리는 시공간이 시소 게임하는 골치 아픈 세상을 살고 있다. 색계와 공계가 순환하는 방식으로 이루어지며 그 작용은

沖이 완성한다. 이런 모든 대칭구조들을 갑을병정으로 표현하면 丁壬癸다. 정계 충의 대칭구조로 이루어진 세상이 순환하려면 반드시 중앙에 매질이 필요한데 그것이 壬水로 시소게임을 조정하는 神과 같은 존재다.

■ 거의 모든 것의 통합 - 丁壬癸 한 쌍의 대칭

우리가 대칭을 이해할 때 주의해야할 점은 대칭의 시공간이 멈춘 상태라고 생각하는 것이다. 그렇다면 우리는 양자의 요상한 움직임을 경험할 필요가 없다. 멈추어져 움직이지 않기에 불확정성이 존재할리 없지 않은가? 신기하게도 가장 작은 단위의 세상에도 엄청나게 강력한 움직임이 존재하여 시간과 공간, 입자와 파동을 수시로 변화시킨다. 따라서 우리 일상의 삶도 끊임없는 파동으로 변화한다. 이런 움직임에 반드시 필요한 조건은 충돌이다. 언제라도 無를 깨트릴 수 있는 대칭의 沖이 한순간도 멈추지 않고 조화를 이루어야만 가능해진다. 沖氣以爲化 이 멋진 표현은 노자의 도덕경에 나온다. 위에서 보았던 플라톤의 주장을 다시 읽어보자.

> "모든 원소들이 공간의 본성에 영향을 줄 수 있어서 그 속에 다른 것이 들어갈 때마다 성질이 바뀌고 또 바뀐다. 공간이 물질을 창조할 뿐만 아니라 흔들기도 한다" 또 아인슈타인의 "시공간이 왜곡 된다"

이런 표현들은 보이지 않는 세상에서 沖 작용이 이루어져 시간과 공간의 대칭구조가 비틀어지고 변화한다는 설명이다. 丁壬癸 한 쌍의 대칭구조를 이해하면 삶이 단조로워진다. 복잡했던 모든 것들이 명료해진다. 종교적인 표현을 丁壬癸로 바꾸어 살펴보자.

"어찌하여 한 법이 모든 수행을 다 거두어들인다고 하십니까?

"마음이란 온갖 법의 근본이요 일체의 법은 오직 마음에서 일어난 것이다. 그러므로 마음을 알면 온갖 수행을 다 갖추게 된다. 이를테면 큰 나무의 가지와 꽃과 열매 등이 모두 뿌리로 말미암아 있으니, 나무를 가꾸려면 뿌리를 북돋우어야 비로소 살 것이요, 나무를 베려면 뿌리를 없애야 반드시 죽는 것과 같다. 마음을 알고서 도를 닦으면 노력은 적게 들어도 쉽게 이루어질 것이요, 마음을 알지 못하고 도 닦으면 헛수고만 하고 이익은 없으리라. 그러므로 모든 선과 악은 다 자기 마음에서 생겼으니 마음 밖에서 달리 찾으면 끝내 옳지 않음을 알아야 한다."

"어떻게 마음을 관찰하는 것을 깨달았다고 합니까?"

"보살 마하살(菩薩摩訶薩)이 반야바라밀다(般若波羅蜜多)를 실천 할 때에 사대(四大)와 오온(五蘊)이 본래 비어 실체가 없음을 알았으며, 자기 마음에서 일어나는 작용이 두 가지 차별이 있음을 알았다. 두 가지란 무엇인가? 하나는 깨끗한 마음이요, 다른 하나는 더러운 마음이다. 깨끗한 마음이란 샘(번뇌)이 없는 진여(眞知)의 마음이요, 더러운 마음이란 샘이 있는 무명(無明)의 마음이다. 이 두 가지 마음은 자연히 본래부터 함께 갖추어진 것이어서 비록 일시적인 인연에 의하여 화합하였으나 서로 생겨나게 하지는 못한다. 깨끗한 마음은 늘 착한 인연을 즐기고, 더러운 마음은 언제나 나쁜 업을 생각한다. 만약 진여를 스스로 깨달아 그것이 더러움에 물들지 않는 것인 줄 알면 성인이라 하나니, 모든 괴로움을 멀리 여의고 열반(梁)의 즐거움을 증득할 것이다. 만약 더러움을 따라 악을 지어 번뇌에 얽히고 덮이면 범부라 하나니, 삼계(三界)에 빠져서 갖가지 고통을 받을 것이다. 왜냐하면 더러운 마음이 진여의 본체를 가렸기 때문이다.

이런 표현들은 丁壬癸로 이해하면 매우 쉽다. 분리될 수 없는 한 쌍으로 이루어진 마음이 정신과 육체를 지배하고 있으니 나는 神과 같다. 다만 대칭이 깨지고 육체를 가진 후로는 색계의 탐욕으로 업보가 생겨난다. 따라서 참모습을 찾으려면 원래의 마음을 찾으면 그만이다. 그 마음은 내 육체가 만들어지기 전부터 있었고, 내 육체가 생겨난 후에도 있으며 내 육체가 없어진 후에도 영원히 존재하니 육체의 존재와는 무관한 것이다. 육체를 가진 우리는 항상 丁이나 癸 중에서 하나를 선택하고 좋거나 나쁘다고 선택하기 때문에 번뇌가 생기니 선택만 하지 않으면 열반에 들 것이라는 설명을 하는 것이다. 애매모호한 종교, 철학의 표현들이 丁壬癸로 간단명료하게 이해할 수 있음에 놀란다. 매우 무거운 주제들이다. 여기에 간략하게 언급하는 이유는 추후에 명리를 더 깊게 공부하려는 분들에게 길을 안내하기 위함이다. 지금부터는 시간과 공간의 개념을 좀 더 확장해서 살펴보고 명리에 활용하는 방법을 학습하기로 하자.

01 時間의 종류와 특징

사실 시간은 종류도 없고 특징도 없다. 또 시간은 아무런 행위도 하지 않는다. 하지만 우리는 시간도 있고 시간의 특징이나 종류도 있다고 믿는다. 왜냐면 우리가 神을 창조하듯 時間을 창조했기 때문이다.

1. 원형 - 영원의 시간

우리는 빅뱅 후 138억년 즈음을 지나는 시간에 있다. 빅뱅은 우주의 시작이 아니며 한 번의 순환단위 대략 40조년의 일부분일 뿐이라는 주장도 있다. 지구에서 원형의 시간은 지구가 회전하기 때문에 생겨난 것이다. 만약 지구가 멈춰 선다면 우리는 시간이 존재한다고 느낄까? 지구의 영원한 시간은 명리에서 天干 合으로 살필 수 있다. 시간은 매년 四季를 순환하기를 반복한다. 원형의 시간에 대한 선현들의 주장을 살펴보자. 노자 道德經 14장에서 繩繩不可名, 復歸於無物. 迎之不見其首, 隨之不見其后. 원형의 시간을 설명하고 있다. "끊임없이 이어져 이름을 정할 수는 없지만 돌고 돌아 無로 돌아가기에 시작과 끝이 어디인지 알 수 없다" 이렇게 시간은 영원히 원을 그리며 이어지면서 物形을 만들고 사라지기를 반복한다. 우리는 시간의 시작도 끝도 확인할 방법이 없다. 禪家龜鑑(선가귀감)에도 유사한 표현이 있다. "一物者 何物○, 一相圓, 不曾生 不曾滅 名不得 狀不得也" 한 물건이 있어 동그라미 일원상(一圓相)으로 생겨나지도 않았고, 없어지지도 않는다. 이름을 지어 붙일 수도, 모양으로 그려 보일 수도 없다. 이 또한 영원의 시간을 상징한다. 시작과 끝을 모르니 시간의 출발점을 알 길이 없다. 원형의 시간은 우주의 모든 것을 순환하게 만든다.

2. 삼각형 - 色界를 순환하는 시간.

삼각형의 시간은 반드시 원형의 시간을 바탕으로 만들어진다. 따라서 원형의 시간이 없는 삼각형의 시간은 존재하지 않는다. 불교의 色卽是空, 空卽是色의 표현처럼 물질이 생겨나 사라지고 다시 생겨나기를 반복한다. 색계와 공계, 양음, 시간과 공간, 척력과 중력 작용을 반복한다. 삼각형의 시간은 반드시 시작이 있고 끝이 있으며 氣가 동하여 質로 바뀌고 새로운 氣가 동하기를 반복한다. 命理 이론으로는 三合運動으로 陽氣가 동하고 시간이 지나 陰氣가 생겨난다. 예로, 사업을 시작해도 즉시 수입이 발생할 수는 없다. 반드시 준비과정을 거쳐야만 한다. 사업을 시작하여 돈을 가장 많이 벌어들이는 시점이 바로 삼각형 꼭짓점이다. 연예인의 인기가 절정에 이른 것이고 인생에서 가장 화려했던 시간이다. 꼭지에서 하강하여 밑바닥에 이르면 사업을 마감하고, 연예인은 어디론가 사라졌고, 우리는 늙어서 묘지에 들어간다. 이처럼 우리의 인생은 三角形 형태로 순환한다. 삼각형의 시간이 중요한 이유는 유일하게 물질과 육체의 생장쇠멸 과정을 설명해주기 때문이다. 삼각형은 物質界를 다스리는 法道로 이집트 피라미드 형태가 삼각형인 이유도 생명의 영원불멸을 기원하는 것이라 믿는다. 삼각형의 시간이 우리에게 주는 의미를 정리해보자.

1) 시작과 끝
삼각형 밑점에서 時間이 출발하고 꼭짓점을 향하여 흐르다가 꺾이기 시작하여 정반대편 밑점에 이르고 끝난다. 즉, 시간이 시작되고 끝나는 과정이 삼각형의 형태로 이루어지는데 삶에 비유하면 탄생하고 성장하여 젊은 시절을 지나 노화하여 사망에 이른다. 이런 자연의 이치는 사주팔자를 이해하는데 극히 중요하다.

2) 꼭지에 이른 후에 하강한다.
대부분 명리이론은 에너지 값을 동일하게 간주한다. 어이없는 논리인데 특히 十神에는 생극으로 에너지 값을 동일하게 인식한다. 예로 比肩, 偏官, 傷官과 같은 명칭들은 시공간의 시작도 끝도 없기에 生死도 없는 황당한 논리들이다. 四季를 순환하는 과정에 물질과 육체변화는 명확하게 시간의 시작과 끝에 의한 것이며 生死는 필연적인 과정이다.

3) 十干 에너지 값은 다르다.
十干 에너지 값이 상이함에도 동일하다고 생각하는 이유는 生剋으로만

살피는 十神 때문이다. 어떤 문제인지 자연의 이치로 살펴보자. 봄에 새싹들이 사방팔방 퍼지도록 도와주는 에너지는 癸뿐이다. 바로 癸乙, 癸卯다. 인간의 인지작용으로는 빛을 상징하는 丙火가 乙(초목)을 키운다고 생각하며 乙丙이나 乙巳로 조합하여 좌우확산을 촉진한다고 판단하지만 자연의 이치는 그렇지 않다. 四季圖로 살피면 명확해진다. 四季 순환과정에 십간에너지 값이 상이하기에 봄에 새싹을 급속하게 퍼지게 만들어주는 에너지는 癸水뿐이며 우후죽순이라 표현한다. 丙火는 여름에 열매의 부피를 확장하는 에너지로 卯木의 좌우확산 운동을 촉진하지 못한다. 乙의 에너지는 봄에 배속되어서 丙火가 미약하여 활용하지 못하기 때문이다. 이런 이치는 나중에 四季圖를 설명할 때 살펴보기로 하자. 이렇게 자연은 각 계절마다 상이한 에너지 값을 배치하였음에도 사주팔자를 분석할 때는 十神 논리로 에너지 값이 동일한 것처럼 착각한다.

생각해보라. 만약 모든 에너지 값이 동일하면 갑자기 **폭발하다, 빠르다, 순식간이다** 와 같은 표현은 존재할 수 없다. 자연은 삼차원이며 평면이 아니다. 에너지 값을 일직선상에 놓으면 파동이 전혀 없고 시공간 변화가 없지만 우리의 일상은 전혀 다르다. 지구에서의 물형변화는 전혀 다른 에너지 값 때문에 발생하는 것이다. 삼각형 밑변을 출발할 때는 힘들지 않지만 꼭짓점에 이르면 가장 힘들다가 하강을 시작하면 편해진다. 탄생하여 부모의 도움으로 성장하다가 젊어서는 스스로 삶을 개척하다가 늙어서 사망에 이르는 과정과 동일하다. 비록 육체와 물질은 일직선 시간 선상에서 사건이 순차적으로 발생하지만 물형은 삼각형 모양으로만 변하기에 에너지 값은 상이할 수밖에 없음을 이해하자. 사주팔자 예를 살펴보자.

時	日	月	年
癸卯	壬子	丁酉	辛亥

각각의 글자를 동일한 에너지 값으로 살피면 에너지 증감을 인지하지 못한다. 辛酉는 금속성으로 火氣가 없다면 무거워 움직임이 둔하지만 丁火가 辛酉를 담금질하듯 자극하면 水氣를 향하여 총알처럼 튀어나가 뜨거움을 해소하거나 상대적으로 약한 木氣를 공격한다. 水氣를 향하면 극히 총명하고 돈을 벌어들이는 속도가 엄청나게 빠르다. 문제는 水氣가 없어서 칼로 나무를 자르듯 木氣를 향하면 육체가 상하거나 건강에 문제가 생긴다. 예로, 火氣가 없는 辛酉 에너지 값이 1이라면 丁火가 있는 辛酉의 에너지 값은 100으로 변한다. 옆집 아저씨는 몇 년 사이에 100억을 벌었다고 하는데 나는 평생 일했어도 3억도 모으지 못한 이유는 모두 에너지 파동 값이 틀리기 때문이다. 이 남자는 丁火로 돈을 빠르고 쉽게 벌며 200억 재산가다. 이런 조합을 丁辛壬 三字조합이라 부른다.

3. 직선 – 탄생과 죽음, 시작과 끝을 상징하는 시간.

원형의 시간을 기반으로 삼각형의 시간이 순환하는 과정에 직선의 시간은 유한적으로 일정 시점에서 시작하고 마감한다. 인간이 태어나 직선의 시간으로 살다가 죽음을 맞아 사망하기까지 과정이며 과거에서 현재 그리고 미래를 향하여 한쪽방향으로만 흐른다. 직선의 시간은 유한적이고 시작과 끝이 있으며 과거와 미래를 바꾸지 못한다. 이렇게 인간은 다른 특징을 가진 세 종류의 시간에서 살아간다. 영원을 상징하는 원형의 시간에서 물질의 생장쇠멸 과정의 삼각형 형태로 태어나 성장하고 노쇠하여 사망한 후 윤회의 시간을 거쳐 재탄생한다.

02 時空間을 표현하는 方式

가장 나다운 인생을 살기 위해서 두 가지 관점을 학습할 필요가 있다. 첫째 時空間을 상징하는 60甲子 구조를 이해하고 둘째 地藏干을 통하여 시공간 순환방식을 이해하는 것이다. 은나라에서 사용하기 시작한 60甲子의 용도는 사주팔자 길흉을 살피려던 것이 아니었다. 넓은 지역을 통치하던 은나라는 조상과 여러 神들을 숭배하고 중대한 문제가 있을 때마다 제사를 지내 점복에 나타난 神의 뜻에 따라 통치하였는데 60甲子를 활용한 점복의 기록을 갑골문에 새기는 방식을 사용하였다. 273년간 왕실의 제사, 왕의 안위와 출입, 사냥과 전쟁, 기후와 천문, 사회. 경제, 군사, 농경, 신들의 재앙에 관한 것도 있다. 예로 이런 식이다.

"불길하게도 대낮에 금성이 나타났습니다. 신(辛)의 군대를 출병시킬까요? 주후서백(周侯西伯)의 군대와 그의 우군들이 주(州) 서읍 으로부터 혁명을 일으키는 일이 없을까요? 조왕 문정과 부왕 제을께서 돕고 지켜주실까요? 엄정한 기강이 무너지고 방임되는 일이 있을까요?

이 책에서는 甲乙丙丁, 子丑寅卯는 시공간부호이며, 각 글자는 어떤 에너지의 파동을 가지고 있는지, 각 천간과 지지가 天地로 결합하여 60甲子 간지를 이룰 때 어떤 시공간을 상징하는지, 어떤 에너지파동을 만들어내는지를 살피고자 한다. 은나라 갑골문의 60갑자를 현대글자로 표기하면 아래와 같다.(기 출판한 책 시공간부호 갑을병정에서 발췌)

甲甲甲甲甲甲 － 1) 甲 天干 시간부호
寅辰午申戌子 － 2) 地支 공간부호, 陽氣와 조합(寅午戌/申子辰)
乙乙乙乙乙乙 － 3) 乙 天干 시간부호
卯巳未酉亥丑 － 4) 地支 공간부호, 陰氣와 조합(亥卯未/巳酉丑)
丙丙丙丙丙丙 － 5) 丙 天干 시간부호
辰午申戌子寅 － 6) 지지 공간부호, 陽氣와 조합(寅午戌/申子辰)
丁丁丁丁丁丁 － 7) 丁 天干 시간부호
巳未酉亥丑卯 － 8) 지지 공간부호 陰氣와 조합(亥卯未/巳酉丑)
戊戊戊戊戊戊 － 9) 戊 天干 시간부호
午申戌子寅辰 － 10) 地支 공간부호, 陽氣와 조합(寅午戌/申子辰)
己己己己己己 － 11) 己 天干 시간부호
未酉亥丑卯巳 － 12) 지지 공간부호, 陰氣와 조합(亥卯未/巳酉丑)
庚庚庚庚庚庚 － 13) 庚 天干 시간부호
申戌子寅辰午 － 14) 지지 공간부호, 陽氣와 조합(寅午戌/申子辰)
辛辛辛辛辛辛 － 15) 辛 天干 시간부호
酉亥丑卯巳未 － 16) 地支 공간부호, 陰氣와 조합(亥卯未/巳酉丑)
壬壬壬壬壬壬 － 17) 壬 天干 시간부호
戌子寅辰午申 － 18) 지지 공간부호, 陽氣와 조합(寅午戌/申子辰)
癸癸癸癸癸癸 － 19) 癸 天干 시간부호
亥丑卯巳未酉 － 10) 地支 공간부호, 陰氣와 조합(亥卯未/巳酉丑)

60甲子 배열구성에 숨겨진 의미를 간단히 살펴보자.

1. 60甲子 시공간은 甲子부터 출발하였다.

가장 오른쪽 위 甲子에서 시작하여 아래로 乙丑, 丙寅, 丁卯 순으로 흘러 가장 왼쪽하단 癸亥에서 끝난다. 이렇게 60갑자가 한번 순환하면 년 단위로는 60년이요, 환갑(還甲)이다. 따라서 환갑이란 내가 태어난 해가 60년 세월이 흘러 다시 돌아왔음을 뜻한다.

2. 양음의 반복

甲子에서 시작하여 乙丑으로 흐르는데 甲子는 陽氣요 乙丑은 陰氣다. 甲子의 양기가 동한 후 乙丑 음기로 완성된다. 같은 이치로 丙寅의 양기가 동하여 丁卯의 음기로 완성된다. 세상의 모든 이치는 기운이 동해야 비로소 물질, 육체, 재물로 발현된다. 즉, 陽氣는 에너지로만 존재하여 그 실체를 규정하지 못하지만 陰氣를 만들어내는 주체다. 陰氣는 눈으로 확인 가능한 물질, 육체다. 이렇게 양음을 하나의 조합으로 묶으면 30 쌍이다.

3. 陽氣干支조합

甲甲甲甲甲甲 ---1) 甲의 시간부호
寅辰午申戌子 ---2) 地支 공간부호, 陽氣와 조합 (寅午戌/申子辰)

甲子에서 시작하여 매 10년마다 甲戌, 甲申으로 흘러 마지막에 甲寅으로 끝난다. 甲子로 하늘이 열리고 시공간이 변화하여 甲寅에 이르면 하늘과 땅 사이에 기운이 통하여 마치 하늘의 뜻이 땅에서 이루어진 것과 같다. 甲子는 하늘에서 비가내리고 한참 지나서야 죽순이 돋는데, 甲寅은 하늘에서 비가 내려 땅과 접촉한 순간 죽순이 땅을 뚫고 오르는 이치다.

4. 간지의 조합 - 陰氣

乙乙乙乙乙乙 - 3) 을목의 시간부호

卯巳未酉亥丑 - 4) 지지의 공간부호, 陰氣와 조합 (亥卯未/巳酉丑)

乙丑에서 시작하여 우에서 좌로 매 10년마다 乙亥, 乙酉로 흘러 마지막에 乙卯로 끝난다. 이 의미도 다를 바 없는데 甲子는 양기요, 乙丑은 음기로 출발하였다는 차이가 있다.

5. 地支 공간의 흐름

甲甲甲甲甲甲 - 1) 갑목의 시간부호 陽氣

寅辰午申戌子 - 2) 지지의 공간부호, 陽氣와 조합 (寅午戌/申子辰)

천간은 모두 甲으로 동일하지만 지지는 子戌申午辰寅으로 전혀 다르다. 甲의 시간이 상이한 6개의 공간과 만난 것으로 甲의 시간은 동일해도 공간에서 발현되는 에너지는 변화한다. 또 甲이 양기이기에 6개의 陽氣특성을 가진 공간과 짝을 이룬다.

6. 陽氣의 삼합운동

甲甲甲甲甲甲 - 1) 갑의 시간부호 陽氣

寅辰午申戌子 - 2) 지지 공간부호, 陽氣와 조합(寅午戌/申子辰)

三合운동에 대해서 따로 살펴보도록 하자. 子에서 시작하여 子申辰으로 흐르는데 水삼합이라 표현하며, 그 흐름이 9개월 동안 변하는 이치를 표현한 것이다. 나머지 격한 글자들은 戌午寅으로 寅午戌 火삼합이라 부르며 지구에서 火氣가 9개월 동안 변하는 이치를 표현한 것이다. 甲의 時間은 水火의 조화로 6개의 공간 위를 흐른다. 그런데 왜 申子辰 삼합임에도 甲申부터 시작하지 않고 甲子에서 시작했으며, 甲寅이 아니라 甲戌에서 시작했는지 의문이 생긴다. 그것은 빅뱅으로 은하, 별, 행성이 생기고 지구가 생겨난 후 지구에 처음으로 생명체가 동하는 시점을 기준으로 60甲子를 만들었기 때문이다. 甲子는 하늘에서 甲 생기가 동하였으나 지구에는 생명체가 존재하지 않았지만 존재할 여건은 마련되었음을 표현한 것이다. 이런 이유로 남자의 정액을 子水로 표현하며 無에서 생명체 有를 창조해가는 과정이다.

7. 陰氣의 삼합운동

乙乙乙乙乙乙 - 3) 乙의 시간부호
卯巳未酉亥丑 - 4) 地支 공간부호, 陰氣와 조합 (亥卯未/巳酉丑)

乙丑에서 시작하여 乙酉, 乙巳로 흐르는 과정은 巳酉丑 金삼합운동을 표현한 것이요, 乙亥에서 시작하여 乙未, 乙卯로 흐르는 과정은 亥卯未 木삼합운동을 표현한 것이다. 木과 金은 水火의 에너지에 의해 발현된 생명체나 물질을 의미한다. 아래에서는 은나라에서 사용했던 갑골문 모양과 현대에서 사용하는 60갑자 모양의 차이점을 간단하게 살펴보고, 고대 문헌에 기록된 10干과 12地支 글자 뜻을 간략히 살펴보자.

3천 년 전 60갑자 모양을 살피면 十干과 12지지를 어떤 의미로 이해하고 있는지 추측할 수 있다. 갑골문과 고대문헌에 기록된 의미를 정리하면 아래와 같다.

甲(갑)

十자 모양은 식물의 외부껍질이 터지는 모양이며 동식물 신체의 딱딱한 껍질을 의미한다.

乙(을)

휘어진 선과 같은 형태로 봄에 좌우로 싹이 오르는 모양이다. 따라서 乙의 의미는 휘어짐, 굴곡과 관련된다.

丙(병)

갑골문 모양은 사각형 중앙에 구멍이 뚫려있고 그 위에 음식을 만들 수 있는 조리 기구를 올려놓은 후 밑에서 불을 지피는 모양을 본뜬 것이다.

丁(정)

갑골문 모양은 못의 대가리 부위로 본래 뜻은 못으로 박아 단단하게 고정하니 견실하다는 의미다. 못은 금속으로 만들어져 강건, 건장함을 뜻하며 성년남자를 "壯丁"으로 표현한다.

戊(무)

갑골문의 모양은 한 자루의 달 모양같이 생긴 큰 도끼다. 戊土는 중앙에 위치한다는 뜻이다. 큰 도끼는 전쟁 혹은 강압적으로 누르거나 방어하는 것, 살상력을 뜻하고 내 것과 네 것을 다투는 분쟁, 쟁투를 암시한다.

己(기)

갑골문의 모양은 꺾이고 휘어진 선으로 마구 꼬인 밧줄모양이 아니라 일정한 형상으로 구부러졌다. 己의 본래 의미는 화살을 쏠 때 사용하는 도구 위에 매달린 밧줄이다. 굴절모양으로 구불구불한 곳에 들어와 저장한 모양이다.

庚(경)

갑골문의 모양은 두 손으로 나무의 가지를 잡는 모습이다. 庚은 가을에 만물이 성숙해가는 상이다.

辛(신)

갑골문 모양은 고대에 사용하던 刑刀로 노비나 범죄자들의 얼굴에 글자를 파던 도구다. 현대의 물상으로 표현하면 몸에 문신을 새기는 행위와 동일하다.

壬(임)

壬水는 본래 실타래를 실패에 감는 모양을 본뜬 것으로 실이 감길수록 점점 부풀려지니 점점 커진다, 많아진다는 뜻이다. 또 壬은 임신한 모습이다. 壬水는 辛金을 이어 받았고, 亥水와 壬水의 기운은 子水가 이어받는다. 윤회를 암시한다.

癸(계)

갑골문 모양은 고대병기 화살 두 개를 엑스자로 교차한 모양이다. 또 발폭이나 화살 폭으로 도량하는 행위를 의미한다.

子(자)

갑골문 모양은 배포에 싸인 아이다.

丑(축)

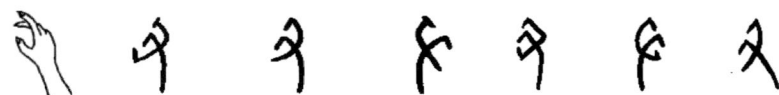

갑골문 모양은 두 손가락을 사용하여 갈고리를 만든 모습으로 물건을 집는 것을 의미한다. 일을 시작할 때라는 의미로, 음기가 극에 달해 딱딱하게 뭉쳐있던 것이 점점 풀리는 형상으로 만물이 동하니 머지않아 농사를 지어야 한다.

寅(인)

갑골문 모양은 화살을 상징하며, 두 손으로 활을 당겨 화살을 쏘는 모양이다.

卯(묘)

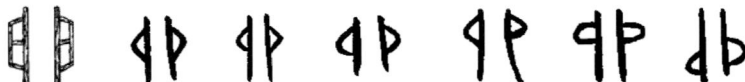

갑골문은 양쪽으로 문이 열리는 모양이다. 卯時는 아침에 집의 문을 열고 밖으로 나가 노동을 시작하는 시간이다. 2월에 만물이 땅 밖으로 튀어나오는 것이니 문을 여는 형상이라 天门이라 했다.

辰(진)

갑골문 모양은 고대에 두꺼비 모양의 조개껍질로 만든 농기구를 의미했다. 즉, 농사와 관련됨을 뜻한다.

巳(사)

갑골문 의미는 잉태한 태아를 상징한다. 巳火는 뱀과 같은 모양이다. 子水도 아이요, 巳火도 잉태한 아이다. 전혀 다른 공간에서 아이를 임신할 수 있다니 이해가 어렵지만 戌亥와 辰巳를 천라지망이라 부르는 이유와 관련이 있다.

午(오)

갑골문은 곡물을 찧는 절구와 같은 모양으로 양손으로 잡고 위에서 아래로 힘을 가하여 곡물을 찧거나 빻는다.

未(미)

갑골문 모양은 지엽이 무성한 나무를 상징하며 번영을 의미한다. 未는 곡물에 맛이 들었다는 의미로 만물이 장성하니 맛을 갖게 된다.

申(신)

갑골문 모양은 하늘의 번개를 의미한다. 번개는 음양의 전류가 만든다.

酉(유)

갑골문의 모양은 밑바닥 끝이 뾰족한 술 단지로 바로 세우지 못하니 반드시 받침대로 고정해야만 한다. 酉는 西 + 一로 西方과 가을이요 만물이 성숙함이다. 따라서 西는 곡물의 성숙을 뜻하고 술 단지와 같은 모양이고, 一은 술 단지 내부에 내용물이 있다는 의미다.

戌(술)

갑골문 모양은 갑옷을 입은 군인이 무기를 들고 있는데, 변방을 지키는 수비대로 왼쪽에 넓고 평평한 날을 가진 도끼를 잡고 있다.

亥(해)

갑골문 모양은 돼지의 형상이다. 남녀가 만나 교합하는 것을 암시한다. 다른 뜻으로 亥水는 2일에 한번 열리는 시장을 뜻했다.

은나라 갑골문 모양과 本意는 대부분 사라졌지만 시공간 부호를 만들 때 어떤 의미로 만들었는지 실마리를 얻을 수는 있다. 예로 戊辛寅戌은 전쟁, 싸움, 몸이 상함을 암시하고, 壬癸亥子는 대부분 임신과 관련 있다. 무엇보다 중요한 것은 3천 년 전에 은나라는 이미 60갑자를 시공간 부호로 활용하였다는 점이다.

03 干支構造의 이해

현대인들은 60甲子를 개인의 사주팔자 길흉을 판단하는 부호로 생각하지만 은나라에서는 시공간의 순환과 변화를 살피기 위한 부호였다. 60甲

子는 命理의 모든 것이며 인간이 우주, 지구자연을 관찰하고 이해하는 가장 뛰어난 탐구방식이다. 우리가 간지구조를 자세히 학습하는 이유는 시공간이 반응하는 방식을 이해해야 하기 때문이다. 간지구조는 天干과 地支로 극히 간단해 보이지만 地支에 감추어진 地藏干을 감안하면 그렇지 않다. 지구공간은 3차원이지만 자발적으로 물형을 변화시킬 수 없고 時間과 조화를 이룰 때에서야 비로소 4차원 시공간에서 변화가 발생한다. 즉, 지구는 삼차원의 세계로 이루어졌다 해도 時間이 흐르지 않으면 변화가 생기지 않는다. 시간이 지구공간을 흐를 때에서야 변화가 발생하기에 변화를 일으키는 원인은 시간임이 명백하다.

따라서 時間은 **지구에서 발생하는 사건, 현상들의 순서를 결정해주는 방식**이다. 시공간의 작용원리를 이해하면 과거에 발생한 그리고 미래에 발생할 사건이나 현상을 이해하고 예측한다. 동일한 논리로, 시공간의 작용원리를 활용하면 삶의 여정을 읽고 이해한다. 그렇다고 시공간 작용방식을 이해하는 것이 쉽다는 뜻은 아니다. 다행한 것은 선인들이 地藏干을 남겨서 시공간 순환원리를 이해하는데 큰 도움을 주었다. 地藏干은 시간과 공간이 조우하는 방식이자, 시간이 공간을 다스리는 방식이다. 즉, 시간이 지구공간에서 어떻게 움직이는가를 설명해주는 것으로 시간의 정체를 밝혀줄 유일무이한 존재다.

天地人에서 人을 사람이라 설명하지만 공간에 품은 천간의 時間을 상징하며 시간(천간)이 지구를 다스리는 방식을 표현한 것이다. 정리하면, 60干支는 시공간부호이며 自然의 순환과정을 살피는 부호다. 사주팔자를 분석하려고 만든 부호가 아니지만 2천년이 지나서 인간의 길흉을 판단하는데 활용하기 시작하였다. 극히 간단해 보이는 60간지 구조가 생각보다 복잡한 이유를 살펴보자. 간지구조는 대략 5가지로 분류할 수 있다.
  가. 天干과 天干
  나. 天干과 地支
  다. 地支와 地支
  라. 天干과 地藏干
  마. 地支와 地藏干

甲子간지로 구조를 살펴보기로 하자.
甲 - 天干. 시간. 에너지. 수시로 동하며 멈추지 않는다.
子 - 地支. 공간. 물질, 육체, 환경, 時間이 흘러야 변화한다.
壬癸 - 地藏干. 子水에 담긴 壬, 癸를 地藏干이라 부르며 공간의 물형을 결정하는 時間이자 에너지다.

이렇게 간단한 구조가 명리의 전부라 해도 과언이 아니다. 지구자연, 인간의 길흉화복을 판단하는 가장 합리적인 시공간 부호이자 방식이다. 개념을 확장해보자. 甲의 명칭은 다양하게 부를 수 있는데 天干, 시간, 에너지, 氣와 같은 이름들이다. 선인들은 변화과정을 면밀하게 관찰하여 지구에 열 개의 時間이 흐르고 있음을 깨달았으며 甲에서 癸까지 갔다가 다시 甲으로 순환하는 이치를 이해했다. 지구가 회전하는 과정에 四季와 하루의 변화과정이 발생하기 때문이다. 고대에 이런 변화를 易라는 명칭으로 표현했는데 봄에서 가을 지나 다시 봄이 오는 원리를 깨닫고 시간이 한시도 멈추지 않고 순환함을 표현한 것이다. 子는 地支라 부르고 지구터전이며 물질, 공간, 환경, 육체를 상징한다. 만약 지구공간이 없다면 어떤 일이 벌어질까? 삶의 터전이 없기에 생명체가 존재할 수 없다. 터전이 있기에 시간이 순환하고 공간에 변화가 발생한다. 12개의 地支는 地藏干과 상관없이 고유한 공간특징을 갖는다. 예로, 酉月의 공간은 가을이며 열매를 수확하는 계절이고 卯月의 공간은 봄으로 발산에너지로 새싹들의 성장을 촉진하는 계절이다. 이런 공간특징과는 별도로 子水 속에는 壬, 癸가 있는데 이것을 地藏干이라 부르며 地支공간을 지배하는 시간을 표현하였다. 지구공간은 스스로 아무것도 할 수 없고 반드시 천간의 지배를 받으며 천간이 요구하는 대로 물형을 변화시킬 뿐이다. 예로 甲子의 경우, 甲은 수직으로 상하운동 하는 에너지이자 모든 것의 출발점과 같다. 子水는 발산에너지를 폭발시켜서 봄을 향하는 공간인데 어떤 방식으로 향하는가를 이해하려면 地藏干에 있는 시간들의 작용을 살펴야한다. 子水에 壬癸가 있고 壬水의 속성이 癸水의 속성으로 변한다. 따라서 甲과 子水, 그리고 壬, 癸에너지가 조합을 이루어 간지의미를 창출한다. 壬水가 癸水로 폭발하면 응축에너지가 氣化되고 겨울에서 봄을 향한다. 天干과 天干은 에너지 조합하고, 天地는 시간과 공간이 조합한 것으로 천간과 지지 사이에 텅 빈 공간이 존재한다. 즉, 천간과 천간은 반응이 직접적이지만 天地는 중간에 텅 빈 공간을 격하여 간접적이다. 그림으로 표현하면 아래와 같다.

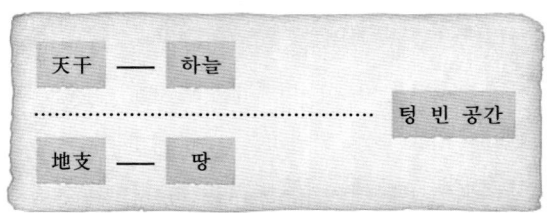

이런 구조이기에 天干과 地支는 직접적이지 않으며 간지가 반응하려면 반드시 시간이 필요하다. 2012년 "노아"라는 영화에 나오는 장면이 있다. 하늘에서 비가 떨어지는 순간 땅이 즉각 반응하면서 초목이 우거지는 장면이다. 실제 삶에서는 하늘과 땅이 즉각 반응하지 못하기에 반드시 시간이 필요하다. 이런 시공간 반응차이 때문에 60甲子는 甲子로부터 출발하며 절대로 甲寅부터 출발하지 못한다. 여기에서 간지를 분석하는 몇 가지 방법을 간단하게 살펴보자. 자세한 내용은 뒤에 차근차근 풀어갈 예정이기에 이런 것이 있구나 정도로 넘어가자. 干支를 분석하는 방법 중에서 天干 合과 三合운동이 가장 중요하다. 지구의 시공간 순환방식이 天干 合과 三合운동으로 이루어지기 때문이다. 예로 庚이 寅午戌 三合과 干支를 이룰 때 무슨 의미가 있는지 살펴보자. 살피는 방법은 아래와 같다.

庚 - 庚은 부드러운 물형을 딱딱하게 변화시키는 에너지다. 바로 만든 빵은 부드러웠으나 水氣가 마르면 딱딱해지는데 움직임을 유도하는 작용을 하는 것이다. 또 다른 예로, 분위기가 좋았는데 딱딱하게 만들어버리는 작용도 庚이다. 庚이 어떤 방식으로 합하는지 살펴보자. 甲乙丙丁戊己庚辛壬癸甲으로 순환하는 과정에 자신을 포함하여 6번째 글자와 합하면서 회전한다. 甲은 己土와 甲己 합하고, 乙은 庚과 乙庚 합하며, 丙은 辛과 丙辛 합하고, 丁은 壬水와 丁壬 합하며 戊는 癸水와 戊癸 합한다. 이런 회전이 끝나면 정반대로 己土가 甲과 己甲 합하며, 庚이 乙과 庚乙 합하기를 반복한다. 합하는 이유는 극히 간단한데 지구가 회전을 반복하기 위해서는 에너지에 변화를 주어야하기 때문이다. 예로 甲의 시간만 있으면 지구는 회전하기 못하기에 반드시 己土와 합하여 甲의 시간에 변화를 주는 것이다.

합의 의미를 분석하는 방법은 매우 다양한데 여기에서는 時空間 순환과정으로 乙庚 합의 작용력을 살펴보자. 乙은 봄에, 庚은 여름에 배속된 시간이다. 따라서 봄에 새싹이 성장하고 여름에 열매가 열리는 시공간에서 이루어지는 합이기에 재물을 상징한다. 예로 여름에 과일이 익으면 판매를 통하여 수익을 올리기 때문이다. 乙庚 합이 사주팔자에 있으면 장사, 사업으로 재물을 축적하려는 욕망이 강하다. 만약 사주에 乙庚 합을 가졌음에도 장사나 사업대신 봉급생활 한다면 원하는 것을 못하기에 정신적으로 갈등한다. 乙庚 合의 특징은 부드러운 새싹 乙이 丙火의 분산작용으로 시간이 흐르면서 점차적으로 딱딱해지고 결과적으로 庚으로 변한다.

寅午戌 - 寅午戌 삼합운동을 火局이라 부르는 이유는 만물의 부피를 확장하기 때문이다. 예로 살이 찌거나, 재산이 불어나거나, 문제가 확대되거나, 소문이 부풀려지는 것은 모두 火의 속성이다. 申子辰 삼합운동을 水局이라 부르는데 寅午戌과 정반대 속성이다. 만물의 부피를 극도로 축소하고, 재산이 줄어들고, 문제가 축소, 감추어지거나, 은폐되고, 있던 소문도 사라지며 만물이 내부에 감추어져 보이지 않는다. 이런 기본적인 특징을 이해하면 개인의 성격, 심리, 학업, 직업을 추론하기 쉬워진다. 寅午戌 삼합을 에너지 특징으로 살피면 물질, 육체, 공간을 분산 에너지로 환하게 비추고 확장하는데 寅에서 출발, 午에서 극에 이르고, 戌에서 빛이 사라지면서 확장세가 사라진다. 이렇게 정해진 三合 작용은 변하지 않는다. 여기에 干支로 조합하면 庚寅, 庚午, 庚戌로 의미를 살펴보자.

庚寅은 재물을 확장하고자 寅에서 확산에너지를 출발한다. 그렇게 하는 이유는 재물에 대한 만족도가 낮기 때문이고 문제를 해결하고자 변화를 주는 것이다. 예로 사업장, 직장, 직종을 바꾸거나 차 혹은 배우자, 사람을 바꾸는데 그런 행위에 숨겨진 의미는 변화를 주어서 재물을 더 많이 갖고자 하는 것이고 다른 것들을 바꾸는 이유도 환경에 변화를 주어서 발전을 꾀하는 것이다. 이렇게 庚은 어떤 지지와 배합하더라도 근본적으로 추구하는 것은 물질이다. 다만 寅午戌과 배합하면 재물과 명예, 교육, 공직과 인연이며, 申子辰과 배합하면 물처럼 자유로움을 추구하고, 예술, 기술, 장사, 사업을 추구한다. 庚午는 재물을 확장하는 중간과정으로 庚이 午에서 丙, 丁이 바뀌면서 열매를 丙火로 확장하다가 丁火로 갑자기 확장세가 줄어들기 시작한다. 자연에 비유하면 활짝 피었던 꽃이 열매 맺고자 부피가 줄어들고 단단해지는 것이다. 庚戌은 재물을 확장하는 丙火에너지가 소멸되는 공간이다. 따라서 물질, 재물, 직위, 권력 확장은 더 이상 불가능하다. 예로 현재의 직장에서 더 이상 승진은 어렵다. 이런 상황에서 庚은 직장을 바꾸려고 시도하며 庚寅으로 새 출발하는 것이다.

간지는 60개가 있는데 간지가 간지를 만나면 어떤 방식으로 조화를 이루며 어떤 의미를 도출하는지도 간략하게 살펴보자. 아마도 명리를 처음 접해보는 독자들에게는 어려운 내용일 수는 있지만 단계적으로 설명할 예정이니 여기에서는 읽고 지나가기로 하자. 사주팔자를 분석하는 핵심이 무어냐 묻는다면 사주구조를 이해하는 것이라고 답할 것이다. 아무리 많은 자료를 뷔페식으로 학습하여도 사주구조를 읽지 못하면 무용지물이다. 구조를 이해하려면 반드시 간지와 간지가 조합하는 방식을 이해하고 의미를 추론해야 하며 궁위를 감안하여 종합적으로 살펴야 한다. 예를 들어보자.

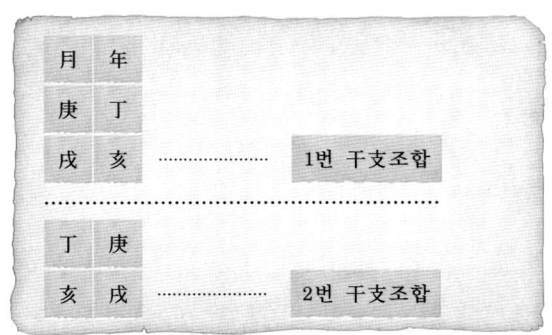

1과 2는 글자와 간지구조는 동일하지만 궁위는 상이하다. 각 간지가 있

는 공간을 宮位라 부르는데 간지는 동일해도 궁위는 다르다. 따라서 동일한 뜻을 가졌다고 판단하지만 그렇지 않다. 宮位가 달라지면 물형이 다르게 발현된다. 년, 월 순서가 바뀌면 어떤 차이가 있는지 살펴보자. 丙火는 분산에너지로 여름에 庚 열매를 키우고, 丁火는 가을에 庚을 수렴하여 후열매로 완성한다. 이런 에너지 속성을 이해했다면 구조의 차이를 살펴보자.

년에서 丁火가 월간 庚을 단단하게 만드는 상황과, 월에 있는 丁火가 년의 庚을 단단하게 만드는 상황은 전혀 다르다. 宮位로 살피면 年은 국가, 조부모, 月은 사회, 직장, 부모를 상징한다. 따라서 1번은 丁火가 년에서 月에 있는 庚을 다스린다. 마치 국가에서 사회나 직장을 다스리는 것처럼 법률, 국가 공무원과 같은 역할이다. 하지만 2번은 月에 있는 丁火가 年의 庚을 다스리기에 마치 지방정부가 국가의 통제를 받지 않으려는 것은 물론이고 자신의 의지대로 국가를 고치려는 행태다. 따라서 이런 상황이 심해지면 법이나 윤리를 거스르는 행위를 자행한다. 이렇게 구조를 이해했으면 각 궁위에 따른 庚戌의 의미를 살펴보자. 庚戌은 열매가 딱딱해졌지만 빛이 사라져 어두워진 상황이다. 이런 느낌을 물상으로 표현하면 변방의 한량, 퇴역군인, 산에서 도 닦는 스님 등으로 사회중심으로부터 멀어져 사람들이 많지 않은 소도시, 인적이 드문 공간에서 조용히 살아간다. 하지만 이 의미도 宮位에 따라 변한다. 예로 년에 庚戌이 있으면 한량, 변방, 중앙에서 시골로 이사한 조부모 등 소외계층을 암시하지만 月에 있으면 年처럼 멀리 떨어진 시공간이 아니다.

따라서 월주 庚戌은 서울근교 수도권과 같다. 즉, 변방의 낮은 계급군인이 수도 사령부의 소령 급으로 바뀐다. 이렇게 동일한 천간과 지지, 간지와 간지조합도 궁위와 팔자구조에 따라 의미가 다르다. 간지구조에서 특이할만한 점은 天干은 시간이고 地支는 공간이기에 시간이 공간을 지배하는 것은 당연한 이치다. 천간은 지지를 다스린다. 예로 辰土의 공간특성은 음력 3월로 모내기 하는 공간이다. 지하수는 고갈되고 천수답으로 농사지으며 4월에 꽃필 준비하기에 열이 오르면서 水氣는 탁해진다. 이런 상황에서 時間이 空間을 지배한다는 의미를 살펴보자. 辰土 지장간에 乙癸戊 세 개의 시간이 있기에 그 시간이 원하는 행위만 할 수 있다. 따라서 辰土가 <u>시간에 순응하는 방식을</u> 이해하려면 乙癸戊가 어떤 시간부호인지 이해하면 되는 것이다. 이때 판단기준은 반드시 四季圖로 하며 3개의 글자는 모두 봄을 상징하기에 봄에 어울리는 행위를 하는 에너지들이다.

내부에서 외부를 향하고 좌우로 펼치면서 적극적으로 활동한다. 봄에 산과 들로 여행을 떠나거나 등산을 즐긴다. 여기에 천간과 조합한 간지의 미를 살펴보자. 예로, 甲辰의 경우 甲이 辰土 공간을 지배한다. 즉, 甲은 辰土 공간을 다스릴 자격을 가졌지만 辰土는 절대로 甲을 다스릴 수 없다. 甲은 壬水로 땅 속에서 뿌리내리고 癸水 발산에너지로 상승하는데 辰土를 만나면 壬水의 도움을 받을 수 없고 하강하지 못하니 뿌리가 불안정해진다. 이런 상황에 처한 甲은 壬水를 달라고 辰土를 괴롭히는데 그 이유는 진토가 숨겨둔 水氣를 활용해서 성장하려는 욕망 때문이다. 사막에서 나무가 살아가는 방식을 생각하면 이해가 쉬운데 辰土의 땅에 壬水가 없기에 甲은 마른 땅에서 수기를 빨아올리는 과정에 땅이 상한다. 이런 상황을 이해했다면 甲辰간지의 상황을 부부관계로 살펴보자.

甲 + 乙癸戊.
甲이 다스리는 辰土의 地藏干에 乙癸戊가 있으니 봄의 시간들로 구성된 공간들이다. 四季圖를 기준으로 甲은 겨울에 壬水의 도움으로 己丑의 터전에서 깊이 뿌리내려야 안정을 취하는데 辰月은 水氣가 말라 불안정해지고 자신의 존재가치를 적극적으로 활용하지 못한다. 현실에 응용하면, 甲이기에 두각을 나타내지만 辰土의 땅을 만나니 辰土 속에 있는 乙이 甲을 대신하여 땅을 관리하면서 실속을 챙기니 겉모양만 좋은 경우다. 부부관계로 살피면, 甲과 乙이 癸戊를 차지하고자 다투는데 癸戊는 乙을 좋아하고 甲을 좋아하지 않으니 甲은 乙과의 경쟁에서 밀리고 그 공간을 벗어나야만 한다. 이런 이유로 이혼하고 甲과 어울리는 己土 짝을 찾으러 떠난다.

04 사주팔자 宮位와 시공간 - 十宮圖

지금까지 60甲子는 天干과 地支 그리고 地藏干으로 구성된 시공간부호임을 살폈고 간지구조와 宮位의 의미를 간략하게 살펴보았다. 宮位의 이해는 사주팔자를 분석하는 극히 중요한 방법이지만 간단하지 않다. 사주팔자는 네 개의 기둥과 8개의 궁위가 있지만 보이지 않는 輪廻(윤회)궁 두 개를 합하여 5柱十字, 5柱十宮이며 각 궁위는 자신만의 고유한 의미를 가졌기에 宮位를 통하여 삶의 여정을 읽어낸다.

十宮은 時空間에 따르는 물형변화의 기준점이며 시간의 존재를 확인하는 방식이다. 우리는 매우 안정적인 시간 속에서 살기에 모든 현상들은 순차적 흐름에 따라 물형변화가 이루어진다. 따라서 사주팔자 宮位는 인간이 시공간에 어떻게 반응하는가를 보여주는 방식이기에 인생여정을 읽어내는 명확한 도구다. 궁위의 구조는 두 개의 十宮圖로 살펴볼 수 있다.

1) 六親 十宮圖

윤회	時 46세 이후	日 31-45세	月 16-30세	年 1-15세
丙	庚 - 자식	甲 - 나	戊 - 부친	壬 -조부
辛	乙 -자식배우자	己 - 배우자	癸 - 모친	丁 -조모

　十宮圖는 자연 순환원리와 天干 슴의 순환원리를 명확하게 설명해준다. 또한 나를 중심으로 이루어진 육친관계도 명확하게 살필 수 있다. 예로 조부모, 부모 나와 배우자 그리고 자식과 자식의 배우자를 상징한다. 또 十宮圖는 개인이 사회에서 조화를 이루면서 살아가는 방식을 명확하게 설명해준다.

2) 개인일생 十宮圖

윤회	時 46세 이후	日 31-45세	月 16-30세	年 1-15세
壬 - 육체소멸	庚 - 변화	戊 - 활동	丙 - 확장	甲 - 출생
癸 - 새 영혼	辛 - 인생완성	己 - 경험축적	丁 - 육체완성	乙 - 성장
영혼	조직, 명예	사회경험	사회 접촉	육체의 성장

← ─────────────────────── 직선의 시간흐름

　상기와 다른 형태로, 개인의 일생을 살핀 것이다. 부모의 도움을 받아 탄생한 후 성장하여 살다가 죽음에 이르는 과정은 물론이고 윤회하는 과정까지 표현한 것이다. 삼각형의 물질계에서 개인이 탄생하여 삶을 출발하고 일정시점에서 마감한다. 두 개의 十宮圖는 전혀 다른 각도에서 살핀 것으로 1) 六親 十宮圖를 기준으로 궁위의 의미를 살펴보기로 하자.

1. 宮位의 구조

1) 宮位를 年月과 日時로 구분한다.

윤회	時柱	日柱	月柱	年柱
	庚 - 자식	甲 - 나	戊 - 부친	壬 - 조부
	乙 - 자식배우자	己 - 배우자	癸 - 모친	丁 - 조모

宮位를 크게 年과 月, 日과 時로 나눌 수 있다. 나를 기준으로 육친관계를 살피면 년과 월은 조부모와 부모이며 내가 태어나기 전부터 존재했기에 先天을 상징하는 궁위다. 日干과 배우자 궁위 日支, 자식을 상징하는 時柱는 내가 탄생한 이후에 만들어가는 시공간이기에 後天을 상징한다. 따라서 年과 月은 탄생이전부터 존재하기에 내 의지로 만들어진 시간이 아니며 조상과 부모에 의해 결정된 것이다. 절대로 바꾸지 못하며 나는(日干) 단지 年, 月에서 결정된 조상과 부모에 순응할 것인가? 조상, 부모를 벗어나 새로운 환경으로 떠날 것인가를 선택할 권한 밖에는 없다. 예로 태어났으나 부모도 모른 채 해외로 입양되는 경우, 또 어려서 고향 떠나 타향, 해외에서 유학하는 경우는 모두 조상, 부모의 도움으로 태어났지만 그들과 조화를 이루지 못해 이별하는 경우다. 日柱부터 時柱까지는 내가 배우자를 만나고 자식을 낳아서 만들어가는 후천의 세상이다. 즉, 탄생은 내 의지와 상관없이 이루어졌지만 성장하여 배우자를 택하고 자식을 얻는 과정은 내 의지대로 만들어간다. 정리하면 年, 月 宮位는 내 존재를 결정하고 태어난 후에도 나의 일생에 지대한 영향을 미치며 내 의지로 통제, 조절하거나 바꾸지 못한다. 일주와 시주는 나의 의지로 만들어가는 삶이기에 사적, 개인적이다. 다만, 년과 월에 선택권한은 없지만 일정의 영향력을 행사할 수는 있다. 예로 년과 월 조합이 적절하지 못할 때 일간이 부족한 부

분을 보충해주는 경우로, 부모가 매우 어려운 환경에서 태어났지만 자식이 가진 에너지로 부모의 어려움을 해결하고 발전하는 경우다. 또 반대로 자식이 태어났는데 조상, 부모가 필요한 에너지를 보충하지 못하고 오히려 해를 끼치면 부모는 자식을 미워하거나 이혼하거나 일찍 사망하거나 질병에 시달린다. 이렇게 궁위의 상호관계를 살피면 부모와 자식 간의 사랑, 성정, 효도, 친밀도, 사회발전 등 제반 사항을 읽어낼 수 있다.

| 庚 - 자식, 偏官 | 甲 - 나, 比肩 | 戊 - 부친, 偏財 | 壬 - 조부, 偏印 |
| 乙 - 배우자, 劫財 | 己 - 배우자, 正財 | 癸 - 모친, 正印 | 丁 - 조모, 傷官 |

육친은 조부모, 부모, 나와 배우자 그리고 자식과 자식의 배우자로 사주팔자 궁위를 통하여 육친의 동태를 읽어낸다. 육친 이외에 억지스럽게 사돈, 팔촌까지 살피려는 노력은 의미가 없다. 여기에서 짚고 넘어갈 것은 왜 조부는 壬水이고 조모는 丁火인가를 이해하는 것이다. 조부가 우리에게 준 에너지가 壬水로 우주본성과 같기에 내가 태어날 수 있었던 근원에너지다. 이런 이유로 조부와 나는 영적인 교류만 가능하며 신체적으로 직접적인 연관은 없다. 하지만 나는(甲)은 반드시 조부(壬)의 간접적인 도움으로 탄생하고 성장한다. 조모는 丁火 중력에너지로 육체를 담당한다. 마치 삼신할머니처럼 출산뿐만 아니라 15세 정도까지의 양육을 도맡아 준다고 믿으며 수명과 질병을 관장하는 家神이다. 조부를 偏印이라 부르며, 조모를 傷官이라 부른다. 부친이 戊土인 이유는 인간의 육체를 상징하는 戊土를 우리에게 넘겨주고 호전적인 성정을 물려주기 때문이다. 모친이 癸水인 이유는 우주의 어미 癸水처럼 우리에게 영혼을 선사하기 때문이다. 戊土 부친을 偏財라 부르고, 癸水 모친을 正印이라 부른다. 일간이 甲일 수밖에 없는 이유는 모체로부터 독립한 생기를 표현한 것은 오로지 甲 밖에 없기 때문이다. 나의 배우자가 己土인 이유는 甲의 생존을 결정하는 것이

己이기 때문이다. 甲은 己의 터전이 있을 때에서야 비로소 뿌리를 내리고 안정을 취한다. 일간 갑은 比肩이라 부르며 배우자는 正財다.

자식이 庚인 이유는 나의 존재 甲을 冲으로 변화시키기 때문이다. 따라서 자식은 내 삶의 방식을 바꾸라고 요구하는 존재다. 자식이 생겨난 후에 甲은 자신을 희생하고 자식을 돌보아야만 하는 것이다. 자식이 태어나면 철든다는 이유다. 자식의 배우자는 乙로 庚과 짝을 이룬다. 甲은 庚의 冲이 두려워 며느리 乙에게 庚을 조율하기를 바라고 甲의 사랑은 乙을 향하지만 乙에 의해 상하는 己土 시모는 며느리와 조화를 이루기 어렵다.

2) 8宮이 아니라 10宮이다.
보통 四柱八字라 부르기에 8宮뿐이라 생각하지만 陽陰이 순환하고 시공간은 끊임없이 이어지기에 10宮이 명확하다.

丙 빛, 색계	庚 척추, 뼈대	甲 생기	戊 육체	壬 영혼
辛 씨종자, 죽음	乙 활력, 응용	己 몸통	癸 정신	丁 중력에너지

우리는 태어나서 살다 죽으면 모든 것이 사라진다고 생각하지만 시간이 순환하는 이치를 이해하면 輪廻宮位와 年柱는 이어져 있음을 깨닫는다. 즉, 전생과 이생이 이어져 탄생 후에 발현되는 삶의 현상들을 업보라고 부른다. 다만, 윤회 궁위는 흑색으로 보이지 않기에 인간의 인지능력으로는 무슨 일이 일어나는지 모른다. 하지만 사주팔자에서 시공간이 윤회 궁위와 年柱가 원형으로 이어져 있다는 논리를 어떻게 활용하는지 예를 들어보자.

時	日	月	年	男
丙辰	癸酉	癸丑	壬辰	

75	65	55	45	35	25	15	5
辛酉	庚申	己未	戊午	丁巳	丙辰	乙卯	甲寅

이 사주의 삶은 다음과 같다. "부잣집 아들로 태어났으며 배다른 형제가 있다. 부친과는 견원지간이며, 대학교를 졸업하고 30대 초반부터 명리를 배웠고 24세부터 43세까지 丙辰, 丁巳 運에는 셋방에서 힘들게 살았다. 부친이 사망하고 戊午 運에 이복동생이 유산을 챙겨주어 주유소를 경영하며 5층 빌딩과 기타 부동산을 소유한 부자이면서도 계속 철학관을 운영한다."

사주를 분석할 때, 宮位와 宮位의 관계를 이해하면 삶의 물형들을 읽어낼 수 있다. 年柱 宮位를 살펴서 조상의 상황을 읽고, 年柱와 月柱의 궁위 조합으로 조상과 부모의 상황을 읽어낸다. 이런 방식이 합리적인 이유는 月柱 부모입장에서 바라보는 年柱는 자신의 부모를 상징하기에 부모의 성장과정, 형제자매의 문제, 직업 그리고 사회활동의 동태를 파악할 수 있다. 또 월주를 기준으로 日柱를 살피면 부모의 46세 이후에서 말년까지의 상황을 읽어낼 수 있다. 일주를 기준으로 시주를 살피면 자식의 동향을 읽어내고 또 일주의 말년을 살필 수 있다. 육친관계를 좀 더 확장하여 月柱에서 時柱를 살피면 내 부모와 손자의 관계를 읽어낸다. 이렇게 각 宮位와 干支조합의 의미를 분석하여 나와 육친의 동태를 분석한다.

時	日	月	年	男
丙辰	癸酉	癸丑	壬辰	

75	65	55	45	35	25	15	5
辛酉	庚申	己未	戊午	丁巳	丙辰	乙卯	甲寅

壬辰 년에서 얻을 수 있는 정보를 살펴보자. 壬辰 干支는 결혼생활이 불미하고 재혼가능성이 높은 이유는 辰의 地藏干에 癸水와 乙, 戊가 있어 壬

癸戌乙 관계를 형성하기 때문이다. 壬水(조부) 입장에서 배우자궁(조모)에 癸水가 있으며 戌土와 합하여 乙癸戌 三字가 조합하여 그들이 만들어낸 자식 乙을 키우기 때문이다. 壬水조부의 경쟁자 癸水가 조부의 안방에 들어와 戌癸 合으로 짝을 이루고 乙과 조화를 이루기에 조부모는 외도, 이혼 가능성이 높다. 다른 각도에서 살피면, 辰土 공간에서 가장 필요로 하는 에너지는 壬水로 열기가 오르면 水氣가 부족하기 때문이다. 따라서 壬水가 辰土를 만나면 생명수와 같은 水氣를 공급해야 한다. 辰月 모내기 상황에서 마른 논에 물을 채워 좋은 환경을 만들어주는 것이다. 말라가는 땅에 생명수를 공급하는 이치요 生氣를 북돋는 과정이기에 壬辰간지가 가진 의미는 辰土(논)에 乙(모들)이 적절하게 성장하도록 생명수(壬)를 공급하는 행위다. 이런 의미를 활용한 직업은 예로 의사, 간호사, 한의사, 약사, 약국 혹은 정신을 치료하는 명리, 철학, 심리상담사와 같은 물상이다.

時	日	月	年
		癸	壬
		丑	辰

男

◀──────── 時間흐름의 方向

년주 壬辰으로부터 월주 癸丑 干支를 이어 받아서 두 宮位가 관계를 형성한다. 日干을 기준으로 조부모와 부모가 육친관계를 형성한 것이다. 하지만 日干이 아직 태어나기 전이기에 일간과 상관없이 이루어진다. 두 宮位를 시간흐름으로 살피면 壬辰년에서 癸丑月의 방향으로만 향하며 절대로 癸丑에서 壬辰을 향하여 거슬러 가지 못한다. 부모가 조부모를 만들어낼 수는 없기 때문이다. 또 壬辰은 자신의 에너지를 月柱에게 전달해야 월주의 존재가 드러난다. 조부가 조모를 만나 짝을 이루어 月干 자식이 생기고 그 자식이 성장하여 月支와 짝을 이루는 과정까지가 月柱다. 이 과정에서 壬辰이 月柱에 주는 에너지가 적절하면 그 자식들은 壬辰 에너지를 활용하여 발전하지만 그렇지 않다면 부모와 자식 인연은 좋지 않다.

壬水가 辰土를 만나 봄에 싹의 성장을 촉진하는 과정에 水氣가 부족하기에 보충하는 상황인데 癸丑干支를 얻으면 시간 흐름이 적절하지 않지만 壬水는 癸丑의 도움을 받아 辰土에 生命水를 공급하기 편해진다. 시공간 흐름이 적절하지 않은 이유는 시간이 역행하기 때문이다. 壬辰의 시간은 미래를 향하여 흐르는 것이 좋다. 예로 壬癸甲乙丙丁戊己庚辛壬癸의 흐름이며 辰巳午未申酉戌亥의 흐름을 보여야 순차적으로 흐른다. 따라서 壬辰의 미래는 예로 癸巳, 甲午 乙未 丙申과 같은 간지를 얻을 때이다. 따라서 癸丑의 경우는 壬에서 癸로 가서 순차적이지만 丑土는 辰土의 과거로 돌아간 것이다. 다만, 이것은 시간의 방향을 살핀 것이고 사주구조는 별개의 이야기다. 丑土 속에 辛을 품어서 壬辰에서 필요로 하는 수기의 원천을 얻어 생명수의 가치가 높아졌다. 이런 이유로 壬辰 조부모는 癸丑 月柱 부모를 얻은 후 활동이 편해지기에 조부모는 효도하는 자식을 얻은 것이다. 다만 이것은 조부모 입장에서 살핀 것이지만 癸丑월주 입장에서 壬辰년주를 살필 수도 있다. 癸水가 辰月을 얻었기에 癸水의 발산에너지를 적절하게 활용한다. 또, 부모, 사회, 직업, 주거환경이 적절하고 壬水 부친의 도움으로 辰土의 지장간에 있는 새싹들 乙의 성장을 촉진하는 환경을 만났다. 따라서 년주와 월주는 서로 보완, 협력하기에 조부모와 부모는 좋은 관계를 형성하고 발전한다.

	日	月	年	男
	癸酉	癸丑	壬辰	

지금부터 세 개 宮位를 함께 살펴보자. 조부모가 부모를 낳고 부친이 모

친을 만나서 짝을 이룬 후 나를 상징하는 日干 癸가 태어나고 성장하여 酉金 배우자와 짝을 이루면 년, 월, 일 세 개의 宮位가 육친관계를 형성한다. 년주와 월주, 월주와 일주, 그리고 년주와 일주관계가 이루어졌다. 월주 癸丑 입장에서 壬辰 부모를 만나 성장하고 배우자를 만난 후 결과적으로 癸酉자식을 낳는 三代의 시간흐름이다.

癸丑의 도움으로 癸酉가 탄생하면 자신이 태어나기 전부터 존재했던 壬辰과 癸丑의 에너지를 물려받는다. 癸酉가 30대 즈음에 년주 壬辰에너지를 이어 받으면 전생에서 현생으로 이어진 자신의 업보를 느낀다. 대략 35세 즈음에 과거와는 다르게 끌리는 느낌이나 하고 싶은 공부나 행위는 전생의 업보와 관련된 것이며 年柱에서 온 것이다. 일주 癸酉와 년주 壬辰이 어떤 인과관계를 형성하는지 살펴보자. 년주와 월주의 관계처럼 日干 癸水 입장에서도 壬辰을 얻기에 좋은 조합이다. 조부모로부터 활용하기 좋은 시공간을 얻은 것이다. 달리 표현하면 조부모 음덕, 조상음덕이 있다. 또, 日支 酉金은 月支 丑土와 합하고 丑土는 年支 辰土를 향하는 흐름이다. 시간은 반드시 酉戌亥子丑寅卯辰巳午未申으로 흐르기 때문에 酉에서 丑으로 丑에서 辰으로만 흘러간다. 이런 흐름을 심리상태로 표현하면, 日支의 마음이 月支를 향하고, 月支의 마음이 年支를 향하여 간다.

즉, 부모와 나와 배우자가 모두 조부모와 조상에게 효도하거나 자신의 재능을 사회나 국가에 활용한다. 이런 방향개념을 응용해보자. 만약 년지에서 월지를 지나 일지에 이르면 사회나 국가가 아니라 자신을 위하기에 이기적이다. 재물복은 좋지만 나를 중심으로 살아간다. 日柱와 月柱의 관계를 살펴보자. 癸酉가 얻은 월주는 癸丑이다. 癸水는 卯辰巳月에 木의 성장을 촉진하는데 癸丑 月에는 乙의 성장을 촉진할 수 없다. 따라서 부모, 사회, 주거환경, 직업이 적절하지 않다. 시간흐름으로 살피면 癸水는 年柱

와 배합이 좋기에 15세 즈음까지는 좋은 환경에서 살지만 월주에 이르면 장애가 생기고 발전하지 못한다. 월주 癸丑이 일주 癸酉를 만났을 때의 관계를 살펴보자. 癸丑은 년주에서 壬辰을 만나 乙을 키웠기에 자식 癸酉에게 卯木의 성장을 촉진하여 꽃피고 열매 맺기를 바랄 것이다. 봄에 모내기를 했으면 열매 맺어 가을에 수확하는 흐름이어야 순차적으로 발전하기 때문이다. 이런 이치로 癸丑월주가 자식을 낳을 때 乙卯나 丙辰, 丁巳간지를 얻는다면 癸丑월주 46세 이후에 발전하지만 癸酉를 얻으니 癸丑의 꿈을 실현하기는커녕 時間이 역류하는 자식을 얻었다. 따라서 癸丑 부모는 癸酉 자식의 느낌이 나쁘고 에너지 파동이 싫어서 자식을 멀리한다.

時	日	月	年
丙辰	癸酉	癸丑	壬辰

男

時柱까지 4개 宮位 관계를 살펴보자. 日柱 癸酉는 時柱에 무슨 간지를 얻느냐에 따라서 46세 이후의 삶이 달라지며 자식들과의 인연도 결정된다. 이제 丙辰 時柱를 얻은 상황에서 癸酉의 입장을 살펴보자. 癸水는 봄에 乙 새싹의 성장을 촉진하는데 그런 환경이 주어질 때에서야 비로소 발전한다. 년과 월에서는 습하고 축축하고 겨울의 공간에서 새싹들을 기르지 못하다가 丙辰을 얻고 난 후에서야 비로소 자신의 꿈을 이룰 환경이 조성되었다.

시간 흐름으로 살펴도 癸酉가 丙辰 자식들에게로 전달되었으니 癸水 발산에너지가 丙火 분산에너지로 확장되고 유금 씨종자가 辰土에서 콩나물로 바뀌기에 흐름이 적절하여 세대가 발전한다. 여기까지 살핀 것은 癸酉의 입장이고, 丙辰 입장에서 癸酉 부모를 살펴보자. 丙火가 酉月의 시공간을 만나 적절하지 않지만 부친 癸水의 사랑이 丙火에 전달된다. 또 丙辰입장에서 癸酉는 부모의 상황, 직업을 표현하는 궁위이며 자신의 사회 환경,

형제의 동태를 살피는 궁위이기에 癸酉 간지로 부모가 교사, 공직계통 혹은 종교성향을 가졌음을 읽어낸다. 그렇지 않다면 丙辰 자식이 그런 특징의 직업을 갖는다. 酉金 씨종자를 癸水가 풀어서 丙火에서 유전자를 확장하기 때문이다. 따라서 癸酉는 丙辰을 얻어 좋고, 丙辰은 癸酉로부터 유산을 받거나 사랑을 받는다. 이제 丙辰이 壬辰과 癸丑과 癸酉를 만난 상황이 어떤가를 살펴보자. 丙辰이 年柱 壬辰을 보아도 나쁘지 않고, 丙辰이 월주 癸丑을 만나면 비록 丙火에게는 적절하지 못한 丑土 공간이지만 시공간 흐름은 바르다. 이 의미를 육친관계로 살피면 丙辰의 조부모는 손자들을 사랑하며 자신들이 가진 재물을 넘겨주려고 한다.

다만, 丙辰 손자들은 癸丑 조부모를 반기지는 않는다. 丙辰은 壬辰, 癸丑, 癸酉들과 단독으로 관계를 형성할 때는 문제가 없지만 연월일에서 중복으로 만나면 수렴, 응축에너지가 과하여 힘들다. 이런 상황을 이해하고 丙辰의 시공간 흐름을 살펴보자. 癸丑은 丙辰의 1-15세 사이이고, 癸酉는 丙辰의 16-30세 사이이다. 따라서 丙辰이 자신의 에너지를 적극적으로 활용하지 못하는 癸酉의 시기에 이르면 삶이 정체되고 발전하지 못하며 그 원인은 부모 때문이다. 즉, 丙辰 자식 입장에서 癸酉 부모궁위를 지나는 16-30세 즈음에는 삶이 평탄하지 못하다. 지금까지 干支와 宮位만을 활용하여 육친관계와 사회발전 상황을 살피는 방법을 학습하였다. 실제 삶의 과정을 다시 살펴서 그 이유를 정리해보자.

時	日	月	年	男
丙辰	癸酉	癸丑	壬辰	

75	65	55	45	35	25	15	5
辛酉	庚申	己未	戊午	丁巳	丙辰	乙卯	甲寅

(1) 부잣집 아들로 태어났다.

년주와 년주 조합으로 부잣집 아들임을 읽어낸다. 시공간 조합이 좋으면 조상, 부모의 음덕이 있고 재물 복이 좋다. 癸丑 부모는 壬辰을 얻어서 도움을 받는다.

(2) 이복형제가 있다.

年月日의 천간은 壬癸癸로 壬癸처럼 동일오행이지만 음양이 다르면 혼잡, 癸癸로 동일오행, 동일글자의 경우는 복음이라 부른다. 또 壬癸癸로 三字가 조합하면 동일글자와 동일오행이 복잡하게 섞였다. 이렇게 복음, 혼잡은 동일하거나 유사한 것들이 섞이기에 부친, 모친이 많거나 형제가 많거나 조부가 여러 번 결혼한다. 또 중복은 도플 갱어처럼 동일한 존재가 동일한 공간에서 함께 살지 못한다. 예로 월간 癸와 일간 癸가 동일글자이기에 부친은 자식을 밀어낼 수밖에 없어서 모친과 이혼하거나 단명 한다. 다만, 년에 壬까지 있으니 부친이 외도하였고 이복형제가 있다.

(3) 부친과 견원지간

癸癸로 복음이니 부친과 관계가 좋을 수가 없다. 자신이 태어날 때 받은 에너지가 부친을 밀어내고, 부친은 자식을 밀어낸다. 이런 에너지를 느끼는 부친은 무의식적으로 자식을 멀리한다. 동일한 에너지가 한곳에 함께하기 어렵기 때문이다. 다만, 모두 그런 현상을 보이는 것은 아니고 예로 부친의 직업을 자식이 이어받을 수도 있다. 다만 함께 사는 것은 쉽지 않기에 떨어져서 살아가는 것이 좋다. 예로, 자식이 일찍 타향으로 가서 학교에 다니거나 해외로 유학 가는 경우요 또 더러는 부친이 일 때문에 타지에서 근무하거나 해외를 돌아다니며 바빠서 부친과 만날 기회가 많지 않은 경우다. 이런 환경이 아니면 부친이 단명하거나 부모가 이혼하기 쉽다.

(4) 대학교를 졸업하고 30세 초반부터 사주 공부를 하였다.

年柱와의 조합이 좋기에 대학을 졸업했다. 육체와 정신이 성장 완료한 30대 초중반에 이르면 전생의 기운을 이어받는데 癸酉의 전생기운은 년주 壬辰이다. 따라서 壬辰간지에 어울리는 의사, 약사, 명리, 종교, 철학 인자를 전생의 업으로 태어난 것이다. 특히 간지들은 모두 종교와 깊은 인연이 있는데, 壬辰은 남을 보살피는 행위요, 癸丑은 영혼의 세계며, 癸酉 또한 씨종자가 윤회하는 과정과 같기에 평생 명리와 깊은 인연에서 벗어나지 못한다.

(5) 丙辰 丁巳大運 단칸셋방에서 매우 고생하면서 살았다.

단독으로 두 간지들 조합만 살피면 나쁘지 않지만 壬辰, 癸丑, 癸酉로 중복될 경우는 발전하기 어렵다. 예로 연월일시가 壬辰, 癸丑, 丙辰, 庚申처럼 순차적 흐름이었다면 막힘이 없을 것이다. 즉, 사주팔자를 분석할 때 흐름이 막히는 시공간이 있다면 그 시기에 정체하는 것은 분명하다. 이 의미에 대해서는 계속 살펴보기로 하자.

(6) 父親이 돌아가시고 이복동생이 戊午大運에 유산을 챙겨주었다.

이복형제와의 사이는 癸水의 이복형제 壬水와의 사이를 살펴보면 된다. 이복형제 壬辰과 癸酉는 辰酉 合하는 관계요 상호조합은 좋다. 만약 이복형제 상황을 月支 宮位에서 살피면 癸酉와 癸丑 관계이니 좋은 사이는 아니지만 酉丑 合으로 인연은 끊어지지 않는다. 癸酉 일주는 時柱 丙辰의 시기 46세 이후에 발전하기 시작하는 것이 분명하다. 따라서 丙辰과 대운 戊午가 겹치는 시기에 이복형제가 유산을 챙겨주었다.

(7) 주유소를 경영하며 부동산을 소유한 부자지만 철학관을 운영한다.

丙辰 시주가 좋으니 46세 이후의 삶은 평탄하고 자식들도 효도하며 재물복도 좋고 밝은 세상이다. 戊午, 己未 대운과 조합하면 안정적인 삶의 터전을 마련하는 시기이기에 부동산을 소유하였다. 재산이 많은데도 철학관을 운영하는 이유는 자신의 업보를 해결하기 위해서다. 丙辰 시주가 아니었다면 철학관을 운영하기도 힘들고 전생의 업보를 풀지 못했을 것이다. 즉, 철학관을 운영한 것은 정해진 운명에 순응하는 자세이자 전생의 업보를 해결하는 행위다.

마지막으로, 윤회 궁위와 현생이 어떤 방식으로 이어져 있는지 살펴보자. 오주십자를 이해하면 時空間이 촘촘하게 연결되고 독단적인 시공간은 존재할 수 없음을 이해한다. 이런 이치를 사주팔자에 응용해보자. 年柱와 時柱가 멀리 떨어졌다고 판단하지만 원통으로 말아보면 둘 사이가 매우 가까워진다. 나의 전생이 어떤 시공간으로 이어져 왔으며 어떤 업보를 가지고 태어났는지 알고 싶다면 아래와 같은 방식으로 궁위를 이동한다.

時	日	月	年	전생
丙	癸	癸	壬	丙
辰	酉	丑	辰	辰

丙辰 時를 年柱 앞으로 돌려보자. 일간 癸酉의 전생궁위는 년주 壬辰이며 육친으로는 조부모. 丙辰은 壬辰보다 더 오래된 전생의 기운으로 육친으로는 증조부모. 따라서 증조부모와 조부모의 관계를 파악할 수 있고 또 증조부모의 입장에서 손자궁위 癸丑과의 관계도 살펴볼 수 있다.

분명한 점은 癸酉일주 입장에서 丙辰간지는 조상의 음덕이 있고 언젠가는 반드시 받을 것이지만 증조부와 조부 대에 복음과 혼잡문제로 애정관계가 복잡했고 그런 업보를 부친이 이어받았다.

3) 宮位의 시간단위와 방향

두 시간	24시간	30일	365일
時干	日干	月干	年干
時支	日支	月支	年支

◄──────────────────────────── 시간방향

시간은 순차적으로 순환하지만 인간의 시간은 탄생에서 시작하고 사망하면 멈춘다. 물론 멈춘다는 것은 色界의 관점이고 시간은 끊임없이 이어진다. 시간이 한쪽방향인 이유는 지구회전 방향이 일정하기 때문이다. 따라서 사주팔자의 시간방향은 年에서 시작하여 時를 향하며 절대로 역행하지 못한다. 다만, 사주팔자의 시공간이 얽히고설키며 순행과 역행이 모두 가능하다 느끼는 이유는 각 宮位의 시간단위가 상이하기 때문이다. 年柱는 365일에 한 번씩 바뀌고, 月柱는 대략 30일을에 한번 씩 순환하며, 日柱는 하루 24시간을 기준으로 바뀌며, 時柱는 두 시간 단위로 바뀌기에 궁위의 시공간이 상이하여 충돌이 발생하고 이런 이치를 刑沖破害(형충파해)라 부른다.

2. 宮位의 변화

궁위의 구조에 대해서 사고의 폭을 확장해보자. 사주를 분석할 때 일간을 위주로 살피는 방법만 배운 독자라면 宮位가 변할 수 있다는 개념을 이해하기 어렵다. 이 세상과 사주팔자는 오로지 일간을 위해 존재한다는 착각에서 벗어나지 못하기 때문이다. 상기에서 각 궁위와 간지조합을 상대적 관점에서 살펴본 이유는 宮位는 극히 상대적 개념임을 살피기 위해서였다. 즉, 癸丑月 부모가 癸酉日 자식을 바라보는 것과 癸酉日이 癸丑을 바라 볼 경우에 느끼는 감정은 상대적이다. 일간을 주인공으로 살피면 모든

글자들이 일간을 향하는 것처럼 보이지만 에너지들은 독립적, 복합적으로 움직이며 얽히고설키는 과정에 파동을 만든다. 간단해 보이지만 궁위에 숨겨진 의미들 중에서 중요한 것들만 정리하고 넘어가자.

1) 宮位는 변한다.

일간을 기준으로 4개의 宮位를 살피면 탄생을 상징하는 年干에서 사망에 이르는 時支까지 흐름이지만 8개의 宮位는 자신만의 고유한 가치를 갖는다. 따라서 일간중심에서 벗어날 수만 있다면 각 궁위의 상황을 분석할 수 있다. 예로 日干을 기준으로 살피면, 年柱는 조부모, 時柱는 자식에 해당하지만 부모의 상황을 이해하려면 月柱를 살핀다. 예로 부친의 사회 환경을 살피고 싶다면 부친의 부모, 사회, 직장 宮位인 년주를 살피고, 배우자를 살피고 싶다면 月支를 살피며 부친의 자식들을 살피고자 한다면 日柱를 살핀다. 이런 방식으로 내 사주를 기준으로 모든 육친들의 상황을 이해할 수 있다. 예문을 보자.

時	日	月	年
己	丙	辛	戊
亥	午	酉	戌

男

1980년 23세 癸亥대운 庚申년에 마약과용으로 자살하였다. 만약 부친상황을 이해하고 싶다면 월주 辛酉를 기준으로 살피는 것이다. 따라서 辛酉 부친의 사주팔자를 뽑으려면 시주에 있는 己亥를 년주 앞으로 돌려서 부친의 조부모 궁위를 만든다.

時	日	月	年	男
丙午	辛酉	戊戌	己亥	

　부친 辛酉에게 戊戌은 부모, 사회, 직업 궁이며 丙午는 46세 이후 말년까지 시공간이자 자식의 동태를 살피는 궁위다. 丙午 자식이 마약으로 자살한 이유를 살펴보자. 辛酉 입장에서 己亥, 戊戌 년과 월을 만났기에 적절한 시공간을 얻었으며 戊戌의 안정적인 터전을 만났다. 이런 상황에서 丙午 자식이 태어나 辛酉의 가치를 화려하게 비춰준다. 따라서 자식이 나쁜 작용을 하지 않음에도 왜 마약과용으로 자살했는지 이해하기 어렵다. 사주에서 발생하는 현상을 十神生剋으로 풀려는 시도는 한계가 있다. 십신의 작용으로는 마약과용으로 자살한 이유를 설명하지 못하기 때문이다. 또 일간이 강한지 약한지 구별하는 노력도 실제 현상들과 관계없으며 마약과의 연관관계도 찾지 못한다. 丙午 일주를 기준으로 왜 마약과용으로 자살했는지 살펴보자.

時	日	月	年	男
己亥	丙午	辛酉	戊戌	

　丙午 일주에게 辛酉 월주는 부모, 사회 궁이며 대략 16세에서 30세 까지로 丙午에게 辛酉의 작용이 좋지 않다. 辛酉 부모입장에서는 丙午 자식이 辛酉의 가치를 빛내지만 丙午 자식에게 辛酉는 자신의 빛을 멸하는 에너지다. 그렇다고 무조건 나쁘다고 판단하지 못하기에 구조를 살펴보자. 16세부터 辛酉에너지에 영향을 받기 시작하는 丙午에게 辛酉는 씨종자요 죽음을 상징한다. 이런 이유로 외톨이, 왕따, 고독, 홀로 멀리 떠나며 종교,

철학과 인연이 깊다. 부처님이 화려한 세상을 버리고 떠난 에너지가 辛酉다. 즉, 丙午 일주는 좋던 싫던 16세에서 30세 사이에 辛酉의 영향을 받으며 살라는 업보로 태어난 것이다. 辛酉의 상황을 살펴보자. 戊戌과 丙午 사이에 끼어 조열해진 辛酉는 뜨거움을 해소하고자 반드시 水氣를 찾아야만 한다. 대장장이가 칼을 만들고자 열기를 가하고 벌겋게 달구어진 칼을 水氣에 넣어서 담금질하는 것과 같다. 인간의 행위로 비유하면 辛酉가 뜨거워지면 갈증을 느끼고 물이나 술을 찾는데 時支에 亥水가 있어 밤에 술로 갈증을 해소하는 과정에 辛酉 씨종자 물형이 갑작스럽게 풀어지면서 절제력을 상실하고 정신이 이상해지고 술주정을 부린다. 이런 행위와 유사한 것들이 예로 자학, 접신, 빙의, 혹은 마약, 도박, 투기다. 이런 현상은 辛酉와 水氣구조와 배합에 따라 달라지지만 근본원인은 억제된 辛酉욕망을 水氣에 풀어내는 과정에 문제가 생기고 정신이 탁해지기 때문이다. 대운을 살펴보자. 초년부터 丙午가 壬戌, 癸亥로 어두운 밤길을 걷는다. 월주 辛酉의 시기인 16-30세에 癸亥대운을 만나면 水氣를 만난 辛酉는 뜨거운 몸을 풀고자 총알처럼 튀어나가면서 충동적인 행동을 한다. 이런 에너지를 좋게 활용하면 학업에 집중하지만 잘못 사용하면 마약에 찌들어 사망하거나 혹은 접신하여 정신병에 걸린다. 庚申년에 殺氣가 강해지는 시기에 자살하고 말았다.

2) 宮位의 육친관계

육친관계를 살필 때 十神 명칭을 활용한다. 예로 여자에게 남편은 正官이나 偏官이고 어머니는 正印이다. 宮位로 육친을 살피는 방법은 극히 간단하다. 예로 부친은 월간이고, 월지는 모친이며 일지는 배우자요 자식은 시주다. 十神으로 육친을 살피기 어려운 이유는 十神이 뒤죽박죽 존재하기 때문이다. 예로 편관이 년에 혹은 시지에 있을 수 있다. 따라서 육친을 판단하는 바른 방법은 먼저 宮位를 기준으로 살핀 후에서야 비로소 十神을 참조하여 판단한다.

十神의 존재를 무시하기 어려운 이유는 十神 六親과 宮位 六親 사이에 존재하는 時空間의 원근이 육친간의 관계를 결정하는 원인이 되기 때문이다. 만약 십신육친과 궁위육친이 가깝거나 정당한 궁위에 있으면 육친관계가 가깝고 멀리 있으면 육친과의 인연이 길지 못하거나 소원하게 지낸다. 이런 논리와 유사한 이론들이 격각, 공협, 상문, 조객, 고신, 과숙 등이다. 관심 있는 독자들은 인터넷을 참조하여 학습하기 바란다. **십신육친**과 **궁위육친**의 문제를 사주예문으로 살펴보자.

時	日	月	年
己	乙	甲	戊
卯	亥	子	申

女

실제상황 : 庚申대운 **44세** 상황으로 남편이 뇌졸중으로 중풍에 걸리고 언어장애가 생겼으며 애인은 교통사고로 불구자가 되었다. 상당한 미모이지만 자식도 없고 힘들게 살아간다. 남편은 日支 亥水요, 十神은 年支 正官 申이다. 두 글자와 일간과의 관계를 살피면 乙여인과 배우자의 관계를 이해한다. 일간 乙은 확산에너지요 봄에 활용하기에 주위에 봄을 상징하는 에너지들과 조화를 이루는 것이 좋은데 주위가 亥子로 응축에너지만 강하며 申은 亥子에 풀어져 乙이 원하지 않는 에너지들의 활동을 증가시킨다. 특히 일지 亥水는 乙의 좌우로 펼치는 속성을 극도로 위축시켜 결혼하면 남편 때문에 삶이 어둡고 답답하고 위축될 것이다. 이제 十神과 십신의 위치를 참조하여 살펴보자. 남편을 상징하는 申 正官이 年支에 멀리 있으니 정이 없거나 결혼해서 떨어져 살거나 첫 남편과 이별, 혹은 사별할 가능성

이 높다. 火氣의 도움으로 성장하는 열매와 같은 申에게 火氣는 전혀 없고 子亥 水氣에 풀어져 열매가 썩는 것과 같아서 남편은 정체성을 유지하기 어렵다. 여기까지 이해했다면 十神 申과 日支 亥水와 비교하여 종합적으로 판단한다. 일지 亥水는 申이 水氣에 상하기에 남편에게 좋지 않다. 정리하면 남편의 입장에서 일지도 좋지 않고, 년지 申 十神도 좋지 않기에 남편은 중풍에 걸리고 애인은 교통사고로 불구자가 되었다.

時	日	月	年
辛	庚	壬	壬
巳	子	寅	午

女

실제상황 : 온순하며 착하다. 23세 때 결혼하여 아들, 딸 낳고 살다 34세에 시댁에서 소박당하는 수모를 겪었다. 35세 때 재혼하여 잘 살고 있다. 동일한 방법으로 이혼한 이유를 살펴보자. 일지 子水가 남편인데 년지 正官 午火 남편을 받아들이지 못하고 沖한다. 또 午火 정관은 일지와 멀리 떨어져 첫 남편과 이혼, 사별할 가능성이 높다. 거리가 멀면 그만큼 관계도 소원해진다.

時	日	月	年
戊	甲	戊	辛
辰	戌	戌	酉

男

실제상황 : 결혼을 약속한 여자가 결혼 전에 죽고, 두 번째 여자도 죽고, 결국 다섯 번 결혼하여 살며 한명의 아들은 사망했다. 일지에 편재(偏財)가 있기에 십신과 궁위가 동일하다. 그럼에도 불구하고 다섯 번이나 결혼한 이유는 무엇일까? 위에서 언급했던 복음문제 때문이다. 그 이치는 극히 간단하고 명료한데 배우자 궁위의 글자와 동일오행, 동일 글자가 여러

개 있으면 도플 갱어처럼 동일한 배우자가 이곳저곳에 있는 것과 같아서 여러 번 결혼한다. 일지 戌土와 동일한 土가 5개이니 5번 결혼했다. 戌戌, 辰辰은 살기가 강하여 주위 사람들이 죽어나가며 종교와 인연이 깊다. 인연된 여인들이 죽는 이유는 사주전체가 金氣가 많아서 살기가 강하지만 甲이 水氣가 없어서 마른 땅에 정착하고자 땅을 파헤치기 때문이다. 殺氣를 가지고 태어난 사주다.

時	日	月	年	女
辛	辛	乙	戊	
卯	亥	卯	辰	

실제상황 : 38세 辛亥 대운 乙巳년에 남편이 병사했다.

일지에 亥水가 있고 남편을 상징하는 十神인 正官이나 偏官이 없다. 십신으로 육친을 판단하는 경우에는 배우자가 없다고 판단하지만 일지가 남편궁위이기에 맞지 않는 설명이다. 사주에 十神이 없을 경우, 결혼적령기에 배우자를 상징하는 十神이 오면 결혼하지만 중년에 십신이 다시 드러나면 이혼하기 쉽다. 반드시 참조할 것은 일지와 十神의 관계다. 일지가 亥水이기에 남편 丙午, 丁巳 火오행이 일지에 들어오기 불편하다. 결혼했음에도 火氣 남편이 집에 들어오지 못하도록 문을 열어주지 않는다. 이런 이유로 巳火가 운에서 들어오는 해에 남편이 병사했다. 특히 乙巳년을 만나면 辛이 乙을 찌르고 남편 巳火로 가는 피의 흐름이 막히면서 뇌출혈, 심장마비와 같은 질병으로 급사한다.

時	日	月	年	女
戊	丁	乙	丁	
申	未	巳	亥	

29세 乙卯년에 남편이 타살되었다.

남편을 상징하는 正官 亥水가 年支에 멀리 떨어져 있고 일지 未土는 亥水 남편이 일지로 오지 못하게 막아버린다. 마치 결혼하고도 방문을 잠그고 열어주지 않는 것과 같다. 따라서 십신도 궁위도 모두 적합하지 않기에 불행하게도 30세 이전에 남편을 잃었다. 또 丁亥, 丁未로 동일한 글자가 년간과 일간에 있을 경우는 주로 유부남과 인연되기 쉽다. 정리하면, 궁위는 무시하고 十神으로만 육친을 판단하는 방법은 지양해야 한다. 위치가 수시로 바뀌어 기준이 불안정하여 정확도가 떨어질 수밖에 없다. 반드시 먼저 궁위를 살피고 十神을 참조해서 판단한다.

각 궁위의 육친은 절대로 바뀌지 않는다. 예로 모친은 월지를 소유한 주인이요, 일지는 배우자가 주인이다. 여자사주에 正官이 월간에 있더라도 반드시 먼저 일지를 남편으로 살피고 월간 정관을 참조한 후 궁위와 십신의 배합상태를 종합적으로 판단한다. 다시 간단하게 정리해보자.

1) 해당 육친의 궁위를 살핀다.
2) 해당 육친의 십신을 참조한다.
3) 해당 육친의 궁위와 십신의 구조를 분석한다.

자식의 상황을 살피는 사주예문 하나를 살피고 넘어가자.

時	日	月	年	女
壬	癸	庚	戊	
戌	酉	申	寅	

실제상황 : 丁 대운에 자식을 출산했지만 불구다. 가난하고, 파란이 많다. 자식이 불구인 이유를 찾을 때 여자의 자식은 傷官이기에 년지 寅이 문제라고 통변하지만 궁위로 살피면 년지는 자식이 아니라 조모 궁위다. 자식 궁위는 時柱 壬戌이기에 반드시 먼저 時柱를 살펴서 자식상황을 추

론한다. 다만, 자식은 갑자기 하늘에서 떨어지는 것이 아니라 일주 癸酉가 만들어내기에 日柱도 함께 참조한다. 癸酉는 酉金 씨종자가 癸水에 잘못 풀어지면 유전자 문제가 생기는데 時柱까지 감안하면 申酉戌로 癸水가 乙 생기를 적절하게 키우지 못한다. 가을에 낫으로 벼를 추수하는 상황은 生氣를 죽여서 수확하기에 자연의 이치대로 자식 낳기 힘들다. 행여 자식을 얻어도 유전자에 문제가 있거나 자식의 신체에 문제가 생긴다.

3) 宮位의 연령

각 宮位는 상응하는 연령을 가졌으며 사주팔자를 분석할 때 매우 유용하게 활용하는 도구다. 4개의 宮位는 대략 15세로 살피는데 예로 년주는 태어나서 15세까지다. 만약 년간과 년지를 나누고 싶다면 대략 7-8세로 분류한다. 다만, 대운과 세운에 따라서 1-3년의 오차가 발생하는 것을 감안해야 한다.

時干 - 46-53	日干- 31-37	月干 - 16-23	年干 - 0-7세
時支 - 54-60	日支- 38-45	月支 - 24-30	年支 - 8-15

많이 받는 질문 하나가 고령화시대에 60세 이후에는 어떻게 판단하느냐고 묻는데 상기 표는 탄생해서 사망하는 과정까지이고 보이지 않는 壬水와 癸水는 영혼의 세계와 같아서 정신을 활용하는 시공간이다. 예로 종교, 명리, 철학과 같고 흑색이기에 물질계에 드러나기 보다는 후대에 지혜를 전달하는 역할에 충실해야지 60이 넘어서도 자신의 주장을 드러내고 권위를 따지는 것은 시공간에 순응하는 행위가 아니다. 따라서 상기 분류는 사회활동 기준으로 살핀 것이며 만약 60세 이후의 운을 살피고 싶다면 개인의 대운과 세운을 참조하여 살피면 그만이다. 만약 50세를 기준으로 살피면, 50세 이후를 물을 것이고 80세를 기준으로 나누면 80세 이후를 물을 것이다. 중요한 것을 봐야하는데 중요하지 않은 부부만 궁금해 하는 것

이다. 그렇다고 논리나 근거도 없이 적당하게 연령을 나눌 수는 없는 것이다. 상기 기준은 육체의 세포가 대략 7년마다 바뀌고, 뇌세포가 60년마다 바뀌는 생물학적 반응을 기준한 것이다. 60이 넘어가면, 자연에서 바라는 것은 자신의 존재를 뒤로 물러서 후대를 위해 지혜를 전달하는 역할을 요구한다. 인생을 살면서 누구에게나 세 번의 중요한 선택을 요구하는데 첫째가 月干으로 대학과 학과를 선택하고, 둘째는 30세 이전에 직장을 선택하고 셋째는 46세 이후에 제 2의 직업이나 인생을 선택해야 한다. 선택과정에는 반드시 기준이 필요한데 월간, 월지, 시간의 글자가 주위와 어떤 조화를 이루는지 살펴서 판단한다. 예문을 살펴보자.

時	日	月	年	男
丙戌	庚申	庚子	辛酉	

검사가 되었다.

時	日	月	年	男
丙子	庚子	甲子	戊午	

경찰에 입신하여 경찰국장까지 지내다가 판검사시험에 합격하여 변호사가 되었다. 두 사주의 공통점은 <u>丙庚子 三字</u>조합의 특징 때문에 검경, 변호사 직업을 갖는다. 아래 사주는 년과 월의 구조가 검사에 이를 정도가 아니기에 경찰에 종사하다가 時柱 丙火에너지를 활용하는 시기에 丙庚子 三字조합으로 고시에 합격하고 변호사가 되었다. 따라서 이런 변화과정을 읽어내면 우리가 젊은 시절에 어떤 학과, 직업에 종사하다가 46세 이후에는 그 직업을 유지할지 변화를 줄 것인지를 살필 수 있다.

3. 年月日時 宮位의 의미

지금부터 사주팔자 年月日時 宮位에 부여된 의미를 살펴보자. 각 宮位의 시공간은 명확하게 존재하고 고유한 의미를 갖는다. 사주팔자를 분석하기 어려워 수많은 이론들을 다양한 방법으로 끌어와 억지스럽게 의미를 부여하지만, 명리의 본질을 한마디로 정의하면 60甲子 **時空間 순환과정을 학습하는 것** 이상도 이하도 아니다. 즉, 天干과 地支 그리고 地藏干의 변화과정이 전부다. 다만, 四柱八字를 분석하는 수많은 이론들이 있지만 합리적인 학습방법은 명확하게 존재하는 것들을 살피는 것이다. 사주팔자에 명확하게 존재하는 것은 무엇일까?

時	日	月	年
己	丁	壬	癸
酉	酉	戌	卯

女

사주팔자를 기록하면 명확하게 존재하는 것들이 보인다. 정리해보자.
1) 年月日時 시공간 흐름이 존재한다. 時間은 절대로 역류하지 않는다.
2) 사주팔자 전체구조, 4개 干支, 8宮이 모두 고유한 의미를 갖는다.
3) 간지가 조합을 이룬다. 예로 癸卯, 壬戌이 조합을 이루어 에너지 파동이 생기고 癸卯, 壬戌, 丁酉 삼자가 조합을 이루면 또 다른 물형으로 발현된다.
4) 천간에서 丁壬癸 삼자조합을 이루어 파동이 생기고 물형이 결정된다.
5) 지지에서 卯酉戌 삼자조합을 이루어 이에 상응하는 물형이 결정된다.
6) 시간흐름으로 살피면, 년지 卯木이 戌토 공간을 지날 때와 酉金 공간을 지날 때 상이한 의미가 부여된다.

상기 내용들은 외부의 무언가를 끌어 오지 않았다. 간단하게 살펴도 궁위에서 주는 정보들은 무궁무진하기에 외부에서 불분명한 요인들을 끌어오지 않아도 삶의 과정을 읽어내기에 충분하다. 상기 내용들은 사주팔자에 명확하게 존재한다. 사주에 없고 정체도 모르는 수많은 이론들을 끌어와 사주를 분석하면서도 사주팔자에 명백하게 존재하는 것들은 무시하거나 간과한다. 命理學을 오래 공부할수록 사주팔자를 분석하는 기준이 얼마나 중요한지 절실하게 깨닫는다. 오랜 세월 공부하고도 사주팔자를 분석하기 어려워하는 이유는 판단기준을 사주팔자 밖에서 찾기 때문이다. 宮位는 사주팔자를 분석하는 핵심이라고 해도 과언이 아니다.

지금부터 기 출판한 "宮位論"에 있는 내용들 중에서 중요한 부분만 발췌하여 분석해보자. 참고로, 각 궁위가 반응할 때마다 궁위에 상응하는 물형에 변화가 발생하는데 예로 월주가 동하면 직업, 부모, 형제, 사회활동공간, 환경 등과 관련된 사건이 발생한다. 庚子 년의 운세를 파악할 때 십신을 기준으로 판단하거나 사주팔자에 모두 대입해서 생하고 극하는 관점으로 살피면 궁위에서 주는 정보들을 이해하지 못한다. 내가 태어날 때 받은 시공간 부호 중에서 庚의 시간이 동하는 궁위를 살피고 궁위의 의미를 살펴야 한다. 예로 사주팔자에 申이 있는데 庚子 년이 왔다면 申의 地藏干에 있던 庚이 드러난 것이며 申이 사주팔자 연월일시 중에서 어느 궁위에 있느냐에 따라서 의미가 달라지며 상응하는 사건이 발생한다. 예로 年支에 있다면 근본터전에 변화가 오고, 月支에 있다면 직업, 부모형제에 변화가 발생하고, 日支에 있다면 부부관계에 변화가 오고, 時支에 있다면 개인적으로 추진하는 일이나 자식에 변화가 발생한다. 따라서 4개의 궁위를 이해하면 시공간이 반응하는 원리를 이해하고 발생하는 사건을 읽어낸다. 궁위의 의미를 분석하는 방법은 다양한데 가장 대표적인 것이 十宮圖 1과 2다. 구체적으로 살펴보자.

1) 六親 十宮圖

丙 윤회	庚 - 時干, 자식	甲 - 日干, 나	戊 - 月干, 부친	壬 - 年干, 조부
辛 윤회	乙 - 時支 배우자	己 - 日支 배우자	癸 - 月支 모친	丁 - 年支 조모

이 十宮圖는 자연의 순환원리, 天干 합의 원리, 육친관계의 이치를 설명해준다. 일간을 기준으로 조부는 편인, 조모는 상관, 부친은 편재, 모친은 정인, 배우자는 정재, 자식은 편관, 자식의 배우자는 겁재에 해당한다. 육친관계도 시간흐름으로 결정되는데, 나의 부친이 탄생하려면 조부가 조모를 만나 짝을 이루고 조모가 자식을 낳으면 부친이며 시간 흐름은 壬丁戊로 이루어진다. 十神 生剋으로 표현하면 傷官見官이라 부르지만 실제 삶에서는 부친 偏財의 도움과 모친 正印의 도움을 받아서 탄생한다. 이렇게 모든 기준은 절대적일 수 없으며 상대적이기에 부친의 입장에서 나를 느끼는 것과 나의 입장에서 부친을 바라보는 것은 동일할 수도, 유사할 수도, 상반될 수도 있고 이에 따라 관계의 호불호가 결정된다. 상대적 기준을 육친에 대입해보면 부친에게 자식은 偏官이지만, 모친에게 자식은 傷官이다. 偏官은 원래의 모습에 변화를 주게 만들어 발전을 요구하기에 부친은 자식이 생기면 책임감을 갖고 정신적으로 성숙해진다. 모친에게 자식은 傷官으로 자신만의 고유한 특징을 드러내는 수단이나 표현이다. 즉, 모친은 자식을 통하여 자신의 존재가치를 인정받고 꿈을 이루려고 한다. 참고로 시간흐름에 따른 육친관계 형성과정의 종류는 壬丁戊 외에도 戊癸甲, 甲己庚, 庚乙丙, 丙辛壬 등이 있다.

2) 개인일생 十宮圖

윤회	時 46세 이후	日 31-45세	月 16-30세	年 1-15세
壬 - 육체소멸	庚 - 제 2인생	戊 - 활동	丙 - 확장	甲 - 출생
癸 - 새 영혼	辛 - 인생완성	己 - 경험축적	丁 - 육체완성	乙 - 성장
영혼	조직, 명예	사회경험	사회와 접촉	육체의 성장

개인일생을 표현한 十宮圖로 시간흐름으로 살피면 명확하다. 甲에서 탄생하여 살다가 辛에서 인생을 완성하고 사망에 이르는 과정이이다. 이 표는 六親 十宮圖와는 다른 각도에서 살핀 것이다. 나를 포함하여 모든 육친들과의 관계를 표현한 것이 六親 十宮圖요 개인일생을 다룬 十宮圖는 한 개인의 탄생에서 사망까지 과정을 다룬 것이다. 따라서 두 개의 표는 독자적으로 존재하면서 상호보완적이다. 예로 年干 宮位는 조부지만 개인일생으로는 탄생해서 대략 7세까지의 과정을 표현하고 사회활동으로는 국가를 상징한다. 이렇게 宮位는 사주팔자를 분석하는 과정에 엄청난 정보를 제공하는 도구이기에 깊은 연구가 필요하다.

개인일생 十宮圖는 甲에서 탄생하고 辛까지 이어지다가 사망하는데 사주팔자의 시공간이 섞이면서 개개의 사주팔자는 천차만별로 다르다. 예로 년간에 甲 대신에 庚이, 일지에 己土 대신에 壬水가 있을 수 있지만 甲에서 탄생하고 辛에서 사망하는 시공간흐름은 바뀌지 않는다. 예로 庚의 十神속성은 偏官이며 절대불변이고 스트레스, 관재구설, 육체손상, 직업변화, 수술 등과 같은 물상이며 심리상태는 내가 하고픈 행위를 못하고 하기는 싫지만 할 수밖에 없는 일이나 관계를 유지하는 과정에 고통을 받으면서 정신적으로 성숙한다. 이런 에너지는 일생에서 46세 즈음에 느끼는 심리상태요 심하면 굉장한 압박을 받는데 예로 庚年과 甲日로 태어난 경우, 宮位가 바뀌어서 庚의 속성으로 甲의 출발을 막고 방해하고 고치려든다. 이런 성정은 자신은 맞고 남들은 틀리다고 느껴서 상대의 잘못을 계속 지적한다. 또 庚이 月干에 있으면 16세 이후부터 인내하면서 살기에 일찍 철든다. 물질로 비유하면 공부할 시기에 乙庚 合으로 돈 벌 궁리한다. 이런 설명은 궁위에서 알려주는 일부의 의미를 표현한 것이다. 지금부터는 두 개의 十宮圖를 종합하여 궁위 의미를 살펴보자.

(1) 年柱의 의미

윤회궁	時柱	日柱	月柱	年柱
丙 - 壬	庚 - 庚	甲 - 戊	戊 - 丙	壬 - 甲
辛 - 癸	乙 - 辛	己 - 己	癸 - 丁	丁 - 乙

四柱八字는 태어나는 순간에 부여받은 시공간부호를 四柱와 8개 宮位로 기록한 것이기에 간단해 보이지만 그렇지 않다. 年柱와 月柱 그리고 日柱와 時柱를 부여받을 때 時間흐름은 年에서 月 그리고 日과 時를 순서대로 받는다. 시간단위로 살피면 年은 365일, 月은 대략 30일, 日은 하루, 時는 두 시간마다 하나의 干支를 부여받는다. 時間의 長短으로 살피면 年柱가 가장 길어서 四柱八字 전체를 지배하는 영향력이 가장 강하다.

① 인생에 지대한 영향을 미치는 전생의 기운이다.
  年柱는 일간과 직접적인 관계는 없지만 전생과 이생을 연결하는 통로와 같아서 강한 영향을 받을 수밖에 없다. 영혼의 세계에만 존재하다가 육체를 갖고 태어난 곳이 년간 甲이기에 탄생에서 7세 즈음까지로 전생에서 이생으로 넘어와 정체성이 모호한 상태다. 하지만 육체와 정신이 성장완료하고 대략 30대 중반에 이르면 전생의 기운을 이어받는데 바로 年柱다.

時	日	月	年	男
丙	乙	戊	壬	
子	未	申	辰	

이 사주에는 다양한 에너지조합들이 담겨져 있다. 년과 월의 구조는 申子辰 삼합 중에서 두 글자와 년간 壬水가 흑색으로 어둡다. 申子辰 三合물상은 조폭, 암흑, 방탕으로 어두운 밤길을 어슬렁거리며 흘러 다니는 이치와 같다. 따라서 30대 이전에는 이런 영향을 받기에 어려서부터 조폭으로 악명을 떨쳤다. 하지만 30대가 넘어가면서 전생의 기운을 느끼기 시작하고 壬辰년주 전생에너지를 이어받기 시작한다. 이때 참조할 것은 乙未 일주의 기운인데 未土는 학문과 깊은 인연이 있기에 한의학과 불교에 심취하여 공부하고 직업으로 활용하였다. 한번 빠지면 나오기 힘든 조폭생활을 청산할 수 있었던 이유는 전생의 기운 壬辰의 영향을 받았기 때문이며 아픈 사람들을 치료하는 약국, 스님, 종교, 명리상담, 심리치료 물상이다.

命理學과 四柱八字를 분석하는 기법이 없다면, 단순하게 생각하기를 젊어서 조폭에 몸담았는데 어느 날 갑자기 개과천선 했다고 이야기하지만 사주팔자에서 제공하는 시공간과 에너지파동을 읽어낼 수만 있다면 한 사람의 인생을 좀 더 객관적으로 살필 수 있다. 대운을 감안하면, 중년이후 亥子丑으로 겨울, 밤과 같은 시간이기에 사회활동을 적극적으로 할 수 없다. 이런 이유로 공부에 집중하고 조폭세계에서 벗어날 수 있었다. 정리하면 申子辰과 亥子丑은 계절로는 겨울, 시간으로는 밤이며 그 속성은 굉장히 어두운데 이런 환경을 활용하는 방식은 다양하다. 어둠속을 어슬렁거리는 조폭처럼 활용할 수도 있고 공부로 활용할 수도 있다. 어느 것을 택할 것인가는 사주구조에 따라 달라진다.

時	日	月	年	男
壬	辛	丙	乙	
辰	亥	戌	巳	

년주는 乙巳요, 일주는 辛亥다. 전생의 업보와 같은 乙 좌우확산 에너지를 巳火에 빛처럼 전파한다. 乙생기를 巳火로 퍼트리는 행위로 새싹을 활발하게 퍼트리니 교육, 공익에 어울린다. 개인적으로 활용하면 생기를 퍼트리고자 다양한 관계를 형성하고 육체를 탐하기 쉽다. 그런 에너지를 辛亥 일주가 30대 중반에 이어받는데 좋게 활용하는지 나쁘게 활용하는지는 구조를 보고 판단한다. 년과 월의 乙巳, 丙戌 조합은 戌月 난로에 넉넉한 火氣가 있어 좋은 조합이기에(자세한 내용은 기 출판한 時空論과 宮位論을 참조하기 바란다.) 사회에서 발전한다. 30대 중반에 이르면 乙巳에너지를 이어받아 辛亥 행위를 하는데 대운이 巳午未로 흐르는 것까지 감안하면 丁辛壬 三字조합으로 총명하고 자신이 가진 가치를 후대에 전달하는 사람이다. 또 乙辛 沖은 생기가 상하는 것을 치료하는 약사, 한의사 직업에 어울린다. 사주 당사자는 한의사로 남을 보살피는 직업을 택하여 살아간다. 그 외에도 壬辰과 丙戌, 乙巳, 辛亥가 모두 남을 위해 희생, 봉사하는 행위이기에 불쌍한 인간들을 보살필 수밖에 없는 숙명을 가지고 태어난 것이다. 당사자는 평시에 산에 들어가 공부하고 싶다지만 대운은 화려한 巳午未를 지나기에 떠나지 못한다. 즉, 사주팔자는 종교인에 적합하지만 운은 화려한 물질계에 머물라고 하므로 혼란스러운 것이다.

② 국가, 조상, 근본터전을 상징한다.

전생과 이어지기에 조상음덕을 살필 수 있고 육친으로 조부모다. 국가를 상징하며 일간이 따라야만 하는 국가의무와 같은 행위들이다. 예로 세

금납부, 군복무, 법률, 의무교육 등이다. 또, 시공간이 가장 넓어서 海外를 넘나든다. 예로 해외유학, 이민, 해외출장과 같은 물상이다. 해외이민은 삶의 터전이 완벽하게 바뀌는 것을 암시한다.

時	日	月	年	男
庚申	癸未	乙卯	戊子	

年月日이 癸乙戊로 癸水발산에너지가 乙에게 전달되고 乙은 戊土에서 새싹을 키우고 성장한다. 이런 에너지 흐름을 時間方向이라 부른다. 癸乙戊 三字는 모두 봄을 상징하고 월지 卯月도 땅 밖으로 싹이 나오는 이치와 같아서 내부에서 외부를 향하는 에너지들로 구성되었다. 癸에서 시작한 흐름이 乙을 거쳐 戊土 년주를 향하니 시공간을 넓게 활용하며 국가나 해외와 인연이 있다. 따라서 국내에서 학업에 열중하는 것보다는 외국에서 활동하는 것이 어울린다. 강력하게 외부를 향하는 에너지를 가진 사주팔자에게 공부하라고 강요하면 스트레스를 받을 것이다. 사주당사자는 어려서부터 많은 국가를 유람하고 귀국하여 국가공직에 근무했다. 보통 지살, 역마가 강하면 해외로 간다고 주장하지만 제한적인 논리다. 이 사주는 년, 월, 일에 지살도 역마도 없음에도 어려서부터 많은 국가를 유람한 이유를 설명하기 어렵다. 시공간 방향과 에너지 흐름을 이해하면 왜 어려서부터 해외를 유람하였는지 명확해진다. 또 다른 예문을 살펴보자.

時	日	月	年	男
乙未	辛亥	癸未	乙丑	

상기 사주와 공통점은 癸乙 두 글자가 동일하지만 글자조합은 틀리다. 시간 방향을 살피면 상기는 癸에서 乙로, 乙에서 戊를 향하고 아래 사주는 辛에서 癸로 癸에서 乙로 향한다. 따라서 두 사주 공히 시간방향은 해외와 인연이 있지만 직업이 다른 이유는 글자조합 때문이다. 예로 상기 癸乙戊 조합은 새싹을 키우는 속성이 강하기에 교육, 공직에 어울리지만 이 사주는 戊土가 없기에 안정적인 터전이 없어서 乙을 안정적으로 키우지 못할 뿐만 아니라 乙辛으로 生氣를 보호하려는 속성을 가졌기에 주로 약사, 치료하는 직업에 어울린다.

사주 당사자는 정확하게 16세에 캐나다로 이민가고 3년 후에 중국에 유학하여 한의학을 전공하였으며 15년 정도를 해외에서 살다가 최근에서야 한국에 돌아와 정착하였다. 이 사주도 역마, 지살이 약하여 해외와 인연이 없을 것 같지만 시간방향과 궁위로 근 15년을 해외에서 살았다.

時	日	月	年
丁	乙	辛	癸
亥	酉	酉	未

男

1883年 생이다. 이 구조는 時間方向이 다르다. 辛이 癸를 향하고 癸가 乙을 향하기에 국가자리에 있는 癸水가 乙을 키우려는 時間방향이다. 따라서 해외를 향하여 밖으로 나가는 것이 아니라 국가에서 나를 향하기에 국가에서 나의(乙木) 성장을 촉진한다. 따라서 국가로부터 권한을 부여받아 오래도록 군벌, 총사령관을 지냈다.

(2) 月柱의 의미

윤회궁	時柱	日柱	月柱	年柱
丙 - 壬	庚 - 庚	甲 - 戊	戊 - 丙	壬 - 甲
辛 - 癸	乙 - 辛	己 - 己	癸 - 丁	丁 - 乙

四柱八字를 분석할 때 모든 명리이론은 月支가 가장 중요하다고 주장하는데 근거를 뚜렷하게 설명하지 못한다. 月支는 연월일시 중에서 유일하게 몇 월이라고 규정된 **계절특징**과 **공간특징**을 갖는다. 예로 卯月의 경우 12개월 중에서 오로지 그 달에만 새싹이 땅속에서 땅밖으로 튀어나오고 만물이 성장하는 시공간이기에 생기, 활력이 넘친다. 또 기상으로 살피면, 아직 겨울에서 벗어나지 못하여 쌀쌀하며, 성정으로 살피면 아이처럼 발랄하고 순수하다. 月은 달의 운행주기를 근거로 결정한 것처럼 보이지만 사실은 태양과 달의 움직임을 평균치로 계산한 것이다. 참고문헌 내용을 살펴보자.

時와 週는 인간이 만든 것이며 문화에 따라 다를 수 있다. 하지만 날(日)과 해(年)는 자연현상에 기반을 둔 것으로 태양이 가는 경로를 통해 파악할 수 있다. 한 달의 흐름은 하늘에 뜬 달의 위치를 통해 알 수 있다. 게르만 어에서 '마노스"(Manoth)는 시간적 의미의 달(Monat)과 하늘에 뜬 달(Mond)을 모두 의미한다. 태양(Sonne)이라는 단어는 라틴어 솔(sol)과 그리스어 헬리오스(Helios)와 관련되고 인도유럽어에서 달(Mond)이라는 단어의 유래는 'me' 이고 라틴어로는 '측정하다(metiri)라는 뜻인데 달이 시간을 '가늠하게 하는 역할을 하기 때문이다. 그리스어와 라틴어로 달을 가리키는 말 셀레네(selene)와 루나(luna)는 빛나는 별을 의미했다. 달과 태양의 궤도주기는 상이하기에 태양과 달은 호환할 수 없는 방식으로 인간이 정한 달력을 지배한다. 지구를 중심으로 한 달의 궤도주기와 지구가 태양을 도는 궤도주기의 숫자 사이에는 분명한 관련이 없기 때문이다. 어떤 경우에도 달력이 필요로 하는 것처럼 태양년과 태음년이 일치하는 완벽한 날은 없다. 이 둘의 정확한 관계를 파악할 수 있게 된 것은 고대 천문학자들 덕분이다. 이를 파악하는 데는 시, 분, 초의 사용을 비롯한 하루의 길이를 구분하는 단위가 필요했다. 지구에서 보름달부터 다음 달 보름달까지 혹은 음력 하루에서 다음 음력 초하루까지 관찰할 수 있는 기간은 29일 12시간 44분 2.9초다. 하지만 하지점과 동지점 혹은 춘분과 추분을 지나면서 태양이 하늘을 이동하는 주기는 정확하게 365일 5시간 48분 46초다. 고대 천문학자들은 이것을 날을 나누어 계산했고 페리클레스 시대에 메톤은 1년의 길이를 365와 19분의 5일로 계산했는데 이는 365와 4분의 1일보다 정확한 계산이었다. 달의 주기가 한 해에 거의 열두 번 돌아오므로 1년을 12개월로 나눌 수 있었다. 한 달을 29일에서 30일로 바꾸면서 음력의 한 해는 354, 3672일이 되었다. 이에 비해 태양력의 한 해는 더 길었고 그러다 보니 음력이 양력에 비해 해마다 10일이나 11일 뒤처지는 현상이 일어났다. 순수한 음력의 경우 일수가 양력에 비해 해마다 뒤처져 33년 후에는 363일이 모자라게 되면서 태양력과 날짜가 거의 일치하게 된다.
(시간의 탄생 - 알렉산더 데만트 268피)

지구터전이 존재하고 생명체의 존재를 결정하며 물질과 육체와 깊은 관련이 있는 月柱의 역할을 정리해보자.
1) 月柱는 부모 궁위로 내 육체를 만들어내는 공간이다.
2) 연월일시 중에서 유일하게 공용으로 태양과 달의 운행주기를 활용했다.
3) 사주팔자의 모든 時間은 순행하지만 월주를 기준으로 산출하는 대운은 유일하게 순행과 역행이 모두 가능하다. 대운은 개인의 시간단위

이기 때문이다. 자연에는 존재하지 않는 인간의 사주팔자를 분석하기 위해 만들었기에 절대불변의 진리가 아니며 관념의 산물이다.

4) 월주는 대운의 순행과 역행을 결정한다.

사주팔자의 시간단위도 인간이 만들었고 대운의 순행과 역행의 원리도 인간이 만들었기에 자연의 지혜가 아니다. 과거에 지구가 400번을 회전하다가 현재는 365일을 회전하는 것처럼 절대적 진리라고 믿는 자연현상들조차도 변화한다. 月柱는 대략 30일로 時間의 長短으로는 두 번째로 길지만 나의 육체를 만들어주는 공간이라는 점에서 매우 중요하다. 이런 이유로 월주를 자세히 살펴야 나의 존재를 이해하여 순응하는 삶을 살아간다. 지금부터 月柱 宮位의 고유한 특징을 함께 살펴보자.

① 月支空間에서 해야 할 일이 있다.

인간의 육체는 月支 모친으로부터 얻는다. 年支에서 에너지가 동하고 월지에서 육체를 얻는다. 자연의 이치로 살피면 12개 월지는 특정한 행위를 필요로 한다. 卯月에는 성장하고, 酉月에는 수확하기를 요구한다. 이런 행위는 절대로 바꾸지 못하며 반드시 시공간이 원하는 대로 순응해야 한다. 이때 필요로 하는 일을 적절하게 할 수 있는지 없는지를 결정하는 것이 바로 년주와 월주의 구조이며 이에 따라서 길흉이 결정된다. 달리 표현하면 각 계절에 필요한 에너지 값은 전혀 다르다. 자연의 이치를 생각해보자. 겨울에는 태양빛이 아무리 강해도 춥고 여름에는 태양빛이 아무리 약해도 덥다. 이것은 인간이 느끼는 감각작용에 불과하다. 자연은 그냥 그러한 것처럼 겨울에는 춥고, 여름에는 덥다. 인간이 아무리 요구해도 이런 조건은 변하지 않는다. 따라서 인간의 잣대로 자연현상을 벗어나려는 시도를 하면 안된다. 특히 사주팔자를 분석할 때 이런 문제는 심각한 오류를 낳는다. 인간의 감각작용으로 겨울에 춥기에 따뜻하길 바라는 것처럼 겨울에 태어나면 태양빛이 강해야 좋다거나 여름에 태어나면 水氣가 많아야 시원하다는 생각에서 벗어나지 못한다. 사주팔자를 분석하는 원리는 자연의 이치를 근거로 해야 하며 인간이 원하는 이치를 억지로 대입할 수는 없다.

時	日	月	年
丙午	丁巳	丁巳	癸卯

男

甲寅 運에 대기업 부사장으로 재물을 축적하고 처복이 좋다. 시공간 흐름으로 살피면 년에서 癸卯가 새싹을 키우고 丁巳월로 흘러 꽃을 피운다. 따라서 시간흐름이 적절하여 순차적으로 발전한다. 다른 구조들은 배제하고 월지 巳火를 기준으로 공간 특징을 살펴보자. 巳月은 꽃이 피는 계절이다. 그러려면 먼저 새싹이 있어야 한다. 둘째 꽃이 개화하는데 적절한 온도가 있어야 한다. 이런 조건을 년주 癸卯가 적절하게 맞춘다. 이 구조에서 알려주는 정보는 조상음덕이 좋고 초년부터 발전한다. 사주팔자에서 조상음덕을 찾을 때 특별한 조건이 있는 것이 아니다. 택일도 작명도 모두 동일한 이치로 개인의 사주팔자 간지구조로 판단한다. 이 구조를 火氣가 탱천하기에 水氣가 많아야 좋은데 年의 癸水는 무력하여 적절한 역할을 하지 못한다고 판단했다면 월지가 가장 중요하다는 점을 망각한 것이다. 사주팔자에 존재하는 시공간을 단독, 또 종합적으로 분석이 가능하다. 예로 년간을 독자적으로, 年柱를 독자적으로 혹은 년주와 월주를 조합하여 또, 년주와 시주를 조합하여, 일주와 년주를 조합하여 분석가능하며 무조건 四柱八字가 모두 있어야 분석할 수 있는 것이 아니다.

巳月의 공간 환경을 생각해보자. 꽃이 활짝 피려면 발산에너지 癸水와 분산에너지 丙火가 필요하다. 응축작용으로 오므렸던 꽃망울이 밖을 향하여 활짝 펼칠 수 있는 에너지는 오로지 癸와 丙 뿐이고 이 사주는 다행하게 巳月에 필요한 모든 에너지 癸卯와 丁巳를 가지고 있다. 사주팔자를 공부한 분들은 巳月에 癸水가 증발하여 무력하다고 생각하지만 巳月에 水氣가 많으면 꽃을 피우지 못한다. 巳月에 비가 많이 내리면 꽃과 나비와 벌이 반드시 해야 할 짝짓기를 못하고 열매가 열리지 못한다. 이 사주처럼 사월에 癸水가 온기를 올려주기에 꽃이 활짝 피어나듯 사회에서 두각을 나타낸다. 이렇게 각 월의 시공간에 적합한 에너지 조합이 있는데 강할 때는 강해야 하고, 약할 때는 약해야 하는 것이지 무조건 강하면 좋다는 판단은 합리적이지 않다. 이해를 돕기 위해서 비교사주를 살펴보자.

時	日	月	年
己	己	丁	癸
巳	巳	巳	丑

男

상기 사주와 년과 월 4개 글자에서 다른 점은 년지의 卯木과 丑土뿐이다. 하지만 사월의 시공간에서 원하는 조건이 비교사주와 많이 다르다. 첫째 새싹이 없다. 丑土는 아직 겨울이기에 새싹이 나오려면 많은 시간이 필요하다. 둘째 癸水는 미약해야 하는데 癸丑으로 수기가 무거워 꽃피는 것을 방해한다. 겨울에 꽃이 활짝 필 수는 없는 것이다. 구조에서 주는 차이점은 巳月에 꽃 피려면 상대적으로 많은 시간이 필요하고 조상의 음덕이 없다. 이런 이유로 20년 동안 개미처럼 일해서 10억을 모았으며 소금이란 별명을 얻었다. 이 사주를 분석하기를 火氣가 너무 강하여 癸丑, 壬子운에 발전할 것이라고 하였지만 실상은 다르다. 시공간이 원하는 조건을 충족하느냐에 따라서 운명이 달라지는 것이지 인간이 생각하는 대로 더우니까 시원하게, 추우니까 덥게 해주어야 좋다는 논리는 잘못된 것이다. 다른 예문을 하나 더 살펴보자.

時	日	月	年	男
己	己	丁	癸	
巳	巳	巳	卯	

성형외과를 개원한 의사다. 이제 확실하게 차이점이 보일 것이다. 이 구조도 癸卯, 丁巳로 巳月에서 원하는 공간조건을 충족하고 있다. 다만 직업 물상은 卯木 새싹을 巳火로 화려하게 꾸미는 성형의사라는 점만 틀리다.

② 월지를 기준으로 年柱와 月柱의 배합에 따라 삶이 결정된다.

時	日	月	年	男
辛	己	丁	己	
丑	未	丑	丑	

집안도 가난했고 대학진학도 못하고 식당을 운영하여 재산을 모았으나 30세 이후 가정파탄으로 미국으로 이민 갔다. 丑月을 기준으로 年과 月만 살펴보자. 일간은 년과 월에 따라 결정되는 것이지 스스로 태어나는 것이 아니다. 년월 구조를 살피면 내 조상, 부모의 상황을 읽고 내가 어떤 환경에서 탄생했는지 살필 수 있다. <u>년주와 월주를 살필 때 절대로 일간을 포함해서 살피면 안된다.</u> 월지 丑土 환경은 춥고 어두워 가장 필요로 하는 것은 丙火 분산에너지다. 하지만 년주와 월주에 없고 丑丑 동일한 글자로 복음이기에 조부모와 부모는 반목하고 밀어낼 수밖에 없다. 또 巳酉丑 결실운동을 마감한 공간이기에 더 이상 활용하기 어려운 땅이다. 따라서 고향에서 살지 못하고 타향, 해외로 떠나야 한다.

30세 이후 甲戌대운에 월지를 丑戌 刑하는 시기에 해외로 떠났다. 표면적인 이유는 대운에서 월지를 刑하여 변화를 요구하기에 해외로 갔지만 근원적인 문제는 丑土 환경이 나쁘기 때문이다.

時	日	月	年	女
丙寅	甲寅	丙午	壬辰	

午月에 원하는 년주와 월주 조합이 무엇일까? 이것을 파악하려면 반드시 午月에 자연에서는 무엇을 하는가를 생각해야 한다. 정확하게 이해하는 방법은 午月의 지장간을 살피는 것이다. 丙己丁이 있고 무슨 일을 하는지 알려주는 나침반이다. 丙분산작용을 丁수렴작용으로 전환하여 己土에 저장하라고 요구한다. 무슨 의미일까? 丙火는 巳月에 꽃을 활짝 피었는데 午月에 丁火로 열매 맺으라는 것이다. 예로 빛을 돋보기에 모아서 집약하면 열을 축적하고, 태양광에서 빛을 받아서 전기로 활용하는 이치와 동일하다. 巳月에 꽃피웠으니 午月에 열매 맺어야 가을에 수확할 수 있기 때문으로 丙火의 작용을 丁火와 己土가 수렴하여 저장하라고 요구한다. 따라서 꽃에서 열매로 바꾸려면 어떤 환경이어야 하는가를 생각해야 한다. 예로 열매가 뭉치는 수렴작용이 필요하고 썩지 않도록 수기가 강하면 안된다. 이때 에너지 특징들이 다르기에 동일한 오행이라고 작용이 동일하다 판단하면 안된다. 水火에너지의 쓰임을 정리하면 아래와 같다.

1) 癸 발산에너지는 壬水의 도움으로 생겨나 巳月까지 활용한다.
2) 丙 분산에너지는 癸水의 도움으로 생겨나 申月까지 활용한다.
3) 丁 수렴에너지는 丙火의 도움으로 생겨나 亥月까지 활용한다.
4) 壬 응축에너지는 丁火의 도움으로 생겨나 寅月까지 활용한다.

꽃이 활짝 피려면 癸丙을 활용하고, 열매 맺으려면 丁壬을 활용하는 것이다. 따라서 午月의 년과 월 구조는 이런 에너지 조합들로 구성되어야만 적절하다. 주의할 것은 丙午월이기에 壬水가 강해야 한다는 판단은 옳지 않다. 午月에 壬水가 강하면 농작물에 우박이 내리거나 썩는 이치다. 자연에 매월 필요한 에너지 특징은 전혀 다르다. 약해야할 에너지는 약하고 강해야할 에너지는 강해야만 한다. 午月에 水氣만 잔뜩 있다면 적절하게 열매 맺을 수 없다. 이런 이유로 壬辰과 丙午로 조합하면 壬水가 약하게 午月에 필요한 공간 조건을 맞추기에 조상과 부모의 음덕이 좋다. 이 여인은 풍족하게 살며 남편은 현대건설 상무로 해외에서 근무했고 퇴임하고 타 회사에 근무한다. 빌딩과 부동산을 여러 개 소유하고 활동적이며 부녀회장 등 여러 직함을 가졌다.

③ 월지는 일간의 탄생을 주관한다.

時	日	月	年	男
戊	丙	庚	辛	
戌	戌	子	丑	

이 사주의 실황은 이렇다. 중풍 걸린 父親을 죽이겠다고 협박하고, 사기치고, 피해 입히고 형제들에게도 협박을 일삼는다. 학창시절부터 말썽 피우고 군대에서도 영창을 드나들며 평생을 불량배처럼 살아간다. 동일한 논리로 月支 子水공간에서 丙火분산에너지가 필요하지만 없다. 따라서 조상, 부모의 환경이 적절하지 않다. 이미 결정된 년과 월의 환경에서 내가 丙火로 태어난 이상 년, 월의 공간에서 요구하는 조건을 맞출 사람은 오로지 일간뿐이다. 이런 구조차이로 운명이 결정되는데 년, 월에 丙火가 있다면 내가 조상, 부모의 음덕을 받지만 일간이 丙火로 태어난 이상 내가 년과 월에 丙火를 공급하느라 피곤하다. 이런 구조를 효자라 표현하며 부모는 자식 덕을 보지만 일간은 식구들을 책임져야만 한다. 정신적으로 문제

가 있는 이유는 천간에서 丙辛 합하는데 地支는 丑戌 刑하여 겉과 속이 전혀 다르기 때문이다. 또 丑戌 刑하는 과정에 월지 子水가 찌그러지기에 뇌가 상하여 정신적으로 문제가 있다.

④ 月支환경이 冲刑破害로 불안정하면 삶도 편하지 않다.

월지 공간은 나의 육체를 만드는 공장과 같아서 반드시 안정을 요한다. 만약 刑冲破害로 불안정하면 삶도 불안정해진다. 언제 발생할 것인가는 사주구조에 따라 다르며 평생 사회활동 환경이 자주 변한다. 직업을 택할 때는 물형에 변화를 주는 가공, 교정, 치료, 의료에 적합하다.

時	日	月	年	女
甲申	庚午	壬戌	癸未	

戌月에 요구하는 溫氣를 유지하려면 火爐에 불이 꺼지지 않아야하기에 水氣가 강하면 흉하고 또 화로가 불안정하면 불꽃이 튀고 문제가 발생한다.

화로의 온기를 유지할 火氣가 년, 월에 없을 뿐만 아니라 戌未 刑으로 불안정하다. 운도 癸亥, 甲子, 乙丑으로 月支에 좋은 작용을 하지 않기에 평탄한 삶이 아니다. 17세부터 남자관계가 복잡하고 18세 庚子 年에 임신하여 미혼모가 되었다. 23세 乙巳年에 착한 남자와 결혼했으나 1년도 지나지 않아 丙午年에 교통사고로 남편을 잃었다. 물장사를 시작하여 丁丑 年까지 파란만장한 삶을 살고 있다.

時	日	月	年	女
乙巳	丁巳	己巳	甲寅	

의사이며 남편은 판사다. 24세 유학중에 연애를 시작하여 27세 丙寅대
운 庚辰년 결혼하여 아들 둘을 두었다. 巳月의 공간에 대해서는 상기에서
자세히 설명했기에 생략한다. 다만 년주와 월주가 寅巳로 刑하므로 원래
의 형태에 변형, 가공, 치료하는 의사직업이고 生殺의 속성을 가진 법관
남편과 인연되었다. 사주팔자에 刑작용이 있기에 의사직업이 아니면 자신
이나 육친의 건강에 문제가 생길 수 있다.

時	日	月	年
모름	甲戌	丁未	丁未

男

월지와 일지가 戌未 刑한다. 원래의 물형을 가공, 교정, 치료하는 직업에
적합하기에 돌을 깨고 다듬는 석공이다.

⑤ 월주는 부모형제와 일간의 직업을 결정한다.

월주의 육친관계는 부친과 모친 형제자매들이다. 모친 궁에서 나와 형
제들이 태어나기 때문이다. 따라서 부모형제 상황을 살피려면 月柱를 중
점 적으로 살펴야 하고 년주도 참조한다. 또 월주는 사회 환경과 직업을
상징하기에 나의 직업과 환경을 추론한다.

時	日	月	年
戊午	癸丑	乙丑	癸酉

女

부친은 한때 성공한 회계사였지만 망했다. 부친의 직업을 추론하려면
부친궁위를 살펴야 한다. 부친은 월간 乙로 봄에 새싹을 확산하는 에너지
를 가졌기에 적합한 에너지들과 배합하면 발전할 것이다. 년의 癸水가 乙

의 성장을 촉진하기에 부친의 사회활동은 자연스럽게 발전한다. 어떤 직업에 종사하는지를 알려면 주위구조를 살피는데 酉丑으로 巳酉丑 수렴운동이 분명하기에 금융, 의료, 군인, 정치행위에 어울린다. 다만 乙丑에 이르면 삼합운동을 완성하여 더 이상 발전하지 못한다. 이 딸의 사주팔자에 부친의 발전과정이 고스란히 담겨져 있다. 어떤 자식을 얻고, 어떤 부모를 얻느냐에 따라서 인연이 결정된다. 나머지 구조를 참조하면 癸乙戊 조합으로 공직속성이 강하지만 酉丑으로 수확을 위주로 하므로 공직과 수확의 속성이 조합한 재물창고를 관리하는 회계사 직업을 가졌다.

時	日	月	年	女
辛	壬	壬	乙	
亥	子	午	巳	

부친의 직업을 알고 싶다면 월간을 먼저 살피고 월지 공간을 감안하여 판단한다. 월주가 壬午월로 부친 壬水가 午火를 만나 물의 흐름이 막히는데 년주도 乙巳이기에 壬水 흐름이 답답하다. 하지만 월지 午火공간으로 살피면 나쁜 것은 아니다. 午月에 壬水가 열매 맺는 작용을 적절하게 하기 때문이다. 즉, 부친 壬水와 나의 월지에서 요구하는 조건은 다르다. 부친은 물길이 막혀서 물을 찾지만 월지환경이 나쁘지 않기에 부모덕이 있다. 부친의 상황이 안정되려면 반드시 金氣가 필요한 이유는 壬水의 물줄기를 되살리기 때문이다. 午月에 水氣가 많으면 과일이 썩기 때문에 水氣로 살려야한다고 판단하면 안된다. 이렇게 매월의 시공간 상황은 굉장히 민감하다. 부친은 문제를 해결하고자 물줄기를 찾아서 항해사 직업을 가졌다. 부친이 멀리 떠나야 했던 이유는 壬午, 壬子로 복음이고 子午 沖으로 살아가는 공간이 멀어지기 때문이다.

時	日	月	年	男
庚	丙	癸	癸	
寅	子	亥	巳	

　월지는 모친과 형제들의 宮位다. 형제의 동태를 살피려면 월지를 살피고 十神으로 비겁의 상황을 참조한다. 月支에 亥水가 있다. 생각해보자. 일간 丙火의 형제들이 살아가는 공간이기에 丙火와 유사한 속성을 가진 巳火나 午火가 있다면 형제들과 유사하지만 亥水가 있으니 丙火와 속성이 정반대다. 병화는 분산에너지요 亥水는 응축에너지로 어둠과 같다. 의미를 확장하면 모친이 형제를 낳았는데 이상하게도 형제들의 성격이나 삶의 방식이 다르고 특히 일간 丙火와 조화를 이루지 못한다.

　형제를 상징하는 十神인 비견과 겁재를 살피면 비견 형제가 巳火 속에 丙火로 있는데 월지에서 벗어났고 巳亥 沖하여 월지에 들어가지 못하고 떠도는 타인처럼 인연이 좋지 못하다. 살기 어려운 환경을 만난 동생은 병으로 사망하고 형은 교통사고로 사망하였다.

⑥ 일간이 월지와 경쟁하면 정착하기 어렵다.

　일간과 오행이 동일하고 음양이 다른 것이 천간에 있다면 十神으로 **겁재**라 부르고 地支에 있으면 **양인**이라 부른다. 비견은 존재가치를 중시하고 겁재는 경쟁을 통한 발전을 중시하는데 겁재가 월지공간을 차지해버리면 내가 소유한 집에 타인이 들어와 자기 집이라고 우기는 상황이다. 따라서 경쟁하여 **빼앗거나**, 경쟁에서 밀리면 타향이나 해외로 떠나야만 한다. 심리, 환경, 재물, 직업도 모두 동일하게 추론한다.

時	日	月	年	男
己	甲	乙	戊	
巳	寅	卯	寅	

甲寅 일주가 乙卯 월주를 만나 乙에게 空間을 빼앗겼다. 경쟁구도는 반드시 누가 유리한지 살펴야 하는데 水氣로 흐르면 甲이 경쟁우위, 火氣로 흐르면 乙이 경쟁에서 승리한다. 甲은 火氣에 시들고 무력해지니 살기 어렵다. 년의 戊土 터전은 乙이 장악하고 甲의 땅 己土는 마르고 건조하여 정착하기 힘들다. 따라서 그 땅에서 벗어나야만 한다.

乙卯, 甲寅으로 강한 육체를 활용하는 직업에 종사한다. 壬, 癸가 없으니 학력이 높지 않고 육체를 활용하여 바쁘게 움직이는 농부, 택배, 건설노동 등이다. 水氣가 있으면 두뇌와 육체를 동시에 사용하는 군대, 경찰과 같은 직업물상으로 바뀐다. 모친이 3세에 사망하여 공부도 못하고 농사짓다 상경하여 막노동과 장사로 고생하였고 36세 丙辰 年에도 많은 손해를 보았다.

(3) 日柱의 의미

日柱의 핵심의미는 자신의 의지로 년주와 월주를 다스리는 주체가 아니라 조상과 부모가 부여한 육체를 가지고 탄생하여 그들이 제공한 터전에 적응하여 살아가는 존재다. 日柱에게 年, 月은 숙명이고 30세 전후까지 좋던 싫던 주어진 환경에 적응하며 살아야 한다. 조상과 부모에 의해서 결정된 환경이기에 자신의 의지가 아니며 배움과 경험을 통하여 30세 이후 日干이 펼쳐갈 세상을 준비하는 과정이다. 日柱의 시기 30세가 지나면 이루고 싶은 세상과 마주치기에 日支와 조합하여 발전하기도 하고, 일지가 年, 月 흐름을 방해하여 장애를 주기도 한다. 日支는 38세에서 45세까지요 배우자이며 자식을 만들기에 자식에게 직접적인 영향을 미친다. 자식은 스

스로 생겨나는 것이 아니라 일주의 기운이 전달되어야만 가능하다. 日支
는 배우자요 씨 밭 환경에 따라 자식의 운명이 결정된다. 日柱의 時間단위
는 24시간에 불과하고 年, 月과 비교할 수 없을 정도로 짧다.

① 31세 이후 전생의 氣運 年柱가 내 인생에 개입하기 시작한다.

조상과 부모의 도움으로 마련된 환경, 터전에 적응하다가 31세 이후에
전환점을 맞는다. 자신만의 가치관으로 인생을 관리하기 시작하는데 30세
까지 경험으로 형성된 가치관뿐만 아니라 年에 담겨진 전생의 업보를 이
어받는다. 예로 丁火日 여명이 戊戌 년을 만나면 전생에 남의 말을 잘 듣
지 않고 통제나 간섭을 싫어하고 자신의 주관대로 살았으며 현생으로 이
어져 배우자와 인연이 박한 운명을 가지고 태어났다.

時	日	月	年
癸	丁	壬	癸
卯	酉	戌	丑

女

이 여인은 오래도록 법률관련 업무를 하면서 안정적으로 살면서도 마
음 한구석에는 자신의 정체에 대한 궁금증을 버리지 못한다. 癸丑年으로
태어났기에 丑의 지장간에 辛과 癸가 있으니 전생에 저장된 업보(辛)를 癸
로 풀려고 하므로 종교, 명리, 철학과 인연이 깊다. 辛酉는 죽음을 상징하
는 시공간부호요 부처님이 화려한 色界를 버리고 본성을 깨우치려고 떠나
는 과정과 같고 씨종자의 정체를 알고 싶은 충동을 버리지 못한다. 이렇게
己酉, 辛酉, 癸酉, 癸丑, 壬子와 같은 간지들이 강하면 종교, 명리, 철학, 무
속과 인연이 많아서 자신의 존재가치를 확인하고자 사주상담을 즐기며 무
속 인을 찾아다니지만 궁금증을 해소하지 못한다. 그 이유는 자신의 본성
을 찾고 싶지만 사주팔자로는 내가 누군지 알지 못한다. 사주팔자는 물질,

육체, 재물, 지위와 같은 것들만 다루기에 나는 누구이며 어디에서 왔고 어디로 가는가에 대한 답을 얻지 못한다. 인간의 본성을 찾는 과정은 종교, 철학, 과학, 사주팔자를 종합한 학문일 때에서야 비로소 본성에 접근하며 이렇게 통합한 학문이 命理學이다.

② 日支는 배우자의 동태를 결정하는 궁위다.

나와 배우자 그리고 자식관계를 이해하기 위해서는 반드시 日柱와 時柱의 구조를 살펴야 한다. 日柱는 나와 배우자이고 時柱에서 자식의 동태를 살필 수 있다. 또 자식의 사주에 있는 월주의 동태를 살펴서 부모와 자식의 인과관계를 파악할 수 있다. 배우자 궁위의 이해를 돕고자 노총각, 노처녀 사주팔자 특징을 살펴보기로 하자.

時	日	月	年
甲	己	丙	丙
子	未	申	辰

男

34세 당시 상황이다. 미혼이고 직장을 그만둘 상황이다. 한 직장에서 2년을 넘겨본 적이 없고 여러 회사를 다녔지만 풀리지 않는다. 사업하면 어떤 직종이 맞을지 궁금하며 두 살 연상의 여자 친구가 있다. 노총각인 이유를 살펴보자. 일지에 未土가 있고 배우자를 상징하는 十神 재성은 시지에 있는데 마르고 건조한 未土가 子水를 탁하게 만들기에 관계가 적절하지 않다. 子水는 일지에 있어야 정당한 공간에서 살아가는데 밖에 있고 배우자를 받아들이기 싫어하는 글자가 일지에서 나쁜 관계를 형성하여 안방으로 들어오는 것을 막는다. 子水는 일지로 들어오다가 未土가 두려워 거부하는데 이런 구조를 **육친 편위(六親偏位)**라 부르기로 하자. 이런 조합들은 결혼하기 어렵다.

時	日	月	年	男
丁卯	甲寅	丁卯	甲寅	

　36세 상황으로 횟집운영자다. 조실부모하고 甲申년부터 소규모 횟집을 운영하는데 경제적으로 여유가 없다. 2009년 己丑년 10월부터 1980년생 여명과 사귀는 중이다. 이 구조도 결혼이 쉽지 않은 이유는 일지 배우자궁과 동일한 글자들이 너무도 많다. 도플갱어처럼 배우자와 동일한 존재가 많아서 누가 부인인지 헷갈린다. 이런 구조는 결혼하지 못하거나, 남녀관계가 수시로 바뀌거나 의처, 의부증세로 시달리거나 색난으로 문제가 생긴다.

時	日	月	年	女
甲戌	甲戌	辛酉	戊午	

　39세 노처녀다. 배우자 운이 없기에 이혼한 남자를 찾는 것이 좋다는 말을 들었다. 구조를 살펴보자. 일지 戌土가 배우자의 특징을 규정한다. 지장간에 辛이 있으니 正官이 正位에 있다. 또 월주에 辛酉로 명확하게 남자를 지칭하는 十神이 있으니 남자인연이 많아 보임에도 결혼하지 못하는 이유를 살펴보자. 첫째, 남편을 상징하는 글자들이 너무 많다. 일지를 기준으로 戌戌戌로 세 명이고 辛酉로 살피면 남편이 네 명이다. 즉, 여러 번 결혼할 운명이다. 이런 분석은 일지에 있는 오행과 十神을 살핀 것이지만 에너지파동으로 살피면 좀 다르다. 辛酉는 丁火의 수렴작용으로 딱딱한 결정체며 내부에 丁火 열기를 품고 있다.

　또 생명체의 생기와 활력을 없애 죽음과 같은 작용이다. 사주에 火氣만 가득하여 甲의 움직임이 활발하지 못하고 辛酉에 열기를 공급하여 계속 자극한다. 대장간 화로에서 칼을 불에 달구는 작용과 같은데 운도 열기만 강하기에 辛酉는 甲을 보면 찌르려 한다. 辛酉가 火氣에 자극 받은 상태에서 水氣를 보면 총알처럼 튀어나가지만 水氣는 없고 甲만 있으니 불 꼬챙이처럼 찔러댄다. 이것이 이 여인이 가진 남자와의 에너지 파동이다. 본능적으로 결혼하면 문제가 생길 것임을 느끼고 결혼하지 못한다.

時	日	月	年	女
丁卯	己亥	甲寅	癸卯	

치과전문 의사로 월수입 삼천만원이지만 40세 당시에 미혼이며 남자들이 돈보고 결혼하려는 것 같아 결혼하지 못했다. 상기와 유사한 패턴이다. 일지에 亥水가 있고 지장간에 甲이 있으니 배우자 궁위에 남자가 있고 월주에 甲寅으로 강한 正官이 있고 대운도 관인상생(官印相生) 흐름임에도 40세까지 결혼하지 못했다.

에너지 파동으로 살피면 느낌이 전혀 다르다. 戊己는 지구터전을 상징하며 모든 생명체들이 살아간다. 이때 己土가 얼마나 많은 생명체를 품는가를 알려면 土의 두텁기를 살펴야한다. 己土 상황을 상상해보자. 한줌의 흙과 같은 己土가 품어야할 뿌리들은 卯甲寅亥卯로 너무도 많고 일지 亥水는 甲寅의 성장을 촉진하고자 생명수를 甲寅에게 공급하기에 木들은 계속 성장하면서 己土에게 터전을 달라고 조른다. 己土는 감당하기 어렵기에 木氣들이 두려울 수밖에 없고 일지 亥水 남편이 甲寅에게 亥水를 전달하고 성장을 촉진한 다음에 己土의 체성을 무너뜨릴 것이다. 현실에 비유하면 좋은 남편을 얻었으나 이 여인의 재산으로 사업한다고 투자하여 망하고 채무를 己土에게 해결하라고 요구한다. 이런 운명을 본능적으로 느끼는

己土는 남자를 멀리하거나 관계를 유지하지 못한다.

　이 여인의 표현처럼 남자들이 돈을 보고 결혼하려는 것 같다고 의심하고 결혼하기 어려운 이유다. 일지 亥水의 역할이 월지공간에서 원하는 조건을 맞추기에 나쁘지 않지만 己土가 수많은 뿌리들을 감당하기 어렵고 결과적으로 좋은 남편이 악연으로 바뀐다. 따라서 사회에서 발전하고 재물복은 있지만 남자가 안방에 들어오기는 힘든 것이다.

時	日	月	年	女
丁	庚	庚	丙	
亥	午	寅	申	

　47세 壬午年에 이혼했다. 중년에 日支와 寅午戌 三合을 이루는 시기에는 이혼하기 쉽다. 배우자 궁위를 기준으로 午丙丁으로 남녀관계가 단순하지 않다. 에너지 파동으로 살피면 丙戌대운에 일지를 포함하여 寅午戌 삼합을 이루면 火氣가 굉장히 강해지면서 庚은 화로에서 굽는 고구마처럼 답답해진다. 이때 운에서 水氣를 만나면 火氣를 해소하려고 庚은 총알처럼 튀어나간다. 일상에 비유하면 자신의 의견을 적절하게 표현하지 못하던 庚이 水氣를 만나면 주관이 뚜렷해지고 충동적으로 원하는 것을 행동으로 옮긴다. 소위 질러버리는 운이다. 이런 이유로 壬午년 火氣와 충돌하면서 남편을 밀어내고 이혼하였다.

③ 日支는 자식의 상황을 결정하는 공간이다.

　생명체들의 생기와 활력을 표현하는 간지는 甲乙과 寅卯다. 생명을 가진 존재들은 모두 木氣로 표현한다. 죽음에 이르면 辛酉요 육체조차도 사라지면 壬子, 癸亥이고 영혼의 세계다. 동일한 水氣임에도 生命水라 부르는 이유는 영혼의 세계를 통하여 새로운 육체가 생겨나기 때문이다. 이런 이치를 그대로 日柱와 時柱를 연결하여 살펴보자. 日柱의 生氣와 活力이 時柱에 전달되기에 일주가 활발하면 活力이 넘치고 정반대이면 자식의 움직임이 둔하거나 자식을 얻기 어려울 수도 있다.

時	日	月	年	女
辛酉	戊辰	庚子	丙午	

자식 궁에 辛酉가 있으니 죽음과 같아서 生氣가 없다. 또 일지와 辰酉 合하여 辰土 속 乙의 생기발랄한 움직임에 문제가 생긴다. 이런 이유로 자식을 얻기 어렵기에 특별한 이유 없이 임신하지 못하고 인공수정도 실패하였다. 이런 이치를 이해하면 인공수정을 해야 하는지, 입양해야 하는지 혹은 다른 방법을 찾아야하는지 결정할 수 있지만 모르면 어떤 선택을 해야 할지 모른다. 한 가지 더 고려할 문제는, 이 여명의 남편 사주에서 자식의 동태도 함께 살펴야 한다. 부인 사주는 자식을 얻기 어려운데 남편사주는 자식을 얻을 수도 있기 때문이다.

(4) 時柱의 의미

時柱는 年月日 시공간 흐름을 마감, 정리하며 46세에서 죽음에 이르기까지의 과정이다. 자식궁위로 자식의 동태를 살피는 기준점이다. 일간이 年과 月의 에너지를 이어받아 자신의 의지로 삶을 개척하는 궁위다. 일지 배우자와 합하고 일주의 기운을 時柱후대에 계승하고 발전시킨다. 時柱는 자식의 동태를 파악하는 궁위지만 또 다른 중요한 의미를 가졌다.

① 月支 空間과 자녀궁위의 조합으로 자식의 길흉을 판단한다.

時	日	月	年	男
癸	甲	辛	庚	
酉	戌	巳	午	

소금매매로 부자다. 위에서 살펴보았던 巳月의 시공간에서 원하는 조건을 기억할 것이다. 巳月에 꽃을 활짝 피우려면 발산, 분산에너지가 강해야 하고 卯木 새싹이 있어야 꽃으로 물형을 바꿀 수 있다. 이런 조건에 부합하는지를 살펴보자. 巳午로 화기가 충분하여 꽃을 피우고 열매 맺을 수 있다. 卯木은 없으나 24세부터 甲申, 乙酉로 흐르는 과정에 새싹을 꽃으로 바꿔서 열매를 수확하는 흐름이다. 또 자식 宮에서 癸水가 巳月에 필요한 에너지를 공급한다. 따라서 辛巳월주에서 필요로 하는 조건을 맞춰주는 癸水가 자식 궁에 있으니 자식들이 효도한다. 3男 1女로 모두 효도하고 발전하였다.

時	日	月	年	女
庚	壬	壬	戊	
子	子	戌	辰	

戌月은 열기를 품은 火爐와 같아서 불씨가 꺼지면 문제가 생긴다. 따라서 火氣가 충분해야 하는데 일주가 壬子로 남편의 역할이 적절하지 않고 자식 宮도 庚子로 월지에서 원하는 조건을 맞추지 못할 뿐만 아니라 상하게 만든다. 日支도 子子로 복음이니 남편과 자식은 밀어내기에 함께 하기 어렵다. 이 여인은 25세경 남편이 사망하고 자식들도 성장하여 셋방살이하는 모친을 돌보지 않는다. 남편 궁과 자식 궁의 역할이 나쁘기 때문이다.

② 日柱의 에너지를 자식 궁에서 이어받는다.

時	日	月	年	女
乙	癸	壬	乙	
卯	酉	午	亥	

　이 여인은 남편, 자식 복이 없다. 남편도 잃고 자식도 얻지 못했다. 재혼했으나 남편이 죽었고 훗날 양자를 키웠으나 보살피지 않으니 주거도 불안정하고 힘들게 살았다. 日支는 남편 宮이고 乙卯는 자식 宮인데 乙卯의 입장에서 부모와 관계를 살펴보자. 癸酉의 에너지가 乙卯로 이어지고 乙卯는 癸酉의 에너지를 받아서 성장한다. 두 干支의 관계가 어떤가를 살피면 부모가 자식을 어떻게 생각하는지 또 자식이 부모를 대하는 태도가 어떤지를 살필 수 있다. 午月로 수기가 강하면 과일이 썩는다. 년과 월에 水氣가 많아서 과일이 상하기 쉽다. 또 중년이후에 亥子丑으로 흐르니 월지 상황이 점점 어려워진다. 더 큰 문제는 日支 酉金은 生氣를 없애는 작용이므로 자식 乙卯를 키우려는 의지가 없고 상하게 만든다. 이 여인은 비록 癸水로 乙卯를 키우려 노력하지만 그런 노력을 일지 배우자 酉金이 망쳐버린다. 이런 이유로 남편도 잃고, 자식도 얻지 못했으며 재혼한 남편도 죽었고 양자도 떠났다. 일지의 殺氣 때문에 주위의 생명체들이 이 여인을 멀리하고 떠난다.

③ 日柱가 개인적으로 추구하는 성향을 드러낸다.
　年과 月은 국가 사회 환경이지만 時柱는 개인적으로 만들어가는 세상이기에 개인행위나 가치관이며 사회에서 활용하는 능력이나 재주가 아니다. 따라서 時柱가 좋지 않으면 개인적으로 추구하는 것들을 얻기 어렵다. 개인적이라는 의미를 확장하면, 時間에 있는 글자가 무어냐에 따라서 추구하는 방향이 결정된다. 예로 丙火가 있다면 시공간을 넓게 쓰기를 원한다.

무역처럼 해외를 다니거나 해외로 이민 가서 살 수도 있다. 十神으로 官星이면 남편, 직장, 명예, 자존심을 중시하거나 그런 문제로 고민한다. 比劫이면 친구, 형제, 동료, 아랫사람, 동업자, 돈 문제로 고민한다.

時	日	月	年
庚	丙	壬	丙
寅	戌	辰	寅

男

時干에 庚이 있어 여름의 시공간을 상징하는 丙庚 조합으로 재물을 추구하지만 庚 열매의 상태가 좋지 않기에 사업하다 망했다. 丙火는 사물의 부피를 확장하는데 열매 庚과 직접 접촉하면 재물을 탐하는 욕망이 생기고 사업을 추진하다가 망한다. 이런 집착은 마약처럼 강해서 어떻게 하면 사업해서 돈을 벌까를 고민하고 욕망을 포기하지 않는다. 월주 壬辰은 종교, 철학, 교육, 치료와 같은 직업에 어울리지만 개인적으로 추구하는 본심은 庚 재물을 고민한다. 따라서 이중적인 성향을 가졌는데 겉으로는 남을 위하는 행위를 하지만 개인적으로는 돈을 원한다. 두 욕망을 모두 활용하면 약사나 심리상담사로 활동하면서 주식투자를 하거나 도박, 투기, 경마를 즐겨서 문제를 일으킨다.

제 4 부

四柱八字의 시공간

시공간이 반응하는 방식의 이해
사주팔자 原局의 시공간
大運의 時空間
歲運의 시공간
日運의 時空間

01 시공간이 반응하는 방식의 이해

빅뱅 후 100억년이 지난 시점에 회오리 작용으로 가스와 먼지들이 뭉쳐지고 지구가 생겨났다. 46억년이 지난 지금 우리는 매우 안정된 지구에서 살아간다. 지구는 태양주위를 한 바퀴 도는 데 대략 365일을 소비하고 자전하는데 하루가 걸리며 이런 자전과 공전 그리고 자전축이 약 23.5도 기울어져 사계절이 생겨나 봄여름가을겨울 봄으로 순환하기를 반복한다. 이런 변화과정을 통하여 지구에 존재하는 만물에 변화가 생기고 모든 생명체와 인간도 시공간에 순응하고 계절에 맞는 행위를 하면서 살아간다. 인간의 사고방식도 시공간변화에 따라 끊임없이 바뀌고 희로애락이 달라진다. 오늘은 행복하다가 내일은 지옥처럼 고통스럽다. 오늘은 돈을 많이 벌려는 욕망이 강해지다가 내일은 물질이 전부가 아니라는 생각에 사로잡힌다.

곰곰이 생각해보자. 이런 심리변화를 만들어내는 주체는 누구일까? 명확하게도 時間에 따라 空間이 반응하는 것이다. 그 외에 다른 특별한 이유나 원인이 있는가를 곰곰이 살펴도 없다. 다만 모든 인간이 다르게 반응하는 이유는 태어날 때 받은 시공간 부호가 다르고, 살아가는 공간 환경에 따라 에너지 파동이 달라지기 때문이다. 예로 서울에서 살다가 제주도로 갔더니 발전했다거나 한국에 살 때는 너무도 힘들었는데 미국으로 이민 가서 크게 성공했다는 사연들은 공간에 변화가 생기면서 육체와 정신에 영향을 미쳤기 때문이다. 따라서 이런 현상들을 이해하려면 우리는 時間과 空間의 정체를 명확하게 이해해야만 하며 시간이 공간에서 작용하는 방식을 학습해야한다. 시공간 변화과정을 명확하게 설명해줄 수 있는 것은 유일하게 **地藏干** 뿐이고 사주팔자가 지장간에서 보여주는 변화방식에 어떻게 반응하는가를 이해해야만 한다. 명리학은 인간의 정신과 육체, 물질변화를 종합하여 살필 수 있는 논리체계며 사주팔자와 종교, 철학을 통합할 수 있는 학문임이 분명하다. 지금부터는 사주구조에 존재하는 시간과 공간이 반응하는 방식을 살펴보기로 하자. 안타깝게도 현존하는 명리체계는 時空間을 활용하지 못하고 生剋만 살피지만 우리의 삶은 한시도 시공간을 벗어나지 못한다. 이상하게 들리지만 사주팔자에는 다양하고 상이한 시공간이 공존한다. 간단하게 살펴도 사주팔자 原局, 大運, 歲運, 月運, 日運과 같은 것들이다. 또 이렇게 다양한 시공간들이 따로따로 존재하는 것이 아니라 상호반응하면서 변화가 발생한다. 지면관계상 사주팔자 원국과 대운 그리고 세운 세 가지의 時空間을 중점적으로 살펴보자.

02 사주팔자 原局의 시공간

우리는 태어날 때의 시간을 기준으로 생년월일 숫자를 얻는다. 이때 받은 것은 숫자이지 사주팔자 부호는 아니다. 따라서 사주팔자를 보려면 반드시 60甲子 十干, 十二地支로 환산하여 用神을 정하여 길흉을 판단하는데 그 행위의 이면을 살펴볼 필요가 있다. 用神은 내가 태어날 때 받은 시공간을 기준으로 사주당사자의 의지와 상관없이 <u>**상담자**</u>가 정한 것이다. 이 행위의 가장 큰 문제는 내 사주팔자와 현재의 사주팔자 사이에 발생한 변화를 고려한 것이 아니라 내가 탄생한 순간의 멈춰진 시공간만 감안한 것이다. 탄생하여 호흡하는 순간부터 시간은 끊임없이 변하기에 멈추어진 시간 속에서 살아가는 것이 아니다. 사주팔자의 시공간도 계속 변하고 대운, 세운, 월운, 일운도 계속 변한다. 따라서 태어날 때 결정된 멈춰진 시공간으로 用神을 정하여 길흉을 살핀다는 것은 변화하는 시공간을 전혀 감안하지 못한 것이다. 예를 들어보자.

時	日	月	年	男
丁	庚	辛	丙	
亥	寅	丑	戌	

초년에 어렵게 살았고 역술인이 되어서 乙巳대운에 대발했으나 己巳년에 교통사고로 사망했다.

時	日	月	年	男
壬	戊	辛	丙	
子	戌	丑	申	

甲辰대운에 사업에 망하고 무면허 약재상을 운영하여 乙巳대운 큰돈을 벌었으나 98년 무인년 부인이 전 재산을 빼돌리고 바람난 스님과 도주하여 2000년에 자살을 시도하였다.

時	日	月	年	男
庚	癸	壬	丙	
申	亥	辰	申	

5세 庚子년 부친이 사망하고 자신은 소아마비가 되었다. 丙申대운 34세 壬子년에 사망했다. 사주팔자를 학습하였다면 위 사주들 용신이 모두 丙火가 분명하다고 주장할 것이며 운도 木火로 흐르니 발전할 것이라고 판단하지만 실상은 전혀 다르다. 모두 用神이라 주장하는 <u>火運에 사망</u>했다. 논리에 문제가 있음이 확실하다. 또 亥子丑 月에 태어나 丙火를 용신으로 결정한 상황에서 丙午대운 丙午년에 이르렀다면 사주원국의 火氣가 약한가

아니면 火氣가 충분하여 이미 정한 丙火 용신을 포기하고 다른 것을 용신으로 정해야 하는지 애매해진다. 팔자원국에서 火 用神으로 정한 이상 평생 변할 수 없다고 주장하기도 한다. 사주를 읽는 각도를 달리해서 시간과 공간으로 분석해보자.

時	日	月	年
庚辛	戊己	丙丁	甲乙

◀─────────── 시간흐름

1. 직선의 시간 - 時空間 흐름이 바르면 발전한다.

사주팔자에서 시공간은 년에서 월로, 월에서 일로, 일에서 시로 직선으로 흐른다. 반드시 년의 甲에서 탄생하여 辛에 이르러 사망하는 시간을 살아간다. 이런 삶의 여정을 합리적으로 설명해주는 것이 十宮圖2다. 각 궁위의 시간은 고유한 특징을 갖는다. 예로 년지의 乙은 좌우로 확산, 성장하는 욕망, 경쟁의 성정이요 時支의 辛은 일생을 살다가 말년에 육체가 굳어져 사망하는 시간이며 씨종자와 같고 윤회 인자다. 이런 고유한 시간은 공간과 조화를 이루어 반응하는데 예로 乙卯는 乙의 특징이 더욱 뚜렷하고 乙酉간지는 乙이 가진 고유한 특징을 발휘하기 힘든 공간을 만난다. 시간이 직선으로 흐른다는 개념은 매우 중요한데 시간의 順行과 逆行은 인생역정에 지대한 영향을 미치기 때문이다. 예로, 홍수가 발생하였을 때 억지로 홍수를 막으려면 문제가 더욱 커질 것이다. 유일한 방법은 물길이 흘러가는 대로 따라야 하며 인간의 삶도 다르지 않다. 시간이 직선으로 順行하듯 연월일시 시간이 순차적으로 흘러가면 삶이 순탄하다. 예로, 甲乙丙丁에서 癸水까지 바르게 흐르면 순행이요, 子丑寅卯에서 亥水까지 바르게 흐르면 이 또한 순행이다. 사주 예문을 살펴보자.

時	日	月	年
癸卯	壬子	丁酉	辛亥

男

이 구조의 시간흐름은 丁酉에서 壬子를 거쳐 癸卯로 순행하지만 년주 辛亥와 丁酉 사이의 시간은 역류하여 바르지 않다. 년간 辛은 辛壬癸甲乙로 순차적으로 흘러야 하는데 월에 丁火가 드러나니 시간이 거꾸로 흐른다. 또 년지 亥水는 亥子丑寅卯辰으로 순차적으로 흘러야함에도 불구하고 亥에서 酉로 역행한다. 따라서 초년의 시공간이 바르지 않으니 삶도 순탄하지 않다가 월주 16-30세부터 말년까지 순탄하게 발전한다. 이 남성은 초년에 고생하다가 20대부터 부동산 중개업 직원으로 근무하다가 부동산개발로 재산을 모아 200억대 재산가다.

時	日	月	年
乙酉	乙丑	丁卯	甲寅

男

2009년 36세 己丑년 암에 걸려 사망하였다. 이 사주의 시간흐름은 甲寅에서 丁卯로 바르지만 일주 乙丑에 이르면 甲乙丙丁戊己로 흘러야할 시간이 역류한다. 또 시주 乙酉도 乙乙로 발전이 없고 丑酉로 역류하니 년, 월과 일시의 시공간 흐름이 전혀 다르다. 년, 월에서는 순행하고 일시에서는 역행한다. 시공간 흐름이 막히면 인생도 그러하다. 일주의 시기 특히 丑土의 시기에 이르면 인생이 답답해진다. 암으로 사망한 이유는 乙卯 생기가 辛酉에 잘렸고 丑土에 응결된 것이 직접적인 원인이지만 근본원인은 시공간 흐름이 바르지 않기 때문이다.

時	日	月	年	男
丁酉	辛未	己丑	乙卯	

　42세 丙申년 상황으로 10여 년간 고물상을 운영하여 작은 성공을 이루었으나 주식투자로 모두 날리고 친구에게도 사기당해 무일푼이 되었다. 아내도 이혼을 요구하여 매우 어려운 상황이다. 시간흐름이 뒤죽박죽이다. 乙卯와 己丑은 역류하고 己丑과 辛未는 바르지 않고 辛未와 丁酉는 천간과 지지 흐름이 왜곡되었다. 酉丑으로 노력하지 않고 큰돈을 벌려는 심리가 강하고 辛乙조합으로 재물을 탐한다. 乙未年, 丙申年에 재물을 상징하는 乙을 탐하다가 주식투자로 모두 날렸다.

時	日	月	年	男
甲午	辛酉	癸酉	甲寅	

　성격을 통제, 조절하지 못하고 丙子년에 강도행각을 벌이다 구속되었다. 木金이 싸우니 구조가 나쁘지만 시간흐름도 바르지 않고 막혀서 정체된다. 년과 월, 월과 일, 월일과 일시의 시공간 흐름이 뒤죽박죽이니 삶이 순탄하지 않다. 성격을 제어하지 못하는 이유는 午火가 火氣를 辛酉酉에게 자극하면 열 받은 辛酉는 癸水를 향하여 폭발하기에 즉흥적이고 생각 없이 행동하며 寅酉로 살기가 강하여 경찰에 종사하거나 혹은 범죄자가 되는데 좋게 활용할 것인지 나쁘게 활용할 것인지는 사주구조가 결정한다. 즉, 모든 사주팔자에서 寅酉 두 글자는 동일한 에너지이지만 사주구조에 따라서 경찰 혹은 범죄자 둘다 가능하다. 즉, 丙壬이 만나면 강휘상영 이라고 외워도 구조에 따라 달라지기에 무의미한 학습방법이다. 판단오류를 줄이려면 반드시 삼자이상의 구조를 분석해야 한다.

時	日	月	年	女
甲午	丙子	辛酉	癸卯	

庚午년 남편이 사기죄로 구속되었다. 월주 辛酉에서 일지 子로 흐르는 시공간은 좋은데 문제는 卯酉 沖, 子午 沖으로 지지의 모든 공간이 심하게 흔들린다. 이렇게 시공간이 뒤틀리고 불안정하면 인간의 뇌도 동일하게 반응하면서 비정상적인 행동이나 사고방식을 갖는다.

時	日	月	年	女
乙酉	乙酉	乙酉	乙未	

천간 乙乙乙乙은 안정적인 삶의 터전 戊土를 만나지 못하면 좌우확산 속성대로 바람처럼 돌아다니기에 시공간은 넓게 활용하지만 삶은 불안정하다. 이 여인은 미국에 거주하는데 월주가 乙酉로 가을에 열매를 수확하려는 욕망이 강해 재물욕심이 강하다. 주위 사람들과 계모임을 하는데 己卯년에 곗돈을 훔쳐 도망갔다가 辛未월에 체포되어 감방에 수감되었다.

이 구조의 시공간은 乙酉, 乙酉, 乙酉로 동일하니 다람쥐 쳇바퀴 돌듯 반복적으로 동일한 공간을 맴돈다. 즉, 생활방식, 삶의 범위가 발전하지 못하고 반복적이다. 酉金이 亥子丑 水氣에 풀어지면 콩이 콩나물로 풀리는 이치처럼 씨종자 酉金 종자돈을 빨리 부풀리려는 욕망으로 사채놀이, 고리대금업자와 같은 직업을 갖는다. 己丑대운에 酉丑 합으로 일순간 탐욕이 생기고 한탕을 노려 돈을 벌려고 하지만 결과적으로 모두 빼앗기고 축토 감방에 들어갔다. 酉丑, 酉丑辰, 丑辰 조합은 모두 짧은 시간에 큰 재물을 취하는 특징이지만 나쁘게 사용하면 수확했던 재물을 모두 빼앗기고 감방에 들어간다. 따라서 이런 조합이 사주팔자에 있으면 탐욕을 경계해야 한다. 己卯년은 卯酉丑으로 卯木 좌우로 펼치는 활동이 극도로 위축 되면서 감방에 간 것이다.

時	日	月	年
甲	己	丁	己
戌	酉	卯	亥

男

己巳년 이혼한 남자다. 이 구조의 시간흐름은 己亥에서 丁卯로 흐르다가 己酉 일주를 지나는데 亥에서 卯까지는 순차적으로 흐르다가 卯에서 酉金까지의 간격이 크게 벌어지면서 문제를 일으킨다. 따라서 부인 때문에 흐름에 문제가 생길 것임을 암시한다. 또 다른 문제는 己亥, 己酉로 년주와 일주가 천간이 동일한 구조들은 대부분 결혼생활이 불안정하다.

時	日	月	年
辛	丁	戊	甲
丑	未	辰	辰

男

수의과대학을 졸업하고, 수의사로 연구공무원이며 丙戌년 癸巳월 5급으로 승진했다. 천간은 甲에서 辛까지 순행한다. 또 지지는 辰辰으로 초년에는 정체하거나 질병이나 육친에 문제가 생길 수 있지만 辰未丑으로 흐름은 순행한다. 이 사주를 十神으로 살피면서 팔자에 官星이 없음에도 공직자의 길을 가는 이유를 이해할 수 없다고 의문을 제시한 예문이다. 팔자에서 正官과 偏官이라고 무조건 공직을 상징하지 않는다. 정편관은 구조에 따라서 공직과 정반대 속성 예로 책임감, 인생의 고통, 관재구설을 의미한다. 이 구조의 官職은 甲이 丁火와 조합을 이루기 때문이다.

時	日	月	年	男
丙午	丁卯	辛丑	辛巳	

　　38세 戊午년에 수십억을 벌었다. 地支에서 巳丑卯午로 년지 사화를 제외하고 丑卯午의 시공간 흐름이 바르다. 년, 월에 金氣가 강하니 丁火를 간절히 원한다. 따라서 월간 부친 辛은 아들 丁火가 태어난 후 발전한다. 그 이유는 辛 부친이 가장 필요로 하는 글자가 자식 丁火에 있으니 부친 연령 46세 이후에 자식 덕을 보거나 그 시기에 발전하기 때문이다. 丁火를 기준으로 살피면, 30세까지는 년과 월에서 필요로 하는 조건을 맞추느라 자신의 에너지 丁火를 활용하여 희생, 봉사하는 삶이다. 하지만 丁卯 일주의 시기인 31-45세에 이르면 년, 월 조상, 부모, 사회에서 모두 丁火를 필요로 하므로 이곳저곳에서 찾는다. 그 시기에 이르면 사회에서 필요한 인재로 변하는 것이다. 30대 이전에는 남을 도와주느라 바빴다면 30대 이후에는 자신의 가치를 인정받고 재물을 얻을 시공간에 이른다. 다른 사람에 비해 폭발적으로 재물을 축적한 이유는 모두 시공간에 반응한 것이다. 丁酉 대운을 만나서 巳酉丑 삼합을 이루고 酉丑, 酉丑辰, 丑辰 조합은 재물이 폭발적으로 유입되는 특징이 있다. 酉金은 씨종자요 丑土에 癸水가 있어 酉金을 팝콘기계처럼 부풀리기 때문이다. 다른 예를 들어보자.

時	日	月	年	女
甲辰	壬寅	己未	戊申	

　　이 구조도 未月에 태어나 년과 월에 마른 땅들이 많아서 해갈해주어야 하기에 水氣가 필요하다. 따라서 壬水를 간절하게 바랄 수밖에 없기에 30

세 전까지는 년과 월에 수기를 공급하느라 조상과 부모를 위해서 희생하는 효녀와 같은 삶을 살아간다. 사주에서 가장 필요한 글자 壬水의 시공간 31-37세 즈음에 이르면 이곳저곳에서 水氣를 달라고 찾아오기에 가치가 높아지고 폭발적으로 발전한다. 젊어서 30세 즈음에 전국에서 수많은 사람들의 길흉을 감정하여 큰 재물을 모았다. 金水가 조합하여 큰돈을 벌어들이는 사주예문을 몇 개 더 살펴보자.

時	日	月	年
庚	丁	己	戊
子	酉	未	子

女

이 구조는 子未酉子로 초년 戊子를 제외하고 시공간 흐름이 바르다. 중년 甲寅대운에 부동산으로 엄청난 부를 축적하고 500억 이상의 재산가다. 엄청난 부를 축적한 이유는 丁火가 가장 좋아하는 甲을 만났기 때문이지만 실질적인 이유는 사주팔자 원국의 일간 丁火가 일지 酉金을 뜨겁게 자극하면 酉金은 총알처럼 양쪽의 子水를 향하고 팝콘처럼 튀겨져 한 알의 씨앗이 수십 개, 수백 개의 팝콘으로 튀겨지듯 한순간 엄청나게 부풀려진 재물을 축적한다. 子水가 두 개이니 팝콘 공장 두 곳에서 동시에 튀겨진다.

時	日	月	年
癸	壬	己	壬
卯	午	酉	午

男

젊은 나이에 사업에 투신하여 파죽지세로 성장하였다. 년에서 일까지 午, 己酉, 壬의 순차적 흐름이다. 또 午酉로 酉金을 뜨겁게 자극하면 년의 壬水, 일간 壬水, 그리고 시간 癸水 세 곳에서 팝콘으로 폭발한다. 재물을 수확하는 곳이 세 곳으로 동시다발적으로 축적한다. 대운도 초년부터 水運으로 흘러 사업에 흥미를 느끼고 폭발적으로 발전했다. 시공간흐름으로 살피면 일지 午火에서 시간이 역류하기에 부인의 역할이 좋지 못해 甲寅 대운에 이혼했다. 이렇게 午酉壬癸 조합의 흐름을 살피면 재물 복이 큰 이유를 이해한다. 午火가 酉金을 뜨겁게 자극하면 酉金은 水氣를 향하여 총알처럼 튀어나간다. 예로, 칼을 만드는 과정에 화로에 칼을 넣었다가 벌겋게 달구어지면 물에 담그는 과정과 동일한 이치다.

時	日	月	年
癸亥	戊申	丁酉	丙子

男

30대부터 발전하여 45세 이후에 큰돈을 벌어 부자가 되었다. 이런 구조들이 한순간 폭발적으로 재물을 축적하는 이유는 火金水 시공간 흐름 때문이다. 丁酉로 자극받은 酉金은 子水와 癸亥에 뛰어들어 폭발적으로 부풀려진다. 金水 조합은 물질의 대발을 암시한다.

時	日	月	年
辛卯	丙辰	辛卯	丙寅

男

이 구조는 丙寅, 辛卯로 시공간 흐름이 바르지도 않고 좁고 답답하다. 년월의 丙辛 합은 총명하여 교육, 종교, 명리, 철학에 어울리는 물상이고 辛卯와 丙辰도 좋거나 나쁘지도 않은 조합이다. 또 일주 丙辰과 시주 辛卯는 천간에서 시간간격은 넓지만 지지는 역류하기에 시지에서 흐름이 막힐 가능성이 높다.

초년에 평탄하게 살았고 교직에서 평탄한 생활을 하였고 酉운에 부동산 거래로 2억 정도를 벌었으나 굴곡이 심했다. 이 구조에서 주의할 것은 시간 辛의 역할인데 卯月의 공간이 시간에서 金을 보았으니 卯月에 키우고 여름에 열매 맺고 가을에 수확하여 결실을 맺으려는 흐름이다. 따라서 46세 이후에는 돈에 대한 욕심이 강해진다. 다른 예문을 살펴보자.

時	日	月	年
丙	戊	癸	壬
辰	辰	卯	辰

男

1998년 戊寅년에 호운으로 바뀌기 시작하여 申酉대운에 재물을 모았다. 시간흐름이 壬癸丙으로 순차적으로 흐르지만 地支는 辰辰辰으로 동일한 글자가 많기에 활용공간에 변화가 없어 발전하기 어렵다. 다만 새싹 卯木을 키우고 열매 맺어 戊申, 己酉 대운에 수확하는 시공간에 이르면 가을에 추수하듯 재물을 모은다. 이런 이유로 큰 발전은 없지만 戊申 운부터 재물을 모았던 것이다.

時	日	月	年
丙	戊	丁	己
辰	辰	卯	卯

女

이 구조는 흐름이 좋지 않지만 월주 丁卯가 교육, 공직 물상이요 時干 丙火도 공직을 뜻한다. 따라서 卯月에 乙을 키우고 시간 丙火로 꽃피고 가을에 열매를 수확하는 흐름이다. 丁酉년 공무원을 시작하여 수십 년 동안 공직에서 발전하고 己巳년에 높은 자리에 오르고 癸酉대운 癸酉년에 좌우로 펼치는 卯木들이 모두 상하니 퇴직하였다. 이렇게 자연의 이치대로 봄에 씨를 뿌리고 가을에 수확하는 구조들은 그런 방법으로 재물을 모은다.

時	日	月	年	男
癸	辛	甲	己	
巳	亥	戌	未	

초년 癸酉, 壬申에 가난한 가정에 태어나 초등학교를 졸업하고 상점에서 일하기 시작하였다. 辛未운에 장사를 시작하고 庚午운부터 巳午未년에 큰돈을 벌었다. 그러나 己巳운에 사업이 망하고 파산하였다. 초년에 가난한 이유는 甲己 合, 戌未 刑 때문으로 合, 沖刑 조합은 삶이나 성정이 바르지 못하다. 또 정신을 집중하는 水氣가 있어야 학업에 열중하는데 火氣만 강하면 몸을 활발하게 움직이는 것을 선호하기에 책상에 오래 앉아있지 못하고 밖으로 나돈다. 천간의 시간흐름은 엉망이지만 지지는 未戌亥로 바르다. 또 戌月이니 약간의 水氣가 필요한데 처음 만나는 水氣는 일지 亥水다. 따라서 38-45세 사이에 발전할 것이 정해져 있다. 그러나 辛亥일주와 癸巳시주는 시공간이 역류하기에 46세 이후에 이르면 운이 막힐 것임을 암시한다. 己巳대운은 甲己 합으로 갑이 묶이고 戌未 刑하여 불안정해지면서 사업에 문제가 생겼다.

時	日	月	年	男
丙	乙	辛	戊	
子	亥	酉	辰	

1928년생 남자로 반평생을 해군으로 지냈고 해군중장으로 퇴역하였다. 천간은 戊辛乙丙으로, 지지는 辰酉亥子 흐름으로 나쁘지 않다. 辛酉의 날카로움을 해결하는 가장 좋은 방법은 水氣가 최상이다. 또 乙木이 戊土를 향하는데 국가를 상징하는 궁위이기에 교육, 공직, 안정된 터전을 의미한다. 초년부터 수운으로 흘러 辛酉 씨종자(배)를 바다에 띄워서 해군으로 지냈다. 다만, 수기에 辛酉의 날카로움을 풀어내지만 차가운 금속성 때문

에 乙은 응결되기 쉬운데 시간 丙火가 문제를 해결하고 46세 이후에 분산 에너지를 활용하여 乙의 활동 폭이 넓어진다. 대운도 42세부터 丙寅으로 흐르니 환한 세상에서 살아간다. 이런 이유로 해군중장까지 오르고 퇴역하였다.

時	日	月	年
丁	丁	癸	戊
未	酉	亥	申

男

대학 다닐 때 사람 모으는 재주가 있고 머리가 비상해 데모를 주동하였다. 군대 제대하고 유학을 떠났고 만점 맞을 정도로 공부를 잘했으며 30세 즈음 닷컴 바람이 불어 한국에서 회사설립하고 신문에도 기사가 나는 등 성공하는 듯했으나 돌연 부도내고 빈손으로 미국으로 돌아갔다. 40세 즈음 이혼하고 무위도식으로 지낸다. 2009년 己丑년, 42세까지 살아온 상황이다. 년월의 地支는 申亥로 시간흐름이 바르지만 일지 酉金에 이르면 역류한다. 예로 丁卯일주라면 신해묘미로 막힘이 없지만 문제가 생기는 일지의 시기 38-45세 사이에 이혼하고 세월을 낭비하였다.

2. 월지 時空間 조건이 충족되는 宮位에 이르면 발전한다.

팔자를 분석할 때 월지 시공간은 매우 중요하다. 육체를 얻어 색계로 나올 수 있는 門은 오로지 月支뿐이다. 부친과 모친의 도움으로 나를 만드는 공간이기에 부친의 기운이 모친에게 전달되고 배 속에서 성장한 후 밖으로 나온 생명체가 바로 나, 일간이다. 월지는 육체, 물질, 공간, 환경변화를 주도하기에 남과 여, 순행과 역행을 따져서 육체와 물질, 환경, 공간, 심리 변화를 살피는 것을 大運이라 부른다. 다만, 지금 설명하고자 하는 것은 오로지 사주팔자에 한하여 월지 시공간 변화를 살피는 것이다.

時	日	月	年	女
辛卯	辛亥	丙寅	甲戌	

　남편이 46세 戊午년에 차관으로 승진하였다. 丙寅월이니 水氣가 있어야 안정적으로 뿌리를 내리고 壬甲丙 三字조합으로 성장하면서 교육, 공직에서 발전한다. 따라서 뿌리내림을 도울 수 있는 글자는 유일하게 日支 亥水 뿐이기에 남편의 역할이 매우 중요하다. 연령으로 38-45세 즈음이며 이 시기에 자신이 발전하거나 남편이 발전하였다. 지금 설명하는 방법은 인생을 살아가는 과정에 내 사주팔자 어느 궁위에 이르렀을 때 발전할 것인가를 살피는 방법이다. 정확하게 어느 해에 승진하는가는 대운과 세운을 함께 살펴서 판단한다. 지금은 사주팔자 원국만 살피는 요령을 연습하는 과정으로 대운과 세운보다 사주팔자 원국이 우리의 인생에 훨씬 강한 영향을 끼치기 때문이다.

時	日	月	年	男
癸巳	辛巳	甲午	辛丑	

　56세 2016년 丙申년 상황으로 젊어서부터 다양한 사업을 해오다가 대규모 식품계통 사업을 하고 있다. 午월의 시공간이니 가장 필요로 하는 에너지는 壬水다. 水氣는 丑土 속 癸水와 시간의 癸水 뿐이다. 壬水가 없으니 아쉽지만 年支에 조상음덕이 있고 時間의 궁위에 이르면 발전한다. 만약 시간궁위 癸水 46-53세의 시기와 運이 모두 월지 시공과 조화를 이루면 더욱 발전한다. 따라서 그 시기에 발전하였다.

時	日	月	年	男
丙	己	己	乙	
寅	巳	卯	巳	

경찰관으로 근무하였는데 10여 년 전에도 교통사고가 발생했고 48세 壬辰년에 교통사고로 사망했다. 水氣가 전혀 없기에 육체를 활용하는 군인, 경찰과 같은 특수사회, 특수직에 어울린다. 구조에 따라 요리사도 가능한데 水氣가 전혀 없으니 寅巳 刑으로 살아있는 것을 火氣에 가공하는 통닭튀김에 어울리고 水氣가 있다면 찌개, 탕에 어울리며 水氣가 넉넉하고 寅巳 刑의 구조는 물탱크 속의 寅 활어를 巳火로 가공하는 회집에 어울린다. 水氣가 전혀 없어 寅卯 生氣가 살기 어렵고 卯月에 싹이 성장하는 과정에 문제가 있어 육체가 상하고 단명할 수 있다. 다행한 것은 卯巳의 시공간 흐름이 바르기에 45세까지는 순탄하게 발전한다.

時間 丙火의 시간은 46-53세로 卯月에 水氣가 필요한데 일지 巳火에 의해 말라가던 卯木이 丙火까지 만나면 더욱 갈증을 느낀다. 또 다른 문제는 己巳일주이니 시주는 순차적 시간흐름으로 壬申, 癸酉 간지를 얻으면 좋은데 丙寅으로 역류하면서 寅巳 刑 문제가 발생한다. 壬辰년에 간절하게 필요하던 水氣가 오면 8개의 글자들은 모두 壬水를 향하여 달려들기에 생명수 壬水가 상한다. 목이 타는 상황인데 극히 소량의 물을 마시고 갈증만 더하는 이치다. 이처럼 팔자에 없는 글자가 올 때는 하늘에서 허락하지 않은 운이 온 것으로 사주팔자 전체의 균형을 깨트리고 흉한 일이 발생한다. 다만, 무조건 나쁜 것은 아니니 오해할 필요는 없다.

時	日	月	年	男
戊	戊	乙	戊	
午	申	卯	寅	

27세 이후 사업을 시작하여 1986년 당시 수천억 재산을 가졌다. 월지 卯木은 水氣가 있어야 성장하는데 년, 월에 전혀 없으니 학문과 인연이 길지 못하다. 乙癸戊 조합은 봄에 사용하는 에너지로 밖을 향하여 나간다. 이런 구조들은 일찍 사회에 뛰어들어 활동한다. 다만, 년과 월에 乙戊 조합이니 해외나 국가정책, 국가관련 사업등과 인연이 깊다. 수천억 재산을 축적했던 이유를 살펴보자. 월주가 乙卯로 많은 사람들과 인맥을 형성하여 사업에 활용하여 성공한다. 시공간 흐름이 寅卯申으로 寅 뿌리가 卯로 드러나고 일지 申의 시기에 성장한 나무들을 벌목하여 수확한다. 자연의 이치대로 봄에 모내기하여 키우고 여름, 가을에 수확하는 흐름이다. 이런 일련의 행위가 순차적으로 이루어졌고 재물이 모두 일지로 들어오기에 모두 일간이 취한다. 이 때 열매의 수확을 돕는 인자는 時支 午火로 낮이 잘 들도록 申을 뜨겁게 자극하고 많은 목들을 쉽게 벌목한다. 만약 水氣가 있다면 水生木으로 성장하는 나무를 벌목하기 쉽지 않다. 마른 나무는 수확하기 쉽지만 물이 많은 나무는 벌목이 어렵기 때문이다. 상기 예문은 木을 金으로 수확하여 재물을 모으는 구조고 아래는 巳酉丑 삼합으로 재물을 모으는 예문이다. 巳酉丑 삼합은 가을에 열매를 수확하고 丑土에 저장하는 시공간 흐름이다. 사주에 金이 많으면 재물에 지대한 흥미를 보이고 巳酉丑, 酉丑, 酉丑辰, 巳丑辰, 丑辰은 재물과 인연이 깊다.

時	日	月	年
癸未	乙酉	乙酉	乙巳

男

자영업자인데 2003년 癸未년과 2004년 甲申년에 물려받은 땅값이 폭등하였다. 천간에서 乙乙乙癸는 모두 밖을 향하니 이동이 심하며 월주 乙酉로 수확하니 재물에 흥미가 많다. 다만 년, 월에 寅이 없고 乙만 있으니 뿌리 깊은 나무는 아니기에 수확해도 재물이 크지 않다. 사화가 유금을 자극하면 酉金은 시간 癸水를 향하여 팽창한다. 따라서 46세 이후에 뻥튀기하듯 큰 재물을 축적할 수 있다. 2003년 癸未년 癸水가 오니 재물이 폭발적으로 발전하였고 46세에서 53세 즈음까지는 더욱 확장하지만 54세 이후 未土에서 시간이 역류하니 재물을 끝까지 지키기 어렵다.

時	日	月	年	男
丙	辛	癸	辛	
申	酉	巳	丑	

부동산 전문가로 37세 丁丑년 이후 도박으로 재산을 탕진했고 45세, 乙酉 년에도 경마에 중독되어 고액 배팅으로 재물을 탕진하고 있다. 상기와 이 구조의 차이점은 巳酉丑 삼합의 완성점이 년지 축토에 있고 그 위에 일간과 동일한 辛金이 있으니 辛酉일주의 시기에 이르러 巳酉로 만들어진 종자 辛酉를 월간 癸水에 풀어 도박, 투기를 하고 그 돈이 경쟁자의 창고 丑土로 들어간다. 따라서 재물을 탐하지만 결과적으로 남에게 자신의 재산을 빼앗기고 탕진한다. 이 사주처럼 金氣는 많은데 탈출구 癸水가 하나만 있으면 火氣에 자극받은 금들이 모두 癸水를 향하여 달려들기에 성격이 매우 급하다. 마치 화재가 발생하였는데 출구가 하나면 수많은 사람들이 서로 탈출하고자 동시에 출구를 향하면서 혼란스러워진 상황이다.

時	日	月	年	男
甲	甲	壬	壬	
戌	午	寅	辰	

55세 즈음에 부자가 되었다. 지지에서 寅午戌로 시공간이 순차적으로 흘러간다. 壬水로 寅木을 키우고 午火에서 열매 맺고, 戌土에 씨종자를 담아

저장하니 순탄하게 발전한다. 만약 천간에 丙火가 드러났다면 壬甲丙 三字 조합으로 의료, 교육에 종사하면서 재물도 축적하는 흐름이지만 일시가 甲甲으로 조금 답답하다.

時	日	月	年	男
壬午	乙未	庚戌	壬寅	

초년에 학업에 정진했으나 壬子 운에 방황하고 행실이 바르지 않았다. 35세 이후에 사업으로 성공하여 큰 백화점을 지어서 운영한다. 寅午戌 삼합이 년, 월, 시에서 이루어지지만 흐름이 년에서 시지로, 다시 월지에 이르니 바르지 않으며 중간에 미토가 끼어 戌未 刑한다. 이런 이유로 시공간이 틀어지고 삶의 질곡이 생겨난다. 다만 모든 기운이 결과적으로는 월지 戌土에 이르기에 사회직업을 상징하는 궁위에 모든 재물이 모이며 그 위에 있는 庚金이 일간과 乙庚 합하기에 일간이 모든 재물을 취한다. 만약 丙戌, 戊戌, 壬戌처럼 일간과 합하지 않으면 재물을 모으기 어렵다. 乙庚 합은 열매와 같기에 재물을 추구하는 욕망이 강하고 일시의 午未 중력에너지로 재물을 끌어당기는 욕망이 강하다. 乙庚 합은 반드시 火氣로 키워주어야 큰 열매를 맺는데 寅午戌과 午未가 강하게 열매를 키운다. 또 강한 화기에 상하지 않도록 壬水가 水氣를 적절하여 배합하였다. 초년 庚壬 조합으로 庚金이 水氣에 풀어지면서 딱딱한 물형이 물렁거리듯 방탕하였으나 甲寅, 乙卯로 흐를 때는 열매를 잘 키워서 발전하였다.

時	日	月	年	男
壬辰	辛酉	壬子	壬申	

고속버스 소장으로 재직하다 56세에 퇴직하고 도의원에 3번 출마했으나 모두 낙방하였다. 타인에게 잘 베푸는 성격이지만 가족에겐 인정이 없다. 부인이 생계를 꾸려가고 있다. 申子辰 삼합이 많은 壬水와 조합하여 흐르는 물처럼 방탕의 상이지만 일주가 辛酉이니 수기에 풀어 미네랄워터를 만들어 총명하다. 水氣의 물형대로 流動의 직업을 택하여 고속버스 소장으로 근무하다 퇴직했다. 申子辰은 틀에 얽매임을 싫어하니 장사나 사업에 어울리지만 辛酉를 월주의 水氣에 풀어내기에 자신의 능력을 직장에서 활용했다. 시지 辰土의 시기 53세 이후에는 진토에서 申子辰 물의 흐름이 멈추기에 대운 戊午의 기운과 어우러져 명예를 취하려 하지만 팔자에 없는 명예를 취할 수는 없으니 도의원에 모두 낙방했다.

時	日	月	年
甲	壬	庚	戊
辰	辰	申	子

女

1992년 壬申년에 이혼하면서 25억 상당의 휴게소를 위자료로 받아 관리하는데 1994년 甲戌년 대학생 딸이 맨홀에 빠져 사망한 후, 의욕도 없고, 휴게소도 운영하기 싫어서 丙子년에 휴게소를 타인에게 임대하려 한다. 申子辰 삼합이 모두 있고 水氣가 흐르다 일지 辰土에서 멈추니 38 -45세에 재물이 모인다. 따라서 45세 즈음 壬申년에 25억이라는 큰 재물이 들어왔다. 甲戌년에 申子辰과 戌土가 三合 沖하니 물탱크가 터지고 그 위에 있는 甲 딸이 홍수에 떠내려갔다. 申子辰 삼합은 水氣의 낙하와 같아서 폭포수처럼 추락하는 물상이요 辰土는 습한 땅인데 沖으로 열리니 딸이 맨홀에 추락해 사망했다. 이런 상황은 단편적으로 판단하면 오류를 범한다. 이 사주에서 자식이 불미한 이유는 월주 庚申이 甲辰을 沖하여 甲 생기가 상하고 辰辰으로 水氣의 흐름이 탁해지면서 진토 속의 乙의 활력에 문제가 생긴다. 이런 이유로 일시 辰辰, 戌戌조합은 배우자 혹은 자식과의 인연이 박하여 이혼, 사별, 불임, 입양, 자식의 지체장애, 지능저하 문제가 생긴다. 辰戌 沖은 "자궁 편위"라 부르며 유사한 물상이다. 물질을 얻고 남편과 이혼했으며 자식을 잃었다. 만약 남편과 사별했으면 자식을 잃지 않았을 것이다. 유사한 예문들을 함께 살펴보자.

時	日	月	年
壬	丙	乙	壬
辰	辰	巳	子

女

　남편과 사이가 나빠 우울증이 있고 결정 장애가 있으며 자식은 총명한데 13세 이후 학교폭력에 상처를 받았다. 남편이 아들에게 폭력을 행사하여 丙申년 당시 우울증에 알코올중독이다. 아들은 20세에 부친의 요구로 골프대학에 들어가 방황하다 자퇴하였다. 辰辰이 일과 시에 복음으로 있으니 水氣 흐름에 문제가 생기면 정신과 육체에 지대한 영향을 미친다. 진토 속의 乙이 활발하게 움직이지 못하면서 정신적으로 답답함을 느끼기에 우울증, 결정 장애, 대인기피증, 집착, 공황장애가 생기고 육체를 활발하게 움직이지 못하고 질병에 시달리거나 육체가 상한다.

時	日	月	年
庚	庚	戊	乙
辰	申	子	亥

男

　辛酉년에 부인이 물에 떠내려가 사망했다. 이 구조도 申子辰 삼합에 亥水까지 있으니 자식에 문제가 있다. 예로 불임이나 자식사망과 같은 물상이다. 일지는 申인데 부인을 상징하는 財星 乙은 년간에 멀리 있으면서 일간과 합한다. 이런 구조는 첫 부인과 이혼, 사별한다. 乙이 년에 너무 멀리 있기 때문이고 乙이 일지 申에 들어오면 金氣에 상하기 때문이다. 따라서 38-45세 즈음에 그런 기운에 휩싸인다. 辛酉 년이 더욱 흉한 이유는 乙이 辛酉에 잘리고 시지 辰土와 辰酉 합하면서 탁한 辰土 속의 乙이 합으로 묶이고 상했다. 이런 구조를 <u>酉亥辰 三字</u>조합이라고 부르며 살성이 강하다. 정리하면 申子辰 삼합물상은 추락, 홍수, 해일, 쓰나미와 같고 운에서 生氣가 상할 때 부인이 물에 떠내려가 사망했다.

時	日	月	年
庚	丙	丙	癸
寅	子	辰	丑

女

초등학교 선생님이다. 甲申年 丙子月 戊寅日 戊午時에 결혼하고 푸켓 섬으로 신혼여행가서 다음날 아침에 태국 대지진으로 해일에 사망했다. 丙丙으로 환하고 밝으며 辰土 속의 乙 새싹들이 丙火를 향하니 공직, 교사직에 어울린다. 월일이 子辰으로 申이 없어 申子辰 삼합구조는 아니다. 甲申年 申子辰 삼합을 이루면 결혼하고, 이미 결혼하였다면 이혼하는 운이다. 결혼과 사망이 한해에 이루어졌다. 甲申年 申子辰 삼합으로 파도가 일어 甲木 생기가 해일에 떠내려가 사망하였다.

時	日	月	年
戊	辛	癸	戊
戌	卯	亥	戌

男

48세 2005년 상황이다. 30대부터 철강업으로 700억을 벌었고 350억은 부인 명의다. 甲申年경리와 외도했고 乙酉年 부인의 외도를 추적해 밝혀냈다. 재물과 전혀 인연이 없어 보이는 구조인데 재물 복이 두터운 이유를 살펴보자. 亥月이니 <u>丁辛壬 三字조합</u>을 이루면 팝콘을 튀겨 재물을 모을 수 있다. 戌土에 丁火와 辛이 있어서 丁火가 辛을 자극하여 亥水에 풀어지고 일지 卯木 싹으로 드러난다. 즉, 戌亥卯 시공간 흐름이 바르고 丁辛壬 조합으로 팝콘 튀기듯 쉽게 재물을 모은다. 일지 卯木에 이르고 시간 戌土에 장식한다. 따라서 53세까지의 시공간 흐름이 좋은데 54세 이후 戌土에 이르면 시공간 간격이 너무 넓어서 흐름이 바르지 못하다.

3. 사주팔자 원국구조가 인생을 결정한다.

모든 사주구조는 독특한 꼴을 가지고 있다. 인간의 DNA처럼 고유한 문양은 삶을 결정하는 중요한 인자다. 사주를 분석하고자 외부에서 끌어오는 이론들이 너무도 많다. 특히 12神煞을 제외한 엄청나게 많은 神煞들은 명확한 근거를 제시하지 못한 채 점법수준에 머물러 있다. 명백하게 존재하는 사주구조를 분석하려는 노력은 하지 않으면서 존재조차 확인할 수 없는 외부에서 답을 찾으려는 노력은 옳지 않다. 실제로 존재하는 것보다 보이지 않는 것들을 중요하게 간주하는 행위는 사행심을 유발하는 태도로 미신과 같고 외부 요인을 많이 끌어올수록 이현령비현령이라는 비난을 피하기 어렵다. 타고날 때 결정된 四柱八字, 시공간 부호의 독특한 문양이 삶을 결정하기에 그 것을 분석하는 것이 대운과 세운을 파악하는 것보다 훨씬 더 중요하다. 사주구조의 독특한 문양은 인생의 어느 시점에 어떤 특징을 보일 것임을 알려주며 <u>대운과 세운은 단지 그 꼴이 발현되는 시점에 불과하다</u>. 따라서 사주팔자를 분석하는 첫 단계는 반드시 먼저 사주팔자 원국구조와 독특한 문양을 이해하는 것이다. 예문을 살펴보자.

時	日	月	年
庚午	己亥	癸巳	辛丑

男

약사로 약국을 운영하며 성실하게 살아 왔으나 2010년 庚寅년에 재미삼아 소액으로 주식투자하다 2011년 辛卯년에 주식과 선물 환에 거액을 투자하여 엄청난 손실을 당하고 고통 받는다. 왜 이런 문제가 발생했는지 살펴보자. 2011년은 대략 50세 즈음이니 사주팔자 원국의 庚에 이른 시기다. 時干의 연령은 46-53세 사이로 庚 열매를 보았으니 물질에 지대한 흥미를 느끼는데 특히 庚午는 火氣로 열매를 확장하려는 욕망이 강해진다. 十神으로 일간 己土의 심리상태를 살펴보자. 인간의 심리, 행동 중에서 사회규율이나 윗사람의 지도, 통제를 받지 않고 자신의 의지대로 행동하려는 특징을 傷官이라 부른다. 조직의 통제를 싫어하며 일탈, 방종, 불법성향을 가졌다. 국가, 사회에 정해진 법규, 규율, 규범을 깨고 자신만의 독특한 기준점으로 세상을 판단하려는 의지가 강하기 때문이다. 이런 문제를 "傷官見官"이라 표현하고 정해진 원칙과 대립하면서 문제를 일으키고 심하면 불법, 비리, 방종, 일탈행위로 감방 가거나 육체가 상할 수 있다. 상관의 좋은 점은 정관으로 고착되고 상명하달식의 낡은 문제들을 혁신하여 새로운 체계를 정립하는 출발점이요 새로운 세상을 창조하는 원동력이지만 기존체계, 세력, 기득권과의 대립은 피하기 힘들다. 이 구조는 년지 丑土가 巳丑 합하고 천간 辛庚으로 巳酉丑 삼합의 속성이 강하니 물질에 대한 욕망이 뚜렷하지만 년주 辛丑과 일지 亥水로 巳火의 속성을 무겁게 만들어 쉽게 발현되지는 않는다. 十神으로 사주를 판단하면 癸水와 亥水를 재물로 간주하여 욕심이 많다고 생각하지만 먼저 十干의 특징을 살피는 것이 중요하다. 水氣는 무겁기에 동하기 어렵고 火氣는 가볍기에 움직임이 빠르다. 이 속성은 절대불변이며 그대로 활용한다.

월지 巳火는 빛처럼 빠르지만 辛丑과 癸亥에 둘러싸여 속성이 무거워졌다. 또 내부에서 안정을 원하는 己土는 자신의 생각을 밖으로 드러내는 것에 익숙하지 않기에 물질욕망은 감추어져 드러나지 않는다. 이런 이유로 약사로 성실한 삶을 살다가 왜 하필 50대 즈음에 선물에 투자하여 재물을 탕진했는가? 첫째, 庚이 물질을 상징하고 午火로 부피를 확장하려는 욕망이 강해졌기 때문이고 둘째, 일탈과 방종을 상징하는 에너지 庚이 46-53세 사이에 기존의 틀을 깨고 일탈을 감행하기 때문이다. 그렇다고 庚이 있으면 무조건 일탈을 꿈꾸는 것은 절대로 아니다. 예로 庚子였다면 더욱 무거워진 庚은 보수적인 성정이나 행동을 보였을 것이다. 午火에 자극받은 庚은 가벼워지면서 빠르게 동하고 일탈을 행동으로 옮긴다. 庚寅년에 일탈인자가 동하였고 그 성패는 사주팔자 원국구조를 참조하여 읽어낸다.

時	日	月	年
甲	癸	甲	甲
寅	丑	戌	午

男

정보통신 분야에서 오랫동안 종사하다, 회사를 설립, 운영하였지만 2002년 壬午년 부도내고 丙戌년 즈음까지 힘들게 살고 있다. 상기 傷官의 설명을 참조하여 살펴보자. 이 구조는 천간에 상관만 가득하니 틀에 안주하지 않으려는 성향이 강하다. 따라서 새로운 것을 창조하거나 새로운 출발에 익숙하다. 따라서 사주구조가 좋으면 새로운 것을 창조하거나 조직에서 벗어나 고집대로 장사, 사업을 추진할 것이다. 地支는 寅午戌 삼합으로 직장, 조직에 어울리는 에너지인데 그 사이에 낀 丑土의 시기 38-45세에 이르면 丑戌 刑으로 조직 활동에 변화를 주어서 자신의 원하는 행위를 시작할 것이다.

이런 독특한 사주 꼴은 태어날 때 정해진 것으로 외부요인들보다 우선하여 발현된다. 일지에 이르면 틀을 벗어나려 할 것이며 시간 甲에 이르면 傷官으로 일탈을 꿈꾼다. 다만 傷官의 문제는 사람들의 공감을 받아내기 힘들다. 그 이유는 공통적으로 익숙하고 오래 사용한 것들을 활용하기보다는 자신만의 고유한 사상, 독특한 기술만을 고집하기 때문에 인정받으려면 오랜 시간이 필요하고 자본이 충분하지 않으면 결과적으로 문제가 생긴다. 따라서 조직에서 자신의 특징이나 재주를 활용하는 것이 좋지만 조직을 벗어나면 힘들어진다. 壬午년 寅午戌 삼합과 丑戌 刑하니 흉한 세운이었다.

時	日	月	年	女
乙	己	庚	辛	
丑	酉	寅	酉	

1921년생 여성이다. 24세 甲申년 첫 남편이 사망했고 48세 戊申년 두 번째 남편도 사망했다. 이 사주의 독특한 꼴은 많은 金氣들이 월지 寅과 시간 乙을 傷하기에 殺氣가 강하고 甲寅, 乙卯 生氣가 견디기 힘들다. 따라서 주위 사람들이 생기를 잃고 죽을 수 있다. 결혼 전에는 조상, 부모에 영향을 미치고 결혼 후에는 배우자와 자식에 영향을 미친다. 특히 월지 寅木이 申酉에 끼어 상할 수밖에 없고 24~30세 사이 甲申년에 남편이 천간에 드러나 사망했다. 시간 乙은 46-53세 사이로 殺氣가 동한다. 乙은 극도로 위축된 상태로 제한적인 활동을 하다가 48세 戊申년에 戊土를 만나면 활발하게 움직이면서 戊土를 향하여 가다가 乙을 노리던 庚辛에 잘리니 두 번째 남편도 사망했다. 이런 움직임이 辛戊乙 三字조합이다. 戊申년에 월지 寅 남편이 沖으로 상하면서 그 흉이 더욱 커졌다. 일지를 기준으로 살피면 동일한 글자가 3개 이상이니 최소 세 번 이상 결혼하는 구조다. 辛戊乙 三字조합 예문을 몇 개 더 살펴보자

時	日	月	年	女
戊	庚	辛	乙	
寅	辰	巳	卯	

컴퓨터 프로그래머로 1998년 7월 근 1년간 63년생 남자와 만났는데 상대편 집에서 반대가 너무 심해 힘들어서 10개월간 캐나다에 가 있었다. 戊寅년 辛戌乙 三字가 만난 해에 인간관계에 문제가 생기고 고통을 받았다.

時	日	月	年	男
乙丑	己丑	辛卯	丙午	

물리학과 졸업하고 1991. 취업, 1999년 정보통신 과장으로 승급하였다. 1998년 무인년 회사직원의 빚보증문제로 채권 가압류 당해서 고심이 크다. 이 구조도 辛戌乙 三字조합이 만나는 해에 문제가 생겼다.

時	日	月	年	女
辛卯	辛巳	丙寅	甲子	

대단한 미인으로 모델을 희망한다. 함께 준비했던 동기들은 모두 성공하여 유명해졌음에도 정작 본인은 사기 당하고 윗사람들에게 이용만 당하였고 부모님과 떨어져 살면서 고생하고 己丑 년에도 매우 힘든 해를 보냈다. 이 구조의 꼴은 년, 월 흐름이 子丙寅로 壬甲丙 三字조합을 이루어 교육, 공직에 적합한 흐름이다. 하지만 모델을 희망하면서 정해진 운명의 굴레를 벗어나려고 한다. 그 이유는 丙, 巳가 辛의 존재를 환하게 비추니 남들보다 뛰어난 외모를 가졌고 화려한 빛을 받아내는 연예계 물상과 적합하기 때문이다. 두 갈래 운명에서 혼란스러워지는 것이다. 원래 정해진 운명인 교육업과 丙辛 화려한 빛의 물상을 활용하는 모델 사이에서 방황할 수밖에 없다. 이런 갈등 때문에 삶의 방향이 혼란스러워진다.

이렇게 양 갈래 길에서 선택한다면 운의 흐름을 살펴서 판단할 수밖에 없다. 대운은 亥子丑으로 모델 계에서 필요로 하는 丙火의 화려함과는 거리가 멀다. 계속 水氣로만 흐르니 어두운 밤길을 걷는 것처럼 빛이 사라지고 화려함을 유지할 수 없기에 모델에 어울리지 않는다. 따라서 辛은 자신의 존재를 드러내지 못하고 어둠 속에 잠긴다. 만약 이런 흐름을 이해하면 寅으로 깊게 뿌리내리고 壬甲丙으로 교육, 공직계통으로 나가라고 조언하지만 월간 丙火의 화려함 때문에 미련을 버리지 못하고 인생을 낭비한다. 이렇게 우리의 삶은 타고날 때 받은 사주팔자에 정해진 꼴과 운의 변화로 끊임없이 변화하면서 굴곡을 만들어낸다. 사주에서 원하는 구조와 운의 흐름이 동일하거나 유사하면 원하는 인생을 평탄하게 살고, 이 사주처럼 학자와 모델이 모두 가능한데 모델을 하려고 노력하는 과정에 학자를 요구하면 방향에 혼선이 생기고 불안정해진다.

時	日	月	年
丁	癸	丙	乙
巳	丑	戌	巳

男

대학 졸업 후 수자원공사에 취직하였으나 30대 초에 정치에 뜻을 두고 퇴직하여 사법고시에 도전하였다. 丁丑년 이후 1차에는 합격하지만 2차에는 계속 낙방하여 경제적 어려움도 심하다. 2013년 癸巳년 상황이다. 이 구조의 년, 월은 乙巳와 丙戌로 戌月의 시공간이지만 밝고 화려하다. 戌土는 씨종자를 저장한 창고와 같으니 공직 속성이 강하여 주로 경찰, 군인, 공무원에 적합하며 무언가 지키는 행위에 어울린다. 예로 방범대원, 아파트 경비원, 주차장 관리요원, 공항이나 항만청의 검색대원, 또 기계로 세콤, 바이러스를 방어하는 백신프로그램 등이다. 년과 월의 구조가 밝으니 삶의 과정도 밝다.

따라서 공사에 취직하였으나 癸丑일주의 시기 31-45세에 이르면 문제가 발생한다. 丑戌 刑으로 월지를 刑하여 그 때까지의 사회 환경, 직업공간을 벗어난다. 또 癸丑으로 간지 속성이 어두워지고 년과 월의 환한 곳에서 벗어나 어두운 공간으로 들어가 드러나지 못한 삶을 살아간다. 癸丑에 이르면 癸水는 년간 乙을 키우기 어렵고 乙은 丑土에 응결된다. 癸水가 존재하는 이유는 乙의 성장을 촉진하는 것인데 乙이 상하면서 활동이 무기력해지고 丑土의 습한 내부로 들어가 삶이 답답해졌다.

時	日	月	年
庚	壬	庚	丙
戌	子	子	申

男

고시를 패스하고 검찰총장을 역임했다. 년과 월에서 丙申, 庚子로 丙庚壬 三字조합을 이루니 검경계통 직업이 명확하다. 여자의 경우는 교육 업에 어울린다. 金水 기운이 강하면 어둡고 습해지기 쉬운데 丙火가 어둠을 밝힌다. 庚은 반드시 丙火 지도자가 필요하며 없다면 멋대로 행동한다. 이 사주가 가진 丙庚壬, 丙庚子의 독특한 꼴이 운명을 결정했다. 대운, 세운이 결정하는 것이 아니라 사주팔자 원국의 꼴이 결정한 것이고 운은 그 꼴을 유지할 것인가 변형할 것인가를 묻는다.

時	日	月	年
壬	丙	壬	甲
辰	子	申	戌

男

1934년생으로 공직자로 진출하여 고위직까지 지내다 72세에 실수로 자리를 내놓고 퇴직하였다. 병화가 申月의 시공간이니 빛을 강하게 비추어 열매를 익힌다. 또 申子辰으로 시간이 순행하니 삶의 흐름이 바르다. 다만

申月에 申子辰과 壬水가 두 개나 있으니 어둠을 밝히는 빛으로도 사용해야만 한다. 즉, 丙火로 열매를 익히면 물질을 추구하고 빛으로 어둠을 밝히면 길을 인도하는 역할이다. 따라서 열매를 익히기에는 너무 어두워서 바른 길을 인도하는 용도로 쓰였는데 그런 역할은 오로지 일간 丙火만 할 수 있기에 길을 잃은 자들이 丙火를 찾아와 길을 인도해달라고 부탁한다. 이런 이유로 공직자로 진출하여 고위직까지 지냈다. 달리 표현하면 주위에 돌봐야할 수많은 사람들이 이 사람을 필요로 하기에 겉으로는 화려하지만 자신의 삶은 피곤하다.

時	日	月	年
丙	庚	壬	癸
子	午	戌	丑

男

1913년생. 초년에 험난하였으나 과거에 합격하고 관리생활 하였다. 외교부장과 당정요직을 역임하고 협상과 타협에 뛰어났다. 만년에 시골에서 한가하게 보내면서 귀를 잃지 않았다. 사주구조를 살펴보자. 庚壬戌, 丙庚壬 조합, 丑戌 刑으로 요약할 수 있다. 이런 꼴들이 삶의 방향을 결정한다. 戌月에 태어났으니 난로를 잘 지켜야 겨울에 온기를 잃지 않는데 년과 월의 조합이 癸丑, 壬으로 난로를 꺼버린다. 따라서 초년의 삶이 험난한 것은 정해진 운명이다. 또 庚壬戌 조합으로 庚이 년과 월에 壬癸를 보았으니 지도자가 없는 것처럼 방황한다.

년에서 戌土를 刑으로 건들기에 조상의 음덕이 없다. 다만 戌月의 지키는 속성을 활용하는 적절한 직업은 검경, 군인 물상이며 또 丙庚壬 조합은 丙火 지도자에 따라 庚으로 어둠을 다스리는 검경에 어울린다. 여기에 일지 午火까지 감안하면 午戌 丙庚으로 중년이후에는 발전할 것임을 알 수 있다. 참고로 월주 壬戌간지가 가지는 해외물상을 활용하여 외교부장 직에서도 활동하였다.

時	日	月	年	男
己	辛	丙	丙	
丑	巳	申	戌	

　1946년생 남자다. 이 구조의 독특한 꼴은 丙辛 합하고 丙申 월이며 시주에 이르면 巳酉丑 삼합 속성이 강해지고 申月의 열매가 丑土에 들어가 저장되고 물형이 변질된다. 또 연월일까지는 밝지만 己丑에 이르면 어두워진다. 그 의미들을 파악해보자. 丙辛 합은 대부분 총명하여 종교, 명리, 철학과 인연이 깊다. 辛일간이 丙火 지도자와 합하여 밝은 빛의 움직임에 따르니 규율에 충실하며 절제된 삶이요 교육, 공직과 인연이 깊다. 하지만 월주가 丙申으로 수확의 계절이기에 물질에 대한 흥미도 매우 강하다. 따라서 꼴의 방향이 단일하지 않다. 丙辛 合의 정신영역과 공직의 성향 그리고 丙申간지의 재물을 축적하려는 욕망이 섞였다. 또, 丙火가 빛을 방사하여 辛의 존재감을 환하게 드러낸다.

　다만, 46세 이후에 이르면 己丑간지의 속성대로 빛이 점점 사라지고 존재감을 드러내기 어렵다. 이런 시공간 흐름은 바뀌지 않는다. 다만 어떤 물상으로 발현될 것인가는 대운과 세운을 참조하여 살핀다. 壬寅대운 2009년 己丑년 54세에 이사로 등재되어 있는 회사가 부도나면서 전 재산 70억 원을 잃었다. 월일의 丙辛 합이 壬水에 沖으로 상하면서 속성을 유지하지 못하고 빛을 잃어 어두워졌다. 또 다른 문제는 사주팔자 원국에 없던 木氣가 운에서 오면 날카로운 金氣들은 갑자기 달려들어 木을 자른다. 생각해보자. 사주팔자에는 철저하게 火金 에너지가 강하여 분산작용으로 금 열매를 확장하는 욕망이 강하여 물질위주의 삶을 살도록 정해졌는데, 壬寅대운에 이르면 사주의 꼴과 정반대 기운이 들어와 충돌한다. 화기에 열기를 가득담은 金들은 水氣가 오면 총알처럼 반발력이 생겨 튕겨나가고

木氣가 오면 찌르려고 달려든다. 돈을 잃거나 육체가 상한다. 이처럼 사주에 없던 글자가 오면 자신이 감당하기 어려운 에너지가 온 것으로 대부분 흉하다.

時	日	月	年	男
癸	癸	甲	丙	
丑	卯	午	辰	

년과 월이 丙辰, 甲午이니 그 속성이 건조하다. 문제를 해결하려면 壬水가 필요한데 팔자에 없다. 午月의 시공간에서는 수렴, 응축에너지 壬水로 열매를 만들라고 요구하기에 발산에너지 癸水를 활용하기 어렵다. 달리 표현하면 午月에는 乙의 물형이 열매로 바뀌어야 하므로 새싹을 키우던 癸水는 쓰임을 잃고 열매를 맺을 수 있는 丁火의 작용은 쓰임을 얻는다. 이 때 壬水는 丁火 에너지와 속성이 유사하기에 정화의 열매 맺는 작용을 촉진한다. 정리하면, 午月이기에 비록 壬水의 응축에너지를 활발하게 활용하지는 못하지만 癸水의 발산작용을 적절하게 쓸 수는 없는 것이다. 이런 이유로 午月에 이른 癸水는 존재감을 잃고 방황한다. 적절하지 못한 시절을 만나 쓰임을 잃어 타향, 해외로 떠나야 발전한다.

년과 월에서 壬水를 필요로 하지만 癸水이기에 용도가 적절하지 않으니 년과 월에 아무리 잘해도 고마움을 느끼지 못한다. 예로, 부모한테 잘하려고 노력해도 부모는 마음을 몰라주거나 자식을 가까이하지 않는다. 두 번째 문제는 일주가 癸卯로 좋은 부인을 얻었으나 癸丑 때문에 卯木이 응결되고 움츠러드니 자식이 생기면 부인의 활동이 극히 저하된다. 이런 이유로 부인이나 자식에 문제가 생길 가능성이 높다.

이런 독특한 사주구조를 이해한 후 실제 상황을 살펴보자. 장인이 기록한 내용이다. "누님이 운영하는 편의점에서 점원으로 일하고 있다. 7년 전

결혼해 아들과 딸을 두었으나 아들은 언어장애로 말을 못해 외마디 소리만 내고, 딸은 간단한 단어 서너 마디만 말할 뿐, 외마디 소리만 낼 수 있다. 부인은 아이들 돌보느라 심신이 지쳐있고 아이들의 발달장애가 남편의 집안 내력 탓이 아닌가 하는 의구심까지 겹쳐서 극도로 쇠약한 상태다."

時	日	月	年	男
辛卯	辛卯	壬子	壬辰	

辛金은 가을에 수확한 씨종자와 같아서 壬子 月에 물형을 金(콩-무생물, 죽음)에서 木(콩나물-생물)으로 바꾸어야 봄에 새싹이 땅 밖으로 나온다. 씨종자의 발아조건은 매우 까다로워 적절한 熱과 水氣가 필요하며 많아도, 적어도 문제가 된다. 예로 水氣가 없으면 마른 상태로 2000년 동안 발아하지 않고 때를 기다린다. 또 이 사주처럼 열기는 없는데 水氣만 너무 많으면 상하기 쉽다. 이 구조의 독특한 꼴은 子卯辰 조합이고 수많은 水氣로 辛의 딱딱한 체성이 변질되기 쉽다. 子卯辰 조합의 특징은 정액을 상징하는 子水가 子丑寅卯의 바른 흐름을 만나지 못하고 卯와 子卯 刑하여 변질되면서 비정상적인 색욕을 암시한다. 또 卯에 전달되어 상한 子水가 辰土에 들어가 열이 오르면서 생기를 만들어내는 에너지에 문제가 생긴다. 이런 이유로 子卯辰 三字조합 물상은 불임, 독신, 체외수정, 육체손상, 독신, 사망 등이다.

이 남자는 乙卯대운 庚申년에 申子辰 삼합을 이루고 차가운 金氣에 乙卯 생기가 상하면서 교통사고로 사망했다. 生氣와 殺氣 문제는 삶과 죽음과 같고 종교, 명리, 철학은 물론이고 인간에게는 거의 모든 것이라 해도 과언이 아니다. 이런 이치는 사주팔자를 분석하는데 극히 중요한 요소이며 그대로 활용한다.

生氣는 표현 그대로 움직임을 멈추지 않는 생명체이며 殺氣는 生氣의 움직임을 방해하는 에너지다. 가장 간단한 분류방법은 甲寅과 乙卯는 生氣, 庚申과 辛酉는 殺氣로 그 경계가 명확하지만 壬子, 癸亥같은 에너지들은 生命水이면서도 영혼의 세계와 같아서 생사를 넘나들며 사주구조에 따라서 의미가 달라진다. 사주예문을 살피고 넘어가자.

時	日	月	年
庚寅	丙子	丁卯	甲申

男

이 구조는 子卯辰은 아니고 子卯申 삼자조합이다. 卯月의 생기가 卯申으로 묶이면 성장이 어렵고 육체가 상할 수 있다. 38세 庚午運 1981년 辛酉년에 갑상선 질병으로 자살하였는데 날카로운 금기들이 성장하는 새싹卯木을 잘라 生氣가 상하기에 자살했다. 木은 인체에서 갑상선에 영향을 미친다. 육체의 질병도 모두 사주팔자 구조가 결정한다.

時	日	月	年
癸酉	己卯	庚申	戊子

女

卯木이 양쪽의 강한 金氣에 심하게 상했다. 乙卯운 辛巳年 일지 남편이 간암으로 사망했고 본인은 甲寅운 癸未年 위암으로 사망했다.

時	日	月	年
辛丑	壬申	甲午	辛酉

男

甲이 수많은 金들에 둘러싸여 위험하다. 월간 甲의 궁위가 상징하는 16-23세에 상하기 쉽다. 17세 1997년 丁丑년에 교통사고로 신장이 상했다. 교통사고를 발생시키는 원인은 다양하지만 가장 명확한 조합은 酉丑, 酉丑辰, 丑辰이다.

종자의 문제. - 辛酉 金은 씨종자다.

명리이론에서 가장 중요한 인자를 꼽으라면 인간의 정신과 육체를 주관하는 癸水와 丁火, 그리고 물질과 재물을 상징하는 乙과 辛이다. 이 네 개의 천간은 인간의 모든 것을 결정한다고 해도 과언이 아니다. 양간은 기운이 동하여 음기를 만들고 음기가 극에 달하면 새로운 양기가 동한다. 예로 甲은 乙을 완성하고 乙은 새로운 양기 丙을 만들어내는 과정을 반복한다. 地支에서 申子辰 삼합과정을 통하여 亥卯未 삼합운동이 가능해지고 다시 寅午戌 삼합을 거쳐 巳酉丑 삼합운동으로 순환한다. 이렇게 陽陰의 순환과정을 통하여 四季가 변화한다. 이 중에서 가장 독특한 특징을 가진 것이 辛酉로 가을에 수확한 씨종자며 겨울을 지나 봄에 다시 새싹으로 존재를 드러낸다. 辛酉가 뿌리 甲寅으로 변하는 과정에 독특한 현상을 보인다. 천간으로 살피면 辛壬癸甲乙 과정으로 金水木 흐름이요 윤회과정이다. 지지흐름은 酉戌亥/子丑寅/卯로 金水木 과정이지만 천간과는 전혀 다른 특징을 갖는다. 그 차이를 살펴보자.

1) 酉戌亥 - 가을의 시공간이요 酉金 씨종자가 亥水에 풀어지는 과정인데 중간에 戌土가 끼어있다. 지구터전 戌土가 酉金과 亥水 중간에서 에너지를 전달한다. 戌土에는 丁火, 辛이 있으며 화로와 같기에 뜨거워야하고 열기를 辛에게 전달한다. 이런 이치를 <u>丁辛壬 三字</u>조합이라 부르고 丁火가 辛에게 열기를 가하고 辛이 壬水에 들어가 <u>빠르게 발</u>아하여 뿌리내림을 시작한다. 戌土 지구터전이 있기에 씨종자가 사라지지 않고 亥水에 풀어지면서 자연의 순환이 가능해진다. 이런 이유로 土의 가장 중요한 역할은 에너지들의 변화과정을 조절하여 조

화를 이루도록 돕는다.

2) 子丑寅 - 子月에 癸水가 발산에너지를 폭발하여 온도를 올리기 시작한다. 이런 흐름은 丑土에서 조절작용을 필요로 하는데 巳酉丑 삼합운동을 완성해야 金氣를 마감하고 木氣가 나올 수 있기 때문이다. 또 子月을 지나면서 응축에너지를 줄이고 壬水를 조절하여 癸水의 발산에너지를 확장하도록 한다. 이 과정에 壬水의 응축작용으로 땅 밑으로 뿌리내리면서도 癸水의 발산작용으로 조금씩 땅위로 오르기 시작한다.

3) 卯 - 卯月에 싹이 땅밖으로 드러난다. 酉金 씨종자가 卯木으로 물형을 바꾸고 등장한 것이다. 따라서 酉金과 卯木은 속성이 정반대이기에 卯酉 沖이라 부른다. 酉金은 낙하고 卯木은 상승한다. 만약 이런 시간흐름이 바르지 않으면 어떤 문제가 생길까? 예로 상기에서 언급한 酉丑, 丑辰, 酉丑辰 조합들과 酉戌亥子로 순차적으로 흐르지 않고 戌亥가 생략되어서 酉子가 직접만나는 경우에 시공간이 비틀린다.

4) 酉子 - 酉(戌亥)子의 시공간 흐름에서 戌亥가 빠진 조합이다. 따라서 戌土의 조절, 전환 작용이 생략되고 亥水에서 응축하는 작용력도 생략된 채 갑자기 子中 癸水에 의해 빅뱅이 이루어진다. 酉金 씨종자가 순차적으로 풀리는 것이 아니라 마치 마른 쌀이 子水에 뻥튀기처럼 폭발하는 상황이다. 이런 의미를 확장하면 매우 작은 양의 씨종자를 한순간에 엄청난 크기로 부풀리는 것이니 <u>사채놀이, 도박, 투기, 화투, 한순간의 탐욕, 도적과 같은 심보, 또 辛酉의 윤회인자가 癸子에 잘못 풀어지면 정신병</u> 물상이다. 예를 들어보자.

時	日	月	年	男
癸	辛	庚	辛	
巳	巳	子	亥	

丁酉대운 31세 壬辰년 상황이다. 결혼 전부터 노름에 빠져 큰돈을 잃었고, 결혼한 후에도 버릇을 고치지 못해 몇 천만 원을 잃었다. 많은 금들은 화기에 자극받은 후 水氣에 풀어진다. 이런 구조들의 뚜렷한 증상은 즉흥적이다. 열이 나면 바로 반응하기에 충동적이고 절제심이 없다. 달리 반응하면 뻥튀기처럼 한순간 큰돈을 탐하는 욕망이 생기고 노름에 빠져 정신을 차리지 못한다.

時	日	月	年
癸	戊	己	丁
亥	子	酉	酉

男

乙巳운 34세 壬申년 상황이다. 丙午대운 끝에 결혼했는데, 도박에 미쳐 돈을 모두 잃고 부인은 도망가고 말았다. 丁火가 酉金에 熱을 가하면 뜨거워진 酉金은 子水와 癸亥를 향하여 총알처럼 튀어나간다. 이런 구조는 재물을 한순간 벌어들이려는 욕망을 갖는다. 酉子 破의 문제 외에도 월간 己土와 일간 戊土가 경쟁적으로 시간에 있는 癸亥를 탐하면서 도박과 투기에 빠져든다. 만약 丙火 빛이 있었다면 도박장을 조사하러 다니는 경찰과 같은 직업을 가졌을 것이지만 모든 글자 속성이 어둡기에 어둠속에서 살아간다.

時	日	月	年
己	丙	癸	甲
亥	子	酉	寅

女

2003년 상황이다. 2002년 壬午년에 친구에게 고소당하여 사기죄로 10개월을 복역하고 나왔으며 이혼하였다. 과소비로 부채가 많고 사기성향이 심하고 남편도 이 여자 때문에 신용불량자가 되었다. 酉子 破의 속성으로 한탕을 탐하고 사기치고 돈을 낭비한다. 허풍, 허세처럼 사실을 왜곡하고 부풀리는 성향 때문이다.

5) 酉丑 - 유(술해자)축의 시공간 흐름에서 戌亥子의 시공간을 생략하고 바로 丑土와 만난 조합이다. 酉金이 丑土와 만나면 丑 속 지장간에 있는 癸水와 酉子 破작용이 발생하는데 丑土 공간특징도 가미된다. 酉子 破 속성을 가진 丑土 공간은 어둠 속에서 한탕을 노리는 도둑과 같고 범법자가 되어 감방 가는 물상이다. 酉丑의 좋은 점은 한순간에 큰 재물을 득할 가능성이 높다.

6) 丑辰 - 丑辰은 酉金의 딱딱한 성향이 丑土에 풀어진 후 辰土를 만나 물형이 卯木으로 완전히 바뀐다. 콩이 물에 풀어지고 콩나물로 변한 것이다. 이 조합의 중요한 점은 酉金의 체성이 완전히 달라진다. 酉丑처럼 한탕주의 속성이 강하고 재물을 탕진하고 정신적으로 문제가 있으며 심하면 마약중독에 걸린다.

7) 酉丑辰 - 이 조합은 酉金의 딱딱함이 辰土에 이르러 완전히 다른 물상으로 바뀐다. 또 다른 물상은, 큰돈을 벌었으나 모두 탕진하거나 빼앗기고 감옥에 가거나 자동차 사고 물상이다. 丑土가 암흑가인 이유는 癸水와 子水는 흑색으로 어둠을 상징하는데 축토 속에 갇힌 子水는 어둡고 탁하고 좁은 공간에서 불법, 비리를 자행하기 때문이다. 축토와 진토가 연결되면 암흑가, 자수의 정신이 탁해지면서 정신병, 술주정, 마약, 망상 등의 물상으로 발현된다. 辛酉는 딱딱한 금속, 자동차 물상이며 딱딱한 치아인데 변질되면서 문제가 발생한다. 치아가 삭거나 치과 의사, 임플란트 물상이다.

時	日	月	年	男
癸巳	辛酉	壬辰	丙子	

1936년생으로 미국인으로 도박꾼이다. 1969년 34세, 己酉년에 도박으로 모든 것을 잃고 파산하였다. 1971년 36세, 辛亥년 7월에 도박으로 큰 돈을 벌어 벤츠자동차를 샀다. 酉辰, 酉子 破 조합으로 도박에 빠져 큰 돈을 잃기도 하고 한순간 큰돈을 벌지만 결과적으로는 도박으로 헛된 인생을 살아간다. 비록 도박꾼이지만 년에 丙火가 있어서 어둠 속에서 살지는 않는다.

時	日	月	年	男
庚	壬	乙	戊	
子	辰	丑	戌	

년과 월에 乙戊 조합이니 공직자 집안에서 출생하여 수자원 공사에 다녔으나 30대 중반부터 사업을 시작하여 계속 실패하고 사망 전에는 개인택시 기사로 도박에 빠져 빚 독촉에 시달렸고 46세 甲申년 丁卯월에 자살했다. 이 구조도 丑辰 破 작용으로 한탕을 노리니 도박에 중독되어 벗어나지 못하고 자살하였다.

時	日	月	年	男
戊	己	丙	癸	
辰	丑	辰	丑	

甲申년 상황으로 결혼 4년차인데 결혼 전부터 포커, 화투를 좋아해 결혼 후에도 계속 도박하니 부인이 이혼하는가를 고민하였다. 丑辰 破 작용에 벗어나지 못하고 도박을 즐긴다. 또 戊己壬癸 조합은 대부분 도박, 투기, 조폭 물상이다. 다행한 것은 월간에 丙火가 빛을 밝히니 극단적인 상황에까지 이르지는 않는다.

時	日	月	年	男
戊辰	己丑	辛亥	壬午	

42세에 부도내고 피해 살며 고생하다 辰대운에 구속되어 감방에서 살다가 출옥하였다. 丁대운부터 다시 사업하였으나 고전하고 있다. 甲寅, 乙卯운의 좋았던 환상을 잊지 못하고 욕심만 부린다. 丑辰 破 작용으로 무리한 탐욕, 욕심, 부도, 감방물상으로 드러났다. 천간의 구조도 戊己壬이니 도박, 투기 성향이 강하다. 사업해도 항상 투기사업 속성을 버리지 못하고 탐욕을 부리다가 망한다.

時	日	月	年	男
乙卯	戊辰	癸丑	丁巳	

9급 공무원시험 준비하는데 출가도 고려하고 사주 상담가도 고려중이다. 辛亥대운 丙子년 대순진리회, 증산도, 천도선법 등으로 떠돌아다녔다. 활법 치료와 태극권 치료를 병행하여 통증이 완화되고 건강을 회복하였다. 어려서 척추에 문제가 발생, 치료를 많이 하였고 공부하면서 체력이 갈수록 약해진다. 丑辰의 작용에 운까지 金水로 흘러 습함이 병이 되고 金氣가 水氣에 풀어져 뼈가 삭는다. 그 과정에 정신을 잃지 않기 위해서 철학과 종교에 심취할 수밖에 없다. 乙癸戊 삼자조합으로 공무원을 꿈꾸면서도 월주 癸丑의 업보를 풀어보고자 종교에 매달린다.

時	日	月	年	男
丁酉	丙午	丙辰	戊辰	

체육교사인데 마약과 관련되고 친구들에게 수시로 돈을 빌렸으며 2011년 辛卯년 마약에 중독되고 壬辰년 마약을 팔다가 십오일 구류를 지내고 癸巳년 3월, 2년형을 언도받고 감방에 갔으며 교직은 박탈당했다. 이런 구조는 겉과 속이 상이하다. 사회적으로는 丙火의 분산에너지로 굉장히 밝지만 지지는 감옥 물상을 암시하는 辰酉와 생기가 상하는 辰辰으로 辰土 속에 있는 영혼 癸水가 탁해지니 사고방식이나 행동이 탁할 수밖에 없다. 이런 이유로 극히 이중적인 성향을 갖는다. 사주팔자를 분석할 때 극히 중요한 속성인데 겉과 속이 단일하면 성정도 단일하지만 이 사람처럼 겉은 교육, 공직, 공무원처럼 밝지만 속은 酉丑辰으로 어두우면 겉과 속이 전혀 다르고 이중적이다. 명리를 공부해야 비로소 이중성격을 이해하고 대처방안을 마련하지만 이치를 모르면 겉만 보고 판단하여 속아 넘어간다. 명리로 본성을 깨우쳐서 좋고 타인의 사고방식을 이해할 수 있어서 좋으며 나와 사람들의 적성, 심리를 이해하는데도 많은 도움을 주기에 반드시 학습해야할 학문이 명리 학이다.

時	日	月	年
庚	己	己	庚
午	酉	丑	戌

男

壬辰대운 26세 乙亥년 빙의된 청년이다. 귀신을 불러내보니 교통사고로 죽은 선배였다. 정신과에 가도 병명이 없고 점점 더 멍해지는 것을 느낀다. 접신, 빙의와 같은 현상을 명확하게 설명할 학문이 있을까? 命理學은 그 이치를 명확하게 설명할 수 있으니 놀라울 따름이다. 대운에서 酉丑辰 삼자조합을 만났고 원국에서 酉丑 합하고 丑戌 刑 하면서 축토와 진토에 있는 영혼 癸水의 윤회과정에 문제가 발생한다. 정신병, 우울증, 접신, 빙의와 같은 현상은 모두 영혼을 상징하는 癸水에 문제가 생긴 것이다.

時	日	月	年	男
甲寅	癸丑	辛酉	癸丑	

암흑가 건달이다. 사주구조가 온통 흑색뿐이요 殺性이 강하니 밝은 세상에서 살지 못하고 암흑가의 건달로 살아간다. 癸水는 乙 새싹을 키울 때 존재가치를 느끼는데 辛酉, 丑土와 연결되면 새싹을 키우려는 자애로움은 사라지고 오히려 乙木을 헤치려는 강한 殺氣만 남는다.

時	日	月	年	女
戊子	辛酉	己丑	庚辰	

酉丑辰 조합으로 딱딱한 치아가 축토에 들어가 흔들리고 辰土에서 모두 상한다. 상하지 않은 치아가 거의 없어 의치를 하였다. 酉丑辰은 酉金의 딱딱한 속성이 丑土를 만나 점차적으로 부드러워지고 辰土에 이르면 전혀 다른 물형으로 바뀌는데 이런 이치를 치아에 응용하면 치아가 썩고 상하는 것이다.

4. 사주팔자 원국의 형충파해(刑冲破害).

아인슈타인은 시공간이 휘어진다고 표현했는데 명리에서 이런 이치를 刑冲破害라 부르며 원래의 시공간에 변화가 발생하면서 파동을 만들고 물형을 변화시킨다. 고대에서 현대에 이르기까지 형충파해 관련하여 다양한 이론들이 있으나 이치를 명확하게 설명한 책은 찾기 힘들다. 기 출판한 "三刑論"에 자연의 순환원리로 근본이치를 설명하였다. 흥미를 가진 독자라면 읽어보기 바란다. 한 가지 인정할 것은 사주팔자마다 刑冲破害와 合

魁 구조가 다르기에 보편적이고 공통이론을 찾기 어렵다.

따라서 지구에 존재하는 생명체만큼이나 고유한 삶의 구조를 가졌고 동일한 沖이라도 구조에 따라 다르게 발현되기에 형충파해 이론은 반드시 그렇다고 규정하지 못한다. 오로지 사주 꼴대로만 반응하기에 沖이면 반드시 그렇고, 刑이면 반드시 그렇다는 논리는 존재하지 않는다. 사주팔자 원국에서 보여주는 독특한 꼴을 먼저 읽어내고 대운과 세운은 사주구조의 모양을 발현시키는 수단에 불과하다. 사주팔자 원국에서 알려주는 刑沖破害 특징을 살펴보자.

時	日	月	年
丁巳	戊辰	甲寅	戊申

男

甲寅월주인데 년과 월에서 寅申 沖한다. 또 시지 巳火와 월지 寅이 寅巳 刑하고 巳申 合한다. 이때 寅巳 刑과 巳申 合의 중간에 辰土가 끼어 寅巳 刑의 영향을 받고 원래의 공간이 불안정해지고 비틀어진다. 사주팔자는 태어나는 순간에 받은 고정불변의 시공간부호다. 호흡하는 순간부터 죽을 때까지 시간에 영향을 받고 반응하고 삶에 영향을 미친다. 발생하는 사건은 절대로 동시다발적이지 않으며 명확하게 구별되는 시간 순서대로만 발생한다. 이런 이유로 時間은 인생을 결정하는 神과 같은 존재다. 달리 표현하면 우리가 태어난 순간도 시간에 의해 결정되고 일생을 살면서 발생하는 모든 사건들도 시간이 결정한다. 다만 시간의 정체를 보는 각도에 따라서 달리 표현하는데 道, 하느님, 부처님, 氣運, 암흑에너지, 토션필드 등이라 불린다. 이 구조에서 寅巳申 삼형이 붙어있고 辰土가 時支에 있을 때와 이 사주처럼 진토가 중간에 끼었을 때 시공간의 비틀림은 상이하다. 이 구조는 寅申 沖으로 寅 생기가 심하게 상할 수 있는데 辰土가 중간에 끼어서 충격을 완화시킨다. 따라서 팔자구조를 파악하지 않고 보편적인 논리로 형충파해 물상을 추론하는 것은 옳지 않다. 이런 형충파해로 시공간이 휘어지는 이치를 夾字라 명명하였는데 머지않은 장래에 책으로 출판할 예정이다. 그 외에 추가적으로 파악해야할 몇 가지가 있다.

1) 팔자원국 구조.

甲寅이 戊土 사이에 끼었고 寅月에 水氣가 없으니 땅이 말랐다. 甲寅이 살기 위해서는 반드시 水氣를 필요로 하기에 戊土에게 水氣를 내놓으라고 요구하지만 유일한 水氣는 辰土 속 癸水뿐이다. 따라서 水氣가 말라갈수록 甲은 살고자 水氣를 빨아올리고 戊土는 상할 수밖에 없다. 예로, 화단에 水氣가 촉촉할 때는 나무가 잘 자라지만 水氣가 없으면 땅은 갈라지고 말라죽는다. 이런 구조를 十神으로 살인상생을 따지지만 무의미하다. 이 상황에서 戊土가 甲寅을 방어하는 방법은 구조에 따라 전혀 다르다. 정리해보자.

戊甲 - 갑을 이길 방법이 없으니 순종한다.

戊甲甲 - 더욱 적극적으로 순종한다.

戊戊甲 - 무무로 세력을 이루어 甲과 대적하지만 甲을 이기지 못한다.

戊丙甲 - 甲에 순종하고 그 세력을 내 것으로 만들려 한다. 윗사람에게 아부하는 흐름으로 윗사람들에게는 비벼대고 아래 사람들은 무시한다.

戊庚甲 - 庚으로 甲의 공격을 방어한다. 윗사람들은 무시하고 아랫사람을 보살피며 강개의 상이며 여유롭다.

戊庚 - 甲이 없으니 경금을 활용하지 못해 놀고 있으며 긴장감이 없다. 마치 무기를 만들어놓았는데 적군이 쳐들어오지 않으니 무기가 녹슬고 있다. 운에서 적군 甲이 나타나면 庚이 움직이고 쓰임이 생긴다.

이런 논리로 이 사주를 살피면, 戊戊辰으로 세력을 모아서 甲寅과 싸우려는 구조다. 또 申이 寅을 沖으로 공격하는 것은 地支에서 발생하기에 겉으로 드러나지는 않지만 戊辰과 戊申이 세력을 갖추고 甲寅을 에워싸고 공격한다. 두 번째 특징은 申辰이 寅을 사이에 두고 申子辰 삼합 특징대로 어둠 속에서 세력을 모으는데 반드시 월지 寅을 충하고 난 후에서야 합한다. 따라서 寅은 상하기에 水氣를 보충해주지 않으면 갑인의 성정이 왜곡되면서 바르지 않은 행위, 불법행위를 저지르고 문제가 발생한다. 이런 문제는 반드시 甲寅 월주 궁위의 시기에 발현될 것이요 연령은 16-30세사이다. 원국구조를 살펴보았다면 대운과 세운의 흐름을 살피고 물형을 파악한다. 비록 원국에서 寅申 沖 하더라도 운에서 오는 기운에 따라 건강문제, 실직, 직업변동, 이혼, 강도, 상해, 폭력, 자해, 교통사고 등으로 다르게 발현되기 때문이다.

2) 운의 흐름

時	日	月	年	男
丁	戊	甲	戊	
巳	辰	寅	申	

72	62	52	42	32	22	12	2
壬	辛	庚	己	戊	丁	丙	乙
戌	酉	申	未	午	巳	辰	卯

운의 흐름을 살펴보자. 水氣는커녕, 火氣로만 흐르니 甲은 더욱 마르고 戊土는 더욱 상할 수밖에 없다. 삶의 여정이 편하지 않을 것이다. 자연의 섭리를 벗어난 이론들 예로, 甲寅은 십신으로 편관이니 살인상생 해주거나 식신제살 해주어야 좋다는 논리로만 살피면 이해하기 어렵다. 16-30세 사이의 운은 丁巳로 時柱와 동일한 간지이며 복음이다. 따라서 時柱 宮位 관련 문제가 생길 것이다. 즉, 개인적으로 추진하는 일, 자식들 문제가 생긴다. 또, 丁巳는 寅 생기를 말려서 甲寅이 더욱 살기 어려운 환경으로 만

든다. 寅巳형, 巳申형, 寅巳申 삼형으로 변화를 일으키고 각 세운마다 상응하는 문제가 발생한다. 癸酉년 癸水가 천간에 노출되면서 戊戊가 癸水를 경쟁적으로 합하기에 한탕을 노리는 마음이 동하고 도박, 투기, 강도, 절도 등의 물상을 드러낸다. 癸酉년의 酉金은 申酉, 寅酉, 辰酉, 巳酉로 金氣는 더욱 강해지니 탐욕이 동하고 목기가 상하니 법을 무시하며, 일지 진토와 辰酉 합하니 감방물상까지 가미되었다. 천간에서 이루어지는 癸甲戊 三字조합도 그 작용이 흉하기에 癸酉년에 재물을 사취하다가 감방에 수감되었다.

時	日	月	年
乙	辛	戊	丁
未	酉	申	巳

男

　학창시절 명문대에 입학하였지만 각종 종교, 명상수련 등에 심취하여 방황하고 있다. 군대 제대 후 학업을 중단하고 미국교회에서 활동하다가 회의를 느껴 신앙을 버리고 재입학하여 열심히 다니나 했더니 다시 명상수련에 매료되어 인도로 갔다. 총명하고 능력 있고 대인관계도 원만한데 방황하는 이유를 모르겠다. 1998년 戊寅년 해병대에서 구타와 가혹행위에 시달렸고 부상을 입어 3차례 병원에 입원했다. 년주 丁巳요 巳申, 巳酉로 火氣로 열매를 익히기에 좋다. 문제는 辛酉의 날카로움을 해소해줄 水氣가 없으니 뜨거움을 견디지 못하고 정신적으로 방황하면서 불안정해진다. 더 큰 문제는 水氣가 없는 상태에서 辛酉는 시간 乙 生氣를 자르려는 살기를 갖기에 문제를 일으킨다. 만약 나쁘게 쓰면 사람들을 상해하는 행위를 하거나, 자학하거나, 혹은 예문처럼 군대에서 구타당하고 육체가 상한다. 또 상대방이 殺氣를 느끼고 멀리하거나 주위 사람들은 이 사람이 가진 살기로 건강에 문제가 생기거나 본인 스스로 육친을 떠난다. 辛酉라는 고독한 팔자를 가지고 태어난 것이다. 이렇게 사주팔자 원국을 살피고 난 후에 운을 참조하는데 초년부터 水氣를 전혀 만나지 못하고 火氣로만 흘러 간다. 따라서 강력한 火氣에 뜨거워진 辛酉는 한곳에 오래 머물지 못하고 수시로 움직이면서 장소를 바꾼다. 또, 辛酉의 씨종자 특징대로 자신의 존재가치를 알리고 노력하는 이유는 반드시 水氣 壬癸 본성에서 정체성을 발견하기 때문이다. 戊寅년에 온갖 구타와 가혹행위에 시달린 이유는 날카로워진 金氣에 寅이 오면서 금기들이 난동을 부리는 과정에 寅 생기가 상하였기 때문이다.

時	日	月	年	女
甲午	丙申	己巳	己未	

이 구조의 특징은 水氣가 전혀 없어 甲 생기가 마른다. 또 巳申 刑으로 날카로워진 申 때문에 生氣가 상할 수 있다. 巳申 刑 물상은 빛과 기계가 조합한 것으로 예로, 영화촬영, 기계조작 등이고 육체로는 하반신이 상하는 조합이다. 乙酉년에 교통사고로 전신마비가 되었다. 대운을 감안하여 살펴보자. 왜 하필 20대 壬申대운인가? 팔자구조에 巳申 刑 하겠다고 정해졌는데 申이 오면 巳申 刑이 발현된다. 또 水氣가 전혀 없다가 운에서 오면 주어지지 않은 시간을 만나는 것과 같아서 대부분 흉하다. 사주원국에서 甲은 甲己 합하고 甲午로 水氣가 없어 시들한 상태인데 壬水가 오면 갑자기 갈증을 해결하고자 에너지를 폭발적으로 사용한다. 水氣가 오기 전에는 움직임이 없기에 에너지 사용량이 극히 작았는데 에너지를 폭발적으로 쓸 경우에는 원래 상황에 큰 변화가 생긴다. 마치 죽어가던 사람이 죽기 직전에 일시적으로 건강을 회복하고 주위 사람들에게 유언을 남길 기회를 갖는 이치와 같다. 따라서 壬申운에 甲에게 문제가 생길 것임을 암시하는데 巳申 刑이 가미되고 강한 火氣에 자극받은 申酉 금이 木을 자른다. 巳申

형으로 하반신에 문제가 되는 다른 예문을 살펴보자.

時	日	月	年
壬辰	丙戌	壬申	甲寅

男

40세 癸巳년 2013년 11월 11일 辛巳일 운전하다 교통사고 당해 갈비뼈, 무릎 뼈, 돌출골절 등 중상을 당하였다. 寅申 沖만 있다가 운에서 巳申 刑을 이루는 시기에 교통사고가 발생했다.

時	日	月	年
甲戌	己亥	乙巳	壬申

男

丙申년 癸巳월 오토바이 타다가 미끄러져 무릎부위가 파열되었다. 巳申이 사주팔자에 있고 丙申년 癸巳월 재차 巳申이 만나면서 문제가 생겼다.

時	日	月	年
乙巳	壬申	戊寅	庚申

女

2004년 12월 상황이다. 甲申년 9월 사고를 내서 차량 세 대를 파손하였고 11월말 乙亥월에 교통사고로 다리를 삐었다. 이 구조에서 寅申 沖 하는 시기는 23-30세 사이로 甲申년에 寅申 沖이 동하니 계속 교통사고가 발생하였다.

時	日	月	年
辛未	己亥	乙巳	丁亥

男

이 구조는 두 가지 문제가 있다. 亥水가 양쪽에서 巳火를 충하고, 辛이 월간 乙을 상하게 한다. 巳亥 충은 24-30세 사이에 발생할 것이다. 25세 1971년 辛亥 년에 인근 불량배들에게 흉, 복부가 상하여 사망하였다. 亥水가 巳亥 沖하고 천간에서 辛이 乙 생기를 자른다. 辛은 날카로운 칼이요 乙은 생기이며 巳火는 몸의 복부다.

時	日	月	年
辛	壬	乙	戊
丑	子	丑	戌

女

22세에 결혼하였는데 남편의 나이는 10세 이상 많고 부부사이에 정이 깊었다. 그러나 30세 87년 丁卯 년에 남편이 시장에서 돌아오는 길에 당나귀에 치어 사망하고 96년 재혼하였다. 辛未년에 큰 아들이 학교에서 돌아오는 길에 개에 다리를 물려 병원에서 치료받았으나 사망하였다. 사주 원국구조를 살펴보자. 丑戌 刑하고 子丑 합하며 辛乙 조합으로 乙이 상하기 쉽다. 또 일지가 복음이니 결혼이 불미하다. 년과 월에서 乙戊 조합이니 이 여인의 마음 乙이 년의 戊土를 향하기에 첫 남자와 사랑이 깊다. 하지만 년에 있으니 가까이 하기에 너무 먼 남편으로 이혼하거나 사별하여 해로하기 어렵다. 두 번째 남편은 丑土로 子丑 合하는데 乙丑이니 乙의 움직임이 제한되어 남편을 향한 마음이 활발하게 움직이지 못한다. 이런 이유로 첫째 남편을 사랑하는 마음이 두 번째 남편을 사랑하는 마음보다 훨씬 강하다. 년과 월의 丑戌 刑은 24-30세 사이에 반응할 것이다. 丁卯년에 戌 중 丁火가 드러나고 丑戌 刑하는 시공간에 이르고 첫 남편이 사망했다. 년과 월의 丑戌 刑 물상은 구조에 따라 다르다. 사주구조가 좋으면 산부인과 의사처럼 복부를 가르는 행위다. 이 여인의 일지와 남편을 뜻하는 십신 글자가 혼잡하기에 남편이 사망했다. 辛未년에 시주의 辛丑과 辛未가 천간은 동일하고 지지는 沖한다. 시주가 沖할 경우에 발생하는 현상은 대략 두 가지로 일간이 추진하던 일에 장애가 생기거나 자식관련 문제가 발생한다. 또 辛乙 沖이 발현되는 시기로 辛金 자식 궁위가 동하고 자식을 상징하는 十神 乙이 乙丑으로 움직임이 제한적인 상태에서 辛未년에 상한다. 이런 이유로 자식이 개에 물려 사망했다. 모든 움직임은 사주팔자 원국에 정해진 것이며 시간이 도래할 때에서야 비로소 반응하고 상응하는 물형이 드러난다.

時	日	月	年
丁	庚	辛	丙
亥	寅	丑	戌

男

41세 상황이다. 초년에 고생하다가 乙巳대운 명리 상담사로 발전하였는데 41세 丙寅 年에 교통사고로 갑자기 사망했다. 먼저 원국에 드러난 刑沖破害 구조를 살펴보자. 丙辛 合, 丑戌刑, 寅丑合, 寅亥合, 寅戌 조합으로 구성되었다. 따라서 각 조합은 시공간에 반응하고 상응하는 물형을 만들어 낸다. 丙辛 합은 총명하고 종교, 명리, 철학과 인연이 깊지만 단점은 부모와 인연이 길지 못하여 부모 중 한명이 단명하거나 고향 떠나 타향, 해외에서 살아가는 경우가 많다. 丑月의 丙辛 合이니 丙火 빛이 년에서 비추지만 辛에 묶여 어둠 속으로 사라진다. 이런 의미를 확장하면 내면의 세계를 살피는 종교, 명리, 철학과 인연이 깊으며 태어난 곳에서 멀리 벗어날수록 삶이 점점 밝아진다. 丑戌 형은 年, 月에 있으면 산부인과 의사 물상이나 복부를 상하는 의미인데 丙辛 합, 丑戌 刑이 공존하기에 조상의 터전이 흔들리니 조상, 부모의 음덕을 기대하기 어렵다. 丑寅은 甲己와 같으며 월일시 丑寅亥를 천간 조합으로 바꾸면 壬甲己이니 내부에서 기초공사를 하는 것과 같고 미래를 위해 터전을 다지기에 사회에서 적극적으로 활동하지 못하고 내부에서 공부해야 한다. 이 사주의 좋은 점은 戌丑寅으로 시공간 흐름이 순차적이지만 아쉽게도 時支 亥水의 시공간이 역류하면서 亥寅 合한다. 따라서 寅의 地藏干 속에 있는 丙火는 빛을 잃는다.

시주 丁亥는 밤바다처럼 고독함을 상징하니 말년에 사회에서 두각을 나타내기 힘들며 쓸쓸한 말년을 보낼 것임을 암시한다. 寅戌 조합은 甲戌와 같아서 水氣가 부족할 경우 戌土 육체가 상하기에 살성이 강하다. 월주 辛丑이 바라는 것은 丑土 속의 생명체를 寅으로 드러내는 것이다. 엄마 배속에 있던 아이가 세상에 탄생하는 이치다. 따라서 월주의 시공간이 바라던 꿈이 일지 寅에서 이루어지며 연령은 38-45세로 그 시기에 발전할 것임이 사주원국에 정해졌다.

또 35세 즈음에 이르면 년주 丙戌에너지를 받아오기에 인생에 빛이 들어온다. 이렇게 사주팔자 원국구조를 살피고난 후 대운과 세운을 살펴야 한다. 乙巳운에 乙丙으로 丙火가 활발해지고 乙庚 합하니 乙丙庚 삼자조합으로 재물이 유입되며 발전한다. 문제는 화기가 강해지면 庚辛이 丙丁에 자극받고 있다가 乙이 오면 생기를 자르고 또 乙巳운의 사화가 寅巳 刑하는 시기에 이르렀다. 丙寅년에 丙辛 합으로 병화 빛이 어둠속으로 사라지고 寅巳형이 발생하여 교통사고로 사망하였다. 사망은 결코 하나의 작용만으로 발현되지 않는다. 다양한 방식으로 위험을 경고한다. 정리해보면 화기에 자극받은 金氣들이 운에서 드러난 乙 生氣를 보고 난동을 부린다. 寅巳 刑으로 생기가 상한다. 또 丙辛 합으로 빛이 어둠 속으로 사라진다. 이 모든 물상이 교통사고로 발현되고 목숨을 잃었다.

時	日	月	年	男
甲	己	壬	壬	
子	酉	寅	午	

　43세 甲子년부터 형무소에서 근무하던 중에 신통력이 나타나 46세 丁卯년까지 사람들의 길흉을 알려주었다. 1987년 46세 丁卯년 이후 사라져 상황을 모른다. 사주구조를 살펴보자. 년월 寅午는 寅午戌 삼합운동으로 庚열매를 키우고 딱딱하게 만드니 직장, 조직, 공직에 어울린다. 또 寅酉는 살상력을 가진 것으로 경찰, 암살, 킬러, 살인과 같은 물상이다. 甲己 합으로 자존심이 강하고 명예를 중시하는 성정이다. 인월에 壬水로 뿌리 깊은 나무다. 다만 己土의 땅이 박하니 땅이 갈라져 정체성을 유지하기 어려우면 정신에 문제가 생긴다. 20대부터 화운으로 흐르면 水氣는 마르기에 甲寅은 뿌리내림을 멈추고 위를 향한다. 일시에 酉子 破가 있으니 씨종자가 水氣에 풀어진다.

　윤회하는 과정에 흐름이 바르지 않으면 정신에 문제가 생길 수 있다. 원국 구조를 살폈으니 대운을 살펴보자. 丙午, 丁未로 흐를 때 酉金은 뜨거워져 水氣를 간절히 원한다. 그 시기는 酉金에 이른 38-45세요 甲子년에 酉子破가 동하니 신통력이라 표현하지만 실제로는 정신이상이 생긴 것이고 水氣의 역할이 끝나면 신통력도 사라진다. 시공간 변화에 따라 물형이 드러나고 사라지기를 반복한다.

時	日	月	年	男
丁	丙	丁	甲	
酉	子	卯	辰	

년과 월 甲, 丁卯 조합이니 교육에 인연이 깊다. 또 卯月에 乙이 丙火를 향하기에 모친의 사랑을 많이 받는다. 또 丁丙丁 세력이 많아 주위에 많은 사람들이 모여든다. 년과 월은 甲辰, 丁卯와 丙火로 卯月이니 봄날처럼 밝고 발랄하다. 일지 38-45세 子水의 시기에 이르면 丙火의 빛이 子水 흑색으로 어두워진다. 따라서 丙火는 어둠을 밝히고자 의심이 생기고 명백해질 때까지 반복적으로 확인한다. 또 주위에 丁丁이 많으니 경쟁자가 많고 丁火가 묘목을 차지하고 있으며 또 시간의 丁火가 가진 酉金이 丙火를 향하는 卯木을 자른다. 육체로 비유하면 뇌로 가는 혈류가 막히는 것이다. 다행하게 일지에 子水가 卯酉 沖이 직접 발생하지 않도록 조절해준다. 또 丁酉로 酉金이 경쟁자 아래에 있으며 일지와 酉子 파한다. 따라서 丙火는 丁火 경쟁자가 가진 酉金이 불안할 수밖에 없고 丁火는 酉金을 자극하여 일지를 향하도록 한다. 이런 구조를 이해했다면 실제 상황을 읽어보자.

"44세 상황으로 대학 다닐 때 학생회장 할 정도로 활발했는데 직장 다니면서 아이디어를 내면 상사나 동료에게 공로를 빼앗겨 스트레스를 많다. 辛未운에 뇌종양으로 발병하였으나 수술할 수 없는 부위로 약물치료를 받고 있다. 의처증이 병적이요 처가 있는 곳을 수시로 확인한다. 처는 상당한 미모로 남편이 근무하는 직장에서 비정규직으로 일하는데 부하직원이 처를 유혹하고 있다." 壬申 대운 일지 궁위 子水에 있는 壬水가 천간으로 드러났고 丁火와 합하기에 부인이 외도, 이혼하는 운이다.

5. 時間의 중복 - 복음

기 출판한 宮位論에서 복음에 대해 자세히 살펴보았는데 여기에서는 시공간 흐름으로 복음의미를 살펴보자. 천간은 甲에서 癸까지 순차적으로 흐르고 地支는 子水에서 亥水까지 열두 달을 순차적으로 흐른다. 사주팔자 시간이 순차적으로 흐를 때는 순행하는 삶이요 뒤섞이거나 바르지 않으면 삶이 불안정해진다. 순탄하지 못한 삶을 만드는 요인 중에서 복음이 차지하는 비중은 가볍지 않다. 예로 子水 다음의 시공간은 丑土, 다음의 시공간은 寅木이다.

따라서 子丑寅으로 흐르면 순차적인 흐름은 맞지만 공간의 간격이 너무 조밀하다. 예로 子寅午로 흐를 경우는 시간흐름이 바를 뿐만 아니라 공간 폭이 넓기에 활동반경도 넓다. 또 子酉寅申이면 시공간 폭은 넓지만 거리가 멀어서 영향력을 행사하기 힘들다. 즉, 연관성이 없는 공간들 속에서 살아간다. 따라서 적절한 시공간 폭은 예로 子寅午申 식으로 흐름이 연결되고 사계를 모두 지낼 수 있다면 인생의 폭은 넓어진다. 이 때 동일한 시공간 부호가 사주에 중첩되면 "복음"이라 부르는데 년과 월에 丑丑이 있으면 축월의 시공간이 30년을 지배한다. 즉, 공간변화 없이 30년을 유사한 삶의 패턴으로 발전하기 어렵다. 복음의 또 다른 의미는 예로 맘에 드는 옷을 사서 남들에게 뽐내기를 원했는데 길거리에서 동일한 옷을 입은 사람을 만났을 때의 상황과 같다. 함께 하기 부끄러워서 그 자리를 빠르게 피할 것이다. 이처럼 복음은 함께하기 어려운 사이다. 사주예문을 살펴보자.

時	日	月	年
己	壬	戊	甲
酉	子	辰	辰

女

丙寅운 癸酉년 28세에 남편이 음독하여 사망했다. 세 번 결혼했는데 현재는 혼자 산다. 이 구조는 세 가지 문제가 있다. 남편을 상징하는 관살이 많고 년지 편관이 일간과 거리가 너무 멀기에 첫 남편과의 인연이 짧다. 일지와 子辰, 子辰으로 두 번 합하고 그 위에 戊土가 있으니 세 번 결혼이요 시간 己土로 남자인연이 복잡하다. 또 일지를 기준으로 월지와 시지에서 辰酉

합하기에 일지 子水가 중간에서 상한다. 년과 월이 甲辰과 戊辰으로 水氣를 간절히 바라는데 일지 子水가 년, 월에 필요한 水氣를 공급하느라 벅차다. 이런 구조들은 배우자가 병사하기 쉬운데 마른 땅에 물을 대주느라 고갈되기 때문이다. 진월에 子辰 합이니 水氣가 넘친다고 판단할 것이나 辰月은 申子辰 삼합이 마감되고 水氣가 고갈된 공간이다. 水氣가 충분하지 않으면 甲은 戊를 공격하여 水氣를 달라고 요구하기에 甲에 상한다. 또 辰辰으로 복음에 辰酉 합으로 辰土 속의 乙이 잘리면 남편의 육체에 문제가 생긴다. 丙寅운에 水氣는 더욱 마르고 甲은 戊土를 공격하며 癸酉년 일지 자수가 천간에 드러나 戊癸 합으로 사라지기에 남편이 자살하고 사라졌다.

時	日	月	年
己	辛	己	乙
丑	丑	丑	未

男

2014 甲午년 신용불량자로 여러 명의 내연녀들에게 거액의 돈을 빌려 갚지 않으면서 그 돈으로 살아간다. 丑丑丑으로 3개가 동일하니 삶의 환경이 유사한 시공간으로 발전이 없다. 또 丑丑丑으로 세 개요 己己未까지 있으니 일지와 동일한 글자나 혼잡한 글자들이 많으면 여러 번 결혼하거나 외도하여 여성편력이 심하다. 돈을 갚지 않는 이유는 丑土의 도둑심보 때문이다. 丑土는 큰돈을 벌고자하는 욕망이 강하여 적절하게 다스리지 않으면 그 행위가 바르지 않다.

時	日	月	年
癸	己	己	壬
酉	酉	酉	子

남

3세 壬子년에 부친이 바람나 4세 癸丑년에 집을 나갔다. 성장한 후 부친처럼 酒色을 탐한다. 사주에 빛이 전혀 없어 어둡다. 팔자구조는 인생의 설계도와 같은데 己酉, 己酉 복음문제로 나와 월간 부친 己土는 함께 하기 어렵다. 도플갱어 처럼 둘 중 한명만 남아야 한다. 따라서 부친과 떨어져 살거나, 부모가 이혼하거나 부친이 이 자식을 떠난다. 일지 酉金이 세 개로 복음이니 부인이 여러 명이거나 심하게 외도한다. 또 丁火도 없이 酉子 破하기에 행위가 옳지 않다. 丁辛壬 조합으로 적절한 온도와 수기가 배합되어야 酉金의 씨종자가 정상적으로 운회하는데 없으니 행동이 바르지 않다. 유금이 자수와 조합하고 구조가 나쁘면 평시에 멀쩡하다가도 술만 들어가면 심하게 술주정하거나 폭력을 행사한다. 유금 씨종자를 술로 풀어내는 과정에 정신에 이상이 오는 것이다.

時	日	月	年
辛	丁	丁	己
丑	亥	丑	酉

남

카센터를 운영한다. 아버지를 싫어해서 일찍 집을 떠났고 이상하게 조상제사 지내는 것도 싫어한다. 丁丑월, 丁亥시로 丁丁이 복음이니 서로 밀어내기에 이상하게 부친을 미워하고 함께 살지 못한다. 일찍 부친을 벗어나고 酉丑亥丑으로 수많은 어둠의 인자들이 丁火의 등촉을 원하지만 모두 부담스럽기에 丑土의 땅으로 돌아갈 마음이 없고 조상음덕도 바라지 못하고 제사 지내는 것도 싫어한다.

6. 팔자구조의 명암으로 인생을 결정한다.

타고날 때 받은 시공간 부호는 삶을 결정하는 방향 계와 같고 독특한 꼴은 인생을 결정한다. 지금까지 대운과 세운을 감안하기 전에 사주팔자의 독특한 꼴을 읽어내는 방법을 살폈는데 또 다른 기준을 제공하는 것이 바로 사주구조의 明暗이다. 어떤 사주는 너무 밝고 火氣가 강하여 혹성처럼 생명체가 살지 못하고, 명암이 적절한 구조도 있고 어둡고 습하여 어둠 속에서만 살아가는 구조도 있다. 팔자에 어둠을 밝히는 丙火가 있으면 밝음으로 인도하는 것과 같으니 교육, 공직, 혹은 경찰, 검찰, 항만 수색대, 마약단속반 등의 직업물상이지만 丙火 빛이 사라지면 세상이 어두워지고 익사, 부도, 추락, 사망한다. 공간으로 살펴보면 巳午未에서 밝고 환한 공간이니 솔직하고 급하고 서두르고 뒤끝이 없으나 亥子丑에서는 어둡고 불명확하고 바르지 못한 행위를 하면서 성정이 음습하고 극소수 사람끼리 움직이는 것을 좋아하고 집착한다. 이렇게 사주팔자 명암은 삶에 지대한 영향력을 행사한다. 예를 들어 살펴보자.

時	日	月	年	男
丁亥	庚戌	辛亥	丁酉	

丁未대운 39세 1995년 乙亥년 9월에 절도죄로 5년 6개월 형을 받고 감옥에 들어갔다. 이 구조는 어둡다. 丁火는 좁은 공간을 비추는 불빛과 같다. 병화와 정화는 공간의 넓이가 전혀 다르다. 태양이 비추는 것은 태양계 전부에 해당하지만 丁火는 달이 비추는 것과 같으며 아무리 밝아도 어둠을 벗어나지 못한다. 丁辛亥 조합은 丁辛壬 조합과 같아서 초년부터 재물을 불리는 재주가 좋고 돈에 대한 욕망이 강하다.

따라서 년월의 흐름에서 가장 중요한 역할을 하는 글자는 亥水로 해중 甲을 日이나 時에 내놓거나 운에서 오면 시공간 흐름이 바르기에 발전한다. 예로 庚戌이 아니라 庚寅 일주였다면 시공간 흐름이 바르다. 일지 戌土에서 시공간이 역류하기에 38-45세 사이에 운이 막힌다. 丁未 운에 술중 정화가 천간에 드러나 화로불씨가 밖으로 튀어 불안정하다. 乙亥년 庚辛이 모두 동하여 경쟁적으로 乙木을 탐하기에 탐욕이 생기고 도박, 투기, 불법으로 무리하게 재물을 탐하다 감방에 갔다.

時	日	月	年
庚	己	丙	甲
午	丑	子	寅

女

31세 2005년 乙酉년 상황이다. 1964년생 유부남과 깊은 사이에서 벗어나지 못하고 있다. 유부남과 인연이 되는 이유는 궁위를 이해하면 간단하다.

甲寅과 己丑이 甲己합, 寅丑암합으로 합의 작용에서 벗어나기 힘들다. 甲寅의 마음이 丙火를 통하여 己土의 땅위에 비추고 어둠이 밝아진다.

즉, 유부남을 만나니 세상이 환하게 보인다. 하지만 丙子월이니 빛이 강하지도 않으며 멀리서 비추니 가까이 할 수 없는 남자다. 문제는 子丑 합으로 강한 집착을 갖고 어둠 속에서 일어나는 행위이기에 불법, 비리, 혹은 비밀스러운 행위다.

時	日	月	年
甲	癸	辛	癸
寅	丑	酉	丑

男

암흑가 건달이다. 습하고 어두우며 일과 시에서 寅丑으로 暗合하니 사회활동을 위한 행위가 아니고 개인사요 酉丑으로 조직을 이루고 인목 위의 甲은 傷官으로 일탈, 불법, 비리이니 조직을 형성하고 불법적 행위요, 인목 속의 丙火를 비정상적인 방법으로 끌어 온다. 즉 겉으로는 조폭이요 속으로는 물질을 탐하는 건달이다.

03 大運의 時空間

　대운은 사주팔자 원국이 시공간에 어떻게 변화하는가를 살피는 첫 번째 기준점이다. 대운은 극히 개인적인데 그 이유는 대운을 산출하는 방식 때문이다. 月柱를 기준으로 남녀 음양을 따져서 時間이 순행하거나 역행하는 방식으로 산출한다. 이 의미는 중요한데 예로 년주는 지구의 공전주기 때문에 매년 한 번씩 바뀌지만 나의 육체는 월주 부모로부터 받았으니 일간의 존재를 결정하는 가장 중요한 궁위다. 年柱는 조부모 궁위지만 나를 직접적으로 만들지는 못하고 간접적으로만 영향력을 행사한다. 즉, 년주가 월주로 기운을 전달하고 월주에서 일주로 전달하는 과정에 육체를 얻고 세대를 이어간다. 따라서 년주와 일주는 육체적으로는 직접적 관련은 없지만 정신적으로는 일간의 인생에 지대한 영향을 미친다. 월주로부터 파생되어 나오는 대운을 살피는 방법은 세 가지 정도가 있는데 아래와 같다.

1. 일간의 환경변화
　월주는 내 존재를 결정하고 생명을 유지하게 해주는 궁위다. 월주를 기준으로 대운변화를 살피기에 물질, 육체, 공간, 환경변화의 동태를 알려준다. 즉, 태어날 때 받았던 시공간이 대운에 따라 물질, 육체, 공간, 환경에 변화가 생기는 것이다.

2. 다른 궁위의 환경변화
　대운 변화를 살피는 방법은 가장 먼저 월주를 살핀 후 년, 일, 시주를 함께 살펴야 한다. 대운변화는 일주만 살피는 것이 아니라 각 궁위도 함께 살필 수 있는데 그 방법은 대운을 각 궁위에 대입하여 변화를 살핀다.

3. 대운 간지의 시공간 의미

대운 변화를 살피는 세 번째 방법은 대운간지의 의미를 살피는 것이다. 예로 乙亥대운이라면 해외에 가서 살아야할 일이 발생하거나, 사회활동이 답답해져 밤에 활동하거나, 한곳에 정착하지 못해 떠도는 환경에 직면한다. 즉, 대운간지는 사주팔자와 조합하여 영향을 미치기도 하지만 팔자조합과는 상관없이 **대운간지 자체**로도 영향을 미친다. 따라서 대운을 읽으려면 세 가지를 종합적으로 살펴야 한다. 예문을 살펴보자.

時	日	月	年	女
戊	乙	辛	壬	
寅	丑	亥	辰	

73	63	53	43	33	23	13	3
癸	甲	乙	丙	丁	戊	己	庚
卯	辰	巳	午	未	申	酉	戌

이 여인은 42세 이전에 3번의 죽을 고비를 넘겼다. 丙午대운 壬午년 1월 남편을 잃었다. 乙巳대운 甲申년에 담낭수술을 받았고 딸은 교통사고로 사망했다.

1) 원국의 시공간변화.

대운을 보기 전에 먼저 살펴야 할 것이 원국구조다. 월간 辛金이 壬水, 亥水에 의해 차갑고 무거우며 乙 바로 옆에서 찔러대는 구조요, 일지 축토에 들어와 냉기를 조장한다. 태어날 때 정해진 업보이자 숙명으로 辛에 상한 乙 육체에 장애가 생길 가능성이 높다. 그 시기는 월간 辛의 날카로움을 乙이 직접 받고 丑土에 응결되는 乙丑의 시기 31-45세 사이에 발생한다. 또 辰亥丑寅으로 전체가 어둡고 습하여 인중 병화가 밖으로 드러나기 어렵고 亥寅 合, 丑寅 合으로 병화의 분산에너지 활동이 더욱 제한되었다. 또 丑辰 破 작용에 월간 辛金과 酉丑辰 조합으로 교통사고, 치아문제, 비정상적 방법으로 돈을 벌다가 불법을 저지르고 감옥 가는 물상들이 팔자구조에 따라 시간이 도래할 때마다 순차적으로 발현한다. 원국구조를 살폈으면 대운에서 변하는 원국의 환경을 살펴야 한다.

2) 대운의 시공간변화. - 丁未대운

사주팔자 원국 乙丑의 시기 31-45세 사이에 육체에 문제가 생길 가능성이 있는데 상응하는 대운은 丁未인데 그 속성을 따져보자. 未속의 乙이 丁火에 의해 좌우확산 활동이 위축되고 답답해진다. 또 년에 있는 壬水와 丁壬합하고, 월의 辛에 열기를 가하고 일간 乙과 丁乙로 乙의 활동을 제약하며 시주에서 丁戊로 문제는 없으나 戊土의 땅에 열이 오른다. 정리하면 丁壬 合이니 국가, 사회에서 전문기술이나 지식을 활용하면서 직업에 변화가 생기는 운이다. 丁火가 월간 辛을 자극하면 뜨거워져서 壬과 亥를 향하는데 丁壬 합으로 壬水가 답답해지고 未土가 亥水를 상하게 하여 열이 오르고 탁해져 水氣의 작용에 문제가 생긴다. 水氣가 줄고 열은 오르면서 火氣는 증가하여 辛은 자극을 받아서 더욱 날카로워진다. 이런 상태에 이르면 辛은 열기를 해소하고자 水氣를 향하거나 木氣를 자르는데 壬, 亥 수기의 작용에 문제가 생기면서 辛의 열기를 적절하게 해소해주지 못하면 乙을 공격하여 생기가 상하고 건강에 문제가 발생한다. 이런 이유로 42세 전에 세 번의 죽을 고비를 넘겼는데 사주원국에 壬과 亥가 없었다면 사망했을 것이다.

3) 대운의 시공간변화 - 丙午 대운

사주팔자 時柱 戊寅은 46세 이후이고 丙午 대운이다. 乙은 戊寅의 시기를 만나면 안정적인 터전을 만나니 자식에게 의지하거나 자식이 발전하거나 재물을 득한다. 이런 환경에서 丙午 대운은 어떤 영향을 미치는지 살펴보자. 천간에서 丙壬 沖, 丙辛 合, 乙丙, 丙戊로 조합을 이룬다. 년간 근본터전에서 沖으로 변화를 주고, 월간 丙辛 합은 직업 활동에 장애가 생기고 남편을 상징하는 辛이 合으로 답답해지며 乙丙은 직접 사회활동 하거나, 경제활동은 아니라도 밖으로 나가 활동하는 운이며 戊丙은 자식 궁에 빛이 들어오며 일간 乙은 丙火로 나가고 戊土에서 乙丙이 집합하니 사람들이 모이고 발전한다. 地支는 午火가 午辰, 午亥 合, 午丑 탕화의 속성으로 폭발력이 생기고 寅午로 戊土가 寅午를 만나 단체, 조직에서 소속감을 갖는다. 즉, 직장, 조직에서 발전할 수 있다. 따라서 午火 대운에 흉한 궁위는 일지가 분명하다.

대운 간지 丙午는 강력한 태양 빛으로 金氣를 키우기에 월간 辛 남편과 일지 丑土 배우자 궁위의 辛과 관련된다. 이런 환경에서 辛巳 년이 오면 대운과 丙辛 합하고 壬水가 丙辛 합을 깬다.
즉, 合과 沖이 공존하는 해이다. 이런 이유로 辛巳년 말 壬午년 초에 남편이 사망했다. 대운에서 辛을 합하겠다고 암시를 준 후, 세운에서 합하고 沖하는 구조대로 남편이 상하고 사라진 것이다.

4) 대운의 시공간변화 - 乙巳대운
乙巳대운은 54세 이후이니 궁위로 시지 寅이요 자식 궁이며 말년이다. 따라서 이런 의미에 집중하여 구조를 살펴야 한다. 乙巳대운은 천간에서 乙壬, 乙辛, 乙乙, 乙戊의 변화가 생긴다. 巳火는 巳辰, 巳亥충, 巳丑합, 寅巳형이 발생하는 시기다. 천간에서 가장 심각한 문제는 乙辛으로 辛에 의해서 乙의 움직임에 문제가 생긴다. 지지에서 寅巳 刑으로 寅이 상할 수 있는데 함께 고려할 것은 乙巳대운에 水氣가 줄어들고 火氣는 증가하여 寅이 亥水로부터 받았던 水氣가 줄면서 땅이 마르고 寅의 성장에 문제가 발생한다. 이런 상황에서 甲申년이 오면 戊寅시주가 상한다. 戊土는 마르고 甲이 戊土 육체를 상하며 지지에서 이미 寅巳 刑으로 상한 상태에서 申이 沖으로 재차 가격한다. 이런 이유로 甲申년에 담낭수술을 받았고 時支가 심하게 상하면서 딸은 교통사고로 사망했다.

時	日	月	年	男
壬子	戊寅	己巳	甲辰	

7	63	53	43	33	23	13	3
丁丑	丙子	乙亥	甲戌	癸酉	壬申	辛未	庚午

壬申운, 己巳년 1월 17일에 구속된 무기수다. 실제 상황을 사주팔자에서 파악해보자.

(1) 원국 구조

甲己合, 戊己壬, 寅巳刑, 子辰合이 원국의 刑沖破害 조합이다. 하나씩 의미를 살펴보자. 년, 월의 甲己 합은 시간의 임수와 조합하면 땅 속에서 뿌리내리는 시기로 기획, 설계, 교육 등 미래를 준비하는 행위다. 甲은 세상에 처음 나온 생기와 같으니 성정이 순하고 직선적이다. 월지 시공간은 巳月이니 甲은 뿌리내리지 못하기에 성장을 멈추고 하강하면서 무력해진다. 또 시주 壬子는 戊己에 막혀 甲에게 水氣를 적절하게 전달하지 못한다. 甲은 水氣를 간절히 원하는데 년, 월에는 오로지 辰土 속의 癸水뿐이다. 水氣가 마르면 성정은 급하고 水氣를 감추고 보호하느라 구두쇠처럼 돈을 쓰지 못하거나 돈을 탐한다. 甲은 壬子를 원하고 壬水가 甲을 향하는 과정에 戊土와 己土를 지나갈 때 戊己는 경쟁적으로 壬水를 다투기에 수기는 마르고 탁해진다. 이런 이유로 시기, 질투, 경쟁, 도박, 투기, 불법으로 돈을 탐하다 문제가 발생할 가능성이 높다. 부연설명 하면 하기와 같다.

壬戊己-戊己가 경쟁하며 재물을 탐한다. 투기, 도박, 불법, 비리물상이다.
壬戊戊-戊戊가 공통으로 임수를 취하는 것으로 협력의 의미다.
壬戊癸-戊癸 합하니 월간 癸水와 합하면서 가끔 壬水를 탐한다.

壬戌辛-辛金을 壬水에 풀어 활용한다. 종교, 명리, 철학과 인연이 깊다.
壬戌庚-庚金 열매, 물질을 추구하기에 재물, 명예, 겉포장에 흥미가 많다.

지지 구조를 살펴보자. 巳月에 癸水가 미약하게 필요한데 진토 속에만 있고 辰巳로 지장간에서 戊癸 합, 乙庚 합하니 이 시기에 인생에 큰 변화가 생긴다. 고향을 벗어나 해외로 가거나 직업에 큰 변화가 오거나 육친과 이별, 사망할 수도 있다. 일지와 寅巳 刑 한다. 년간 甲은 땅을 다스리는 지도자, 법률, 통치수단인데 甲己 합으로 땅속에 박히고 寅巳 刑하니 마르고 상한다. 종합하면 월주 己巳에 이르면 바른 성정을 가진 甲, 寅이 모두 상할 가능성이 높다. 마지막으로 子辰 합하는데 마른 진토는 시지 자수를 끌어와 수기를 채우는 과정에 寅木에 흡수되고 巳火에 증발되어 辰土의 땅까지 이르기 어렵다. 여기까지가 원국구조를 살핀 것이다.

(2) 대운의 시공간 변화
년, 월에 水氣가 간절한 상황에서 時柱에 壬子가 있으니 水氣가 많다고 판단하는 것은 옳지 않다. 비록 壬子이니 좋지만 時柱의 나이에 이르기까지는 년과 월의 水氣는 부족한 것이 분명하다. 초년 庚午, 辛未를 지날 때 상황이 더욱 악화된다. 甲이 庚辛에 傷하고 午未에 마른다. 나라의 법과 같은 甲이 무법천지로 바뀐다. 법을 어기고 함부로 행동하는 성정이 강해진다. 水氣가 부족하면 성격이 급하고, 공부를 싫어하고 戊己의 세력을 모아 庚辛으로 못된 짓을 함부로 저지르는 운으로 그런 성향이 30세까지 이어진다. 이때 한 가지 주의하여 살필 에너지 파동은, 甲이 아무리 水氣를 필요로 하는 상황일지라도 대운에서 水氣를 만나지 못하면 시들한 상태로 있을 뿐 움직이지 않는다. 다음 대운이 壬申으로 어떤 변화가 생기는지 살펴보자. 23세는 원국의 巳火에 이르렀고 寅巳 刑이 동하며 辰巳로 인생에 큰 변화가 오는 시기다. 이런 원국구조가 壬申 대운을 만나면서 공간, 환경, 육체, 물질에 변화가 생긴다. 時間에 있는 壬水는 년의 甲을 향하고 생명수를 공급한다. 에너지들이 움직이는 방향은 정해져있고 절대로 바뀌지 않지만 구조에 따라서 휘어지고 비틀어질 수는 있다. 아인슈타인이 말한 시공간이 휘어진다는 표현이다.

이 구조는 壬水가 甲을 향하여 가는 과정에 반드시 戊己를 거쳐야만 하고 경쟁적으로 壬水를 다투는 문제가 발생한다. 地支에서는 申子辰 三合이 합을 이룬다. 壬水와 申子辰은 사망, 살인, 이혼, 추락, 조폭, 강압적으로 주위에 영향을 미치는 홍수와도 같은 힘, 회오리로 주변에 있는 사람이나 물질을 휩쓸어버려서 정신이상, 마약중독, 독극물, 자살, 불법행위, 공금횡령, 비밀스런 연애, 방랑, 불법재물, 유람, 관광, 익사와 같은 물상이다. 세운은 己巳년으로 己巳와 甲辰이 합하고 寅巳 형으로 법을 무시하는 해가 되어 무기수에 처해졌다.

時	日	月	年	男
乙	甲	丙	戊	
亥	戌	辰	戌	

72	62	52	42	32	22	12	2
甲	癸	壬	辛	庚	己	戊	丁
子	亥	戌	酉	申	未	午	巳

28세 1985년 己未운 乙丑년 음력 3월 부친이 교통사고로 사망하고, 음력 6월에 부인이 경제문제로 이혼하고 음력 12월 본인은 교통사고로 불구자가 되었다.

(1) 원국구조

년과 월은 戊戌, 丙辰으로 辰月에 모내기하는 논에 水氣가 적절히 필요한데 진토 속의 癸水만 약간 있으니 乙 새싹들의 성장에 문제가 있다. 모내기하는 시기에 논에 물을 대지 못해 모들이 자라지 못한다. 인체로 살피면 성장과정에 장애가 생긴다. 월간 丙火가 食神으로 길신이요 수명신이라고 주장하지만 시공간을 무시한 길흉판단은 무의미하다. 水氣가 필요한 상황에서 丙火는 辰土 공간을 더욱 마르게 하므로 食神의 작용이 좋지 않다. 따라서 <u>食神은 무조건 좋다</u>는 식의 판단은 옳지 않다.

　申子辰 삼합으로 辰土에 水氣가 가득하다는 판단 또한 오류다. 卯月에 땅 속에 있던 水氣들은 열기를 올리고자 모두 癸水로 기화되어 地下水는 고갈되고 건조해진다. 이런 이유로 辰土에 고혈압, 당뇨와 같은 질병이 나올 수밖에 없고 열 오름으로 여드름, 피부병이 생길 수도 있다. 월지 辰土를 사이에 두고 양쪽에서 戌土로 沖하니 辰土 공간이 심하게 찌그러진다. 沖의 문제는 토를 살필 것이 아니라 반드시 토속에 있는 인자들을 살펴야 한다. 癸水와 乙이 있는데 癸水는 戊癸 합으로 증발해버리고 성장해야할 乙의 활기가 심하게 상한다. 乙은 성장을 주도하기에 육체가 상하는 문제를 살펴야 한다. 癸水가 마르면 일간 甲에게도 영향을 미친다. 辰月을 만나 성장이 불가한데 뿌리 내릴 터전 己土도 없으니 삶이 불안정하다. 水氣가 마르면 甲은 戊土를 공격하여 물을 달라고 요구한다. 즉, 戊土를 찌르니 안정적인 삶의 터전에 문제가 생기고 십신으로 살피면 편재 부친이 불미하며 이런 문제는 월지의 시기 24-30세 사이에 발생할 것이다.

(2) 대운의 시공간 변화
　원국구조의 문제점을 파악했으면 대운을 살펴서 원국에서 암시하는 문제가 발생하는 시점을 읽어낸다. 辰月에 水氣를 채워야 성장에 문제가 발생하지 않는데 대운이 巳午未로 흘러 辰土 속의 癸水와 乙은 더욱 마르고 상할 수밖에 없다. 사주원국에서 암시했던 24-30세 사이에 乙이 상하고 이에 상응하는 흉한 현상이 발생할 것이 분명해졌고 乙이 반응하는 해에 그런 문제가 발현될 것이다.

28세 己未운 乙丑년 음력 3월 부친이 교통사고로 사망하고, 음력 6월에 부인이 경제문제로 이혼하고 음력 12월 본인은 교통사고를 당하여 불구자가 되었다. 사주원국에서 양쪽의 戌土에 의해 辰土 속의 乙癸가 상하고 있을 때 時支에 있는 亥水가 다소나마 문제를 해결하였는데 己未대운에 이르면 未土가 亥水를 막아버린다. 따라서 亥水에서 辰土로 흐르던 물줄기가 막혀버리고 火氣는 증가하면서 辰戌 沖의 강도가 심해진다. 乙丑 년에 乙이 드러나고 충으로 문제가 발생할 것임을 알려준다. 乙丑년 부친이 사망하고, 부인과 이혼하고, 본인도 교통사고로 불구가 된 것은 戌辰戌, 丑辰 破, 丑戌 刑으로 沖과 刑 작용이 여러 궁위에서 동시다발적으로 발생했기 때문이다.

時	日	月	年	男
戊	癸	己	壬	
午	亥	酉	辰	

78	68	58	48	38	28	18	8
丁	丙	乙	甲	癸	壬	辛	庚
巳	辰	卯	寅	丑	子	亥	戌

庚戌, 辛亥 초중고 때 수재라 칭찬했고 명문대를 졸업하고 辛亥대운 말에 행정고시에 합격하였다. 壬子운에 두각을 나타내지 못하다 癸丑운 요직을 거쳤다. 甲寅대운 몇 차례 건강악화로 고전했으나 극복하고 행정부처 고위직을 거친 후 공직생활을 마감하였다. 2010년 庚寅년 지방시장 선거에서 辛巳 月에 당선되었다.

(1) 원국구조

己酉 월이니 酉金 씨종자를 水氣에 풀어야 윤회가 가능하고 木氣를 만들어내면 꿈을 이룬다. 사주구조에서 연월일시 時空間이 순탄하게 흐르면 권위,

명예, 재물은 물론이고 삶이 안정적이다. 즉, 특별한 요인이 있어서가 아니고 시공간의 순탄한 흐름이 권위, 명예, 재물의 크기를 결정하는 것이다. 시간이 바르지 않거나 막히는 시점에 이르면 삶도 힘들어진다. 酉金을 壬, 亥 水氣에 풀어내면 대부분 총명한 이유는 반도체와 같은 酉金에 저장된 정보들을 수기에 풀어내면 엄청난 정보를 해독하는 능력을 가졌기 때문이다. 이 때 궁위를 살펴서 그릇을 판단하는데 水氣가 년간과 일지에 있으니 年의 궁위는 국가, 해외를 뜻하고 일지는 부인, 자신이 얻는 재물이나 명예를 뜻한다. 따라서 국가관련 직업이요 일지에 재물이 모이고 부인복이 좋다.

시주는 戊午로 일지 亥水로부터 나와야할 甲木이 없고 물의 흐름이 戊土에 막히는 단점이 있다. 水氣가 戊土에 막히는 시기 46-53세 사이에 인생 흐름이 막힐 것임을 암시한다. 시지 午火는 酉金에 열을 가하여 酉金이 水氣에 빠르게 풀어지도록 하는 좋은 역할이지만 단점은 일지 亥水에 막혀서 그 작용을 적극적으로 하지는 못한다. 년주 壬辰과 일주 癸亥는 상호경쟁 구조다. 동일오행이지만 음양이 다른 구조는 매우 다양하기에 구조를 살펴서 의미를 분석한다. 癸亥, 壬辰이 붙어 있을 수도, 혹은 癸未, 壬子 등, 수많은 조합으로 구성되기 때문이다.

戊己壬, 戊己癸처럼 水氣가 필요할 때 경쟁구조라면 물질을 탐하다 감방 갈 수도 있고 戊己가 힘을 합하여 세력을 모아 정치에 투신할 수도 있거나 윗사람의 도움을 받아 발전하기도 한다. 壬辰과 癸亥는 모두 지지 공간이 적절하지 않다. 壬水는 子丑寅의 공간, 癸水는 卯辰巳 공간을 얻어야 적절한데 정반대이기에 상호 도움이 필요하다. 壬水는 癸水가 가진 亥水가 필요하고 癸水는 壬水가 가진 辰土가 필요하다. 따라서 상호 기운이 연결되면서 계수는 년에 있는 임수의 도움을 받을 수도 있다. 다만, 시공간변화에 따라 작용이 달라지기에 무조건 좋다, 무조건 나쁘다는 식의 판단은 옳지 않다.

(2) 대운구조

초년부터 水運으로 흐른다. 금이 수기에 풀려 총명하니 두뇌를 활용하는 직업에 적합하다. 壬子대운에 두각을 나타내지 못한 이유는 년간에 있는 壬水가 壬子대운을 만나 주도권을 잡았기 때문에 癸水는 자신의 에너지를 적절하게 활용하지 못하고 壬水가 지배하는 공간에서 두각을 드러내지 못한다. 甲寅대운 몇 차례 건강이 상한 것은 戊癸 합하는 구조에 甲寅이 와서 寅亥, 寅午로 수기가 마를 때 甲이 戊土 육체를 공격하면 상하기 때문이다. 이런 문제를 일으키는 근본원인을 癸甲戊 三字조합이라 부르고 세 글자의 시공간이 적절하지 않아서 문제가 발생한다. 甲은 겨울에 활용하는 에너지요, 戊癸는 모두 봄에 활용하는 에너지이기에 활용방식이 전혀 다르다. 甲은 직선으로 상승하거나 하강하는 운동을, 乙은 좌우로 펼치는 운동을 하므로 봄에는 癸乙戊 삼자가 만나서 새싹을 사방팔방으로 펼쳐야 하는데 癸甲戊로 한 글자만 바뀌어도 甲이 癸水에 의해 폭발하면서 戊土 터전을 뚫고 직선으로 상승하는 과정에 육체를 상징하는 戊土가 상한다. 이때 육체가 상하는 정도는 무토가 가진 水氣의 상태에 따라 달라진다. 예로 사막처럼 마르면 심하게 상하고 축축한 땅에서는 상하지 않거나 조금 상한다. 이 구조는 다행하게 癸亥로 수기가 있기에 건강악화에 그쳤고 乙卯대운에 乙癸戊로 三字조합을 이루어 세 글자 모두 적절한 시공간을 만나서 성장을 주도하는 교육, 공직에 어울리는 국회의원에 당선되었다.

時	日	月	年	男
癸酉	甲寅	戊申	壬辰	

71	61	51	41	31	21	11	1
丙辰	乙卯	甲寅	癸丑	壬子	辛亥	庚戌	己酉

(1) 원국구조

이 사주구조는 申月의 시공간에서 열매를 익혀야 하는데 火氣가 없으니 적절하지 않다. 또 壬辰과 戊申이 申子辰 삼합과 壬水를 천간에 드러내 水氣의 속성대로 남의 통제나 간섭을 싫어하고 방탕, 방랑의 상이니 초년에 학업에 전념하기 힘들다. 이해가 어렵다면 흐르는 물을 상상해보자. 물은 절대로 흐름을 멈추려고 하지 않는다. 달리 표현하면, 일정한 공간에 정착하지 않으려고 하므로 조직, 단체, 직장, 틀에 얽매이는 것을 싫어하고 자유분방한 성정이다. 이런 의미를 확장하면 사업의 성공, 실패에 상관없이 장사, 사업을 선호하며 간섭, 통제를 싫어한다. 이것이 申子辰 삼합이 장사나 사업에 어울리는 이유다.

년과 월에 火氣가 없음을 확인했다면 일주와 시주에 火氣가 있는가를 살펴야 하는데 이런 분석이 중요한 이유는 일간의 육체와 물질을 가진 유일한 공간이 월지이고, 월지에서 원하는 조건이 충족될 때 발전하기 때문이다. 이 사주는 일지 寅의 地藏干에 유일하게 丙火가 있으니 그 시기에 발전할 것임을 암시하는데 만약 亥子丑 水氣가 많아 火氣가 상했다면 발전하기 어렵다. 정리하면, 寅의 시기 38-45에 월지 申과 沖이 발생하고 숨겨져 있던 丙火가 동하면서 활동이 활발해진다. 다만 沖에 의해서 활발해지기에 원래의 공간에 변화가 생기고 공간이 넓어지면서 활동공간에서 벗어나 이동하여야 발전한다. 일주의 상황을 살펴보자. 甲寅은 뿌리 깊은 나무가 되려면 반드시 안정적인 터전이 필요한데 월간 戊土는 甲과 조화를 이루지 못하기에 甲이 戊를 상하게 할 위험이 높다. 다행하게 년주 壬辰에서 水氣를 보충해주기에 중년이후에는 조금은 안정적인 터전을 얻을 것이다.

(2) 대운 시공간 변화

사주팔자 원국을 살펴서 전반적인 구조와 시공간 흐름을 파악한 후, 대운을 참조하여 타고날 때 받았던 시공간 부호에 어떤 변화가 발생했는가를 살핀다. 申月의 시공간에는 火氣가 필요함에도 50대까지는 水氣로 흘러 여름에 열매를 확장하여 재물을 추구할 수 없고 여름에 태어났음에도 대운은 겨울을 지나면서 밖으로 나가 적극적으로 활동하기 어렵다. 만약 학업에 흥미가 없고 장사, 사업을 한다면 이리 저리 떠도는 직업이거나 戊土로 고정된 장소를 가진 직업이라면 강한 水氣에 의해서 안정적인 터전 戊土가 휩쓸려 직업을 자주 바꾼다. 원국과 대운 흐름을 살폈으니 실제 상황을 살펴보자.

서울 위성도시 소재 7층 건물 소유주다. 1983년 癸亥년 부친이 사망한 후 토지로 유산을 받았는데 1992년 壬申년 국가에서 토지를 수용하여 50억을 보상받았다. 학벌은 약하고, 식당 등을 운영하면서 고생하다가 40대에 크게 재물을 늘렸다. 부인은 식당과 반찬회사를 경영한다. 2004년 척추 이상으로 수술하였다. 재산, 문서 등 길사가 음력 辰月에 발생한다. 정리해 보면 식당을 운영하면서 고생하다가 寅木 38-45세에 寅의 지장간 丙火의 도움으로 갑자기 재물이 크게 늘었다.

時	日	月	年	男
癸	丁	辛	甲	
卯	亥	未	午	

73	63	53	43	33	23	13	3
己	戊	丁	丙	乙	甲	癸	壬
卯	寅	丑	子	亥	戌	酉	申

(1) 원국구조

년, 월에 午未로 중력에너지(丁火)가 강하니 집념, 집착, 집중력을 가진 조합이다. 하늘에서 내리는 부자사주들 구조에 보이는데 다만 宮位에 따라 의미가 다르다. 년, 월에 있으면 집중력이 강해 총명함을 상징하고 국가나 사회활동에 에너지를 활용하고, 월과 일에 있다면 재물에 엄청난 집념을 보여 부자가 될 가능성이 높으며, 일시에 있다면 배우자에게 강한 집착을 보여 의처, 의부증과 같은 문제가 발생한다. 월지의 상황을 살펴보자. 未月의 시공간은 마치 사막과 같아서 충분하게 물을 공급해주는 것을 기뻐한다. 따라서 특별한 구조를 제외하고는 水氣가 충분하기를 원한다. 이런 조건에 적합한 시공간을 언제 만나는지 사주팔자 원국을 먼저 살펴보자. 일지 亥水의 시기에 이르면 未月에서 필요한 水氣를 만난다. 나머지 구조를 살펴보자. 년, 월은 辛, 甲 조합이다. 辛 입장에서 甲을 얻으니 매우 좋다. 辛은 씨종자와 같아서 水氣에 풀어져 겨울에 甲으로 물형을 바꾸기에 辛의 존재가치는 결과적으로 甲으로 발현된다.

달리 표현하면 辛은 甲으로 물형을 바꾸기 위해 존재한다. 甲乙丙丁戊己庚辛壬癸甲의 흐름으로 이해하면 되는데 辛이 壬癸 水氣를 지나면서 천천히 甲으로 바뀌기에 辛은 甲의 모친과 같다. 이런 이치는 四季圖로 살피면 극히 명확하다.

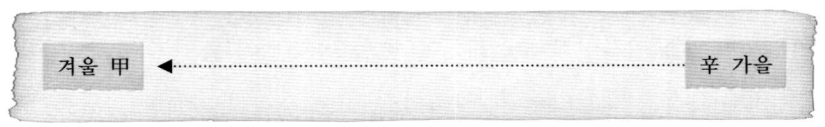

한 가지 생각해볼 문제는, 辛이 甲을 만났을 때 甲이 어떤 궁위에 있느냐에 따라 의미가 전혀 다르다. 예로 이 사주처럼 辛이 얻어야할 결과물 甲이 월간 辛의 입장에서 부모 궁에 있으니 좋은 부모를 만난다. 다만 辛과 甲이 만났을 때 水氣가 너무 말라 건조하면 심장, 뇌에 무리가 올 수 있기에 수기로 적절하게 해결해야 한다. 따라서 원국의 일지 亥水가 辛의 날카로움을 해소할 수 있다. 또, 일간 丁火가 가장 좋아하는 甲을 년에 두었으니 국가, 조상의 음덕이 좋고 국가공직과 인연한다.

甲의 위치가 일간에 있다면 어떤 상황일까? 辛金 부친은 46세 이후에 자신의 꿈을 이룰 것이고 자식 덕을 볼 것이다. 이렇게 글자가 어느 궁위에 있느냐에 따라서 삶의 과정이 전혀 다르다. 월과 일의 辛, 丁 조합은 丁火가 辛에 열을 가하는데 丁火의 특성인 잘못된 부분을 고치고 수정하기에 辛을 고치는 직업을 추론할 수 있다. 만약 치아가 아니라면 亥卯未 삼합으로 성장하는 木氣를 辛으로 정리하는 회계, 세무, 한의침술 물상이다. 만약 未土의 직업을 활용하면, 무역, 중개업, 식료품 유통업 물상이다. 亥卯未 삼합운동을 활용하여 많은 사람들을 상대하는 교육 업에도 어울린다. 다만 월간 辛과 亥卯未는 에너지 특징이 정반대이기에 월간의 시기에는 辛으로 살다가 亥卯未 시기에는 인간중심의 직업으로 변할 수도 있다.

(2) 대운의 시공간변화

사주팔자 원국을 살펴보았으니 대운을 살펴보자. 흐름이 金水로 초년에 강한 金氣의 작용에 영향을 받지만 水氣에 이르면 金이 풀어지고 날카로움이 해소되면서 물질보다는 정신을 추구하며 亥卯未로 인간중심의 사고방식과 직업의식을 갖는다. 또 水氣에 이르면 월지에서 원하는 시공간을 얻어 발전하게 될 것이다. 원국구조와 대운 흐름을 살폈으니 실제로 발생한 삶의 과정을 살펴보자. 초년에 성적이 우수하여 치과의사가 되었고, 丙子 운에 기초단체장이 되어 명성이 높았으며 乙酉 년에 국무위원으로 발탁되었다.

時	日	月	年	女
癸卯	壬辰	庚寅	辛丑	

71	61	51	41	31	21	11	1
戊戌	丁酉	丙申	乙未	甲午	癸巳	壬辰	辛卯

(1) 원국구조

이 사주구조도 배울 점이 많다. 지지는 丑寅辰으로 비록 시공간 범위가 넓지는 않지만 순탄한 흐름이다. 다만 時支 卯에 이르면 시간이 역류하기에 54세 이후에 삶에 굴곡이 생길 것이다. 시공간 특징으로 살피면 연월일 辛丑과 庚寅, 壬辰으로 전체적으로 습하고 어둡다. 만약 丙火였다면 어둠을 밝히고자 자신의 에너지를 방출하여 희생하는 삶을 살아간다. 다만, 시간의 방향으로 살피면 辛, 庚이 壬水를 향하니 년, 월의 육친은 물론이고 국가, 사회로부터 재물 또는 정신유산을 받을 수 있다. 30대 이후에는 년주 辛丑에너지를 받아 酉丑辰 三字조합을 이루니 큰 재물을 얻거나, 재물을 탐하다 감방에 가거나, 치아가 상하거나, 교통사고가 나서 육체가 상하거나 심하면 사망할 수도 있다. 사주구조에 따라 발현되는 물상이 다를 것이며 그 시기는 38-45세 즈음이다. 일주와 시주의 관계를 살펴보자. 壬辰은 자신이 가진 에너지를 癸卯에게 전달하고 癸水가 가진 卯木으로 자신의 생각을 대신 드러내기에 아랫사람을 잘 이용하고 부린다. 일주 壬辰은 약국, 종교, 명리, 철학, 심리상담, 한의사 등 치료를 위주로 하는 직업에 어울리고 본인이나 배우자 혹은 모두 그런 직업에 종사할 수도 있다. 또, 일지 辰土가 년지 丑土와 丑辰 破하기에 본인이나 배우자가 한탕을 벌려는 욕망에 사로잡혀 도박, 투기를 좋아할 수 있다.

(2) 대운의 시공간 변화

원국구조를 이해했으면 실제로 발생한 상황을 대운과 함께 살펴보기로 하자. 癸巳 운에 한의사이던 남편이 주식으로 20억 빚을 남기고 심장마비로 사망하였다. 癸巳대운은 20대로 丑중 癸水와 辰중 癸水가 천간에 드러나서 丑辰 破 작용으로 큰돈을 벌려는 욕망에 휘둘린다. 丑辰 破로 寅중 丙火 빛에 문제가 발생하고 寅巳 刑까지 겹치는데 그 시기는 24-30세 사이다. 그 후 乙未 대운에 부동산에 투자하여 엄청나게 돈을 벌어 천억 재물을 모았다. 어떻게 이렇게 많은 돈을 모았는지 살펴보자. 이 시기에 丑辰

破가 동하고 辛丑과 壬辰으로 酉丑辰 조합이 이루어지는 시기다. 酉丑辰 三字조합의 재물은 조금씩 모이는 재물이 아니다. 丙申대운 乙未년 임대료 수익도 엄청나지만 세금도 많아 관리 부담으로 부동산을 정리 중이다, 상기에서 설명한 卯木에 이른 시기로 時間이 역류이니 흐름이 막히고 답답해지는 시공간에 이른 것이다.

時	日	月	年	男
己	辛	辛	丁	
亥	亥	亥	亥	

77	67	57	47	37	27	17	7
癸	甲	乙	丙	丁	戊	己	庚
卯	辰	巳	午	未	申	酉	戌

己酉대운 辛亥년 25세에 사법고시에 합격했다.

(1) 원국구조

앞의 내용들을 꼼꼼하게 읽었다면 총명한 이유를 어렵지 않게 추론할 수 있다. 년간 丁火가 辛에게 열기를 자극하고 辛은 딱딱해진 후 저장했던 정보를 亥水에 풀어낸다. 이런 흐름이 바로 丁辛壬 三字조합으로 매우 총명한 두뇌의 소유자다. 또 구조에 따라서 큰 재물도 빠르게 축적한다. 또 亥亥亥亥는 파도의 방향이 단일하여 안정적이다. 만약 여기에 子가 섞여 역류하거나 미토가 와서 흐름을 방해하면 해일처럼 파도가 일고 삶이 불안정해진다. 사주구조를 자연현상에 비유하고 활용하면 이해가 쉽다.

(2) 대운의 시공간 변화

己酉대운 辛亥년에 사법고시에 합격한 이유를 살펴보자. 많은 水氣에 金氣가 풀어지면서 총명해지면서 己酉대운 辛亥년 합격했다. 중요한 점은 사주팔자 원국구조에서 총명함을 결정한 것이며 대운에서 그 작용이 발현되었다. 즉, 운을 자세하게 살피는 것도 중요하지만 사주원국에서 대부분의 삶이 결정된다는 점을 기억해야 한다.

時	日	月	年	男
壬	壬	丁	甲	
寅	申	卯	寅	

71	61	51	41	31	21	11	1
乙	甲	癸	壬	辛	庚	己	戊
亥	戌	酉	申	未	午	巳	辰

평범한 가정에 태어나 일류대를 졸업하고 庚午운 壬午年 2002년 壬寅 月에 우수한 성적으로 행정고시에 합격하고 부서에 배치되어 근무한다. 인생에 굴곡이 없다.

(1) 원국구조

년과 월에 甲, 丁卯 조합이다. 즉, 丁火가 가장 좋아하는 甲을 년에 두었으니 주로 교육, 공직, 법조계 물상이다. 대부분 학업성적이 매우 우수하고 공직에 근무할 가능성이 높다. 년과 월에서 木이 성장하려면 水氣가 필요한데 없으니 반드시 壬水를 필요로 하므로 壬水 일간은 년과 월에 생명수를 공급하는 역할이다. 자신의 에너지를 국가, 조상, 부모를 위해 봉사하는 것으로 이런 물상이 바로 공직팔자요, 조상에 효도하는 사람이다. 월지는 卯月로 새싹들이 우후죽순처럼 성장하는 시공간이요 화기를 보충하면 기세를 확장하여 꽃을 피울 것이고 水氣를 보충하면 내부에서 계속 성장노력을 할 것이다.

(2) 대운의 시공간 변화

대운은 火氣로 흘러간다. 따라서 卯木 새싹들이 좌우로 펼쳐지고 밖에서 적극적으로 활동한다. 壬壬으로 水氣가 적절한 상황에서 대운이 水運으로 흐르면 卯木은 밖으로 나가 활동하기 보다는 뿌리내림에 치중하기에 공부만 하면서 두각을 나타내지 못하는 학자타입으로 바뀔 것이다. 庚午

운 壬午년 午午가 庚을 자극하면 뜨거워진 庚은 壬水를 찾아간다. 庚이 壬水를 향하여 돌진하고 壬水가 열매를 자연스럽게 취하기에 시험에 합격하였다. 또 하나 참조할 것은 丁卯 월주와 壬申 일주 干支조합으로 丁火가 일간을 향하고, 卯申이 짝을 이뤄서 乙庚 合하니 열매를 수확하는 조합이다. 대운이 巳午未 여름으로 흐르면서 열매를 확장하고 자연스럽게 壬水에 풀어지고 일지 申에서 열매를 취하니 공직, 재물 모두를 취한다.

時	日	月	年	男
癸	丁	己	甲	
卯	丑	巳	午	

75	65	55	45	35	25	15	5
丁	丙	乙	甲	癸	壬	辛	庚
丑	子	亥	戌	酉	申	未	午

평범한 가정에서 출생, 직장생활 하다가 癸酉대운 30대 중반에 음식점을 시작하여 52세 즈음 건물 두개에 상당한 알부자다. 완벽주의자로 꼼꼼하고 술은 마시지 않으며 재물집착이 상당히 강하다. 보수적이고 답답한 성격이지만 남에게 피해를 주지 않고 성실하며 부인복이 매우 좋다, 사업이나 장사할 성격으로 보이지 않지만 성실함으로 부를 축적하였다. 丙戌년부터 가족 때문에 상당한 재물손실을 보았다.

(1) 원국구조

이 구조에서 배울 점은 年月과 日時의 에너지 방향에 대한 것이다. 년월 구조는 甲午, 己巳로 꽃피는 봄이며 甲己 合으로 기초공사, 교육, 건설에 어울리는 조합이요 丁火일간이 년에 甲을 보아 공직과도 어울린다. 다만, 문제는 甲己합의 근본목적이 뿌리를 내리기 위함인데 巳月의 시공간이기에 불가능하여 공부에 열중하지 못하며 교육, 공직에 어울리지 않는다. 甲이 巳火에서 庚에게 木氣를 전달하고, 庚이 亥에서 甲에게 金氣를 전달하는 방식으로 목이 금으로 바뀌고 금이 목으로 바뀌면서 사계를 순환한다.

사주팔자에서 재물크기를 판단할 때, 재성이 지지에 근을 두어 강하거나 시상 편재 격이기에 부자라고 판단하지만 이런 재물 크기는 부자라 부르지도 못한다. 하늘에서 내리는 큰 재물은 바른 시공간흐름으로 결정되며 시공간에 부여된 의미대로 결정된다. 예로 丁辛壬, 酉丑辰과 같은 조합들이다. 甲은 巳火에서 庚에게 金으로 물형을 바꿀 수 있도록 에너지를 전달하면 庚 꽃이 피고 열매가 맺힌다. 이 때 열매 맺는 방향으로 갈 것인지 아니면 꽃은 피우지만 여전히 뿌리내림에 집중할 것인가는 원국구조를 살펴서 판단한다.

일주는 丁丑으로 월지와 巳酉丑 삼합을 이루려고 하지만 巳丑으로 시공간이 너무 넓다. 좋은 점은 巳월에 필요한 癸水 발산에너지가 丑土의 地藏干에 있으니 배우자 복이 좋고, 時間 癸水에 적절하게 드러나 자식들이 효자이며 중년이후에 발전할 것임을 암시한다. 원국구조의 시공간 흐름에서 중요한 것은, 년간 甲이 일지 丑土를 만나면 과거의 것들을 버리고 새롭게 뿌리내리는 시공간을 만나는 것이다. 즉, 甲의 출발점이 丑土에서 甲己 合으로 과거를 청산하고 새로운 길로 출발하기에 교육, 공직으로 갈 것인가? 장사, 사업을 할 것인가를 결정해야 하는데 반드시 운의 흐름을 참조한다. 이 구조의 문제는 시주 癸卯의 卯木 시기로 54세 이후에 卯丑으로 卯木의 활동이 위축된다.

(2) 대운의 시공간

원국구조를 살폈으니 대운을 살펴보자. 운의 흐름으로 삶의 방향이 결정될 것이다. 삼십대는 癸酉대운으로 癸水는 丁火를 공격하여 원래의 틀을 바꾸라고 요구한다. 偏官은 직업변동, 스트레스, 관재구설, 질병 범주를 크게 벗어나지 않는다. 또 巳酉丑 삼합으로 물질을 강력하게 추구하는 시기에 이르렀다.

따라서 甲의 성장을 촉진하는 것이 아니라 甲을 수확하는데 집중하는 시공간을 만난다. 이런 시공간에서 甲을 키우려고 한다면 시간의 요구를 거절하는 것이다. 癸酉대운에 시간에 적절하게 순응하는 행위는 巳酉丑 삼합운동이 원하는 대로 甲을 수확하여 金 물질을 취하는 것이다. 이것은 좋고 나쁨의 문제가 아니라 내가 시간에 따르고 순응하는 것이기에 거스름이 없다. 회사를 그만두고 巳酉丑 수확물상으로 식당을 개업하고 재물을 모았다. 만약 巳酉丑으로 卯를 잘라 요리하는 직업물상이 아니면 건강에 문제가 생길 수 있다. 요리를 통하여 살기를 상쇄하는 것도 일종의 개운법이다. 癸水가 있으니 탕을 보글보글 끓이는 식당에 어울린다. 丙戌 년은 52세 즈음으로 卯丑조합과 丑戌 刑으로 좋지 않은 시공간에 이르렀다.

04 歲運의 시공간

1년은 365일이라는 숫자를 맞추기 위한 노력은 하루아침에 이루어졌던 것은 아니다. 가장 큰 문제는 태양년을 기준으로 달과 1년의 날짜를 조화시키는 것이었다. 이런 문제로 윤달이 생겨나고 다양한 부작용들이 발생했다. 시간단위에 대해 흥미를 갖고 계신 분들은 **시간의 탄생**이라는 책을 읽어보기 바란다.

1년 365일이라는 기준을 세운(歲運)이라 부르고 사주팔자에서 운세를 판단하는 중요한 기준이다. 시간단위의 문제 때문에 동지 혹은 입춘을 1년의 기준으로 살펴야 한다는 문제도 등장했다. 사실 1년의 기준점은 각 나라마다 다르고 심지어 중국에서는 각 왕조에 따라 변화해왔으며 동지만을 기준으로 했거나 입춘만을 기준으로 했던 것이 아니다. 달리 표현하면, 시간의 기준은 인간이 만들어낸 척도일 뿐 절대적인 것이 아니다. 예로 지구가 365번 회전하다가 250번 회전하면 1년은 250일로 바뀌고 이에 따라 달력도 바뀌고 하루의 길이도 바뀔 것이다.

따라서 1년은 반드시 365일이라는 판단은 옳지 않으며 시간은 단지 인간이 만들어낸 사고방식의 산물에 불과하다. 지금부터 대략 365일마다 한 번 씩 돌아오는 세운의 시공간을 살펴보자. 사주에는 원국의 시공간과 궁위별 시공간이 정해졌고 그 흐름은 반드시 연월일시를 직선으로 흐르다 말년에 사망하고 일생을 마친다. 이렇게 사주팔자는 태어날 때 받은 인생의 기준이지만 호흡하는 순간부터 기준에 변화가 발생하는데 그 방식은 단일하지 않다. 기준점에 다양한 방식으로 시공간 변화가 발생하고 삶에 파동을 만들어낸다. 사주에 존재하는 시공간 변화방식을 간단하게 정리해보자.

1. 年月日時가 순차적으로 흐르는 과정에 각 宮位에는 정해진 연령이 있고 그 궁위를 지날 때마다 육친, 환경, 물질, 공간이 바뀐다. 이런 기준은 대운, 세운과는 전혀 관계가 없으며 사주팔자 원국 자체의 시공간 변화과정이다.

時	日	月	年	男
丁未	丁巳	乙未	辛巳	

예로 이 사주의 시간은 반드시 辛巳, 乙未, 丁巳, 丁未로 흘러가며 각 궁위에 존재하는 글자들은 대략 7-8년에 한번 씩 변화한다. 어린 시절에 7-8세까지 辛의 에너지 특징을 받으며 8세 이후에는 巳의 에너지 특징을 받

는다. 16세에서 30세 까지의 과정은 乙未로 23세까지는 乙의 영향을 받다가 그 후에는 미토의 영향을 받는다. 여기에 에너지 특징을 가미하여 살펴보자. 23세까지는 乙木으로 육체를 적극적으로 움직이면서 돌아다녔다면 24세 이후에는 未土에서 활동이 둔해지거나 해외로 거처를 옮긴다.

2. 사주팔자에 두 개의 시공간이 공존하는데 六親을 살피는 시공간과, 個人의 일생을 살피는 시공간이며 따로 또 함께 섞이고 맞물리면서 반응한다. 육친궁위는 일간을 기준으로 조부모, 부모, 배우자와 자식, 자식의 배우자를 함께 살피는 방법이며(十宮圖 1), 個人궁위는 탄생에서 죽음까지 직선의 시간으로 이루어지는 한 인간의 일생을 살피는 방법이다.(十宮圖 2)

時	日	月	年
丁	丁	乙	辛
未	巳	未	巳

男

육친을 살피는 방법은 년간 辛을 조부, 년지 巳火를 조모 궁위로 산정하여 육친 동태를 살피는 것이다. 또 배우자를 살피고 싶으면 일지 궁위를 기준으로 살피고 배우자에 해당하는 十神은 참조한다. 예로 부인은 재성, 남편은 관성에 해당한다.

時	日	月	年
丁	丁	乙	辛
未	巳	未	巳

男

개인의 일생을 살피는 경우는 무조건 辛巳에서 乙未 丁巳 丁未로 직선으로 흐르는 시간을 따른다. 만약 사회활동 동태를 살피고 싶다면 월주를,

자식의 동태를 살피고 싶다면 시주를 위주로 살핀다.

3. 사주팔자 월주를 기준으로 大運을 산출하는데 10년마다 바뀌며 해당 대운에 가장 중점적인 사건이나 문제가 무엇인가를 암시한다.

時	日	月	年	女
癸巳	甲寅	戊寅		

75	65	55	45	35	25	15	5
丙午	丁未	戊申	己酉	庚戌	辛亥	壬子	癸丑

예로 이 사주의 경우, 월주 甲寅을 기준으로 대운을 산출하고 각 대운은 고유한 숫자 5를 가졌으며 10년마다 한 번씩 대운이 변화하며 개인의 삶에 영향을 미친다. 壬子대운의 경우는 15세에서 24세까지의 시공간이며 그 시기에 내 인생에서 가장 중요한 사건이나 문제가 무엇인가를 암시한다.

4. 60甲子가 순행하는 것처럼 세운에 따라 시공간변화가 발생하고 1년 중에서 가장 중점적인 사건이나 문제가 무엇인지 알려준다.

時	日	月	年	男
丁未	丁巳	乙未	辛巳	

辛巳 년에 태어난 후 매년 두 개의 글자가 변화한다. 예로 辛巳, 壬午, 癸未, 甲申, 乙酉 순서대로만 흐르며 지구에 살아가는 모든 생명체들에게 公的으로 부여된 시공간이면서도 개인의 사주팔자에 변화를 일으키는 원인이기도 하다.

5. 한 달 단위로 변화하면서 그 달의 중심사건, 중심문제가 무언지를 알

려준다.

時	日	月	年	男
		戊寅	庚子	

예로 庚子 년의 첫 달은 戊寅으로 庚子 년을 기준으로 戊寅 월에 발생할 가장 핵심 사건이나 문제를 암시한다. 庚子 년을 기준으로 했기에 戊寅 월도 공적시공간과 개인적 시공간이 공존한다.

6. 24시간마다 하루가 바뀌면서 그 날에 발생할 가장 중심사건이 무엇인지를 알려준다.

時	日	月	年	男
	壬午	戊寅	庚子	

庚子 년을 기준으로 戊寅 월이 존재하며 戊寅 월을 기준으로 壬午 일이 흐른다. 따라서 壬午 일도 공적, 사적 시공간이 공존하며 그 날 하루에 발생할 사건이나 문제의 핵심이 무엇인지를 알려준다.

7. 2시간마다 시간단위가 달라지면서 중심사건이 무엇인지 알려준다.

時	日	月	年	男
乙巳	壬午	戊寅	庚子	

현재는 壬午 일을 기준으로 乙巳시로 2시간 단위로 변화하며 그 시간에

발생할 사건이나 문제의 핵심이 무엇인가를 암시한다.

그렇다. 사주에 존재하는 시간단위는 다양한 방식으로 물고 물리면서 상호 반응하여 물형에 변화를 일으키고 우리의 삶에 영향을 미친다. 그럼에도 불구하고 왜 단일한 시간만 존재한다고 느끼는 것일까? 일간을 주인공으로 사주를 분석하는 기법 때문이다. 이 책에서는 다양한 時空間 종류 중에서 가장 중요한 1에서 4까지의 의미를 살피는 중이며 나머지는 잠깐 언급하고 넘어가기로 하자. 위에서 살펴본 것처럼, 대운은 사주팔자 月柱를 기준으로 개인의 물질과 환경, 공간, 육체변화를 살핀다. 다만, 月柱 변화로 年月日時 모든 宮位도 영향을 받으며 각 宮位는 大運에서 주어지는 에너지 특징에 따라 다르게 반응한다. 사주 예문을 살펴보자.

時	日	月	年	男
丙辰	戊辰	癸卯	壬辰	

월주 癸卯를 기준으로 첫 대운이 甲辰의 경우, 甲辰을 대하는 각 궁위의 반응이 다를 수밖에 없다. 壬辰이 甲辰을 대하고, 癸卯가 甲辰을 대하고, 戊辰이 甲辰을 대하고, 丙辰이 甲辰을 대하기 때문에 다를 수밖에 없는 것은 당연하다. 내 사주는 비록 나의 것이지만 모든 육친들이 함께하기에 각 육친들도 내 사주팔자에 주어진 에너지에 반응할 수밖에 없다.

이런 변화는 十宮圖 1 육친궁위를 기준으로 살핀 것이다. 만약 개인궁위로 살피면, 년주와 甲辰대운이 반응할 경우, 나를 기준으로 국가, 해외, 조상의 터전에 변화가 발생할 것이며, 월주와 반응하면 사회활동, 직업 환경, 부모의 상황이 변화할 것이다.

十宮圖 1은 부모를 기준으로 살폈다면 十宮圖 2는 나를 기준으로 부모의 상황을 살핀 것이기에 기준점이 전혀 다르다. 일주를 기준으로 살피면 배우자와, 나의 환경에 변화가 오며, 시주를 기준으로 살피면 자식이나 개인적으로 추구하는 환경에 변화가 온 것이다. 이런 이치를 이해하면 일간에만 집중해서 대운변화를 살피는 것은 극히 제한적임을 이해한다. 만약 부모의 사주를 살피려면 내 사주보다는 부모의 사주팔자를 살피는 것이 더욱 정확하지만 내 사주로도 부모의 동태를 살필 수 있다. 예로 부친은 甲辰 대운에 부도나고 감방에 갔는데 나는 학교에서 성적이 우수하고 학생회장으로 활동하는 극히 이중적인 현상에 대해서 이해하지 못한다. 학생회장으로 지낸 것은 좋지만, 부친이 부도나고 가정이 힘들어지고 부친과 생이별 하는 것은 흉하며 길흉이 공존하는데 용신 운이면 모든 것이 좋다는 식의 판단방법은 무의미하다. <u>用神은 어떻게 나쁜지 혹은 어떻게 좋은지 답하지 못한다.</u>

　　정리하면, 부친과 나의 상황이 다르게 반응하는 이유는 甲辰 대운의 글자는 동일하지만 각 궁위에 존재하는 干支가 반응하는 파동이 다르기 때문이다. 다시 강조하지만 일간만 좋으면 일간을 포함한 모든 육친이 좋거나 모든 육친이 나쁘다는 식의 통변은 현실과는 동떨어진 황당한 논리다. 운의 변화는 동시다발적으로 각 궁위에 영향력을 행사하고 각 궁위는 각각의 에너지대로 반응하여 전혀 다른 파동을 일으킨다. 대운은 10년을 기준으로 장기적인 시간단위이며 물질, 육체, 환경, 공간, 심리상태가 어떻게 변화하는지 암시하며 동시에 그 대운에 발생할 가장 중대한 사건이 무엇인가를 암시한다. 따라서 대운을 통하여 가장 크고 중대한 일이 무엇인가를 찾아내고 매년의 운세를 통하여 대운의 기준점이 어떻게 변하는지 살핀다. 大運은 연월일시 환경변화를 가져오고 각 宮位에 吉凶변화가 발생하며 그 대운에 있는 열 개의 세운 중에서 어느 특정한 해에 吉凶이 현실화 된다.

이 의미를 확장하면 년주와 시주는 길한데 월주와 일주는 흉할 수 있으며 정반대의 상황도 발생가능하며 심지어 모든 궁위가 흉할 수도 있다. 따라서 吉凶을 판단하려면 반드시 각 宮位의 특징을 이해하는 것이 선행되어야 한다. 이렇게 대운에서 사주팔자 물질, 육체, 환경변화를 개략적으로 살피고 난 후에 매년의 운을 살펴야 하는데 세운은 원국, 대운과는 전혀 다른 특징을 가졌다.

1. 공통의 시공간 변화.

大運과 歲運의 가장 큰 차이점은 私的이냐 公的이냐의 문제다. 大運은 오로지 개인에게만 존재하는 私的 時間에 불과하지만 세운은 公的이면서도 私的이다. 매년 돌아오는 두 개의 干支, 예로 庚子년의 에너지는 지구에 존재하는 모든 생명체에 공통적으로 영향을 미친다. 己亥년에서 庚子 년으로 이어지는 과정에 우한폐렴이 전 세계로 확산되는 것처럼 우주에서 방사되어온 에너지를 지구가 공통적으로 받아 반응한다. 2020년 庚子 년에만 이런 문제가 발생할까? 그렇지 않다. 역사는 반복된다고 하는 이유는 60개의 干支가 가진 에너지 특징이 유사하기 때문이다. 庚子 두 글자는 동일한데 왜 유사하다고 할까? 그 것은 時間은 동일해도 空間이 다르기 때문이다. 庚子는 동일하지만 한국, 미국, 영국, 태국의 공간에서 받아내는 庚子 에너지 각도가 다르다. 이 글을 쓰는 현재도 우한폐렴문제가 큰 걱정거리이지만 명리로 설명하기가 마땅하지 않다. 원인을 분석하는 시도들은 점법이나 점법과 유사한 방법들뿐이다. 왜 명리로는 지구에서 발생하는 자연현상을 설명하지 못하는 것일까? 가장 큰 문제는 사주팔자를 생극 논리로만 살피기에 자연에서 발생하는 현상들을 설명하지 못한다. 예로 사주에는 8개의 글자가 있어서 생하고 극한다고 설명하지만 폐렴이 왜 발생했는가를 설명하려면 사주팔자처럼 사건의 기준점(時空間좌표)이 있어야 하는데 없기에 설명하지 못하는 것이다. 자연 변화과정을 설명할 방법은 없는 것일까? 예로 사주팔자는 내가 태어난 순간의 시공간 좌표며 내 운명을 읽는 기준점이다. 탄생하여 호흡하는 그 순간부터 좌표는 변하고 상응하는 물형변화가 발생한다.

따라서 변화를 살피려면 대운을 뽑고, 세운을 뽑아서 운세를 살피는 과정을 거친다. 시간좌표에는 私的시간과, 公的시간이 있는데 대운은 사적 좌표이기에 자연에서 발생하는 현상을 분석하는데 활용하지 못한다. 그러나 매년 들어오는 세운은 공적 좌표이며 예로 己亥년의 경우 천간에서 甲己 합하고 地支에서 亥卯未 삼합운동을 시작한다. 己土를 기반으로 甲이 하강하여 뿌리 내리거나 상승하여 땅 밖으로 드러나거나 둘 중 하나의 행위를 하는데 상승하는지 하강하는지는 己土가 만난 地支 공간이 결정한다. 己土가 亥水 공간을 만났는데 음기가 가득하며 亥의 지장간에 壬水 응축에너지가 하강을 유도한다.

따라서 己亥년에는 壬甲己 삼자조합을 이루어 땅 속에 뿌리내리므로 이런 에너지에 영향을 받은 우리는 미래를 설계하기 시작한다. 그 이유는 亥卯未 삼합운동을 출발하여 성장을 촉진하기 위함이다. 생각해볼 문제는 己亥년이 공적 시공간이라면 지구에 살아가는 인간들은 모두 동일하게 반응하는 것일까? 己亥 에너지가 70억 인구에게 동일하게 주어지기에 己亥에 순응할 수밖에 없다. 따라서 모든 사람들은 새로운 미래를 위해서 무언가를 하려고 움직이지만 다르다고 느끼는 이유를 정리하면 아래와 같다.

1. 공간 환경이 다르다. 미국, 한국, 중국, 영국 각 지역마다 己亥 에너지를 받는 공간각도가 다르기에 반응방식이 다르고 이에 따라 물형변

화에 차이가 생겨난다.
2. 개인의 사주팔자와 공적으로 주어진 己亥년의 에너지가 반응하는 방식이 상이하다. 기해년은 동일해도 사주팔자가 다르기에 반응방식이 다르다.

시간은 한순간도 끊어지지 않고 면면히 이어져있다. 따라서 己亥년 말에서 庚子년으로 이어지는 폐렴문제가 전 세계로 확산되는 이유를 살피려면 반드시 시공간의 인과관계를 살펴야 한다. 즉, 己亥에서 庚子로 이어지고 10년 단위로 살피면 庚寅에서 庚子로 이어지며 4년 단위로 살피면 丙申년에서 庚子년으로 이어진다. 이렇게 시공간이 이어져 있음을 이해하면 인과관계, 윤회, 업보의 이치를 명확하게 이해한다. 왜 하필 2020년 庚子년에 이런 문제가 발생할까? 그 이유를 찾으려면 지나온 역사를 살피고 거기에서 해답을 찾으려는 노력도 가치가 있다. 역사는 반복된다고 하는 이유는 60개의 干支가 가진 에너지 특징이 매우 유사하기 때문이지만 그렇다고 동일하지 않는 이유는 空間이 다르기 때문이다. 최근에 100년 주기설이라는 주장을 하는데 마르세유 흑사병이 유행한 1720년, 인도 콜레라 1820년. 스페인독감 1920년 그리고 2020년 우한 폐렴으로 100년마다 질병이 유행한다는 논리다. 신기한 것은 마르세유 흑사병이 庚子년, 인도 콜레라가 庚辰년 스페인독감은 庚申년이었다. 그럴싸하게도 전염병이 창궐한 해의 천간은 庚이고 地支는 申子辰 삼합운동과 간지를 이루는 해였으며 모두 호흡기 전염병이라는 공통점이 있다.

사실 命理로 이치를 살피면 간단하게 이해한다. 지구에서 이루어지는 물형변화는 모두 寅午戌 삼합운동과 申子辰 삼합운동으로 순환을 반복하면서 木 생명체와 金 물질을 만들어내는 과정에 生死를 반복한다. 寅午戌

로 화려한 色界를 살다가 申子辰으로 空界로 돌아가는데 이런 이치는 自然循環圖에 고스란히 담겨져 있다. 인간도 寅에서 탄생하고 午火를 지나 老化하기 시작하여 戌土 묘지에 들어가는 과정에 모든 생명체가 씨종자를 후대에 남겨 영생을 꿈꾸듯 인간도 자식을 남겨 영생을 기원한다. 이렇게 씨종자를 후대에 전달하는 출발점이 申이며 천간으로 庚이다. 따라서 庚申은 물질세상에서 영혼의 세상으로의 출발점이며 역마라 부른다. 역마살을 이해하기를 해외로 간다거나 이동을 의미한다 생각하지만 영혼의 세상으로 출발하고자 준비하는 과정이 본질적인 의미다.

그렇다면 왜 申에서 역마가 시작될까? 씨종자는 반드시 水氣에 풀어져야 씨종자에 담겨진 정보를 후대에 전달할 수 있기 때문이다. 예로 콩이 물에서 콩나물로 바뀌는 이치와 같다. 이런 이유로 씨종자를 뜻하는 庚이 申子辰 삼합운동과 만나면 자신의 업보를 담은 씨종자를 후대에 전파하는 행위가 이루어지고 辰土에 이르면 정리하고 마감하기에 辰土에는 씨종자에 담겨진 전생의 업보가 가득 담겨져 있다. 이런 이유로 辰土는 종교, 명리, 철학, 천도, 스님, 귀신, 접신, 불임, 방생과 깊은 관련이 있으며 업보 때문에 발생하는 문제다. 따라서 폐렴이 급속도로 퍼지는 이유는 申子辰 삼합운동의 특징이 물처럼 흐르면서 이곳저곳으로 퍼트리기 때문이다. 행성 중에서 수성을 머큐리라 부르고 마야에서는 저승과 이승을 오가는 전령신이라 부른다. 수성의 삼합운동은 申子辰으로 어둠 속에서 이루어지기에 나쁜 의미가 많아서 좋지 않은 것들을 이곳저곳에 전파하는 속성이다. 호흡기와 관련된 이유는 무엇일까? 폐질환을 사주팔자에서 살필 때는 반드시 그런 것은 아니지만 주로 金의 동태를 살핀다. 金은 火氣에 의해서 만들어지는데 火氣가 활발하게 작용하지 못하는 申子辰에서는 金氣가 水氣에 풀어지면서 폐와 호흡기에 문제가 발생한다. 사주예문을 살펴보자.

時	日	月	年	여	75	65	55	45	35	25	15	5
癸	壬	癸	癸		辛	庚	己	戊	丁	丙	乙	甲
卯	辰	亥	酉		未	午	巳	辰	卯	寅	丑	子

己巳대운 癸酉년(61세) 폐암으로 사망하였다. 金氣가 수많은 水氣에 풀어져 체성을 유지하지 못하고 상하기에 폐암으로 사망하였다.

庚子년을 申子辰과 연결하여 폐렴문제를 살펴보았는데 庚은 씨종자요 申子辰 삼합운동은 水氣로 씨종자에 담겨진 정보를 후대에 전파하는 작용을 하므로 전송, 전파, 전달, 流行, 流動의 특징을 가졌음이 분명하다. 이런 해설은 60간지로 세상의 이치를 살피는 방법이다. 상기 100년 주기설에는 논리의 허점도 많다. 실제로 발생한 해는 20년 단위로 완벽하게 맞는 것이 아니라 대부분 그 전에 발생하였다. 예로 1920년이 아니라 1918년 식이다. 다만 이런 방식으로 우주나 지구에서 발생하는 현상들을 살피고 이해할 수 있음을 예시로 든 것이다. 추가적으로 申子辰 삼합운동이 물처럼 流動의 특징을 가졌음을 타이타닉 호에 연결하여 살펴보자.

2012년 壬辰년은 타이타닉 호 침몰 100주년이었는데 타이타닉 호가 얼음산을 발견한 시점은 1912년 4월 14일이었고 시공간부호로 바꾸면 아래와 같다.

時	日	月	年
庚	庚	甲	壬
辰	申	辰	子

庚金과 申子辰 삼합이 명확하게 드러났다. 타이타닉 호는 4개의 간지 중에서 일주 庚申으로 굉장히 두툼한 금의 속성이기에 큰 배가 분명하다. 또

申子辰 삼합과 壬水 바다위에 떠서 흐르며 타이타닉 호에 탄 손님들은 월주 甲辰이 분명하다. 甲과 辰土 지장간에 乙木 들이 모두 고객들이다. 甲辰이 월주에 있으니 사회적으로 두각을 나타내고 또 壬子와 甲辰 조합으로 학력이 높은 고객들이 유람선에서 파도를 타고 흐른다. 庚辰 시에 얼음산을 발견하는데 庚辰의 물상은 딱딱한 물체가 辰土 공간에 있으니 위는 딱딱하고 아래는 부드러운 빙산이며 庚이 하나 더 생기면서 甲 사람들을 冲으로 위협하는 존재가 등장한 것이다. 타이타닉 호가 빙산과 충돌한 시점을 바꾸면 아래와 같다.

時	日	月	年
戊子	庚申	甲辰	壬子

빙산과 충돌한 戊子시의 상황을 살펴보자. 모두 동일한데 庚辰시가 戊子시로 바뀌었다. 甲을 위협하던 존재들이 사라지고 戊土 안정적인 터전이 생기고 甲이 안정을 취할 수 있다고 생각하지만 문제는 戊土는 申子辰 바다위에 떠있는 한조각 구명보트나 배처럼 공간이 극히 협소하다. 예로 戊戌이나 戊辰이라면 매우 큰 터전이지만 戊子에 申子辰 삼합으로 넓은 바다에 떠 있는 작은 구명보트가 분명하다.

따라서 甲 사람들은 살기 위해서 戊土에서 생명을 지켜내야만 하는 상황이다. 검은 바다 어둠속에서 극히 작은 戊土 공간에 甲辰 사람들이 안정을 취할 수는 없기에 허허바다에 떠있는 처량한 상황이다.

<u>세운은 公的인 시공간 변화</u>라는 의미를 살펴보자. 매년 말이나 초에 내년, 혹은 올해의 국운은 어떨 것이라고 주장하는 글들을 접하게 된다. 어떤 방법으로 국운을 논할까? 방법은 다양하다. 명리, 주역, 점법으로 살필

수 있다. 그 중 하나가 세운의 기운을 읽는 방법이다. 예로 2015년 乙未년에 주어진 공통의 시간변화를 살펴보자. 乙未년은 乙 에너지가 未土 공간을 만났다. 따라서 두 글자의 의미를 분석하려면 시공간 특징을 이해해야만 가능하다. 乙은 봄에 새싹들이 퍼지듯 좌우확산 에너지요 癸水와 戊土가 乙癸戊 三字조합을 이루고 卯辰巳 공간이면 에너지를 폭발적으로 방사하여 새싹들을 퍼트리고 巳月에 꽃을 피운다. 午未申 공간을 지나는 동안 열매로 바뀌고 申月에 딱딱하게 해서 酉月에 열매로 완성된다. 이런 시공간이 만나 간지를 이루면 乙卯, 乙巳, 乙未, 乙酉, 乙亥, 乙丑을 반복하는 시공간 흐름 중 하나가 乙未년이다.

未土의 공간특징은 지장간으로 살피는데 丁火와 乙이 己土에 저장되었다. 즉, 乙이 未月에 열매의 성장을 완성하였기에 더 이상 좌우확산 못하도록 丁火가 乙을 통제하고 딱딱하게 만들며 己土는 亥卯未 삼합운동을 마감한다. 의미들을 정리하면, 乙未는 乙이 未土 공간을 만나서 성장 완료되어 열매 크기를 완성했기에 활동은 제한되며 申月에 乙庚 합으로 물형을 딱딱하게 만들고자 기다린다. 이런 자연의 이치를 인간의 삶에 그대로 응용하여 살펴보자.

- 남자가 언제 생겨요?

甲은 남성, 乙은 여성이다. 十干 중에서 여성을 상징하는 글자는 乙과 丁이다. 未土에서 열매가 익었으니 수확하는데 그 과정에 필요한 것이 庚이며 乙庚 합하기에 乙에게 庚은 남성을 뜻한다.

따라서 乙未년에 열매를 완성하고자 庚을 찾을 수밖에 없고 미혼 여성들은 결혼하고 싶다는 욕망이 생기고 짝을 찾는다. 따라서 乙未년에 여성이 사주팔자를 상담할 경우, 중점적으로 묻는 사항은 남자가 언제 생기는지 혹은 언제 결혼하는지에 대한 것들이다. 이 질문은 두 가지 상황인데 하나는 기존에 사귀던 남자가 바람을 피웠거나 결혼상대로 만족하지 못해 관계를 정리하고 새로운 남자를 찾아서 결혼하고 싶다는 의미다. 둘째로는 과거에 남자가 없었으나 갑자기 결혼하고픈 맘이 들어서 상대를 찾는 다는 의미다. 흥미로운 점은 乙未년은 여자가 남자를 찾는 것이기에 남자에게 여러 명의 여자들을 만날 기회가 생겨 외도할 가능성이 높다.

- 자금회전이 어렵다.

열매의 크기가 완성되어 더 이상 확장이 불가능하다는 의미를 살펴보자. 乙未년 乙의 활동이 未土에서 제한된다. 새싹이요 여름에 열매를 완성하면 申月에 乙庚 합하는 순간 乙의 쓰임은 상실된다. 申月에 사물을 딱딱하게 만들기에 부드러운 乙이 존재할 수 없다. 乙의 물상을 달리 표현하면 물질, 재물과 같다. 五行 중에서 물질은 木과 金이며 목이 자라야 가을에 수확하여 현금화시킨다. 따라서 乙이 未土 공간을 만나면 현찰, 유동자산이 未土에 잡히는 상황처럼 자금회전이 어려워진다. 이런 문제를 해결하고자 집을 팔거나 집을 담보로 대출 받거나 혹은 타인에게 돈을 빌리거나 타인에게 빌려준 돈을 회수하지 못해 고생한다. 이 모든 현상은 겉으로 달라 보이지만 동일한 물상이다. 다만 乙未년에 무조건 자금 흐름이 답답한 것은 아니고 巳午년에 재물을 축적한 사람들은 乙未년에 현금을 땅에 저장하는 것처럼 부동산을 구입한다.

- 직업을 바꿀까? 직장을 그만둘까?

乙의 활동에 제약이 따르고 행동이 활발하지 못한 상황을 사회활동에 응용하면 장사, 사업이 활발하게 움직이지 못하고 직장에서 활동이 답답해지기에 직업을 바꾸거나 사업을 포기하고 현재의 환경에서 벗어나 타향, 외국으로 이동한다. 모든 원인은 乙의 움직임이 답답해졌기 때문이다.

- 남편이, 애인이 바람을 피워요.

乙未년에 남성이 우위를 차지하는 이유는 여자들이 남자를 찾아와 짝짓기를 통하여 열매 맺으려하기 때문이다. 따라서 남자들은 여러 여자들과 사귈 기회를 갖고 관계가 복잡해질 수도 있다. 사귀기를 원하는 여자들이 많기도 하고 여자들이 남자를 찾는 과정에 발생하는 현상이기도 하다. 여성의 입장에서는 남편이나 애인이 다른 여자와 만날 가능성이 높아진다.

- 일을 그만두고 공부하고 싶다.

乙未년은 未土의 의미 중 하나인 학업을 뜻하기에 모두 그런 것은 아니지만 공부해야 개운이 된다. 이런 영향을 받은 사람들은 갑자기 경제활동을 중단하고 공부하고 싶다는 생각에 사로잡힌다. 여건만 된다면 乙未년에서 원하는 시공간에 순응하여 어떤 방식으로라도 학업에 전념하면 향후 발전의 계기를 마련하게 된다.

- 몸이 상했다.

乙은 육체의 활력과 같은데 未土에서 움직임이 답답해진다. 달리 표현하면 육체장애가 생기거나 건강에 이상이 올 수 있다. 따라서 을미년에는 건강에 주의해야한다. 한 가지 의문점이 생길 것이다. 乙未年이 공통의 시공간이라면 왜 사람마다 반응이 다른가의 문제다. 극히 간단하고 명백한데 아무리 시간이 동일해도 공간의 상황이 다르면 에너지를 받아내는 각도가 다르다. 동일한 호박도 미국과 한국에서 자란 호박의 모양이 다른 이유처럼 나의 사주팔자와 너의 사주팔자가 다르기에 반응은 다를 수밖에 없다. 그렇다면 사주팔자가 동일하면 반응이 동일할까?

전혀 그렇지 않다. 왜냐면 살아가는 공간이 다르기 때문이다. 한사람은 미국에서 한사람은 한국에서 살아간다면 아무리 사주가 동일해도 에너지를 받는 공간이 틀리기에 전혀 다르다. 따라서 세운은 모두에게 부여된 공적 의미를 참고한 후 개인의 사주팔자에 어떤 영향을 미치는가를 살펴야 한다. 공적으로 주어진 에너지가 개인의 운명보다 우선하기 때문이다.

예로 한 사람의 사주팔자가 아무리 좋아도 전쟁으로 한 도시에 핵폭탄이 터지면 죽을 수밖에 없다.

2. 年柱의 변화.

年柱는 사주팔자의 근거지요 월주의 물질, 육체, 환경과는 달리 陽氣의 변화다. 사주팔자의 출발점이요 삼합운동의 기준점이며 天干의 에너지를 받아서 땅에 변화가 발생한다. 年支의 변화는 삼합운동에 의한 것이기에 물질, 공간, 환경, 육체를 모두 포함하며 12개의 달로 세분하여 살피는 방법을 12신살(神煞)이라 부르고 사주팔자를 분석할 때 극히 중요한 요소다. 예를 들어보자.

時	日	月	年
癸	丙	乙	辛
巳	戌	未	未

女

과학 고등학교 2학년 18세 상황인데, 학업성정이 너무도 뛰어나 3학년 과정을 생략하고 대학진학이 가능하며 전교수석을 놓친 적이 없으며 부친과 모친 모두 상류대학을 졸업했다. 이 구조가 총명한 이유를 十神으로 설명하려면 반드시 傷官佩印을 논할 것이다. 그러나 상관을 통제하는 印星은 辛에게 상했고 운도 乙 인성을 무력하게 만든다. 다른 예문을 살펴보자.

時	日	月	年	女
庚	壬	戊	辛	
戌	子	戌	未	

　부친은 외국에서 박사학위를 받았고 모친은 약사다. 뛰어난 수재로 의사나 검경에 어울리는 구조다. 이 구조는 官印相生으로 총명하다고 할 것이다. 총명함을 十神으로 판단할 때는 傷官이나 印星으로 간주하는데 이 구조는 상관이 거의 없고 庚辛에 극 당한다. 따라서 관인상생이면 보수적이고 공직팔자를 뜻하지만 총명하다고 판단하기 어렵다. 이렇게 十神으로는 파악하기 어려운 사주의 중요한 특징을 알려주는 것이 12신살 이다. 두 사주는 공통적으로 亥卯未 삼합운동을 기준으로 년의 辛金이 재살(災煞)이며 총명한 에너지다. 亥卯未 와는 전혀 다른 독특한 특징을 보이기에 전생에 한국에서 살던 영혼이 아니라 해외에서 살던 영혼이 한국으로 윤회한 상황이다.

3. 단기적이고 일 년에 국한된 기운이다.

　세운의 또 다른 특징은 1년마다 순환한다. 다만, 한해의 에너지가 반드시 1월 1일에 시작하고 12월 31일에 끝난다고 생각하면 안된다. 일 년으로 나눈 것은 인간이 만든 방식에 불과하며 시간은 끊임없이 이어지기에 칼로 무 베듯 끊어지지 않는다. 비록 달력은 1월 1일에서 시작하고 12월 31일에 마감하지만 작년 10월부터 올해의 기운이 시작할 수도 있고 올해의 3월부터 시작할 수도 있다. 그 변화의 시작은 각 세운에 주어진 열두 달의 특정한 달과 깊은 관련이 있다. 예를 들어 丙申년의 경우 가을에 丁酉 월을 맞이한다. 그렇다면 丙申년 丁酉월에 이미 丁酉년의 기운으로 바뀌기 시작하여 丁酉년의 에너지 특징을 드러내기 시작한다. 따라서 丙申년 상담의 경우는 丁酉월부터 丁酉년의 기운이 시작되었다고 간주하고 살펴야 한다.

4. 원국과 대세운의 차이점

내가 태어난 순간의 사주원국과 월주를 기준으로 산출하는 개인의 대운, 매년의 세운 차이를 명확히 정리할 필요가 있다. 生剋을 위주로 용신을 판단하는 방식은 차이를 느끼지 못한다. 대세운의 천간, 지지를 사주팔자에 섞어서 전체의 질량증감을 따지고 用神을 정하여 길, 흉을 판단하기 때문이다. 하지만 원국과 대세운의 차이는 매우 크고 활용방법도 상이하다. 그 차이를 살펴보자.

가. 원국 시공간은 직선으로만 흐른다.

상기에서 설명했던 부분인데, 사주팔자는 높은 곳에서 낮은 곳으로 흘러가는 물처럼 년에서 시작하여 월일을 지나 時로 흘러간다. 다만 사주팔자의 시간흐름이 순행도 역행도 가능한 이유는 연월일시의 시간단위가 상이하기 때문이다. 년주 1년, 월주 30일, 일주 하루, 시주 24시간 단위가 사주팔자에 섞여서 순차적인 흐름일 수도 그렇지 않을 수도 있다. 즉, 우리가 느끼는 시간은 과거에서 현재 미래를 향하여 흐르는 것처럼 년에서 시로 순차적으로 흘러도 각 궁위에 존재하는 간지는 마구 섞인다. 예로 연월일시가 子丑寅卯의 경우, 궁위도, 시공간도 순차적 흐름이지만 子卯丑寅이라면 子水에서 卯는 순차적이고 卯에서 丑은 역류하며 또 丑에서 寅은 순차적이기에 시공간이 비틀리는 문제가 발생하고 刑沖破害 원인이 된다.

時	日	月	年	男
庚辰	乙酉	戊午	癸卯	

이 사주의 원국을 살피는 방법은 태어나서 죽을 때까지 년에서 癸-卯-戊-午-乙-酉-庚-辰 시까지 순차적으로만 흐른다. 원국에서 시공간이 휘어진다는 의미는 天干 癸戊乙庚과 地支 卯午酉辰의 흐름 중에서 바르지 않은 시공간에서 왜곡이 발생한다. 이 사주는 천간이 癸乙戊庚이었다면 흐름이 순행하는데 乙과 戊에서 뒤틀려졌다. 地支는 시공간이 순차적으로 흐른다. 간지가 대부분 순행하기에 천억 재산을 축적하였다. 중점적으로 살펴야할 것은 월지로 午月의 시공간에서는 열매를 맺어야하는데 나머지 사주팔자 구조가 적절하게 그 행위를 할 수 있는 상황인지 살펴야 한다. 午月에 열매 맺으려면 卯木 새싹이 필요하고 약간의 水氣가 필요하다.

또 열매를 확장하여 부풀려야 재물 복이 크다. 열매를 확장할 수 있는 구조를 가지고 태어났다. 午月에 丙火가 있고 乙丙庚 三字조합을 이루어 계속 열매를 확장하고 酉金으로 수확하고 酉辰으로 뻥튀기하듯 재물을 부풀린다. 이런 이유로 천억 재산을 축적한 것이다.

나. 대세운의 시공간

대운과 세운은 마구 섞이면서 반응하지만 반드시 사주팔자에 주어진 시공간으로만 반응한다. 예를 들어;

時	日	月	年	男
庚辰	乙酉	戊午	癸卯	

71	61	51	41	31	21	11	1
경술	辛亥	壬子	癸丑	甲寅	乙卯	丙辰	丁巳

이 팔자에 주어진 시공간 표를 정리해보자.
癸卯 - 癸水와 卯 공간 속에 숨어있는 甲과 乙
戊午 - 戊土와 午 공간 속에 숨어있는 丙, 己, 丁.

乙酉 - 乙木과 酉 공간 속에 숨어있는 庚과 辛
庚辰 - 庚金과 辰 공간 속에 숨어있는 乙과, 癸와 戊의 시간

모두 정리하면 甲乙, 丙丁, 戊己, 庚辛, 癸로 십간 중에서 壬水를 제외하고 모든 시간을 가지고 태어난 사람이다. 다만, 辰土에 申子辰 삼합운동의 에너지 壬水를 갈무리하였다.

時	日	月	年	男	72	62	52	42	32	22	12	2
戊	丙	庚	甲		壬	癸	甲	乙	丙	丁	戊	己
戌	戌	午	寅		戌	亥	子	丑	寅	卯	辰	巳

수십 억대 재물로 행복하게 살아가는 여명인데 이 사주에 있는 모든 시공간을 정리하면;

甲寅 - 甲과 戊丙甲
庚午 - 庚과 丙己丁
丙戌 - 丙과 辛丁戊
戊戌 - 戊와 辛丁戊

모두 정리하면 甲丙丁戊己庚辛으로 乙壬癸의 시간은 팔자에 없다. 따라서 壬癸乙 시간이 운에서 온다면 태어날 때 받지 못한 시간을 만나는 것으로 어떤 반응을 보이는지 이해해야 한다. 또 다른 관점에서 대세운의 시공간 반응을 살펴보자.

時	日	月	年	男	71	61	51	41	31	21	11	1
庚	乙	戊	癸		경	辛	壬	癸	甲	乙	丙	丁
辰	酉	午	卯		술	亥	子	丑	寅	卯	辰	巳

대운이 반응하는 방법을 살펴보면 丁巳대운은 월지 午火에 담겨져 있던 丁火의 시간이 천간에 드러난 것이다. 또 丙辰대운은 午中 丙火의 시간이 드러난 것이다. 두 대운은 모두 월지에 있던 시간이 반응한 것이다. 乙卯 대운과 甲寅 대운은 모두 년지 卯木에서 동한 시간들이다. 또 癸丑 운은 년간 癸水와 시지 辰土에 숨겨진 시간이 동했고 壬子 대운은 태어날 때 받지 않았던 시간이 도래했다. 따라서 탄생하여 사망까지 직선으로만 흐르는 사주팔자 흐름과는 달리 대운과 세운이 반응하는 방식은 순차적이지 않다. 또 다른 예를 살펴보자.

時	日	月	年	男	79	69	59	49	39	29	19	9
乙未	丙戌	戊寅	庚午		丙戌	乙酉	甲申	癸未	壬午	辛巳	庚辰	己卯

己卯 대운의 己土는 년지 午火 속에 있던 己土, 그리고 시지 未土 속에 있던 己土의 시간이 도래한 것이다. 庚辰대운의 庚은 년간의 庚과 동일한 시간이고 辛巳대운의 辛은 戌土의 지장간에 있던 辛의 시간이 도래한 것이다. 또 壬午 대운은 사주팔자에 없는 시간이 도래했고 癸未 대운의 癸水도 원래 타고날 때 받지 않은 시간이 도래한 것이다.

甲申대운의 갑은 월지 寅의 지장간에 있던 甲의 시간이 도래한 것이고 乙酉 대운은 시지 未土의 지장간에 있던 乙의 時間이 도래한 것이다. 따라서 대운의 시간이 도래한 궁위는 순차적이지 않고 뒤죽박죽 섞여서 반응하였다.

여기에서 "순차적이지 않다"는 의미는 매우 중요한데 순서가 없기에 기준점이 없어 발생하는 물상, 사건, 사고를 추론하는 것이 어렵다. 이 때 반드시 운을 파악하는 기준이 있어야 하며 바로 "궁위"다. 年支가 동하면 조상, 근본터전, 국가자리에 변화가 오고 월지가 동하면 사회, 직업, 모친, 형제 궁이 동한 것이요 일지가 동하면 부인, 개인재산, 내 육체의 내장, 개인 의지가 동했으며 만약 時支가 동하면 私的으로 추진하는 일의 방향에 변동이 생기고 자식 궁이 동했다. 따라서 각 궁위가 동할 때마다 궁위가 상징하는 의미를 이해해야 대운과 세운에서 주어진 운의 의미를 파악한다. 이런 기준이 없다면 미래에 발생할 일이나 사건, 사고들이 구체적으로 어떤 현상일 것이라는 기준이 없기에 마구잡이식 판단을 하게 된다.

결론적으로 대운과 세운을 따질 때는 반드시 동하는 궁위를 살피고 궁위의 뜻을 이해하는 것이 판단기준이며 이런 시공간이 반응하는 방식을 통하여 마구잡이식 애매모호한 판단에서 벗어나야 한다. 지금부터는 사주팔자 원국, 대운의 기준을 참고하고 세운에 집중하여 사건이 발생하는 원인을 살펴보자.

時	日	月	年	男
癸	甲	戊	壬	
酉	寅	申	辰	

71	61	51	41	31	21	11	1
丙	乙	甲	癸	壬	辛	庚	己
辰	卯	寅	丑	子	亥	戌	酉

1983년 癸亥년 부친사망 후 토지유산을 받고 1992년 壬申년 토지가 수용되어 50억을 받았다. 1983년은 壬子대운의 초입단계로 임수는 년에 있으며 일주 甲을 향하여 흐른다.

따라서 壬子대운에 甲寅 일주는 년의 근본터전, 혹은 국가로부터 무언가를 받을 것임을 암시하고 그 대운의 가장 주된 사건이나 문제임을 알려준다. 壬子대운에 地支에서 申子辰 삼합이 이루어지니 戊土터전이 홍수가 발생한 것처럼 불안정해진다. 癸亥 세운에 이르면 戊癸 합하고 癸甲戊 三

字조합으로 월간 戊土 부친이 상하여 사망했다. 다만 壬癸는 모두 甲을 향하는 에너지들이니 토지를 유산으로 받았다. 壬申년도 년간 壬水가 甲을 향하니 국가로부터 보상을 받을 수 있다. 이 방식은 에너지 파동과 시간방향으로 변화를 살핀 것이다. 기억할 것은 발생하는 모든 사건들은 반드시 **"팔자에 정해진 시공간대로만 발생"** 한다.

時	日	月	年	女
乙	己	庚	辛	
丑	酉	寅	酉	

76	66	56	46	36	26	16	6
戊	丁	丙	乙	甲	癸	壬	辛
戌	酉	申	未	午	巳	辰	卯

壬辰대운 甲申년 24세에 남편이 사망했다. 乙未대운 戊申년 48세에 두 번째 남편도 사망했다. 이 구조는 이해하기 쉽다. 일간이 己土요 일지 酉金이 배우자 궁이며 오행으로 목기가 남편에 해당하고 十神으로 正官 寅木과 偏官 乙이 남편에 해당한다. 목기의 동태를 살펴보자. 일지가 酉金이기에 월지 寅은 일지로 들어오지 못하며 많은 금들에 상하였다. 時間 乙은 乙丑으로 활동이 답답하고 乙庚 합으로 묶이니 寅과 乙 모두 상하기 쉬운 구조다. 이런 이유로 남편과 인연이 박하며 남편을 죽일 가능성이 높은 사주로 태어났다.

이런 상황을 이해했다면 원국 궁위를 살펴서 연령대를 추론한다. 월지는 24-30세요 시간 乙은 46-53세 사이로 그 시공간에서 남편에게 문제가 생길 것이다. 대운을 살펴보니 24-30대는 壬辰대운이요 46-53세는 乙未대운이다. 그 다음은 어느 세운에서 남편에게 문제가 발생하는지 읽어낸다. 壬辰대운은 원국에 없는 水氣가 천간에 드러났다. 금으로 둘러싸여 아무런 움직임도 보이지 않던 寅은 壬水를 보면 수기를 빨아올리고자 강하게 움직이는데 이 과정에 에너지를 심하게 사용하면서 움직이면 많은 금들은 움직임을 감지하고 공격하여 문제를 일으킨다. 가만있을 때는 공격 목표가 없다가 적군이 쳐들어오니 약한 적군을 사살하는 행위와 유사하다. 甲申년에 甲이 드러나 남편의 문제가 발현되기에 남편이 사망했다. 乙未대운 戊申년 상황을 살펴보자.

乙未대운의 乙은 시간의 乙과 동일하며 월간의 庚과 합하여 묶이고 년간 辛에게 상한다. 따라서 乙未대운에 남편이 사라질 가능성을 암시하고 있다. 戊申년에 이르면 월지 寅과 沖하고 寅이 상할 수밖에 없지만 이것만으로 남편의 사망을 확신하지 못한다. 모든 사건은 단일물상으로 발생하지 않는다. 복합적인 원인이 종합적으로 발생하고 하나의 물상으로 발현된다. 戊申년에 乙과 庚은 戊土 터전을 향하고 그 곳에서 안정을 취하려고 한다. 乙은 戊를 만나면 자신의 꿈을 이루고자 戊를 향하여 떠난다. 이 현상은 46세 이후 남편이나 애인이 다른 여자와 외도하는 물상이니 크게 흉한 것은 아니며 외정, 이혼을 암시할 뿐 남편의 사망까지 이르지 않는다. 문제는, 乙이 월간 庚을 향하고 庚도 戊土에 드러나고 乙庚 합한 후 辛에 찔리고 사망한다. 즉, 움직임이 없었다면 상하지 않는데 움직여서 적의 공격사정권에 들어와 아무리 탈출하려고 해도 合으로 묶인 남편 乙은 辛의 살기를 벗어나지 못하고 죽는다. 辛戊乙 三字조합을 이루던 해이다.

時	日	月	年	男
乙	甲	丙	戊	
亥	戌	辰	戌	

72	62	52	42	32	22	12	2
甲	癸	壬	辛	庚	己	戊	丁
子	亥	戌	酉	申	未	午	巳

己未대운 28세 1985년 乙丑년 음력 3월 부친이 교통사고로 사망하였다. 음력 6월에 부인이 금전적 고통을 이겨내지 못하고 이혼하였다. 음력 12월 본인도 교통사고로 불구자가 되었다. 이미 살펴본 사주인데 세운을 집

중해서 살펴보자. 원국에서 辰月에 수기가 말라 절실하게 필요한데 없다.

주의할 점은 시지에 亥水가 있으니 水氣가 있다고 판단하는 것은 옳지 않다. 亥水의 궁위는 54세 이후를 뜻하기에 甲은 마르고 乙亥 시주의 乙도 亥水에서 활발하게 움직이지 못하다. 심각한 문제는 양쪽의 戌土가 마른 辰土를 沖하니 땅이 심하게 찌그러진다. 이 모든 여건을 고려하면 甲乙 生氣는 살기 힘든 환경에 처했음을 알 수 있다.

여기까지가 원국구조를 살핀 것이고 대운을 보니 火氣로만 흘러 辰土의 땅이 더욱 마르고 진토 속의 乙은 성장할 수 없어 장애가 생기거나 사망할 것이다. 이제 세운을 살펴서 문제가 발생하는 해를 읽어야 한다. 사주원국에서 문제가 발생할 가능성이 높은 궁위는 월지로 양쪽의 戌土에 沖 당하며 그 연령은 24-30세 사이가 분명하다. 辰土 속의 乙이 천간으로 드러난 乙丑년에 사주팔자 원국에서 암시했던 불행한 일들이 현실화되었다.

時	日	月	年	女
甲	己	甲	己	
子	巳	戌	亥	

79	69	59	49	39	29	19	9
壬	辛	庚	己	戊	丁	丙	乙
午	巳	辰	卯	寅	丑	子	亥

2017년 丁酉년 丙午월 甲子일 戊辰 시에 상담하였다. 22세 庚申년에 남자를 만나 辛酉년에 결혼하고 辛未년에 아들을 낳았다. 42세 庚辰년에 무능한 남편과 강제로 이혼하고 49세 丁亥년에 새 남자만나 戊子년에 재혼했다. 공장의 가공부에서 검사부로 인사이동이 생겼고 직장의 불안감 때문에 방문했다.

원국구조는 두 번 甲己 合하니 두 번 결혼할 것이다. 戌月의 시공간에 水氣가 많으면 적절하지 않은데 년과 시에서 亥와 子가 火氣를 둘러싸 적들이 아군을 포위한 모습이요 초년부터 亥子丑으로 흐르니 발전은 어렵다. 월간 甲은 첫 남편으로 16-23세 사이에 결혼할 것임을 암시한다. 대운은 丙子로 日支 巳火 속에 있는 丙火가 천간에 드러나 배우자 관련 일이 발생할 것임을 암시한다. 두 번째 결혼은 시간의 甲으로 46-53세 사이에 이루어질 것이다. 생극 이론으로 판단하면 庚申년에 傷官見官으로 甲己 合을 깨서 사귀던 남자와 헤어질 것이라고 판단하지만 실상은 정반대다. 이 여인은 그해에 연애를 시작했으니 상관을 "접촉하다"는 에너지로 활용했다.

즉, 상관이 관을 剋하는 관점으로만 살피면 이해가 어렵지만 庚, 甲이 沖으로 접촉하여 반응이 일어나고 남자를 만나 연애하였다고 살피면 이치가 명확하다. 이렇게 沖을 약한 상대를 傷하게 만든다는 관점으로만 살피는 것이 生剋 작용의 한계다. 다만 傷官으로 접촉했기에 주위 사람들이 찬성하는 연애가 아니라 자기 취향대로 연애한 것이다. 의미를 확장하면, 상대를 적절하게 살펴서 결혼한 것이 아니기에 문제가 있는 결혼상대를 고른 것이다. 戊寅대운 일지와 寅巳 刑 하니 결혼생활에 변화가 발생한다. 다만 42세 庚辰년에 일지 巳火의 지장간 庚이 드러나고 庚 상관으로 甲己 합을 깨니 이혼했다. 동일하게 庚 에너지를 활용해도 남자가 없을 때는 접촉하여 연애하고 중년에는 남자를 밀어내는 작용을 한 것이다. 49세는 時間의 甲에 이른 시기로 대운은 己卯요 己土가 甲己 합으로 재혼하는 운에 이르렀다. 丁亥년을 甲 남자의 입장에서 살피면 甲, 丁상관의 에너지를 방사하고 己土가 흡수한다. 다만 丁火는 戊土에서 드러났기에 戊土 경쟁자가 사용하던 남자요 戊子년에 결혼한 것 또한 겁재 에너지를 활용한 재혼이며 안정적인 삶의 터전을 제공할 남자를 고른 것이다.

대운 己卯의 卯木은 亥卯, 卯戌, 卯巳로 사회궁을 기준으로 卯木을 활용하여 생산하고 창고에 저장하는 흐름이다. 丁酉년에 월지 戌土 직업 궁이 동했고 유금과 묘목이 沖하니 가공부에서 검사부로 이동하였다. 이렇게 우리의 삶은 태어날 때 설계된 시간표를 받고 살아가는 과정에 시공간에 반응하여 심리, 육체, 물질, 공간에 변화가 생기고 수용하면 편하게 살지만 거부하면 고통을 받는다. 이 모든 작용의 주인은 時間이요, 공간에서 현실화된다.

時	日	月	年	男
戊	辛	丁	辛	
子	亥	酉	丑	

72	62	52	42	32	22	12	2
己	庚	辛	壬	癸	甲	乙	丙
丑	寅	卯	辰	巳	午	未	申

2017년 6월초 상황이다. 내과의사이고 2017년 丁酉년 봄부터 주식으로 이득을 보고 있으나 무릎이 찢어져 육체가 상했고 임플란트 2개를 치료중이다. 사주팔자 구조는 명확하게 丁辛亥, 丁辛壬 三字조합으로 丁火가 辛金에 열을 가하고 亥水에 풀리고 子水로 전달된다. 이런 삼자구조의 특징은 크게 두 가지로 첫째 총명하고 둘째 재물 복이 두텁다. 다만 金水가 많고 丁火 열기는 약하니 火氣를 보충해주면 뻥튀기 하듯 亥子 水氣에 풀어지면서 재물이 쌓인다. 또 하나 좋은 점은 시간에 戊土가 있어 안정적인 삶의 공간을 확보했고 辛戌조합은 특별한 구조를 제외하고 박사급이다. 의사를 하는 이유는 申酉戌 月은 숙살기운이 강해서 검경, 금융, 의사 직업에 어울리는데 만약 의사를 하지 않으면 자신의 육체가 상할 수 있다. 대운이 초년부터 화기로 흐르면서 金을 자극하여 水氣에 풀어지니 총명하다.

辛卯대운은 신금과 묘목으로 卯대운은 대략 57세 즈음이고 사주팔자 원국의 子水에 이른 시기다. 卯木은 사주팔자에 없는데 운에서 들어와 강한 金水와 충돌하여 상한다. 丁酉년이 오면 卯木 생기가 상하기에 무릎이 찢어졌고 丁酉 월주와 복음으로 해수와 자수에 유금이 풀어지니 인체의 가장 딱딱한 부위 치아에 문제가 생겨 치료한다. 丁火에 자극받은 酉金이 亥水에 풀어지니 주식투자로 재미를 보는 중이다. 기억할 점은 시공간이 반응하는 방식이 절대로 하나의 물상으로 발현되는 것이 아니라는 것이다. 用神 운이면 무조건 좋고, 흉신 운이면 무조건 나쁘다는 논리는 터무니없다. 재물은 들어오지만 육체가 상하고, 육체에 문제가 없는데 재물손실이 발생한다. 甲이 水氣를 만나지 못해 마르는 구조들이 보이는 현상을 살펴보자.

時	日	月	年	男	72	62	52	42	32	22	12	2
戊	戊	甲	戊		壬	辛	庚	己	戊	丁	丙	乙
午	寅	午	戌		寅	丑	子	亥	戌	酉	申	未

己卯년 의료파업으로 암수술이 지연되어 전이되고 수술 후 壬午년 고등학교 교감으로 승진했으나 癸未년 46세 가을에 암으로 사망했다. 천간에 많은 戊土의 땅에 甲이 홀로 다스리니 교육, 부동산업에 어울리는데 寅午戌 삼합으로 甲이 말라 재물을 탐하기에는 너무 조열하다. 운이 未申酉로 甲이 가을에 수확당하니 甲 생기가 심하게 상한다. 戊戌대운은 甲戊 조합으로 戊土 육체가 상할 것이다.

寅午戌 火氣를 가득담은 戊土는 질병 중에서 암으로 인체의 특정부위가 딱딱하게 굳는 것이며 辰戌丑未 모든 土는 암과 연결된다. 戊寅년 甲戊가 만나니 육체에 문제가 생기고 己卯년 甲己 合으로 甲의 활동에 문제가 생겨 수술이 지연되었다. 己亥대운으로 넘어간 壬午년은 壬甲己 조합으로 새롭게 뿌리내리는 운이지만 강하지는 않다. 비록 교감으로 승진했으나 사망에 이른 이유는 壬, 亥水 때문이다. 사주팔자에서 水氣가 전혀 없으니 甲은 수기를 만나기 전에는 마른 상태로 움직임이 둔하고 에너지를 적극적으로 활용하지 않는데 壬水와 亥水를 만나면 갑자기 에너지를 폭발적으로

활용한다. 이 과정에 수기가 고갈되고 甲도 말라버린다. 예로 말라가던 나무에 갑자기 물을 주면 죽는 이치다. 癸未년 癸甲戌 三字조합으로 육체가 상하고 사망하였다.

時	日	月	年
戊	戊	甲	己
午	午	戌	巳

여

74	64	54	44	34	24	14	4
壬	辛	庚	己	戊	丁	丙	乙
午	巳	辰	卯	寅	丑	子	亥

　26세 丁丑대운, 2014년 甲午년에 자동차 충돌사고로 사망하였다. 이 구조도 상기와 유사하게 甲이 많은 토들을 통제하지만 강한 火氣에 마르고 상했다. 대운은 亥子丑 水氣로 흘러 좋을 듯해도 태어날 때 받지 못했던 水氣를 활용하기 힘들고 또 戌月 난로가 상한다. 丁 대운은 24-28세까지고 사주팔자 원국에서는 정확하게 월지 戌土의 시공간이다. 丁火는 戌土에서 드러난 것이니 戌土의 상황을 살피면 巳戌, 午戌로 火氣가 가득한데 丑土와 刑하면 마치 화약고가 폭발하는 것과 같다. 甲午년은 甲戌 조합으로 육체가 상하고 甲己 습으로 생명체가 땅으로 돌아가는 이치와 같으며 午丑으로 갑작스런 사건이나 문제가 발생한다. 丁대운은 아직 丑戌 刑이 명확하게 이루어지지 않았지만 월운에서 辰未丑을 만나면 문제가 생긴다. 가장 심각한 문제는 사주팔자에서 甲 생기가 상할 수밖에 없는 구조로 태어나 단명할 운명이었다.

時	日	月	年
乙	丙	戊	庚
未	戌	寅	午

男

79	69	59	49	39	29	19	9
丙	乙	甲	癸	壬	辛	庚	己
戌	酉	申	未	午	巳	辰	卯

　여관을 운영했는데 甲申대운 庚午년 61세 未月에 교통사고로 뇌수술을 받고 사망했다. 이 구조도 寅午戌 삼합으로 寅이 말라 생기를 잃고 시간

乙 또한 다르지 않다. 巳午未 대운으로 흐를 때는 문제가 없다가 甲申대운에 메마른 월지의 寅이 寅申 沖으로 상할 것이다. 庚午 년은 寅申 충과 甲庚 沖의 문제가 명확하게 드러난 해이며 未月에 甲己 합으로 生氣가 흙으로 돌아간다. 甲은 인체의 머리부위요 庚에 충격을 받으니 뇌수술을 받았지만 사망했다.

時	日	月	年	男
辛卯	丙戌	壬辰	辛丑	

76	66	56	46	36	26	16	6
甲申	乙酉	丙戌	丁亥	戊子	己丑	庚寅	辛卯

2017년 丁酉년 상황이다. 명문 지방대학 전자학과 출신으로 지방 방송국에 입사하여 계속 승진하여 기술부장으로 근무하다 丙戌대운 57세 丁酉년 壬寅월에 퇴직하고 음악방송국 계약직으로 근무 중이다. 년과 월에서 辛金을 壬水에 풀어내고 辛壬丙으로 時空間 흐름이 바르니 총명하다. 운은 水氣로 흐르니 진월의 시공간에서 필요한 에너지를 보충했고 丙火 빛을 壬辰의 申子辰으로 물처럼 흐르고 어둠에 존재하는 것들을 환하게 밝히니 방송국 물상으로 활용하였다. 丙戌대운에 일주와 동일하기에 자신을 밀어내는 이치와 같아서 원래의 자리를 벗어나야만 한다. 丁酉년은 戌에서 丁火가 드러나 辰戌 沖으로 사회궁을 沖하여 직업에 변화가 온다. 壬寅월은 壬丙 충으로 직장변동이 이루어졌다.

時	日	月	年	男
辛亥	丁丑	乙卯	戊申	

79	69	59	49	39	29	19	9
癸亥	壬戌	辛酉	庚申	己未	戊午	丁巳	丙辰

己未대운 39세부터 노래방으로 많은 돈을 벌었다. 년과 월에서 戊乙로 조합하니 교육, 공직의 상이니 자신이 사용하거나 부모가 활용한다. 만약

자신이 사용하면 일주 丁丑의 시기에 이르러 큰 변화가 오는데 년과 월은 교육, 공직의 물상이지만 丑土의 시기에는 卯丑으로 乙의 활동이 답답해져 변동을 원하고 또 년지 申이 일지 丑土에 담기니 37-45세 사이에 재물을 축적하는 운이다. 또 일시의 丁辛亥 조합은 재물을 빠르게 축적하는 구조요 亥子丑으로 어둡기에 丁火를 활용하여 어둠을 밝히는 노래방을 운영하여 재물을 모았다. 비교사주를 살펴보자.

時	日	月	年	女
辛	丁	壬	甲	
亥	未	申	辰	

76	66	56	46	36	26	16	6
甲	乙	丙	丁	戊	己	庚	辛
子	丑	寅	卯	辰	巳	午	未

유능한 대학교수다. 丁卯대운 52세 乙未년 癸未월 甲午일 뇌출혈로 쓰러지고 亥시에 수술 받고 살아났다. 丁卯대운은 46세부터요 사주팔자 시주 辛亥에 이르렀다. 년, 월의 甲壬申 조합으로 교육, 공직 물상인데 時柱는 丁辛亥 조합으로 물질을 추구한다. 즉, 사회에서는 교수로 활동하지만 개인적으로 재물을 추구한다. 丁卯 대운 丁火가 辛亥를 자극하여 재물을 축적하려는 움직임을 보이는데 卯木의 시기 50세 이후에 卯 대운으로 바뀌면서 亥卯未 삼합을 이룸과 동시에 卯申 합으로 생기가 상하고 시간 辛도 木을 자극한다. 亥卯未 三合할 경우에 가장 큰 문제는 정화 열기에 자극받은 辛을 亥水에 풀어내지 못하면서 문제가 생긴다. 乙未년에 乙辛 沖으로 乙이 상하면서 丁火를 향한 피의 흐름이 일순간 막혀버려서 뇌출혈 수술을 받았다. 辛甲, 辛乙이 만나서 甲乙이 상하는 과정에 丁火로 가는 피의 흐름에 문제가 생기면 심장마비, 뇌출혈과 같은 문제가 발생한다.

05 日運의 時空間

　명리학을 조금이라도 공부한 분들은 時空學 이론체계가 기존의 생극 논리와 너무도 다르다고 생각하지만 전혀 모르는 분들은 우리의 인생이 時空間에 의해 결정된다는 것을 공감할 것이다. 사실 상기에서 설명했던 사주팔자에 존재하는 시간과 공간에 대한 설명들은 극히 어려운 내용들이다. 생극 체계에는 생하거나 극하는 논리만 있어서 시공간이 반응하는 방식에 대한 이해가 부족하기 때문이다. 따라서 당장은 어렵다고 느끼는 것이 당연하지만 시공간의 존재와 움직임의 방식을 이해하는 것은 우리의 운명을 읽는 핵심이다. 지금까지 사주팔자 원국에 존재하는 나름 복잡한 시공간 구조를 살펴보았고 대운과 세운의 반응방식에 대해서도 살펴보았다. 동일한 논리로 세운을 기준으로 월운과 일운도 살필 수 있는데 모두 公的, 私的 시간이 공존한다. 지구에 존재하는 생명체들에게 공통으로 주어지기도 하지만 내 사주팔자를 기준으로 다르게 반응하기에 私的이기도 하다. 다만 반응방식은 동일하기에 생략하기로 하자.

　마지막으로, 매일 우리에게 주어지는 에너지들의 작용방식에 대해서 간략하게 언급하고자 한다. 명리학을 공부하는 분들 중에는 매일 일기를 쓰면서 발생한 일들을 기록하여 에너지 파동과 변화를 살피려고 노력한다. 사실 이 방식은 일기장과 다르다. 일기장은 에너지 파동과 변화과정을 살피는 것이 아니라 개인의 일상을 기록한 것이지만 사건이나 문제를 기록하고 그 날에 주어진 干支로 현상을 이해하려는 노력이 日運을 살피는 것이다.
　따라서 이런 방식으로 매일 기록하다보면 특정일에는 동일한 현상이나 유사한 현상이 반복되는 것을 느끼고 그 날의 간지가 무엇인가를 살피면 간지의 특징을 깨닫는다. 아래의 내용들은 모두 2012년 7월 21일 10시 49분에 올라온 글들이며 이 시공간 좌표에서 사람들은 자신도 모르게 그 에너지에 영향을 받고 상응하는 사고방식이나 행동을 드러낸다.

1. 아침 7시 51분에 두 아들이 동시에 외국에 나가네요. 큰 아들은 닭띠로 丙午일주이고 일본으로 나가고 작은 아들은 돼지띠인데 뉴질랜드로 갑니다. 왜 하필 이 날에 해외이동에 대한 글을 올릴까를 곰곰이 생각해봐야 한다. 그리고 무엇이 그런 글을 올리게 만들었고 두 아들은 왜 해외를 향하여 가는가를 이해하면 간지의 특징을 이해하기 시작한다. 그 날의 日運은 癸未로 그 간지에는 해외이동이라는 에너지 파동이 있음이 분명하다.

時	日	月	年	男
庚	辛	癸	乙	
寅	亥	未	丑	

이 사주팔자 원국의 월주에 癸未가 있으며 해외, 역마의 에너지 특징이 강하기에 월주의 궁위 16세에 캐나다로 유학가고 다시 중국에 유학하였으며 부친은 중동에서 건설업에 종사하셨다.

2. 1973년생 남자로 辛卯년에 군무원에 합격하여 섬에서 근무 중인데 癸巳년쯤에 육지로 나올 수 있나요? 라고 질문하였다. 이 남자도 동일하게 이동에 대한 의문을 품은 날이다.

3. 1953년 2월 10일생 여인은 관재가 동하여 무척 힘들어서 어디서 물어보니 조상님이 화내서 천도 제를 올려드려야 하냐고 문의하였다. 왜 癸未 일에 이런 질문을 하는가?

그것을 이해하려면 十宮圖 2를 살피면 이해가능하다. 壬癸는 영혼의 세계와 같은데 未土에 좌하여 마치 영혼이 증발되어 정신이 혼미한 상태다. 따라서 정신을 다잡기 위해서는 영혼을 달래는 행위가 필요하기에 癸未 일에 이런 글을 올렸다. 만약 정신적인 방황이 아니면 육체가 방황하는데 예로 해외로 떠나는 행위다.

4. 61년생 여성은 癸未 일에 제주도를 갈 예정이라고 하였다. 그렇다. 癸未 일에 자신도 모르게 이동에 관한 이야기를 하는 이유는 하늘에서 주는 에너지대로 뇌가 반응하고 행동하기 때문이다. 이 시공간은 公的으로 우리 모두에게 주어진 것이지만 각각의 반응이 다른 이유는 내가 가진 사주팔자의 시공간 좌표가 상이하고 일운의 에너지와 사주팔자의 에너지 파동이 다르게 반응하기 때문이다.

癸未는 왜 이동의 속성을 가질까? 未土는 火와 金을 연결하는 교역공간이다. 열매의 크기가 완성되고 亥卯未 삼합운동으로 성장을 완료하였다. 따라서 성장을 멈출 수밖에 없는 未土에서는 더 이상 성장이 어렵다는 것을 느끼고 그 공간을 벗어나려고 한다. 未土의 공간에서 살면 발전하기 어렵다는 것을 본능적으로 느끼는 것이다. 또 未土 공간에 좌한 癸水는 발산에너지로 봄에 乙의 성장을 촉진하는데 활용한다. 문제는 미토를 만난 癸水는 午月부터 시작된 丁火의 중력 작용으로 쓰임을 상실하고 미토의 地藏干에 있는 乙은 성장을 완료하였기에 癸水는 자신의 가치를 발휘하지 못한다. 따라서 癸水는 未土 공간에서 벗어나고 결과적으로 그 공간을 벗어난다.

이런 이유로 계수는 미월에 원하던 원하지 않던 이곳저곳을 돌면서 자신의 쓰임이 필요한 곳을 찾아 떠난다. 이런 과정이 반복되면 방황이며 멀리 떠나면 해외로 이동하는 것이다. 이렇게 60개의 시공간 부호는 각각의 고유한 에너지 파동을 가지고 있으며 天干과 天干이, 地支와 地支, 干支와 干支가 만나서 독특한 파동이 생기고 이에 따라 물형변화가 발생한다.

시공간부호 사주팔자 끝

時空間 부호 四柱八字

저　자 ■ 자운 김 광용
　　　　http://cafe.daum.net/sajuforbetterlife
　　　　http://blog.naver.com/fluorsparr
　　　　www.xigong.co.kr
　　　　youtube : 시공명리학
　　　　Tel : 010 8234 7519

펴낸이 ■ 시공명리학
펴낸곳 ■ 시공명리학 출판사
표　지 ■ 시공학

초판 발행 ■ 2020. 10. 29.

출판등록 제 406-2020-00006호
경기도 파주시 탄현로 144-63 319동 102호
Tel　　■ (010) 8234-7519

ISBN 979-11-969596-1-6 (93180)

정　가 ■ 39,000원

잘못 만들어진 책은 구입하신 서점에서 교환해 드립니다.
저자의 동의하에 인지는 붙이지 않았습니다.

본서의 무단전제 또는 복제행위는 저작권법 제98조에 의거 민 형사상의 처벌을 받을 수 있습니다.